Andreas Englisch

MEIN ROM

Andreas Englisch

MEIN ROM

Die Geheimnisse der Ewigen Stadt

C. Bertelsmann

MIX
Papier aus verantwortungsvollen Quellen
FSC® C014496

Verlagsgruppe Random House FSC® N001967

1. Auflage

Neumarkter Straße 28, 81673 München
Dieses Werk wurde vermittelt durch die AVA International GmbH
Autoren- und Verlagsagentur, München, www.ava-international.de
Bildredaktion: Annette Mayer
Umschlaggestaltung: Büro Jorge Schmidt, München
Umschlagfoto: © Musacchio & Ianniello
Satz: Uhl + Massopust, Aalen
Druck und Bindung: Print Consult GmbH, München
Printed in Slovakia
ISBN 978-3-570-10359-3

www.cbertelsmann.de

Wie sagst du noch immer? Ey, Alter.
Also, dann versuch ich es jetzt auch mal:
Ey, Alter! Ja, du bist gemeint, Leonardo Englisch.
Dieses Buch ist für dich oder besser gesagt für uns, unsere Streite,
unsere langwierigen Versöhnungen und dafür, dass unsere
Heimatstadt Rom nie aufgehört hat,
uns beide zu verzaubern.

INHALT

Auftakt 13

Petersplatz

Schicksalsort Europas 31

Traumziel 38

Antikes Silicon Valley 57

Grausamkeit und Größenwahn 66

Zölibat und Kaiserkrönung 79

Alles Fake? 90

Was für ein Gott? 102

Petersdom

Inflation der Heiligen Jahre 109

Zauber und Gefahr 118

Spur des Hasses 150

Krieg im Namen Jesu 167

Enttarnt 184

Prüfung I

Letzte Chance 187

Nacht im Vatikan

Allein mit den Geheimnissen der Päpste 193

Sixtinische Kapelle
Bildersturm im erstaunlichsten Raum der Welt....... 205
Am Ende der Zeiten.......................... 227
Michelangelos neuer Christus..................... 244

Vatikanische Museen
Borgia – ein Name wie Gift..................... 257
Die Apokalypse des Raffael...................... 284
Antlitz einer neuen Zeit........................ 298
Die Schenkung des Konstantin.................. 314
Brand im Borgo.............................. 320

Prüfung II
Fernandas Rache............................. 351

Kolosseum
Inliner und Polterabend........................ 359
Tödliche Vergnügungsmaschinerie................ 369

Santa Maria Maggiore
Die neue Macht von Rom....................... 393

Santa Prassede
Es hört nie auf.............................. 407

Kapitol
Im Schutz der alten Götter..................... 415
Stadt mit vielen Gesichtern..................... 433

Pantheon
Magie der Ewigkeit............................ 439

Dompteur der Geister......................... 455

Dank 459
Register 461
Bildnachweis 477

Der Autor auf der Terrasse neben dem Kapitol: für ihn einer der schönsten Orte der Stadt Rom.

Angekommen

Es geschah an der Rezeption eines kleinen, ruhigen, wundervoll auf einem Hügel der Toskana gelegenen Hotels. Der Portier am Empfang schaute skeptisch auf meine Familie: meine Frau Kerstin, meinen damals etwa 13-jährigen Sohn Leonardo und unseren Hund Toffifee. Er sagte nur ein Wort, um zu klären, woher wir kamen: »Roma?« Er hatte Leos Akzent erkannt. Leonardo war in Rom aufgewachsen und sprach wie ein Römer. Mir war klar, was das bedeutete: Römer galten als laut, unzuverlässig, chaotisch. Wenn der Portier uns als Römer einstufte, dann bekamen wir garantiert das schlechteste Zimmer.

Ich wollte also gerade meine Trumpfkarte ausspielen: den italienischen Personalausweis zurücknehmen und meinen deutschen Pass auf den Tresen knallen. Das würde sofort jeden Verdacht, dass wir Römer sein könnten, beseitigen. Deutsche Urlauber galten als vorbildlich leise und rücksichtsvoll und bekamen die besten Zimmer.

Aber ich zögerte. Es stimmt: Ich war als Zuschauer nach Rom gekommen, hatte die Spanische Treppe in aller Ruhe fotografiert, während die Römerinnen auf dem Weg zur Arbeit in die Nobel-Boutiquen hinuntergehetzt waren. Ich hatte in den Seitenstraßen des Petersdoms Postkarten ausgewählt, während die Römer dort verzweifelt einen Parkplatz suchten. Rom war eine Kulisse gewesen; aber irgendwann hatte die Kulisse begonnen, uns in das große Theaterstück hineinzuziehen.

Zum Kolosseum gingen wir schon lange nicht mehr, um Selfies zu machen, sondern weil wir dort viele Jahre gewohnt hatten und es irgendwie zu uns gehörte. Unsere Ehe, die mittlerweile die Silberne Hochzeit hinter sich hat, nahm dort ihren Anfang. Am Abend vor unserer Hochzeit haben wir die Party unseres Lebens im Kolosseum gefeiert. Damals trafen sich viele junge Menschen aus unserem Stadtviertel nachts im

Amphitheater. Wir hatten Bier, Wein und Pizza dabei und feierten in der Dunkelheit am wahrscheinlich unglaublichsten Party-Ort der Welt.

Nach Trastevere fuhren wir längst nicht mehr, um uns zu amüsieren. Wir hatten einen Großteil unseres Lebens in einer Wohnung in diesem Ausgehviertel verbracht, und inmitten der Unmengen Bars gab es eine, in der wir erfahren hatten, dass wir einen Sohn bekommen würden.

Und auch das beschlagnahmte Tierheim an der Via Ostiense, der Ausfallstraße zum Meer, gehört zu uns, weil wir dort aus einem rostigen Käfig einen verwahrlosten Jagdhund geholt haben, der nie in der Lage sein würde, irgendwas zu jagen – aber eines besonders gut konnte: bei und mit uns sein.

Ich hatte vergessen, dass der Portier auf eine Antwort wartete. Noch einmal fragte er: »Roma?« Und fast gleichzeitig mit meinem Sohn nickte ich und sagte: »Roma.« In diesem Moment begriff ich, dass Rom längst unsere Stadt geworden war.

Aber ich hätte mir nie träumen lassen, dass Leonardo eines Tages vor einer Aufgabe stehen würde, an der schon ganze Zivilisationen gescheitert waren: diese Stadt innerhalb von wenigen Tagen in den Griff zu bekommen.

AUFTAKT

I

»Du hast was?«

Ich hoffte eine Sekunde lang, einfach falsch verstanden zu haben. Mein fast erwachsener Sohn Leonardo sah mich mit einer Mischung aus Trotz und Schuldeingeständnis an, die den Auftakt bildet zu jedem heftigen Streit.

Und ich wiederholte, mühsam beherrscht: »Du hast was?«

»Die Aufnahmeprüfung für die Fremdenführerschule nicht bestanden. Ich bin durchgefallen. Fernanda hat gesagt, sie nimmt mich nicht.«

»Und wieso nimmt sie dich nicht?«

»Sie hat was gegen mich.«

»Fernanda hat gegen niemanden etwas. Sie will, dass man nach ihren Regeln spielt, das ist alles. Sie hat dir ein paar Fragen gestellt, das macht sie immer so. Also, sie hat gefragt, und was ist dann passiert?«

Leo schwieg und starrte auf den Küchenfußboden, als hätte er dort etwas verloren.

Ich sah Fernanda vor mir, mit ihrem entschlossenen Gesicht und den blond gefärbten Haaren, die, stets perfekt geschnitten und frisiert, wie ein Helm wirkten. Sie hatte den Satz immer wieder gesagt: Die staatliche Prüfung für die Fremdenführerlizenz in Rom ist ein Gang durch die Hölle. Die Kandidaten müssen über tausend komplizierte Fragen zu Geschichte und Kunstgeschichte beantworten können. Aber dafür verdient man mit der einmal erworbenen Lizenz in der Tasche im Schnitt 450 Euro am Tag. Die Vorbereitung auf diese Prüfung in ihrer Schule dauert ein Jahr, und an Bewerbern mangelt es nicht. Fernanda hat es nicht nötig, junge Menschen in ihre Schule aufzunehmen, wenn sie nicht absolut motiviert sind. Deswegen ist schon ihre Aufnahmeprüfung gefürchtet. Ich hatte Fernanda versichert, dass mein Sohn der perfekte Kandidat sein würde.

»Was hat sie denn so Kompliziertes gefragt? Musstest du Mark Aurels Selbstbetrachtungen interpretieren, oder was war so unüberwindlich?«

»Es ging um den Petersdom.«

»Um den Petersdom? Und dazu konntest du nichts sagen? Du hast fast dein ganzes Leben in Rom verbracht! Du hast schon als kleiner Junge die Tauben auf dem Petersplatz gejagt!«

Er sah jetzt ziemlich niedergeschlagen aus. Das Kartenhaus, das er und ich uns zusammengebaut hatten, war mit einem einzigen Schlag zusammengestürzt. Er hatte sein Studium mit dem gut bezahlten Job als Fremdenführer finanzieren und vielleicht sogar diesen Beruf ergreifen wollen.

Seine Voraussetzungen waren ideal: Er war in Rom aufgewachsen, kannte jeden Winkel der Stadt und wechselte mühelos zwischen Deutsch und Italienisch. Für seine italienischen Konkurrenten war es ebenso schwer, die Prüfung zu bestehen, aber Fremdsprachen konnten die wenigsten – und die Deutschen gehören mit über 600 000 Besuchern pro Jahr zu den wichtigsten Kunden.

Außerdem war mit der verhagelten Aussicht, Fremdenführer zu werden, sein enorm gewachsenes Ansehen hier vor Ort futsch. Das musste ihm plötzlich klar geworden sein. Er hatte natürlich davon erzählt, dass er den Kurs für Fremdenführer be-

Andreas und Leonardo Englisch vor dem Petersdom. Zusammenhalten zwischen Vater und Sohn ist gefragt: Nachhilfe bei der gemeinsamen Erkundung von Rom.

legen werde, was zu einer gewaltigen Sympathiewelle in unserer Straße in Trastevere geführt hatte.

Fremdenführer mit Lizenz schleppen bis zu 500 Gäste pro Woche in Lokale ihrer Wahl, Bars ihrer Wahl, Geschäfte ihrer Wahl. Da ging es um Zehntausende Euro Kaufkraft pro Woche. Mein Sohn war deshalb in den Restaurants, Bars und Geschäften in unserer Umgebung ein sehr gern gesehener Gast und bekam jetzt schon Skonto.

Was mich aber am meisten ärgerte, war, dass ich wusste, wie gut er diesen Job machen würde. Ich begleite seit Jahrzehnten Gruppen in Rom, und ich hatte ihn oft mitgenommen. Leo war ein Naturtalent. Es war ihm gegeben, mit Fremden umzugehen, ihnen etwas zu erzählen, sie so zu behandeln, dass sie sich wohlfühlten.

Andreas Englisch in der Kirche Santa Maria Maggiore. Bitte genau hinsehen: Es gibt viel, sehr viel zu entdecken in Rom.

Die Voraussetzungen für eine finanziell abgesicherte Zukunft als Fremdenführer waren perfekt, und jetzt hatte er es verbockt, den ersten kleinen, aber entscheidenden Schritt vergeigt, einfach weil er ein stinkfauler Teenager war, der lieber auf Youtube surfte, als Schulwissen zu pauken.

»Aber du hast doch gelernt?«, fuhr ich ihn an. »Ich habe in deinem Zimmer stapelweise Bücher gesehen, und wenn du dich eingeschlossen hast, um nicht gestört zu werden, hast du doch gelernt, oder?«

Hatte er nicht. Er hatte sich auf Fernandas kleinen Eignungstest schlicht nicht vorbereitet.

»Du riskierst deine Zukunft, weil du in einem Kurs für angehende Fremdenführer nichts über deine Heimatstadt weißt, die erstaunlichste Stadt der Welt. Hast du sie noch alle?«

Dass Leo, der in Rom aufgewachsen war, Probleme damit haben könnte, Fernanda etwas über die wichtigsten Monumente der Stadt zu erzählen, das hatte ich mir beim besten Willen nicht vorstellen können. Vermutlich war es eine ziemliche Herausforderung für einen Schüler in Kuala Lumpur, den Baldachin des Bernini in der Peterskirche zu beschreiben, aber Leo hatte die barocken Prachtstücke Roms ungefähr so oft gesehen wie andere den nächsten Aldi-Markt in ihrer Heimatstadt.

Leo murmelte kleinlaut: »Vielleicht gibt es noch eine Chance.«

»Was für eine Chance?«

»Signora Fernanda war ziemlich sauer, aber dann sagte sie: ›Pass auf, Leo, ich gebe dir die Gelegenheit, mich ein echtes Wunder erleben zu lassen. Du behauptest, du hattest einen Blackout. Ich glaube, du weißt gar nichts. Aber nehmen wir einmal den unwahrscheinlichen Fall an, dass du tatsächlich einen Blackout hattest, dann kommst du am Montag noch einmal und beeindruckst mich mit dem profundesten Wissen, das je ein Schüler vor mir ausgebreitet hat.‹«

Ein bisschen Hoffnung stand im Raum. »Und worüber will sie dich befragen?«

»Über den Petersdom.«

»Nur den Petersdom?«

»Sie sagt, für den Anfang. Möglicherweise stellt sie später auch andere Fragen.«

»Wonach will sie fragen?«

»Na ja, es geht immer um Rom.«

»Es gibt ganze Bibliotheken über Rom.«

»Ich denke, es geht nur um das wirklich Wichtige.«

»Selbst das Wichtigste füllt Bände«, schrie ich, »und du hattest fast ein Jahr Zeit, dich vorzubereiten, und hast gar nichts getan. Wie willst du das an einem Wochenende aufholen?«

»Dass du mir sagen würdest, ich schaffe es sowieso nicht, darauf hätte ich schwören können«, brüllte Leo zurück.

»Wenn du ein paar Monate früher angefangen hättest, dann wäre es zu schaffen gewesen. Was hast du denn das ganze Jahr in deinem Zimmer gemacht? Filme gestreamt und Facebook-Posts geliked, statt mal in deine Bücher zu schauen?«

Er drehte sich um, stampfte die Treppe hinauf zu seinem Zimmer und knallte die Tür zu.

II

Ein paar Stunden später stand Daniele in der Haustür, der beste Freund meines Sohnes, und es geschah etwas Außergewöhnliches: Er nahm mich wahr, als Mensch. Ich war nicht nur, wie sonst, ein Teil des Mechanismus, der die Tür zum Haus seines Freundes öffnete, sondern ein denkendes und möglicherweise fühlendes Wesen. Er nickte mir sogar zu, blieb zu meinem Erstaunen stehen, statt wie sonst immer mit seinem personalisierten Playstation-Controller in der Hand im Keller zu verschwinden, um mit meinem Sohn Zombies den Kopf wegzuballern.

Ich hatte mich früher gefragt, ob er einfach zu schüchtern war, um mit mir zu sprechen. Da er aber keinerlei Hemmungen zeigte, sich am Samstagabend vor einer Party in meiner Küche an mir vorbeizudrücken, sich am Kühlschrank zu bedienen, um sich ein paar Lachsbrote auf dem Tresen zu machen und diese mit meinem besten Weißwein hinunterzuspülen, hegte ich den Verdacht, er habe kein Problem mit Hemmungen, sondern nur fürchterliche Manieren.

Vor unendlich langer Zeit hatte er mich mit »Herr Englisch« angesprochen, aber jetzt war er zu einem »Hörnsema« übergegangen. Er schaute mich an, äußerte das vertraute »Hörnsema« und fuhr dann vertraulich fort: »Sie sind wahrscheinlich ziemlich sauer auf Leo wegen der verhauenen Prüfung, oder?«

»Das ist hoffnungslos untertrieben«, sagte ich, »ich bin stinksauer. Ich kann mir nicht erklären, wie ein Schüler, der Fremdenführer werden will, der in Rom aufgewachsen ist, nichts über diese Stadt sagen kann.«

»Sie sollten vielleicht was wissen«, unterbrach er mich.

»Und was?«

»Na ja, wenn Leo die Aufnahme doch noch schaffen sollte, dann ist er im nächsten Jahr im Fremdenführerkurs mit Carlotta, aber wenn nicht, und es sieht wohl nicht so gut aus, dann wird das wohl nichts.« Er sah mich prüfend an, um sicherzugehen, dass ich die Tragweite des Gesagten verstanden hatte.

Das hatte ich. Carlotta war das mit weitem Abstand schönste Mädchen an der Schule meines Sohnes, sie ging in die Parallelklasse, und er war seit vielen Jahren heimlich in sie verliebt. Ihm schoss schon die Röte ins Gesicht, wenn sie nur auf der anderen Straßenseite vorbeikam. Sie anzusprechen oder einzuladen, hätte er sich nie getraut, und jetzt hätte er also fast den Hauptgewinn gezogen in Form einer Arbeitsgruppe mit ihr. Diese Chance war nun sehr wahrscheinlich vertan, weil er nichts über Rom wusste. Sein Pech.

III

Natürlich hätte ich etwas tun müssen. Verständnis zeigen, nach einem Ausweg suchen, positiv verstärken oder irgendetwas anderes, was in Elternratgebern steht. Stattdessen war ich nur wütend auf ihn, und ich genoss es zu sehr, um ihm zu helfen. Ich hatte ihm die Gelegenheit gegeben, in der wahrscheinlich schönsten Stadt der Welt aufzuwachsen – und hatte ihn diese Stadt im Mindesten geschert? Nein! Die Menschen des Mittelalters hatten ihr Testament gemacht, bevor sie sich auf die damals lebensgefährliche Reise nach Rom begaben, um einmal im Leben die Ewige Stadt zu sehen. Und mein Sohn? Er hätte jeden Tag seines Lebens die unvorstellbaren Kunstwerke Roms verinnerlichen können, eine unfassbare Schatztruhe, wie es sie in keiner anderen Stadt der Welt gibt. Aber mein Sohn hatte das alles ignoriert.

Ich bin sicher, dass ich nicht in der Lage gewesen wäre, über meinen Schatten zu springen und ihm zu helfen, wenn ich nicht in einen Chat seiner WhatsApp-Gruppe geschaut hätte. Natürlich war es mir nicht gestattet, die Peinlichkeiten und Eingeständnisse meines Sohnes auszuspionieren, aber ich hatte mich erfolgreich eingehackt. Das hatte aber nichts mit meinen Hackerqualitäten zu tun; die sind außerordentlich begrenzt. Ich hatte in einem Getränkemarkt einen Mitschüler meines Sohnes gesehen, der versuchte, zwei Kisten Bier, eine Kiste Wein und etwas Schnaps für seine Geburtstagsparty zu kaufen, aber die Kassiererin hatte sich den Ausweis zeigen lassen und gesehen, dass er erst 17 war. Ich hatte ihm den Stoff gekauft und mir dafür die Zugangsdaten zum Chat geben lassen – und vermutlich damit einen jungen Menschen in die lebenslange Alkoholabhängigkeit getrieben.

Ich checkte den Chat routinemäßig, und da war es: Eine Erklärung von Carlotta, die Leo betraf. Ich las es und begriff augenblicklich. Jetzt hatte er eine Chance. Mein Sohn besitzt die Fähigkeit vieler junger Menschen, mit annähernd Lichtgeschwindigkeit auf seinem Smartphone zu tippen. Er war vermutlich der Ansicht, dass er einen sofortigen tödlichen Entzug erleiden würde, wenn er nicht alle paar Minuten alle Chats checkte. Es konnte also nur ein paar Augenblicke dauern, bis Leo den Eintrag von Carlotta las. Ich machte mir einen Kaffee und arbeitete ein wenig, dann war ich sicher, dass Leo Carlottas Message bereits gelesen haben musste. Ich ging zu seinem Zim-

Der Autor vor dem Kolosseum. In diesem Stadtviertel am Amphitheater der Flavier wohnte der Autor viele Jahre; für ihn ist es das schönste der Stadt.

mer, klopfte an, bekam keine Antwort und machte daher die Tür auf. Er lag in der vollkommenen Verzweiflungshaltung mit dem Bauch auf dem Bett und quetschte seinen Kopf in das Kissen. Es war die gleiche Haltung, die er einnahm, wenn er noch sehr müde war und meine Frau oder ich ihn wecken mussten: achtzig Kilo Verzweiflung, verbunden mit der einzigen Hoffnung, durch schlichtes Liegenbleiben die Tatsache wegzuwischen, dass er in einer Welt aufgewacht war, in der es Prüfungen gab.

»Sie will dich zuerst über die Peterskirche prüfen, also, was weißt du über die Peterskirche?«

»Papa, es hat keinen Sinn«, schnaufte mein Sohn in das Kissen. »In meinem Kopf geht alles durcheinander, Michelangelo, Bramante, Barock, Borromini.«

Ich sah auf seinen Schreibtisch, auf dem sich Bildbände türmten.

»Ich verwechsle alles. Giorgio Vasari, Raffael, Canova. Ich kann das einfach nicht; ich hätte eine andere Ausbildung wählen sollen.«

»Und wenn wir zusammen hingehen und uns die Kirche einfach anschauen?«

Mir schlug Stille entgegen. Das pubertäre Hirn, das elterliche Vorschläge nur tröpfchenweise durchlassen kann, schien zu arbeiten. Mein Sohn schnaufte in das Kissen.

»Es geht nicht«, murmelte er schließlich.

»Wieso nicht?«

»Am Nachmittag kann ich nicht. Um 13 Uhr kommt der Mathe-Nachhilfelehrer und bleibt bis zum Abend, weil ich am Montag eine entscheidende Matheklausur habe, und ich kann jetzt nicht auch noch das Abi versauen.«

»Dann gehen wir eben am Vormittag in die Kirche, wenn du am Nachmittag nicht kannst.«

Mir lief es eiskalt den Rücken hinunter. An diesem Sonntagvormittag las der Papst die Messe in der Peterskirche. Wenn ich während des päpstlichen Gottesdienstes meinem Sohn die Kirche zeigte, war ich meinen Job los. Wir konnten uns am Sonntagvormittag die Kirche nicht ansehen, unmöglich.

Leo ahnte nichts von meiner Panik. »Aber selbst wenn wir dahin gehen, ich kann mir das einfach nicht merken.«

»Leo, wenn wir uns eines nach dem anderen ansehen und ich dir was darüber erzähle, dann kannst du dir das merken. Es ist mein Job, das erzählen zu können.«

»Ich kann mir nicht merken, was mir jemand erzählt.«

»Dann nimmst du es mit dem Smartphone auf.«

Was machte ich da? Versprach ich meinem Sohn gerade, dass er mit dem Handy während eines Gottesdienstes des Papstes fotografierend durch die Peterskirche laufen könnte? Ich musste verrückt geworden sein oder ein verzweifelter Vater, was gelegentlich auf das Gleiche hinausläuft.

»Ich könnte die wichtigsten Sachen mit dem Handy fotografieren, und ich glaube, das könnte ich mir merken«, sagte er plötzlich, als habe er jetzt erst verstanden, worüber wir sprachen. Dann geschah etwas äußerst Seltenes: Energie erwachte in ihm für ein Projekt, an dem auch Eltern beteiligt waren, während im Normalfall jede Energie aus diesem jungen Menschen wich, sobald er etwas mit seinen Eltern unternehmen sollte.

»Ja klar, wir sehen uns die Kirche an, du fotografierst mit dem Handy, wir besprechen alle wichtigen Kunstwerke – dann hast du eine Chance, den ersten Prüfungstag bei Fernanda zu bestehen.«

Jetzt war ich komplett übergeschnappt.

Er setzte sich auf. Hoffnung keimte offensichtlich in ihm, dass er Informationen, die einmal in sein Handy gelangt waren, verstehen und behalten könnte. Ich habe einen Freund, der in der Museumsverwaltung der Stadt Rom arbeitet. Er nannte dieses Phänomen GAH, Gehirn-Ausfall-Hilfe. Sie hatten die GAH für Schüler zufällig entdeckt. In den Museen werden die ausgestellten Kunstwerke in der Regel beschriftet. Genannt werden meist der Künstler, der Titel des Werks und wann es geschaffen wurde. Die Erfahrungen hatten gezeigt, dass Schüler sich über Generationen hartnäckig weigerten, diese Beschriftungen zu lesen. Verzweifelte Lehrer unternahmen alles Mögliche, von der Schmeichelei bis zur offenen Androhung von Sanktionen, um die Schüler dazu zu bringen. In den Schülerköpfen schien es aber eine Art automatischer Blockade zu geben.

Ein Zufall führte zur Entdeckung einer GAH. Ein Computerfreak in der Verwaltung hatte aus Spaß zwei Bildunterschriften digitalisiert. Die Nutzer mussten einen Barcode in das Smartphone einlesen, dann erschien dort die Bildunterschrift. Das Ergebnis ist das gleiche: Auf dem Handy-Display erschienen der Titel des Werks, der Maler, das Jahr der Entstehung. Und es geschah etwas, das kein Mensch für möglich gehalten hatte. Die Schüler waren geradezu hingerissen von den Bildunterschriften, aber nur wenn sie den Text vorher mit dem Barcode in ihr Handy eingescannt hatten – und sie lasen sie dort

Vater und Sohn Englisch am Vierströmebrunnen auf der Piazza Navona: Lust auf eine unvergleichliche Stadt, Kunstwerke anschauen statt YouTube, echtes Leben statt Computerspiele.

tatsächlich. Während die analoge Bildunterschrift für einen Gehirn-Ausfall sorgte, schufen der Barcode und das Handy Hilfe, GAH.

Hier schien eine Art moderner Zauber am Werk: Sobald irgendetwas in ein Smartphone gelangte, schaffte der Inhalt auch den Weg in den Kopf eines Schülers, egal, ob ein Youtube-Video oder Infos über Renaissance-Maler.

»Okay«, hörte ich mich sagen. »Dann gehen wir morgen früh in die Peterskirche.«

Sag ihm sofort, dass das nicht geht – die Stimme in meinem Kopf klang flehend. Ich schwieg und wusste, dass ich dabei war, eine Katastrophe heraufzubeschwören.

Einen Augenblick später fragte Leo: »Was meinte Carlotta wohl mit dem, was sie geschrieben hat? Was denkst du?«

Ich spürte, dass ich rot wurde. Wie zum Henker hat er herausbekommen, dass ich den Chat gehackt hatte? Ich hatte mich als Paolo_66 getarnt. Es musste in der verdammten Gruppe doch irgendeinen Paolo geben.

»Ich weiß nicht, was du meinst.«

»Tu nicht so blöd«, schnappte er, »erspar mir das Theater, dass du angeblich nicht weißt, was sie geschrieben hat. Bitte, es ist für mich wichtig. Was, meinst du, heißt das?«

Ich war erwischt worden und beschloss, das Beste daraus zu machen. »Sie schreibt, dass es ihr leidtut, dass sie mit dir vielleicht im nächsten Jahr nicht die Arbeitsgruppe machen kann, weil du bei Fernanda durchgefallen bist und den Stoff nachzuholen, kaum zu schaffen ist. Entweder ist sie einfach nur höflich, oder aber sie mag dich besonders, und sie ist enttäuscht, dass sie dich nächstes Jahr vielleicht nicht sehen wird.«

»Und wie bekomme ich heraus, ob sie nur höflich ist oder mich mag?«

»Ich glaube, es gibt nur eine Möglichkeit. Du musst die Prüfung bestehen. Das heißt immer noch nicht, dass sie dann deine Freundin wird, aber du hättest eine Chance.«

IV

Wie soll ich meinen Sohn Leonardo vorstellen? Im Allgemeinen bin ich zurzeit ziemlich schlecht darin, junge Menschen vorzustellen. Das liegt an meinem Alter. Ich werde fürchterlich sentimental, sobald ich die Mädchen und Jungs sehe, die mit meinem Sohn aufgewachsen sind. Ich habe sie noch aus der Zeit in Erinnerung, als sie mir bis zur Kniescheibe reichten. Dass sie jetzt Erwachsene sind, nimmt mich sehr mit. Dabei bin ich leider nicht sonderlich geschickt darin, ihnen meine Anteilnahme auszudrücken. Als Susi, Leos Freundin seit dem Kindergarten, mich zu ihrem achtzehnten Geburtstag besuchte und ihren Freund mitbrachte, erzählte ich voller Rührung aus ihren Kindertagen. Ich hatte sie immer ihre kleinen Hände in unser Bidet mit kaltem Wasser halten lassen, denn dann musste sie sofort aufs Klo, und ich konnte sicher sein, dass sie nicht im Schwimmbad Pipi machte. Susi verabschiedete sich mit ihrem Freund überraschend schnell.

Leo wüsste, wie er sich vorstellen könnte. Er hat mir erklärt, dass es für einen Jugendlichen absolut unerlässlich ist, sich mit einer Schulnote einzuordnen. Man musste herausfinden, ob man eine Vier oder gar eine Fünf oder eine Eins oder Zwei war. Als Drei hatte man gute Chancen, eine Drei als Freundin zu bekommen, wenn man Glück hatte, sogar eine Zwei minus, niemals aber eine Eins.

Leo schätzt sich als Drei ein. Zu viel Speck und zu unsicher, um es zu einer Zwei zu schaffen. Er ist muskulös und ziemlich sportlich, aber nicht schlank genug, um als athletisch zu gelten; er kann sehr witzig und charmant sein, aber es reicht nicht zum Leader in der Gruppe. Sein größter Nachteil ist seine Eifersucht. Er hasst es, ausgeschlossen zu werden oder etwas zu verpassen. Sein größter Vorteil ist, dass er viel Mut hat, dass er ziemlich gut einstecken kann und ein ungewöhnlich ehrlicher Mensch ist. Sein dichtes lockiges Haare und seine kräftige Statur lassen ihn etwas älter erscheinen, als er ist. Seine Gesichtszüge sind ständig in Bewegung, denn er macht häufig andere nach, wie in einer Pantomime; er ist in seinem Inneren ein Schauspieler.

Die erstaunlichste Entdeckung, die Leo betraf, machten wir, als er etwa dreizehn Jahre alt war. Meine Frau und ich gehören zu einer Generation, die Mittagessen aus einem Grund, den ich nicht mehr vollkommen nachvollziehen kann, spießig, überholt, also irgendwie doof fanden, möglicherweise hatten wir uns beide während des Mittagsbratens unserer Eltern zu Tode gelangweilt. Soweit ich mich erinnern kann, scheint meine Aversion gegen Mittagessen als junger Erwachsener begonnen zu haben: wenn ich nach Feten am Samstag kurz vor halb zwölf mittags aus dem Bett geworfen wurde, um mich zum Schweinebraten mit meinen Eltern an den Mittagstisch zu setzen, obwohl ich mich eigentlich nur nach einem starken Kaffee sehnte. Wie auch immer. In Rom probierte ich alle möglichen Formen der Nahrungsaufnahme aus, die das Mittagessen ersetzten. Aber die Hauptmahlzeit gab es bei uns zu Hause immer abends. In Rom kostete es mich sogar eine Freundschaft, dass ich das sich endlos in den Nachmittag hineindehnende Pranzo (Mittagessen) der Römer nicht ausstehen konnte. Ich hatte einen süditalienischen Freund, der ständig wollte, dass wir uns mit den Frauen am Wochenende zum Mittagessen trafen. Ich wollte das nicht; ich fand es albern und altmodisch, diese endlose Nudelesserei. Irgendwann rief er mich nicht mehr an.

Als Leo in die Schule kam, blieb es dabei, dass wir abends zusammen aßen. Mittags gab es ein Stück Pizza, manchmal Sushi, irgendwas, das schnell ging. In den Ferien und an den Wochenenden mieden wir Mittagessen weiterhin strikt. Wer nach dem Frühstück irgendwann Hunger hatte, machte sich einen schnellen Snack. Eines Tages, mitten in den Ferien, stellte Leo einen Topf Wasser auf den Herd, deckte für eine Person, also sich selbst, den Tisch, kochte Nudeln und zelebrierte ein über eine Stunde sich hinziehendes Mittagessen. Feierlich verkündete er uns, dass es ihm reiche in dieser Familie; ab jetzt mache er sich das Pranzo selber. Mittags um 13 Uhr gibt es seitdem jeden Tag einen großen Teller mit Pasta (Nudeln). Von einer Sekunde auf die andere verstand ich damals, dass wir mit einem Italiener unter einem Dach lebten. Von diesem Tag an verzichtete unser Sohn nie wieder auf das Mittagessen, und es muss Nudeln geben; jede andere Speise zu Mittag lehnt er ab, egal, ob wir in Italien oder irgendwo im Ausland sind. Er akzeptiert weder Pommes frites noch Schnitzel, Bratwurst, Sashimi oder Kebab. Leo isst Nudeln. Basta. Bei Spielen der deutschen Fußballnationalmannschaft gegen Italien begann er, die Azzurri (die Italiener) anzufeuern, und sang mit Inbrunst die italienische Nationalhymne mit.

Ich weiß nicht, ob es die Hitze in Rom war, das Essen, einfach die Luft oder was auch immer, irgendwie verwandelte sich mein Sohn, der in einer deutschen Familie aufgewachsen war, in einen Italiener, um genau zu sein, in einen Römer. Er fühlte sich nur dann wohl, wenn wir in eine der sehr lauten Trattorien der Römer in Trastevere gingen. Meine Frau und ich hatten uns in Erinnerung an unsere deutschen Wurzeln einmal in der Woche eines der sehr seltenen, guten, aber leisen Restaurants in Rom gegönnt, wo man nur die Gläser klirren hört. Leo fand das entsetzlich. Er brauchte den enorm hohen römischen Geräuschpegel, um sich wohlzufühlen.

Der jahrtausendealte Zauber des Pantheon. Streifzüge durch den Alltag einer ganz besonderen Heimatstadt.

Er verlor vollkommen die deutsche Angewohnheit, sich abzukapseln. Ich bemerkte das zum ersten Mal auf dem Flughafen in Hamburg. Wie in Deutschland üblich, saßen die wartenden Passagiere für sich allein, also weit verstreut auf den Bänken, mit mindestens einem leeren Platz zwischen sich und dem Nebenmann. Römer sitzen dagegen vor einem Flug auf einem Haufen so eng wie möglich beieinander, und genauso verhielt sich Leo. Er setzte sich immer neben eine(n) der Wartenden, quatschte den Nebenmann/die Nebenfrau hemmungslos an, selbst wenn der oder die las oder an seinem Handy herumspielte.

Allein – also nur mit der Familie – zu Abend zu essen, begann Leo zu hassen. Er fühlte sich nur dann gut, wenn die üblichen Massenabendessen an unseren fünf Meter langen Tischen stattfanden, mit zwanzig oder mehr Freunden, die stets alle durcheinander redeten und ein infernalisches Geschrei veranstalteten.

Leider entwickelte Leo auch eine andere typisch römische Eigenart: eine gewisse Gleichgültigkeit gegenüber seiner Stadt. Ich habe Freunde in Rom, die in der vierten Generation hier leben und noch nie im Kolosseum oder in der Sixtinischen Kapelle waren. Wenn man sie fragt, wieso das so ist, sagen sie immer dasselbe: Das alles ist ja immer da. Wozu sollte man hingehen? Das kann man auch den Touristen überlassen – und genau dieses Problem musste ich jetzt ausbaden.

PETERSPLATZ

Schicksalsort Europas

Am Sonntagmorgen stand ich etwas früher auf und rief Giuseppe an, der zu den Edelleuten des Papstes zählte, den Gentiluomini di Sua Santità. Sie fungieren in der Peterskirche während der Gottesdienste des Heiligen Vaters als Platzanweiser für VIPs, geleiten also Minister, Kardinäle oder Botschafter zu den für sie vorgesehenen Plätzen.

»Bist du wahnsinnig?«, blaffte er mich an, nachdem ich ihm am Telefon mein Problem erklärt hatte. Ich hörte, dass er sich anzog, während wir telefonierten, die Krawatte umband, in die Jacke schlüpfte. Er musste schon vor der Öffnung für Besucher in der Peterskirche sein.

»Du weißt genau, dass es absolut verboten ist, während der Gottesdienste des Papstes durch die Kirche zu laufen und die Sehenswürdigkeiten zu bestaunen.«

»Aber es ist eine Ausnahmesituation.«

»Zeig ihm die Kirche morgen oder am Nachmittag oder wann immer du willst, aber du kannst unmöglich heute Morgen durch den Petersdom spazieren und deinen Sohn Handy-Fotos machen lassen. Das muss ich dir doch nicht erklären.«

»Du bist ja da! Kannst du nicht die Wachmänner bitten, ein Auge zuzudrücken?«

»Das werde ich ganz sicher nicht tun, und ich warne dich: Beruf dich bloß nicht hinter meinem Rücken auf irgendeine

Ausnahmegenehmigung von mir. Der Papst ist der Papst, und wenn er in der Kirche ist, dann ist das seine Kirche. Du kannst mit deinem Sohn gern kommen und in Stille beten. Aber eine Sightseeingtour kannst du vergessen.«

»Es geht nicht anders. Es muss heute Morgen sein!«

Er schnaufte: »Ich werde keinerlei Ausnahme zulassen. Ich beschwöre dich, versuch es erst gar nicht, die Folgen wären fürchterlich, das weißt du. Lass den Mist!« Er legte auf.

Mein Sohn kam mit frisch gewaschenen strubbeligen schwarzen Haaren, mit einem akzeptablen Hemd und einer fast sauberen Hose aus dem Badezimmer, das voll geladene Handy schussbereit in der Hand.

»Und? Geht es los zum Petersdom?«

»Ja«, sagte ich, »es geht los.«

Ich schaffte es einfach nicht, den kurzen Satz über die Lippen zu bringen: Es tut mir leid, es geht heute nicht.

Ich würde mich um Kopf und Kragen bringen.

Trotzdem warf ich meinem Sohn seine Jacke zu, zog meine an, und wir liefen zum Fahrstuhl – ins Verderben.

Wir bretterten mit den Fahrrädern die Via delle Fornaci hinunter, wobei das Umfahren der mitten in der Straße versenkten Kanaldeckel eine ziemliche Herausforderung war. Wir ketteten die Fahrräder in der Nähe der Glaubenskongregation an und gingen auf die südliche Kolonnade zu.

Alle Pilger der Welt

Von dieser Seite, von der Piazza del Sant'Uffizio auf den Platz vor dem Petersdom zu kommen, erscheint mir als die mindeste Geste, um dem überragenden Baumeister Gian Lorenzo Bernini, der den Petersplatz entwarf, Ehre zu erweisen. Er entwickelte die geniale Idee, die Pilger durch die engen Gassen des Borgo-Viertels laufen zu lassen, um sie aus dem Gewirr der schmalen Gänge auf den riesigen Platz zu leiten, der sich urplötzlich vor ihnen öffnete und dessen Kolonnaden wie zwei Arme alle Pilger der Welt umfassen sollten. Der architektonische Vollidiot Benito Mussolini ließ diese wundervolle Idee zerstören und sorgte für eine der dümmsten Bausünden Europas: Er ließ die breite Aufmarschstraße Via della Conciliazione anlegen, die auf den Petersplatz zuführt. Wenigstens ein bisschen Rache an Mussolini kann man üben, indem man die von ihm angelegte Straße ignoriert und nicht von der Engelsburg, sondern von der Seite auf den Petersplatz geht. Den Effekt, den Bernini erzielen wollte, kann man auf diesem Weg immerhin erahnen.

Nach der Ära Mussolini war es der internationale Terrorismus, der ein weiteres Mal die Umgebung des Petersdoms und die Via della Conciliazione drastisch veränderte. Die Straße gehörte jahrzehntelang zu den befahrensten Roms. Ich selbst habe sie mehr als zwanzig Jahre auf dem Weg zu meinem Büro im Vatikan genutzt. Doch nach den Terroranschlägen in Paris und London kam der Polizei in Rom der Gedanke, dass ein mit Sprengstoff gefüllter Lkw, der im Heiligen Jahr der Barmherzigkeit 2016 mitten in die Abertausende von Menschen auf den Petersplatz rast, eine katastrophale Wirkung erzielen könnte. Die Polizei ließ also für das Heilige Jahr die Via della Conciliazione komplett sperren und hob nach dem Heiligen Jahr die Sperre einfach nicht wieder auf, zum Entsetzen der Taxifahrer und Pilger mit Gehbehinderungen. Der Taxistand am Petersplatz existiert nicht mehr; man kommt bis heute weder mit dem Auto noch mit dem Bus bis an den Platz heran.

Ich ging also mit Leo über den Platz und gab ihm sein Ticket für die Papstmesse.

»Woher bekommst du die eigentlich, kann man die kaufen?«

»Nein. Die Tickets für die Papstmesse sind kostenlos; man muss ein Fax schicken, um sie zu bekommen.«

Leo blieb wie vom Blitz getroffen stehen und sah mich mit einem Ausdruck der Fassungslosigkeit an. »Du bestellst sie also mit einem Fax? Du meinst tatsächlich ein Fax, nicht etwa eine E-Mail?«

»Nein«, antwortete ich, »ist doch egal; aber man muss ein Fax schicken.«

»Ein Fax! Oh Gott, ich hätte wissen müssen, dass eine Messe mit dem Papst eine Sache für Hinterwäldler ist.«

»Wie bitte? Hinterwäldler? Ein Gottesdienst mit dem Papst im Petersdom dürfte eine der exklusivsten Veranstaltungen auf dem Planeten sein. Wie kommst du darauf, das sei eine Sache für Hinterwäldler?«, fragte ich irritiert.

»Weil du ein Fax geschickt hast.«

»Was hat das damit zu tun?«

»Ich will eigentlich nicht in eine Veranstaltung gehen, die man mit einem Fax buchen muss.«

»Wieso?«

»Mann, bist du rückständig. Stell dir mal vor, du willst ein Flugticket buchen, und die Airline bittet dich, ein Fax zu schicken, um einen Platz zu reservieren. Weißt du, womit ich dann rechnen würde? Dass eine solche Airline ein Flugzeug aus dem Zweiten Weltkrieg einsetzt, das einen Motorschaden haben und mich in den Tod reißen wird. Solch eine rückständige Airline würde ein Fax als Buchung wollen. Und wenn ich daran denke, dass von diesen Massen an Pilgern, die hier in die Kirche wollen, jeder Einzelne ein Blatt Papier ausdruckte und an ein Faxgerät im Vatikan schickte, dann ist diese gottverdammte Kirche wahrscheinlich schuld daran, dass das halbe Amazonas-Gebiet abgeholzt wurde. Weißt du was: Mein Fitness-Studio lässt mich alle meine Termine über das Internet buchen. Das heißt, dass deine weltumspannende Kirche, von der du ständig faselst, rückständiger ist als ein beschissenes Fitness-Zentrum.«

Jetzt reichte es mir.

»Diese Kirche, die du so lächerlich findest, weil sie sich noch Faxe schicken lässt, hat diesen Planeten verändert und bis heute geprägt, über zwei Jahrtausende.«

»Dass sie was verändert hat, ist Jahrhunderte her und hat mit dem modernen Europa nichts mehr zu tun. Heute gibt's ohne die Kirche Party in Paris, Prag und Warschau, in Budapest und Bratislava«, erwiderte mein Sohn scharf.

Keine Party in Warschau

»Dein Europa?«, fuhr ich ihn jetzt an, »dein Europa, in dem du dich so wohlfühlst, das gäbe es heute gar nicht, wenn auf diesem Platz die Dinge ein klein wenig, nur ein ganz klein wenig anders gelaufen wären.«

Ich zerrte ihn regelrecht zu dem kleinen weißen Stein, der in der Nähe des Portone di Bronzo auf der linken Seite des Petersplatzes im Boden eingelassen war.

»Hier stand am 13. Mai 1981 Mehmet Ali Ağca und schoss mit einer Pistole vom Typ Browning auf einen Mann, den du gekannt hast. Der mit dir gespielt, dich auf den Arm genommen hat.«

Leo nickte unwillig. »Ich weiß, Papst Johannes Paul II.«

»Genau, Papst Johannes Paul II. Ali Ağca schoss auf den Kopf

Eine Steinplatte erinnert an das Attentat vom 13. Mai 1981, als Mehmet Ali Ağca auf Papst Johannes Paul II. schoss.

des Papstes, der Schuss ging daneben; da wurde er nervös, zielte diesmal auf den Bauch des Papstes. Karol Wojtyła brach blutend zusammen – und danach entschied sich hier auf dem Platz das Schicksal Europas, und zwar um Haaresbreite.«

»Wieso das denn?«

»Wenn du die Via della Conciliazione in Richtung Engelsburg hinunterschaust, siehst du eine Kreuzung.«

»Klar«, sagte Leo. »Da liegt das Santo-Spirito-Krankenhaus.«

»Genau. Das heißt, der Papst, dessen Bauchschusswunde stark blutete und der in einem Toyota-Jeep auf dem Boden lag, war aber Gott sei Dank nur knapp 950 Meter von einem rettenden Krankenhaus entfernt.«

»Und?«

»Es galt damals noch die Regel, dass ein Papst nur auf vatikanischem Boden behandelt werden darf; also begingen die Beteiligten einen katastrophalen Fehler: Statt den blutenden Papst sofort in das Santo-Spirito-Krankenhaus zu bringen, transportierten sie ihn in den Vatikan und luden ihn in einen Krankenwagen des Vatikans um, dessen Blaulicht kaputt war. Dann fuhren sie ihn ohne Polizei-Eskorte durch das Chaos des römischen Stadtverkehrs die lange, genau 10,4 Kilometer lange Strecke bis ins Vatikan-Krankenhaus, die Gemelli-Klinik. Dort angekommen, begingen sie einen weiteren fatalen Fehler. Sie schafften den Papst in das für Päpste reservierte Appartement im zehnten Stock. Erst dort realisierte eine Krankenschwester, dass der Mann, der seit über einer halben Stunde mit einer stark blutenden Bauchwunde durch die Gegend gezerrt wurde, sofort in den OP musste. Endlich dort angekommen, glaubten die Ärzte, dass der Papst vermutlich nicht mehr zu retten sein würde, und baten den Sekretär des Papstes Don Stanisław Dziwisz um die letzte Ölung. Erst danach versuchten sie, das Leben von Johannes Paul II. zu retten.

Was wäre passiert, wenn das schiefgegangen wäre? Was wäre passiert, wenn der Papst auf dem Weg in die Gemelli-Klinik verblutet wäre? Was wäre passiert, wenn Johannes Paul II. an diesem 13. Mai 1981 gestorben wäre, auf Grund einer ganzen Reihe von Fehlern der Funktionäre des Vatikans?

Dann hätte es die von einem Papst und der ganzen Kirche gestärkte polnische Gewerkschaft Solidarność in einem kommunistischen Land nie gegeben, die Sowjets hätten den ersten runden Tisch der Verhandlungen zwischen Opposition und einer Regierung in einem Staat des Warschauer Pakts nicht hinnehmen müssen. Und vielleicht wäre das ganze Sowjetreich nie auseinandergebrochen. Michail Gorbatschow sagte, dass die Berliner Mauer ohne Johannes Paul II. nicht gefallen wäre. Wenn das hier auf diesem Platz anders gelaufen wäre, würde es dein modernes Europa vielleicht gar nicht geben, und es wäre immer noch durch Mauern in Ost und West geteilt. Deine Partys in Warschau oder Prag könntest du dann vergessen.«

Leo sah auf den Boden: »Okay, du hast gewonnen. Es hat einmal einen Tag gegeben, da hätte sich hier auf dem Petersplatz das Schicksal Europas anders entscheiden können.«

»Nein«, widersprach ich. »Nicht an nur einem Tag. Dieser Ort hier hat die Geschichte der Welt über zwei Jahrtausende immer wieder geprägt. Auch das Attentat auf John F. Kennedy in Dallas hat die Weltgeschichte beeinflusst, genauso wie das Attentat auf den Papst Johannes Paul II. hier an dieser Stelle; aber Rom hat die Geschichte der Welt unendlich stärker gelenkt als die Stadt Dallas:

Nach der Entdeckung Amerikas wird die Neue Welt hier im Vatikan zum ersten Mal aufgeteilt, Südamerika wird getrennt in eine spanische und eine portugiesische Zone, dadurch entsteht später Brasilien. Und weil ein Papst hier 1493 einen Strich auf der Karte des gerade entdeckten Südamerika gezogen hat, der allerdings ein Jahr später im Vertrag von Tordesillas nach Westen verschoben wird, spricht man heute in Rio Portugiesisch und fast im ganzen Rest des Halbkontinents Spanisch.

Dieser Ort hier ist einzigartig.

Und der Platz erinnert mich immer wieder daran, wieso ich an Gott glaube.«

Traumziel

»Ich glaube nicht an Gott«, sagte Leo trotzig.

»Das weiß ich, aber das heißt ja nicht, dass ich nicht an Gott glauben darf.«

Er sah mich herausfordernd an. Möwen segelten über den Petersplatz. »Also schieß schon los. Was hat dieser Ort damit zu tun, dass du an Gott glaubst?«

Ich holte etwas aus, auch auf die Gefahr hin, Leos Geduld zu strapazieren: »Vor zweitausend Jahren war diese Stadt der eindrucksvollste Ort auf der Erde. Während im restlichen Europa die Menschen noch in Lehmhütten saßen, aus denen der Rauch schlecht abzog, wandelten die reichen Römer hier bereits durch Räume mit Fußbodenheizung. Im Grunde war eine Stadt wie Rom damals gar nicht möglich, aus dem simplem Grund, dass man so viele Menschen, etwa eine Million auf engem Raum, nicht mit sauberem Wasser versorgen und die Abwässer entsorgen konnte. Städte dieser Größenordnung überforderten eigentlich das Know-how der damaligen Zeit. Soweit man heute weiß, gelang es keiner Zivilisation vorher, eine solche Metropole zu bauen, erst den Römern.

Elf Wasserleitungen, unter ihnen Fernwasserleitungen, die bis zu 91 Kilometer lang waren, brachten jeden Tag etwa 400 Millionen Liter Wasser in die Stadt. Eine unfassbare Leistung; die Menschen wurden damals besser mit frischem Wasser versorgt als zweitausend Jahre später. Den antiken Römern stand etwa dreimal mehr Wasser pro Tag zur Verfügung als uns heute in Rom. Das Wasser floss in 1200 öffentliche Brunnen, elf große kaiserliche Thermen und 900 Bäder. Ohne es zu registrieren, nutzen wir bis heute diese architektonische Meisterleistung. Die Aqua-Virgo-Wasserleitung versorgt also seit zweitausend Jahren ununterbrochen Rom mit Wasser.

Die Ponte Fabricio, über die man heute noch zur Tiber-Insel geht, ist ein anderes Meisterwerk der damaligen Architektur, das bis heute selbstverständlich zum römischen Alltag gehört; sie übersteht Hochwasser ebenfalls seit zweitausend Jahren. Es gibt keine andere Brücke weltweit in einer großen Stadt, die so lange ununterbrochen genutzt wurde und wird.

Und hier, wo wir uns jetzt befinden, zwischen dem Vaticanus-Hügel und dem Tiber, lag eine große Totenstadt. Die Häuser der Toten, ausgemalt und ausgestattet mit Aussichtsterrassen, waren weit prächtiger als die Behausungen der Stammesfürsten zur gleichen Zeit im Norden Europas. Der Vatikanische Hügel war voller Höhlen, die schon Jahrhunderte vor Christi Geburt als Versammlungsort von Anbetern der Fruchtbarkeitsgöttin Kybele genutzt wurden. Neben diesem Mons Vaticanus und neben der Totenstadt lag der Circus des Kaisers Caligula. Vor zwei Jahrtausenden wären die Leute, die heute hier über den Petersplatz laufen, auf dem Weg in den Circus gewesen. Der Obelisk, der jetzt auf dem Petersplatz steht, stand wahrscheinlich im Zentrum des Circus; der Kaiser soll ihn mit einem Spezialschiff aus Ägypten geholt haben. Es ist der einzige Obelisk in Rom, der nie umgestürzt ist. Nur diese wenigen Beispiele vermitteln eine Vorstellung davon, wie fundamental sich diese Stadt von allem unterschied, was die damalige Zivilisation ausmachte.

Selig sind die, die Frieden stiften

Dann kam Jesus Christus. An einem Ort, der aus Sicht von hier, der Stadt Rom, dem Zentrum der bekannten Welt, in einer unbedeutenden barbarischen Provinz lag, am Ende der Welt, in dem Kaff Nazareth, wurde ein Mann geboren, der Jesus geheißen haben soll. Der Mann zog predigend durch die Dörfer im Norden des heutigen Israel, in Galiläa. Aus römischer Sicht lebten dort ein paar Irre, die sich Juden nannten und an einen Gott namens Jahve glaubten, der in ihnen das auserwählte Volk sah.«

»Ja und? Was willst du damit sagen?«, meckerte Leo.

»Jetzt denk doch mal nach. Hatte dieser Mann irgendeine Chance, mit seinen Ideen, die er weder über Facebook noch über das Fernsehen verbreiten konnte, das römische Weltreich umzukrempeln? Natürlich nicht. Was scherte es die Römer, dass am See Genezareth ein komischer Rabbiner aus Nazareth predigte, dass die selig sind, die barmherzig sind, und die, die Frieden stiften. Diese Botschaft widersprach allem, was die Römer bei ihrem märchenhaften Aufstieg erlebt hatten: Ein kleines unbedeutendes Nest am Tiber, das von den Etruskern unterdrückt wurde, jagte die Tyrannen zum Teufel und stieg zu einer Macht auf, die die ganze bekannte Welt von Portugal bis Indien, vom Norden Englands bis in das innere Afrika beherrschte. Nicht die, die Frieden stifteten, sondern die, die Kriege führten, hatten Rom groß gemacht. Die am meisten hofierten Männer Roms waren Konsuln, bis zu dem damals größten Helden: Julius Caesar. Rom war in den zurückliegenden Jahrhunderten fast ununterbrochen im Kriegszustand und damit zu einem Weltreich aufgestiegen. Nie wieder in der Geschichte hatte es eine solch unglaubliche Erfolgsstory gegeben.

Und dann tauchte also dieser Mann am See Genezareth auf und predigte so unverständliche Sachen, wie dass jene selig seien, die keine Gewalt anwendeten, denn sie würden das Land erben. Aus römischer Sicht war das totaler Blödsinn, weil römische Soldaten genau deswegen Gewalt anwendeten: um Land zu bekommen. Sie zogen in der damals bekannten Welt in den Krieg, weil ihre Feldherren ihnen Land versprachen. Überall im römischen Reich entstanden Siedlungen ehemaliger Soldaten, die gleichzeitig das Territorium sicherten.

Jetzt frage ich dich: Hatte dieser Jesus aus dem Kaff Nazareth, einem winzigen Ort, der im Alten Testament der Bibel nicht ein einziges Mal erwähnt wird, irgendeine Chance, das römische Weltreich mit seinen Ideen auf den Kopf zu stellen? Nein. Was scherte es die Mächtigen in Rom, dass irgendein Spinner weit, weit weg predigte, man solle seinen Nächsten lieben? Und dennoch: Die Ideen eines Mannes aus einem Volk, das die Römer als Feind ansahen, das sie besiegen und in alle Winde zerstreuen würden, krempelte das römische Weltreich um. Wie ist das möglich? Stammt die Botschaft des Jesus von Nazareth tatsächlich von einem unerklärlichen Gott, ist sie deswegen so erfolgreich und lässt sich auch in zwei Jahrtausenden nicht ins Vergessen verdrängen? Oder war es Zufall, dass diese Botschaft die Menschen erreichen, sie verändern konnte, einfach weil sie gut ist?

Als Roms Imperium nach mehr als tausend Jahren am Ende ist, die Stadt in Trümmer fällt, schaffen es die Ideen des Mannes aus Nazareth, diesen Ort auferstehen zu lassen. Rom wird zum Zentrum einer neuen Idee, des Christentums. Der Mann aus Nazareth hat dieser Stadt eine zweite Chance gegeben.

Nach dem Niedergang wird sie schöner und aufregender wiedererstehen. Rom wird Hauptstadt nicht einer, sondern zweier Kunstepochen: Hier werden Renaissance und Barock heimisch. Wieder fließen an dieser einen Stelle auf dem Globus Unsummen in den Ausbau einer Stadt, die sich als Hauptstadt der Welt begreift: Rom. So wird sie wieder das Zentrum eines die Welt umspannenden Reiches, diesmal eines geistlichen Reiches.«

Provinz contra Rom

»Warum erzählst du mir das alles erst jetzt?«

Wir standen auf dem sonnigen Petersplatz inmitten der Scharen von Gottesdienstbesuchern, die auf das Portal zustrebten, und mein Sohn sah mich an, als sähe er mich zum ersten Mal.

»Wie meinst du das?«, fragte ich.

»Sag mir einfach: Warum erzählst du mir das erst jetzt?«

»Wir leben hier schon so lange; ich dachte, dass du von allein alles über die Stadt mitbekommen wirst, dass du allein losgehen und sie dir anschauen wirst.«

Leo überlegte einen Moment: »Weißt du, was der Unterschied zwischen uns ist?«, meinte er schließlich.

»Keine Ahnung.«

»Es ist nicht nur, dass du mein Vater bist und viel älter, es ist etwas anderes. Du kommst aus einem ziemlich hässlichen Ort in Deutschland, Werl in Westfalen, ein Ort, der eine einzige echte Sehenswürdigkeit hat: die Mauern eines großen Gefängnisses. Oma hatte recht; sie hat immer gesagt, dass du es nicht fassen konntest, was du in Rom alles zu sehen bekommen hast, dass dich das total verändert hat.«

»Das kann sein.«

»Aber ich komme nicht aus so einem Kaff wie du, ich bin hier geboren. Ich komme aus Rom. Wenn du mal wieder irgendwem sagen musst, dass du aus Werl bist, was fragen dann die Leute? Die fragen: Wo zum Henker liegt das denn? Aber wenn sie mich fragen, dann sage ich, dass ich aus Rom komme, und schon ist alles klar. Du bist nur ein Provinztyp gewesen, der in Rom aus dem Staunen nicht mehr herauskam. Das ist doch die Wahrheit.«

Ich versuchte mit aller Macht die Beleidigung herunterzuschlucken und ruhig zu bleiben.

»In einem hast du natürlich recht. Für uns war Rom unglaublich weit weg, und es war ein Traum, dort endlich anzukommen. Vor der Peterskirche zu stehen, bedeutete, dass man angekommen war; der Traum wurde anfassbare Wirklichkeit. Wir haben stundenlang auf den Stufen der Kirche gesessen; aber es war verboten, dass wir uns dabei mit unserem billigen Porst-Fotoapparat knipsten.«

»Warum?«

»Weil unsere Mütter uns fertiggemacht hätten, hätten sie auf einem Foto gesehen, dass wir uns auf die Stufen vor einer Kirche setzten. So was machten echte Hippies, junge Leute ohne Achtung vor der Kirche. Meine Mutter drohte mir immer wieder alle möglichen Strafen an, wenn ich es je wagen würde, mich vor einer Kirche auf die Stufen zu setzen.«

»Erzähl mir nicht, dass es zu deiner Zeit noch echte Hippies gab, so mit Flower Power und gegen den Vietnam-Krieg …«

»Na ja, als ich zum ersten Mal heimlich rauchte, mit fünfzehn, war der Vietnam-Krieg erst drei Jahre vorbei.«

»Echt? Dann hast du als Kind das alles noch im Fernsehen gesehen, Hubschrauber, Napalm und so?«

»Als Kind, ja. Aber in Werl galt ein Jugendlicher schon als Hippie, wenn er lange Haare hatte und den *Woodstock*-Film guckte.«

»Den was?«

»Vergiss es, das war ein Festival, bei dem es jede Menge Hippies gab. In Werl reichte es völlig, auf den Stufen der Klosterkirche zu sitzen, um als Hippie zu gelten. Wenn wir uns in Rom auf die Stufen der Kirche setzten, hatten wir ein schlechtes Gewissen.«

»Wen meinst du mit ›wir‹?«

»Mein bester Freund Peter war eigentlich mein ständiger Begleiter während der Reisen nach Italien. Um nach Rom zu kommen, mussten wir zunächst ein hartes Stück Arbeit in Kauf nehmen, nämlich unsere Eltern davon überzeugen, dass wir trampen durften.«

»Ihr seid getrampt?«

»Es gab nur zwei Möglichkeiten: entweder zu Hause bleiben oder trampen. Alle anderen Fortbewegungsmittel waren für uns unbezahlbar. Niemals hätten wir daran gedacht zu fliegen. Damals überlegten sich (einige wenige) Frauen und Männer ganz genau, welches Kostüm und welchen Anzug sie anziehen sollten, um für einen Flug angemessen gekleidet zu sein. Aber für mich, den Sohn eines Arbeiters, war die Vorstellung, mir ein Flugticket zu kaufen, jenseits der Realität. Zugtickets oder, wie man damals sagte, Bahnfahrkarten für eine so weite Strecke hätten wir uns nie leisten können, und unsere Eltern hätten das niemals bezahlt. Also blieb nur eins: trampen.

Das erste Hindernis bestand darin, am letzten Schultag zur Autobahn-Raststätte zu kommen. Peters Eltern weigerten sich strikt, uns dort abzusetzen; meine Eltern fielen ohnehin aus, weil wir kein Auto hatten. Niemand wollte daran schuld sein, uns an der Raststätte abgesetzt zu haben. Denn sollte tatsächlich etwas schiefgehen, würde sich der oder die Entsprechende anhören müssen, dass er/sie die beiden Jungs schließlich sogar noch zum Trampen an die Autobahn gebracht hatte. Mit dem Fahrrad fahren konnten wir nicht. Die riesigen Rucksäcke mit Isoliermatte, Zelt, Schlafsack, Kochgeschirr und den Unmengen Lebensmitteln, die wir aus Keller und Kühlschrank hatten mitgehen lassen, wogen, als wären sie mit Wackersteinen gefüllt. Zur Raststätte trampen konnten wir auch nicht, weil die Straße, die von einer Waldstraße abzweigte und zur Raststätte führte, nur von Zulieferern befahren werden durfte. Also mussten wir mit dem Bus so nahe wie möglich an die Raststätte fahren und den Rest zu Fuß gehen. Das muss so eine knappe Stunde gedauert haben.

»In der Zeit wärst du mit Ryanair schon in Rom gewesen.«

»Ich weiß. An der Raststätte mussten wir uns dann wieder in halbwegs ansehnliche junge Männer verwandeln. Wir mussten unsere verschwitzten Gesichter waschen und ein gewinnendes Lächeln üben, um jemanden zu finden, der bereit war, uns mitzunehmen.«

»War das schwierig?«

»Klar war das schwierig. Wir mussten erst einmal jemanden finden, der uns in Richtung der Nord-Süd-Trasse, Hamburg–München, also bis nach Kassel brachte. Je näher wir der Abzweigung kamen, desto schwieriger wurde es, jemanden zu finden, der in Richtung Süden abbog und bereit war, zwei Jungs mitzunehmen.«

»Wieso gerade Jungs?«

»Die Fahrer hatten Angst, dass zwei junge Männer versuchen könnten, sie zu überrumpeln und auszurauben oder was auch immer. In Deutschland herrschte eine angespannte Stimmung. Der letzte große Boss der Terrorgruppe RAF, Christian Klar, war noch auf freiem Fuß. Es war nichts Ungewöhnliches, dass man Halbwüchsigen wie uns mit einem gewissen Misstrauen begegnete.«

»Hattet ihr auch Angst?«

»Nein, wir hatten nur einen Gedanken im Kopf: so schnell wie möglich nach Rom zu kommen. Manchmal hatten wir einfach Pech und mussten an dieser blöden Raststätte Kassel-Hasselberg im Zelt übernachten.

»Haben die euch nicht weggejagt?«

»Wir sind auf irgendeinen Acker gegangen in der Nähe der Raststätte. Ich weiß noch, dass wir eines Morgens mal rasch türmen mussten, weil wir einen Trecker kommen hörten. Der Bauer konnte es nicht fassen, dass auf dem Feld, das er pflügen wollte, ein Zelt stand. Jedenfalls war es oft langwierig, jemanden zu finden, der uns mitnahm. Die meisten Autofahrer fielen aus. Eine normale Familie hätte uns allein deswegen nicht mitnehmen können, weil wir zu viel Gepäck hatten. Die zwei riesigen Rucksäcke passten ja nur in ein Auto, das fast leer war; aber einzelne Fahrer waren oft zu vorsichtig. Deswegen hingen wir manchmal tagelang an einer Raststätte herum.«

»Und Lkw-Fahrer?«

»Die hatten meistens nicht genug Platz in ihrer Kabine, aber manchmal konnten wir die Rucksäcke auf der Ladefläche unterbringen. Ich erinnere mich an eine gruselige Fahrt mit einem Lkw-Fahrer, der ständig Rotwein trank, dann aus irgendeinem Grund sauer wurde und uns mitten auf der Autobahn an einer Haltebucht rausschmiss. Wir mussten dann ein paar Kilometer zur nächsten Raststätte zu Fuß gehen.«

Ein Traum, erotische Gymnastik und scharfe Pinienzapfen

»Was für ein Stress in den Ferien.«

»Für uns war das die große Freiheit. Alles besser als in den Ferien in unserer Heimatstadt herumzuhängen. Wir quälten uns nach Süden, und es war ein unglaublicher Triumph, wenn wir spätestens am zweiten Tag in München ankamen. Leider fuhren die meisten nicht nach München hinein, sondern setzten uns an einer Raststätte ab. Ich erinnere mich an einen verdammt anstrengenden Marsch von der Raststätte Vaterstetten bis zum nächsten Bus und dann zur U-Bahn. Aber irgendwann waren wir am Hauptbahnhof in München.«

»Weshalb eigentlich München?«

»Ab München war die Fahrt nach Rom bezahlbar. Wir mussten nur für das kurze Stück bis zum Brenner ein normales Ticket lösen.«

»Und dann?«

»Ab dem Brenner galt das 3000-Kilometer-Ticket der italienischen Eisenbahn FS, das eigentlich für Gastarbeiter gedacht war. Damit durfte man 3000 Kilometer auf dem Streckennetz der italienischen Eisenbahn fahren, und die kosteten nur sehr wenig. Ich habe die Dinger geliebt, es war nur so schwer, sie zu bekommen.«

»Also nicht an jedem Bahnhof?«

»Nein, und du konntest auch nicht einfach in ein Reisebüro latschen und so ein Ticket kaufen. Die hätten gar nicht gewusst, was das ist. Es gab eine Stelle in Dortmund, wo man die bekommen konnte, das bedeutet, ein Tag ging schon dafür drauf, nach Dortmund zu fahren und wieder zurück, um das Ticket zu bekommen.«

»Heute druckst du dir alle Tickets zu Hause aus.«

»Ich weiß, aber ich weiß nicht, ob das so viel besser ist.«

»Wie meinst du das?«

»Wir haben viel mehr Zeit als ihr einfach gewartet, auf Bahnhöfen, an Raststätten oder Bushaltestellen, ohne irgendetwas, das uns hätte unterhalten oder ablenken können: Ganz ehrlich, hätte man uns damals ein Handy gezeigt, wir hätten es für eine unfassbare Maschine gehalten, wie vom Raumschiff Enterprise. Wir hatten Taschenbücher dabei, aber auch nicht immer. Insgesamt haben wir sicher viel mehr Zeit als ihr damit verbracht, zu träumen oder uns was auszudenken. Ich weiß nicht, ob das wirklich schlechter war, langweilig war uns nicht.

Wenn es geklappt hatte, nach der Vergabe der Zeugnisse und dem Schulschluss, also gegen 10 Uhr, an der Autobahnraststätte in Werl zu sein und es zu schaffen, vor 20 Uhr in München anzukommen, war das ein Riesenfest. Wir gönnten uns dann im Augustinerkeller ein großes Bier und freuten uns auf Rom.«

»Wieso musstet ihr um 20 Uhr in München sein?«

»Der Zug nach Rom fuhr so gegen halb neun.«

»Was hatte ihr denn für ein Budget?«

»Na ja, ich glaube es waren etwa hundert D-Mark für das 3000-Kilometer-Ticket.«

»Waaas? Das heißt, es waren weniger als zwei Cent pro Kilometer?«

»Ja. Dann hatten wir noch etwa dreihundert D-Mark für drei Wochen übrig.«

»Wie bitte? Wenn es stimmt, dass der Euro die doppelte Kaufkraft hat gemessen an der D-Mark, hattet ihr 150 Euro für drei Wochen, dafür bekommst du in Rom eine Nacht im Hotel. Wie soll das denn gegangen sein?«

»Das ging wunderbar. Wir hatten mehr als zehn Mark pro Tag und Person, das war ein Haufen Geld.«

»Du musstest mit fünf Euro am Tag auskommen. So viel gibst du mir, damit ich mir in der Schule was an der Bar kaufen kann.«

»Wir haben uns erst mal einen Liter Rotwein gekauft, der kostete so etwa 1200 Lire, dann Brot und Thunfischdosen oder Ölsardinen, weil sie so fettig waren und irre satt machten, das Ganze wird etwa 3000 Lire gekostet haben, also etwa sieben D-Mark. Das reichte für uns beide, dann hatten wir noch dreizehn Mark für den Rest des Tages. Wir fanden, das war viel.«

»Krass! Da wart ihr also richtig arm.«

»Wir empfanden das nicht so, im Gegenteil, wir fühlten uns wunderbar frei und eher wohlhabend. Wir haben damals in Teilen noch das Italien gesehen, das es zur Zeit Goethes gegeben hat. Ich erinnere mich, dass wir einen Hirtenjungen kennengelernt haben. Wir hatten das Zelt wieder auf einem Acker aufgebaut, doch morgens blökte es wie bescheuert. Wir zogen den Reißverschluss hoch – um uns herum jede Menge Ziegen. Ein Junge hütete die Tiere. Er muss so dreizehn oder vierzehn Jahre alt gewesen sein. Wir konnten es nicht fassen, dass der Junge bei seinen Ziegen bleiben musste und nicht in die Schule ging. Er lebte bei seinem Vater, der noch ein Padre Padrone war, eher ein Sklavenhalter des Jungen als sein Vater. Wir haben ihm ein Messer geschenkt, ein Opinel-Messer mit einer klappbaren Klinge. Am nächsten Tag sahen wir, wie traurig der Junge war, der wahrscheinlich weder schreiben noch rechnen konnte, weil sein Vater ihm das Messer weggenommen hatte – nicht, damit sich das Kind nicht verletzte, sondern weil er selber es haben wollte. Heute würde ein solcher Vater wahrscheinlich per Internet-Anzeige vors Jugendgericht gebracht – und das zu Recht. Diesem Italien steckte zutiefst in den Knochen, dass es jahrhundertelang ein Agrarland und kein Industrieland gewesen war.

Aber klar, nach den Maßstäben eines durchschnittlichen jugendlichen Rom-Urlaubers von heute waren wir bitterarm. Ich mache mich noch heute mit meinem Freund Peter darüber lustig, dass wir uns tagelang stritten, weil er aus der gemeinsamen

Kasse hinter meinem Rücken ein Öllämpchen für tausend Lire, also etwa 1,50 D-Mark, gekauft hatte.«

»Ihr habt euch um einen Euro gestritten?«

»Wir hatten unser Geld ja hart erarbeitet, zumindest für unsere Begriffe. Ich trug damals die Kirchenzeitung der Diözese aus, das brachte so in etwa eintausend Mark im Jahr, damit konnte ich alle Urlaube finanzieren. Aber weil das Geld war, das ich bei Wind und Wetter auf dem Fahrrad verdient hatte, achtete ich auf jeden Groschen. Das galt natürlich auch in Rom.

Ich erinnere mich, dass wir im Zug den Stadtplan genau studiert hatten, als wir zum ersten Mal nach Rom kamen. Da begriffen wir, dass Rom vor allen anderen Städten in Europa, die wir kannten, einen Vorzug hatte.«

»Und der wäre?«

»Unbebaute Ackerflächen nahe an der Stadt.«

»Wie bitte?«

»Wenn du im Stadtzentrum von London stehst, sagen wir, am Trafalgar Square, oder in Paris am Eiffelturm, wie weit ist es dann bis zum nächsten unbebauten Acker?«

»Ich würde schätzen, mindestens zwei Stunden, wenn man auf Bus und Bahn angewiesen ist.«

»Schätze ich auch. In Rom gibt es aber einen Sonderfall. Die antike Via Appia führt mitten in die Stadt, sie ragt wie ein grüner Pfeil in die römische Innenstadt. Wie alle anderen Großstädte ist auch Rom rundherum mit Schlafstädten zugebaut. Sie reichen bis zum römischen Autobahnring GRA und darüber hinaus, bis auf eine Ausnahme: Die Via Appia Antica durfte natürlich nicht verbaut werden; sie ist ein einzigartiges zweitausend Jahre altes Kulturdenkmal. Als der Bauboom um Rom in den 1950er-Jahren einsetzte, ließ man die Straße und notgedrungen den Grünstreifen links und rechts, wo bedeutende römische Gräber liegen, unangetastet. In Rom und nur in Rom ist es deswegen möglich, rasch mit einem normalen Bus, ohne umsteigen zu müssen, vom Stadtzentrum bis zum nächsten Acker zu fahren, den wir für unser Zelt brauchten. Die Linie fährt immer noch.«

»Ich habe es kapiert. Du meinst die 118. Damit seid ihr an die Appia gefahren, um dort zu schlafen? Sag mal, spinnst du? Wie wäre es denn mit einem normalen Campingplatz gewesen?«

»Wäre aus unserer Sicht viel zu teuer gewesen, bei zehn Mark am Tag. Also brauchten wir einen Acker, weil es damals schon unmöglich gewesen wäre, in einem Park zu zelten; die Polizei hätte uns sofort weggejagt. Was wir nicht wussten, war, dass damals der bevorzugte Ort, um im Auto Sex zu haben, für junge Römer an der Appia lag. Die Autos parkten in langen Reihen unter den Pinien am Straßenrand, die Fenster waren aufwendig mit Zeitungspapier zugeklebt. Es gab auch ein paar Huren, die wahrscheinlich dachten, sie sehen nicht richtig, als wir mit unseren riesigen Rucksäcken mitten in der Nacht die Appia hinuntergelaufen kamen. Wir suchten einen Gratis-Zeltplatz ausgerechnet da, wo die jungen Menschen Roms, die damals alle noch bei ihren Eltern wohnten, die ersten Erfahrungen in kleinen Fiat 500 machten, was eine gewisse Gelenkigkeit voraussetzte. Aber weder die jungen Paare noch die Sexarbeiterinnen nahmen je Anstoß an uns. Obwohl wir dort absolut nichts verloren hatten, gehörten wir irgendwie dazu. Paare, die nach der sexuellen Gymnastik an ihrem Kleinwagen lehnten und rauchten, grüßten uns freundlich, wenn wir gegen Mitternacht die Straße entlangkamen. Die eine oder andere Hure bot uns eine Zigarette an.

Sie sahen zweifellos, wie arm und wie verklemmt wir waren. Als brave Schüler einer Schule nur für Jungs hatten wir vor dem achtzehnten Lebensjahr außer ein paar Küssen keinerlei erotische Erfahrungen gemacht. Ich schätze, dass sich die nächtliche Gesellschaft an der Appia ziemlich amüsierte. Wir bauten jeden Abend, wenn der letzte Bus uns abgesetzt hatte, auf dem Acker im Dunkeln unser Zelt auf und legten uns schlafen. Dass nebenan Rom seine Triebe auslebte, störte uns nicht weiter. Wir nahmen das einfach nicht zur Kenntnis. Am Tag bauten wir das Zelt wieder ab und versteckten die Rucksäcke mit unserem ganzen Krempel in einem der Büsche, deckten alles mit Ästen zu, in der Hoffnung, dass sie niemand stehlen würde. Aber dem erotisch interessierten Volk an der Appia waren unsere stinkenden Socken und alten Jeans in den Rucksäcken egal, es fehlte nie etwas.«

»Was für ein Stress für ein paar Tage in Rom.«

»Wochen, nicht Tage, und wir empfanden das nicht als Stress.«

»Darf ich mal vorsichtig fragen, wieso ihr nicht in die Jugendherberge gegangen seid, die gab es doch sicher am Olympiastadion schon.«

»Haben wir versucht. Wir sind zum Olympiastadion gefahren und haben in der Jugendherberge gefragt, was die Übernachtung kostet.«

»Ach ja, im Internet konntet ihr nicht nachschauen …«

»Als wir mit unsren Rucksäcken vor der Jugendherberge standen, kam uns der Preis viel zu hoch vor. Genau gegenüber lag ein Rasenstück, exakt vor einer Kaserne der Carabinieri. Weil es schon spät war, haben wir dann da unser Zelt aufgebaut.«

»Ihr habt was?«

»Uns kam das völlig normal vor.«

»Ihr habt mitten in der Stadt vor einer Station der Carabinieri ein Zelt aufgebaut, so am Straßenrand? Hattet ihr sie noch alle?«

»Du kannst dir nicht vorstellen, wie naiv wir waren. Für uns war Italien ein einziger gigantischer Urlaubsort, an dem wir uns Dinge herausnahmen, die wir uns in Deutschland niemals getraut hätten. Wir wären niemals auf die Idee gekommen, vor einer deutschen Polizeiwache zu zelten. Wir hatten doch von Italien keine Ahnung, Wir kannten das Land nur aus Sophia-Loren-Filmen, und dass die gar nicht in Rom, sondern in Neapel spielten, war uns nicht klar, und das hätte auch keinen großen Unterschied gemacht. Wir hatten das Gefühl, dass Italien irgendwie eine Art Abenteuerspielplatz für Besucher aus dem Norden war. Dass hier auch Menschen zur Arbeit gingen, die keine Lust hatten, über Zelte zu stolpern, die Jugendliche aus dem Norden aufgestellt hatten, kapierten wir nicht. Dass die Polizei es gar nicht lustig finden könnte, wenn wir im Vorgarten ihrer Wache zelteten, kapierten wir auch nicht.«

»Seid ihr von den Carabinieri dann wenigstens verscheucht worden?«

»Nein, wir sind geflohen, aber auf eine Weise, die du wahrscheinlich ziemlich lächerlich finden wirst.«

»Also leg los!«

»Vor der Kaserne standen hohe Pinien.«

»Die stehen da immer noch.«

»Im Morgengrauen bemerkten wir diese großen Pinienzapfen, so etwas hatten wir noch nie gesehen. Wir dachten, dass es Munition der Carabinieri sein könnte, Handgranaten, die sie dort ausprobierten und die uns in Stücke reißen könnten. Wir sind Hals über Kopf getürmt.«

Rom lebt davon, die Leiche seiner Mutter zu zeigen

»Ihr wart solche Idioten!« Mein Sohn schüttelte den Kopf. »Ich werde dir mal was sagen: Auf genau solche Leute wie euch können wir in Rom echt verzichten.«

Ich steckte den Satz wie eine schallende Ohrfeige ein. Leo schaute über den Petersplatz, als suche er ihn nach Provinzidioten wie mich ab.

»Solche Leute verstopfen die U-Bahn, die Straßenbahn, die Busse, sie sorgen dafür, dass du an jeder miesen Kebabbude in der Schlange stehen musst, weil überall diese Billigurlauber sind. Sie verursachen Berge an Müll, die sich in allen Straßen ausbreiten, sie laufen in Badelatschen und Turnschuhen durch die Straßen und springen in Barock-Brunnen, als wären sie am Strand, bis die Polizei sie erwischt. Auf genau diese Leute können wir hier echt verzichten.«

Ich war sprachlos – und ziemlich sicher, dass ich blass wurde. Vor Ärger, und weil ich mich erwischt fühlte. Ich würde es niemals zugeben, aber er hatte es auf den Punkt gebracht. Es gab da einen Barock-Brunnen in der Villa Borghese, in den wir hineinsprangen wie in ein Schwimmbecken, immer dann, wenn gerade keine Patrouille der berittenen Polizei in der Nähe war. Urlauber benahmen sich in Rom daneben, jeden Tag, und wir hatten das auch getan.

Ich versuchte eine Verteidigung: »Rom lebt von seinen Besuchern, seit Jahrhunderten – und das sehr gut. Ohne die Engländer, die Deutschen, die Franzosen, die hierhergekommen sind, wäre Rom verhungert. Ein großer Dichter hat mal gesagt, dass Rom davon lebt, die Leiche seiner Mutter zu zeigen, also die Überreste des römischen Reiches.«

So leicht war Leo nicht zu irritieren.

»Du bist doch der Erste, dem sie auf die Nerven gehen. Du meckerst darüber, dass man in Rom nur in ein Restaurant gehen kann, wenn man den Wirt kennt, weil die verdammten Urlauber die ganze Stadt kaputt gemacht haben. Die Restaurantbesitzer könnten den Gästen jeden Mist vorsetzen, weil es ihnen egal ist, ob sie wiederkommen oder nicht; denn es gibt ja genug Urlauber, die nur darauf warten, übers Ohr gehauen zu werden. Deine Worte!«

»Wenn man hier lebt, hat man das Recht, auf die Urlauber zu schimpfen.«

»Und als du noch selbst Urlauber warst?«

»War ich auf jeden Römer wahnsinnig neidisch. Wir sahen mit unseren Turnhosen und schlecht sitzenden T-Shirts, gemessen an den eleganten Römern, wahnsinnig peinlich aus.«

»Du wärst als Jugendlicher auf mich eifersüchtig gewesen?«

»Ja, das wäre ich. Es schien mir ein unglaubliches Privileg, in Rom leben zu dürfen.«

»Was habt ihr denn eigentlich den ganzen Tag gemacht, ihr Billigurlauber in meiner Stadt?«

»Oh, wir hatten ein volles Programm. Vormittags haben wir versucht, Geld zu verdienen.«

»Wie das denn?«

»Wir haben uns auf das Forum Romanum gesetzt, das kostete zwar damals schon Eintritt, den hatten wir aber schnell wieder raus. Es gab noch nicht viele asiatische Touristen, nur vereinzelte Japaner, aber sehr viele US-Amerikaner. Wir haben uns mit unserem schlechten Schulenglisch an sie herangemacht und ihnen die wichtigsten Denkmäler auf dem Forum gezeigt. Ich glaube, die fanden uns irgendwie putzig und haben ziemlich großzügig Trinkgeld gegeben. Ich schätze, dass wir an guten Tagen 20 000 Lire, also so etwa 25 D-Mark, verdient haben.«

»Aber das ist verboten! Auf dem Forum ohne Lizenz herumzulaufen und die Tempel zu erklären, bringt dir eine saftige Strafe ein.«

»Heute ist das so, ich weiß, aber damals krähte kein Hahn danach. Wenn wir genug verdient hatten, gingen wir essen, das heißt, wir suchten uns eine Steh-Pizzeria. Ein Stück Margherita kostet 450 Lire, das waren etwa 60 Pfennig. Es gab nichts anderes, in Rom existierten noch keine Fast-Food-Ketten. Wir hätten uns über so etwas wie Kebab sehr gewundert. Es gab entweder Pizza oder Supplì-Reisbällchen.«

»Keine Fast-Food-Ketten?«

»Nein, Rom war sehr provinziell. Wir waren vorher in Paris und in London gewesen, das waren schon internationale Städte, aber Rom nicht. Es gab weder japanische Restaurants noch mexikanische. Einem Römer wäre damals niemals eingefallen, in etwas anderes als ein italienisches Restaurant zu gehen. Dafür gab es etwas, das heute verschwunden ist: die Locanda für arme Leute. Heute gibt es ein riesiges Angebot an Supermärkten und Fast-Food-Ketten. Ein Arbeiter kann sich an jeder Straßenecke auch mit wenig Geld etwas zu essen kaufen. Das war zu jener Zeit anders. Arbeiter kauften sich nur ungern ein Stück Pizza oder ein Brötchen zu Mittag, sondern sie gingen essen, einen ordentlichen Teller Pasta, ein bisschen Fleisch, Obst zum Nachtisch. In Rom gab es jede Menge kleine Locande, die hießen manchmal auch einfach Fiaschetteria, was bedeutet, dass man ein Glas Wein und sehr einfache Speisen bekommen konnte. Das Wort ›Fiasko‹ soll aus der Toskana stammen. Die bauchige Weinflasche heißt Fiasco, und wer beim Spielen verlor, hatte ein Fiasco angerichtet: Er musste eine Flasche Wein ausgeben. Selbst mitten in der Innenstadt von Rom, also in dem heute mit Abstand teuersten Teil der Stadt, existierten diese kleinen Läden.

In der Via del Governo Vecchio gab es einen, der unser Lieblingslokal wurde. Ein schmaler kleiner Laden, den ein alter Mann und eine Frau führten. Es gab nur vier oder fünf einfache Gerichte. Ich liebte die Involtini in Tomatensoße. Dort konnte man den ganzen Abend verbringen, für zehn D-Mark gut und reichlich essen und jede Menge Wein trinken. Die Leute spielten Karten, sangen manchmal zusammen. Wir bekamen immer wieder mal einen Liter Wein ausgegeben.«

»Einen ganzen Liter?«

»Ja, sie verkauften den Wein in großen Glaskaraffen, den der Besitzer aus einem Tank abfüllte. Ich glaube, ein Liter Wein kostete zwei D-Mark. Damals fuhren noch Tankwagen mit

Wein durch Rom, die aus den Albaner Bergen kamen und billigen, aber wirklich nicht schlechten Wein in Strömen nach Rom brachten. Wir tranken eine ganze Menge davon, mussten aber aufpassen, dass wir nicht den letzten Bus verpassten.«

»Zur Sexparty an der Appia, an der ihr aber nie teilnehmen durftet.«

»Genau.«

»Und der ganze Stress dafür, dass ihr euch in Rom solche Plätze wie den hier anschauen konntet, ihr Provinzwichte aus dem Norden.«

»Ja«, sagte ich. »Stimmt.«

Antikes Silicon Valley

»Weißt du eigentlich, wie ich den Petersplatz nenne?«, fragte Leo nach einer längeren Pause.

»Nein.«

»Ich nenne ihn Zombie-Square. Mir hat die Fernsehserie *Walking Dead* die Augen geöffnet.«

Ich explodierte. Wenn mich irgendetwas zur Weißglut bringen konnte, dann Leos Manie, Tage damit zu verschwenden, bei schönstem Sonnenschein in einem abgedunkelten Zimmer das infernalische Gemetzel der Zombie-Serie *The Walking Dead* zu schauen.

»Mir reicht es jetzt, verdammt noch mal«, zischte ich ihn an. »Es hat einfach keinen Sinn, mit dir vernünftig zu sprechen. Ich versuche, dir den Arsch zu retten, weil du Fernandas Prüfung verbockt hast, und du kommst mir ausgerechnet auf dem Petersplatz mit diesem Zombie-Schwachsinn an. Du bist einfach nicht fähig, wie ein normaler Mensch zu denken. Dein ganzer Kopf ist nur vollgestopft mit zerstückelten, zerschossenen, torkelnden Leichen, die würgen und Kotzgeräusche machen. Das ist mir zu blöd. Wenn dir zum Petersplatz *Walking Dead* einfällt, dann wirst du bei Fernanda nie eine Chance haben.«

»Hör mir doch mal zu!«

»Da gibt es nichts zuzuhören. Ich will diesen Zombie-Schwachsinn nicht hören.«

»Du bist ein eingebildeter alter Irrer«, schimpfte Leo.

»Und du hast ein von Zombie-Killern aufgeweichtes Gehirn.«

»Jetzt hör mir doch endlich mal zu! Ich war erst sechs Jahre alt, als ich diese endlosen Schlangen schwarz gekleideter, vor sich hin murmelnder, betender und leise singender Menschen gesehen habe. Mitten in der Nacht kamen sie von überallher, schleppten sich in der Kälte durch Rom, wie magisch angezogen von einem Punkt, dem Petersplatz. Als ich Jahre danach zum ersten Mal eine Folge von *Walking Dead* gesehen habe, dachte ich: Ja, genau so war das damals. So kamen diese Gestalten mir vor, wie Millionen Zombies in der Kälte der Nacht im März 2005, die wie durch einen Zauber angezogen zum Petersplatz strömten.«

Leo schaute die Via della Conciliazione hinunter zur Engelsburg, als könnten dort wieder schwarz gekleidete Pilgerströme auftauchen.

Mein Sohn machte mich mit seiner Beobachtung für einen Augenblick sprachlos; das änderte aber nichts an meinem Zorn, weil ich so schnell nicht einlenken konnte. Einem Kind konnten die Millionen Pilger, die in den Tagen, als Papst Johannes Paul II. starb, leise betend, in schwarze Kleider gehüllt, mit gesenkten Köpfen, manche mit schweren Kreuzen auf dem Rücken, oder nachts, unablässig Rosenkränze küssend, zum Petersplatz pilgerten, tatsächlich wie eine unendliche Menge Zombies vorgekommen sein.

»Es war das erste Mal, dass ich Rom und den Petersplatz am

Nachmittag mit eigenen Augen und am Abend dann im Fernsehen gesehen habe. Immer wenn Mama den Fernseher einschaltete, war der Petersplatz zu sehen. Diese Menschen sangen die ganze Nacht durch, gingen unendlich langsam in der Stille über die Via della Conciliazione auf die Peterskirche zu, die mitten in der Nacht geöffnet war. Ich glaube, ich habe noch nie etwas so Unheimliches gesehen.«

»Es waren aber Pilger, keine Zombies.«

Obelisken überall? – Ein römisches Missverständnis

»Papa, das weiß ich. Ich fand es übrigens immer cool, in einer Stadt zu leben, die andauernd im Fernsehen oder im Kino zu sehen war. Aber trotzdem: Der Petersplatz ist nun einmal vor allem ein großer Platz, so wie alle anderen auch.«

»Für mich ist es der erstaunlichste Platz auf der Erde. An keinem anderen Ort haben kontinuierlich über zweitausend Jahre so viele Menschen die Geschichte der damals bekannten Welt bestimmt.

Außerdem fand hier eines der spektakulärsten technischen Wagnisse in der Geschichte statt.«

»Du übertreibst mal wieder. Was soll das denn gewesen sein?«

»Der Transport und die Aufrichtung des Obelisken. Was damals eigentlich unmöglich war. So wie die Menschen bis heute zum Kennedy Space Center pilgern, um zu sehen, wo die erste Mondrakete startete, kamen sie jahrhundertelang hierher, um dieses technische Wunderwerk zu sehen.«

»Wenn du über den Obelisken sprichst, muss ich an den Tag denken, als ich mich mal als Schüler fürchterlich blamiert habe.«

»Davon weiß ich ja nichts.«

»Dabei warst eigentlich du schuld.«

»Wieso ich?«

»Was hast du immer gesagt, wenn wir uns mit Leuten, die nicht aus Rom waren, am Vatikan treffen sollten?«

»Du meinst: Wir treffen uns am Obelisken; denn den kann man nicht übersehen?«

»Genau. Und was hast du gesagt, wenn wir uns mit Leuten in der Nähe der Laterankirche treffen wollten?«

»Dass sie bitte zum Obelisken kommen sollten, auch den kann man unmöglich übersehen. Wenn ich einen Treffpunkt am Eingang der Kirche vorgeschlagen hätte, wäre das viel zu verwirrend gewesen, weil es viel zu viele Eingänge gibt. Aber es gibt nur einen Obelisken.«

»Und was hast du gesagt, wenn wir uns oben an der Spanischen Treppe treffen wollten?«

»Ich habe gesagt: Kommt zum Obelisken.«

»Und wenn wir uns am Pantheon treffen wollten?«

»Ja klar, auch da habe ich immer gesagt, lasst uns doch am Obelisken treffen. Aber warum fragst du das?«

»Erinnerst du dich an das Jahr, als ich zum Schulaustausch nach Dortmund gegangen bin?«

»Klar erinnere ich mich daran.«

»Das war irre peinlich.« Leo schien sich sehr gut an die Situation zu erinnern.

»Ich sollte mich mit den neuen Klassenkameraden in der Stadt treffen; wir wollten irgendwo zusammen hingehen. Sie schlugen mir ein paar Plätze vor, wo wir uns treffen könnten; ich kannte keinen davon. Ich habe dann gesagt, können wir uns nicht einfach an einem Platz mit einem Obelisken treffen; den finde ich bestimmt. Die haben sich natürlich kaputtgelacht. Ich war damals das erste Mal raus aus Rom und habe es für normal gehalten, dass auf den Plätzen aller Städte Obelisken stehen. Dass das nur in Rom so ist, habe ich nicht gewusst.«

Ich musste lachen.

Der einzige Obelisk der Antike, der nie umgestürzt ist. Selbst das Genie Michelangelo Buonarroti sprach sich gegen das Aufstellen des Obelisken auf dem Petersplatz aus – es sei undurchführbar.

Mein Sohn zog eine ernüchternde Begründung in Betracht: »Vielleicht zeigt es ja auch nur, wie rückständig Rom ist, sodass wir uns immer noch an antiken ägyptischen Obelisken orientieren.«

»Das Gegenteil ist wahr, mein Lieber. Als dieser Obelisk auf dem Petersplatz aufgerichtet wurde, zeigte Rom damit, wozu diese Stadt fähig war. Nirgendwo sonst auf der Welt hätte man sich ein solches Mammutprojekt zugetraut. Die wichtigsten zeitgenössischen Experten für Großbauten, so auch der geniale Michelangelo Buonarroti, hielten die Versetzung des Obelisken für unmöglich. Als Domenico Fontana Papst Sixtus V. anbot, das Unmögliche versuchen zu wollen, ging es um das Prestige des Papstes und des Kirchenstaates. Der Papst wollte der Welt beweisen, dass Rom die technisch fortschrittlichste Stadt ihrer Zeit war.«

Spitzentechnologie fürs Papst-Prestige

»Ausgerechnet das uralte Rom?« Leo grinste und schaute zum Obelisken auf der Mitte des Platzes.

»Damals war das alles andere als abwegig. In Rom existierte bereits die größte Baustelle der Welt: Ein gigantisches Bauwerk wie den Petersdom mit so utopisch anmutenden Herausforderungen wagte kein anderes Land. Entweder fehlte es anderen Herrschern an Mut oder auch an den Unsummen von Geld, die die Päpste auszugeben bereit waren. Die Versetzung des Obelisken war also ein einzigartiges Prestigevorhaben und musste unbedingt gelingen. Hinzu kam, dass nur dieser eine Obelisk, von insgesamt dreizehn antiken Obelisken, noch intakt und nie umgestürzt war. Wenn er beim Versetzen zerbrochen wäre, hätte der Papst sein Image als Oberhaupt der technisch fortschrittlichsten Zivilisation verloren. Zudem hatte die katholische Kirche durch die Reformation eine schwere Krise erlebt, und Sixtus wollte aller Welt zeigen, wie machtvoll diese Kirche nach wie vor war. Um jedes Risiko zu vermeiden, verhängte er die Todesstrafe für jeden, der es wagen sollte, beim Transport des Obelisken zu stören. Ein lauter Ruf reichte, um auf dem Scheiterhaufen zu landen.

Der Obelisk des Petersplatzes stand ursprünglich im Zentrum des Circus des Caligula. Der Kaiser hatte den 25 Meter hohen und 326 Tonnen schweren Stein mit einem extra dafür angefertigten Schiff nach Rom bringen lassen. Das Problem für

Das Fresko zeigt das Mammutprojekt der ersten Aufrichtung eines Obelisken im neuzeitlichen Rom im Jahr 1586, vor der noch nicht vollendeten Peterskirche.

Domenico Fontana bestand darin, den Obelisken erst auf Rollen zu legen und dann zum Zentrum des Petersplatzes zu transportieren. Er setzte 150 Pferde, 900 Männer und 47 Seilwinden ein. Er wusste, dass er eine historische Meisterleistung versuchen wollte, deswegen hielt er jedes Detail fest, um später ein Buch über den Transport zu schreiben. Für uns heute ist das ein Glücksfall, weil wir genau wissen, wie das Unternehmen ablief. Technisch brillant, weltweite Spitzentechnologie.«

»Der Vatikan war also damals das Silicon Valley, die technische Hochburg der Welt.« Leos Stimme hatte einen leicht spöttischen Unterton. »Warum war dem Papst dieser Obelisk denn so wichtig?«

»Das erklärte er später mit einer Inschrift. Dort hatte ursprünglich eine antike Inschrift verkündet, dass der Obelisk dem vergöttlichten Augustus gewidmet sei, dem Adoptivsohn des vergöttlichten Gaius Julius Caesar, sowie dem Kaiser Tiberius, dem Stiefsohn des Augustus. Der Papst ließ die Inschrift weitestgehend löschen und durch eine neue ersetzen. Demnach habe er diesen Obelisken den heidnischen Cäsaren entrissen, habe ihn zum Grab des Apostels bringen lassen, um ihn dann zur Ehre des unbesiegten Kreuzes aufrichten zu lassen. Er wollte damit sagen, dass er sich, den Papst, als Nachfolger der antiken Cäsaren sah, er selbst ein weltbeherrschender Kaiser sei, keineswegs ein demütiger Seelsorger, sondern ein mächtiger Chef der wichtigsten Weltmacht.

Am 10. September 1586 wussten zwei Männer, dass sie in die Geschichte eingehen würden, egal, wie das riskante Unternehmen ausgehen würde: Papst Sixtus V. und der Ingenieur Domenico Fontana. Ihnen war klar, dass, sollte alles gut gehen, die Welt auf das Wunderwerk von Rom schauen würde. Sollte der Obelisk während der Aktion umstürzen, würden sie als die Zerstörer des einzigen bis dahin intakten Obelisken der Stadt berühmt werden. Dass aber ein dritter Mann an diesem Tag Geschichte schreiben sollte, ahnte niemand. Er hieß Kapitän Benedetto Bresca, ein Seemann aus Sanremo.

Domenico Fontana hatte das gefährliche Mammutprojekt vier Monate lang vorbereitet. Die Fassade der Peterskirche, die Carlo Maderno zwanzig Jahre später bauen sollte, existierte noch nicht, ebenso wenig gab es die berühmten Kolonnaden von Gian Lorenzo Bernini. Fontana ließ zunächst einen Holzobelisken aufstellen, um die Wirkung vor der Kirche zu prüfen, dann richtete er den Obelisken nach der Längsachse aus. Papst Sixtus V. hatte einen Sonderwunsch, dessen Umsetzung die Menschen bis heute auf dem Petersplatz fasziniert: Es sollte wirken, als würde der Obelisk elegant schweben, nur gestützt durch das Wappentier des Papstes, den Löwen.

Selbstbewusst hatten der Papst und Fontana beschlossen, Tribünen errichten zu lassen; die Römer sollten die Chance haben, das größte Spektakel seit der Antike mitzuerleben. Dass sie Zeugen eines Fehlschlags werden könnten, schlossen der Papst und sein Ingenieur offensichtlich aus. Während des Aufstellens musste allerdings absolute Ruhe herrschen, damit die Befehle der einzelnen Kommandanten, die an den Seilwinden standen, immer gut zu hören waren. Dann begannen Pferde und Männer an den Seilen zu ziehen.

In diesem Augenblick sah ein Seemann, der Benedetto Bresca geheißen haben soll und in seinem Berufsalltag an der ligurischen Küste segelte, dass die Hanfseile zu heiß wurden. Der Mann wusste von seinem Alltag auf See, dass Hanfseile, wenn sie belastet werden, in Brand geraten können. Und er brüllte über den Platz: »Wasser auf die Seile!« Der Chefingenieur verstand, wie gefährlich die Situation war, und ließ die Seile mit Wasser tränken. Hätten sie Feuer gefangen, wäre der Obelisk umgestürzt, was, einmal abgesehen von dem sonstigen Fiasko, zweifellos zahlreiche Menschen das Leben gekostet hätte. Als der Obelisk stand, ließ der Papst den Mann zu sich kommen. Benedetto Bresca fürchtete, gehängt zu werden, weil er entgegen des Verbots gesprochen hatte. Doch Sixtus V. dankte ihm und erklärte dem Mann, er habe jetzt einen Wunsch frei. Da Benedetto Bresca in seiner Heimatstadt Palmen in einem kleinen Garten besaß, wünschte er sich, dass seine Familie von nun an gegen gute Bezahlung den Päpsten für den Palmsonntag die Palmzweige würde liefern dürfen. Dieses Privileg galt über Jahrhunderte, bis während des Zweiten Vatikanischen Konzils alle Hoflieferanten ihre Privilegien verloren.«

Grausamkeit und Größenwahn

»Aber hatte dieser Papst nichts Besseres zu tun, als sich um große Bauprojekte zu kümmern? Zum Beispiel, sich der Armen anzunehmen?«

»Oh, dieser Sixtus V. war völlig anders, als du dir einen Papst vorstellst. Er stammte aus einer armen Bauernfamilie aus den Marken, ließ vermutlich mehr angebliche Verbrecher töten als alle anderen Päpste zusammen, wurde durch Geiz der wahrscheinlich reichste Mensch der Welt, wollte einen der größten Kriegszüge in der Geschichte finanzieren, baute Rom so radikal um, dass man noch heute deutlich seinen Einfluss erkennen kann.«

»Moment mal«, sagte Leo, »da ist so ein Bauernsohn vom Lande, der durch Zufall Papst wurde. Doch statt zu beten und die Messe zu lesen, setzte der Bauernsohn die Todesstrafe unbarmherzig durch und baute Rom um, sodass ich in einer Stadt aufwachsen muss, die ein Massenmörder geprägt hat, der heute vor den Internationalen Gerichtshof käme? Dann hat er auch noch Geld zusammengerafft und wurde der reichste Mann der Welt. Geht's noch? Ich weiß, du liebst es, mir zu sagen, ich hätte von nichts eine Ahnung, aber deine Kirche ist wirklich schwer zu begreifen.«

»Wann sag ich denn, dass du von nichts eine Ahnung hast?«

»Du sagst das vielleicht nicht immer wieder, aber lässt es mich spüren, und meinetwegen, ich habe ja auch keine Ahnung von der Kirche. Aber auch ich war im Kommunionsunterricht, und ich weiß, dass der Mann aus Nazareth Barmherzigkeit predigte und sagte, dass sein Reich nicht von dieser Welt ist, und dass eher ein Kamel durch ein Nadelöhr passt, als dass ein Reicher in das Himmelreich kommt. Diese Botschaft kann doch Papst Sixtus kaum verborgen geblieben sein. Warum hat er sich an nichts von dem gehalten, was der Mann aus Nazareth wollte?«

»Die Päpste sahen sich auch als Könige von dieser Welt, diesen Fehler haben einige von ihnen gemacht.«

»Einige?«, schnaubte Leo. »Tausend Jahre lang haben alle Päpste den gleichen Fehler gemacht: sich an nichts von dem zu halten, was in der Bibel steht. Sag mir, wann das aufgehört hat!«

»Na ja, die Päpste haben mit der Erstürmung des Kirchenstaates im Jahr 1870 ihr Reich verloren.«

»Sie waren sauer deswegen und wollten es zurück.«

»Ja, das stimmt, aber …«

Leo bebte jetzt vor Entrüstung.

»Also, wann hat der Erste gesagt, jetzt ist Schluss mit der Macht der Päpste auf Erden?«

»Paul VI. hat feierlich die Papstkrone, die Tiara, abgenommen und auf den Altar gelegt. Damit war endgültig Schluss.«

»Wann war das?«

»1964.«

»Na toll! Im 20. Jahrhundert schon. Fast zweitausend Jahre haben sie gebraucht, um Jesu Botschaft zu verstehen. Jetzt sag mir eins: Oma Martha, deine Mutter, war doch eine fromme Frau?«

»Ja, stimmt.«

»Wusste sie davon?«

»Wovon?«

»Na, von diesen ganzen Verbrechen der Päpste, wusste sie das?«

»Nein, das wusste sie nicht.«

»Wäre sie trotzdem weiter in die Kirche gegangen?«

»Ich weiß es nicht, aber ich weiß, dass Rom für sie ein heiliger Ort war.«

»Rom, heilig? Was soll denn der Quatsch? Hier gibt es genauso viele Verbrecher wie in Neapel und Verona, wahrscheinlich ein paar mehr.«

»Du wirst dich entscheiden müssen.«

»Wie meinst du das?«

»Wenn du wirklich als Fremdenführer jobben willst, musst du dich entscheiden. Sagst du den Leuten die Wahrheit oder nicht?«

»Was soll denn diese bescheuerte Frage jetzt? Warum sollte ich den Leuten nicht die Wahrheit sagen?«

»Am Anfang habe ich auch so gedacht wie du. Warum sollte ich den Gästen nicht einfach immer die Wahrheit sagen, und dann habe ich genau das getan und gemerkt, was ich damit angerichtet habe.«

»Verstehe ich nicht.«

»In Rom geht es früher oder später immer um diesen rätselhaften Zimmermannssohn aus Nazareth mit Namen Jesus; kein anderer Mensch, auch kein römischer Kaiser, hat die Stadt Rom so stark geprägt. Entweder hat tatsächlich Gottes Sohn dafür gesorgt, dass die Stadt Rom so aussieht, wie sie aussieht. Oder aber eine Verkettung von Zufällen hat dafür gesorgt, dass ein harmloser Rabbiner, der über Land zog, von seinen Nachfolgern zum Gott verklärt wurde. Und dieser arme Mann hat, ohne es zu wollen, Rom in die Stadt verwandelt, die ihm huldigt. Irgendwann musst du mit den Gästen, die du durch Rom führst, darüber sprechen: Das Christentum ist in Rom zu präsent, als dass du es außen vor lassen könntest.«

»Ja und?«

»Irgendwann musst du mit ihnen über Gott reden. Du kannst dann die Wahrheit sagen, etwa in Bezug auf Weihnachten: dass die Päpste aus reinem Hass auf das heidnische Fest der Sonnenwende, das in Europa schon seit Jahrtausenden gefeiert wurde, den Weihnachtsabend auf den 24. Dezember gelegt haben. Du kannst ihnen sagen, dass die Bibel selbst der Darstellung unseres Weihnachtsfestes widerspricht. Laut den Evangelien waren Hirten auf dem Feld in der Nacht. Das kann am 24. Dezember aber gar nicht so gewesen sein. Bethlehem liegt auf fast tausend Metern; am 24. Dezember ist es da so kalt, dass nachts kein Hirte bei der Herde auf dem Feld gewesen sein kann. Du kannst noch weiter gehen und erklären, dass es nach der modernen Bibelforschung nie einen Kindermord von Bethlehem gegeben hat und dass Jesus nicht in Bethlehem geboren wurde. Die Evangelisten haben beides sehr wahrscheinlich erfunden, um Christus einen göttlichen Stammbaum geben zu können, der sich mit Moses vergleichen ließ.«

»Ja und?«

»Aber eines Tages kam eine Frau zu mir, die mir erzählte, dass ihre Mutter einmal eine Reise mit mir durch Rom gebucht hatte.«

»Und dann?«

»Dann sagte sie etwas Bedrückendes: ›Wenn meine Mutter diese Reise mit Ihnen nicht gebucht hätte, wäre sie viel friedlicher gestorben. Sie haben ihr etwas genommen, das sie ihr ganzes Leben begleitet hat: einen naiven Glauben an Gott.‹«

»Scheiße«, sagte Leo nachdenklich.

»Ja, das habe ich auch gedacht, und seitdem stelle ich mir die Frage nach der Wahrheit aus einer anderen Perspektive.«

Vom Schweinehüter zum Papst

Wir schwiegen eine Weile und blickten auf den Obelisken.

»Wieso war dieser Sixtus V. eigentlich so grausam?«, fragte Leo schließlich.

»Das mag mit seinem Aufstieg zusammenhängen. Sixtus V., der als Felice Peretti geboren wurde, stammte aus armen Verhältnissen. Als Kind musste er Kräuter und Pilze sammeln, damit die Familie zu essen hatte. Zudem hütete er Schweine, was mit ein paar Stücken Brot bezahlt wurde. Weil er einen älteren

Bruder hatte, der das Wenige, was die Familie besaß, erben sollte, gaben sie ihn, wie damals üblich, in den Franziskanerorden, damit er nicht verhungerte.

Doch der Junge aus dem Kaff Grottammare in den Marken machte eine überraschende Blitzkarriere. Weil er als asketischer Mönch galt, der selber rein und unnachgiebig streng lebte, schaffte er es auf den Stuhl des Inquisitors in Venedig. Dieser Job, also seine Aufgabe, Ketzer zu verfolgen und zu bestrafen, muss ihn prädestiniert haben, dass er später als Papst einer der grausamsten Verfolger angeblicher Verbrecher wurde.

Im Jahr 1570 wurde er zum Kardinal ernannt und legte, ohne es zu wollen, den Grundstein für seine Wahl zum Papst. Der damalige Papst Gregor XIII. aus der Familie Boncompagni verabscheute den asketischen Emporkömmling aus einer Bauernfamilie wegen seiner rigiden Moralvorstellungen. Als Papst wird Sixtus mit der Bulle *Effraenatam perditissimorum* Ehebruch und Homosexualität mit grausamen Strafen belegen, auch Selbstbefriedigung wurde bestraft. Gregor XIII. hingegen war lebenslustig und hatte einen Sohn namens Giacomo Boncompagni, den er zum Entsetzen des Asketen Felice Peretti auch noch legitimieren ließ. Nach dem Tod des Boncompagni-Papstes waren sich dessen Anhänger nicht einig über die Nachfolge, die Gegner nutzten die Gunst der Stunde und suchten einen Mann aus, der Gregor XIII. verachtet hatte, der somit also nichts tun würde, um dessen Gefolgschaft zu unterstützen. Sixtus V. wurde nach einer relativ kurzen, dreitägigen Papstwahl per Akklamation zum Papst gewählt.«

»Was ist eine Akklamation?«

»Na ja, die katholische Kirche stellt sich vor, dass der Heilige Geist in die Wahl eines Papstes eingreift und dafür sorgt, dass der richtige Kandidat gewählt wird. Deshalb gibt es mehrere Möglichkeiten, das Amt des Papstes zu besetzen. Die bekannteste ist natürlich die Wahl eines Papstes: Ein Kandidat, der eine Zwei-

Sixtus V., Papst zwischen 1585 und 1590: Von Gnade hielt dieser Kirchenfürst nichts. Noch auf seinem Grabmal ließ er Henker abbilden.

drittelmehrheit auf sich vereinen kann, wird Papst. Gleichzeitig existierte die Vorstellung, dass die Kardinäle mit Hilfe des Heiligen Geistes den Kandidaten einfach erkennen könnten, als hätte ihnen Gott einen Schleier vor den Augen weggerissen. So soll das bei Felice Peretti gewesen sein. Aus der Sicht der adeligen Clans in Rom, die um das Papstamt rivalisierten, schien er ein äußerst vielversprechender Kandidat zu sein: ein Sohn armer Bauern, der es nicht wagen würde, den noblen Familien, die den Vatikan kontrollierten, die Stirn zu bieten. Doch sie hatten sich gründlich verschätzt. Der Bauernsohn entpuppte sich in nur fünf Jahren Amtszeit als ein äußerst energischer Mann auf dem Thron Petri – sowohl im Guten als auch im Schlechten. Kein anderer Papst hat deine Heimatstadt so stark verändert.«

»Was hat er denn gemacht?«

»Ein Teil des Stadtplans geht auf diesen Papst zurück.«

»Der regiert nur fünf Jahre und verändert die Stadt Rom mehr als Päpste, die jahrzehntelang regierten?«

»Ja, heute würde man wohl sagen, dass er hyperaktiv war. Er ließ die großen Pilgerstraßen ausbauen, auch die Via Merulana von der Kirche Santa Maria Maggiore zur Lateranbasilika. Sie kreuzt die antike Via Labicana, die zur Basilika Santa Croce in Gerusalemme führt. Der Papst wollte durch diese Straßenkreuzung die Stadt Rom, die er für verdorben hielt, symbolisch exorzieren, ihr also den Satan austreiben. Die Straßen sollten den Pilgerströmen dienen, die damals begannen, die sieben Hauptkirchen von Rom als Ziel ihrer Reise zu sehen. An den Straßen ließ der Papst Brunnen errichten, um die Menschen mit frischem Wasser zu versorgen. Sixtus V. schaffte auch ein Kunststück, das seit der Antike niemandem mehr gelungen war: die höher gelegenen Stadtteile Roms mit Wasser zu versorgen. Auch den Esquilin-Hügel.«

»Wahnsinn! Den Menschen ging dort im Sommer 2017 das Wasser aus.«

»Das stimmt; vierhundert Jahre zuvor war die Wasserversorgung besser. Sixtus V. ließ die antike Wasserleitung Aqua Alexandrina reparieren, die das Wasser der Quellen, die an der Via Praenestina liegen, nach Rom brachte, etwa 20000 Kubikmeter pro Tag. Er nannte sie Acqua Felice, nach dem bürgerlichen Vornamen des Papstes: Felice. Sie endet am Moses-Brunnen. So wie Moses gegen den Stein schlägt und durch Gottes Willen Wasser entspringt, wollte der Papst zeigen, dass auch er Wasser für die durstenden Römer herbeischaffen kann.«

»Das ist doch der Brunnen in der Nähe des Hauptbahnhofs.«

»Ja, in der Nähe. Dort stand auch der Palast des Papstes, ziemlich genau an der Stelle, wo heute der Hauptbahnhof Roma Termini liegt.«

Der Moses-Brunnen, den Sixtus V. auf dem Quirinal – heute in der Nähe des Hauptbahnhofs Roma Termini – errichten ließ, war bestimmt für die Römer und für den Wasserbedarf seiner privaten Villa.

»Okay, verstehe, der Papst wollte überhaupt nicht den Römern was Gutes tun, sondern Wasser für seinen Palast?«

»Sagen wir, er wollte beides. Während Papst Sixtus im Vatikan lebte, regierte in seinem privaten Palast, der Villa Guglielmi, die einzige echte First Lady, die es in der Geschichte der Päpste gibt, Camilla Peretti. Die Schwester des Papstes führte einen Hof wie eine Königin, umgab sich mit Künstlern, auch einem der besten aller Zeiten, Michelangelo Merisi, der nach seiner Heimatstadt den Namen Caravaggio trägt.«

»Wow, der Bauer aus den Marken installiert eine First Lady.«

»Er hat aber auch eine andere, sehr grausame Seite.«

»Die wäre?«

»Habe ich ja vorhin schon gesagt. Sein Pontifikat begann, freundlich ausgedrückt, spektakulär. Er ließ zur Feier des Tages zwei junge Männer aus der Stadt Cori hinrichten. Er ließ sie auf der Engelsbrücke aufhängen und stellte ihre Leichen zur Schau. Sie hatten den Fehler begangen, Waffen zu tragen, was verboten war, aber zuvor nur sehr selten gleich mit dem Tode bestraft wurde. Es war der Auftakt seines unendlich grausamen Feldzugs gegen die Banditen.«

»Was für Banditen?«

»Das Wort ›Bandit‹ kommt vom italienischen Wort ›Bando‹, was so etwas wie ›öffentliche Ausschreibung‹ bedeutet. Die öffentlich ausgeschriebenen Namen auf einem Bando nannte man Banditi, also Menschen, die von einem Bando getroffen worden waren. Damals wurden Menschen aller Rechte beraubt für Vergehen, die aus unserer Sicht nichts mit einem Verbrechen zu tun haben. Wenn du das Pech hattest, dich in eine schöne Frau zu verlieben, und du hast sie geheiratet, und irgendein Fürst wollte sie, dir passte aber nicht, dass er sie einfach in sein Bett zerrte, dann war es wahrscheinlich, dass er dich für vogelfrei erklären ließ. Um dein Leben zu retten, wärst du in die Wälder geflüchtet, du hättest dich von Beeren, Wild und gestohlenem Obst und Getreide ernährt.

Der Großteil der Banditen wurde aber aus Armut kriminell. Hungernde Menschen, die beim Stehlen von Brot erwischt wurden, konnten vom ›Bando‹ getroffen werden und waren damit Banditi, die mit dem Tode bestraft werden konnten. In weiten Teilen des ehemaligen Kirchenstaates finden sich die alten Brigantenpfade noch, Pfade, die von den Outlaws genutzt wurden, um ihren Verfolgern, den sogenannten Sbirren, zu entkommen. Wenn du dich an der Grenze des alten Kirchenstaates, im Norden bei Acquapendente, also rund um den Bolsena-See, umschaust, dann wirst du viele Menschen treffen, die diese alten Brigantenpfade noch genau kennen. Sie waren wichtig, um vor der Hinrichtung im Kirchenstaat zu fliehen, und natürlich für Schmuggler. Es gab sogar regelrechte kleine Armeen, einen Staat im Staat aus Banditen, die durch das Land zogen und versuchten zu überleben.«

»Also ein bisschen wie Robin Hood?«

»Genau. Es gab einige legendäre Banditen. Auf einen von ihnen, er hieß Prete Guercino, setzte Papst Sixtus die unfassbare Kopfgeldsumme von 2000 Scudi aus, ein Handwerker verdiente damals im Jahr etwa 50 Scudi. Die Komplizen des Banditen verrieten Prete Guercino, und der Papst ließ ihn köpfen und seinen Kopf auf der Engelsbrücke zur Schau stellen.«

»Das ist ja wie aus *Game of Thrones.*«

»Die Gesandten in Rom beschwerten sich, dass es sehr unangenehm sei, in Rom zu leben wegen des ständigen pestilenzialischen Leichengeruchs.

Sixtus V. ließ sich davon nicht beeindrucken. Gegenüber französischen Gesandten erklärte er, dass die Zahl der Banditen im Kirchenstaat bei etwa 20 000 liege, und er habe erst 7000 erwischt. Der mordlustige Papst ging dabei mit gnadenloser Brutalität vor. Er soll den Vorschlag, vergiftete Speisen auf Esel zu laden und diese über die Pfade der Briganten zu treiben, begeistert gutgeheißen haben. Die Banditen plünderten die Lastentiere und starben an dem Gift. Mit Rechtsprechung hat das alles nichts zu tun, es war Mord.«

Das Ende der Armada

»Hat dieser Papst denn irgendetwas getan, um die Welt zu verbessern?«

»Na ja, besonders glücklich agierte er nicht. Sein zweites

Großprojekt zeugte, wie die Obelisken-Aktion, von Größenwahn: Er war verstrickt in den größten jemals unternommenen Versuch, ein großes Land mit Waffengewalt zum katholischen Glauben zurückzubringen. Papst Sixtus hielt die Eroberung Englands durch Philipp II. von Spanien für möglich, und das ging gnadenlos schief. Philipp schwärmte von einer Rekatholisierung Englands. Im Jahr 1531 hatte König Heinrich VIII. die Kirche von England begründet und ab dem Jahr 1538 alle Besitzungen der katholischen Kirche in England beschlagnahmt. Katholiken, die an ihrem Glauben und an der Treue zum Papst festhielten, wurden mit Gefängnis oder dem Tode bestraft. Der spanische König glaubte nun, mit Waffengewalt die Ausbreitung des Protestantismus verhindern zu können.

Papst Sixtus setzte auf diese Karte. Er verständigte sich mit dem König über die zu erwartende Kriegsbeute. Sollte eine Invasion gelingen, wollte Sixtus die beschlagnahmten Güter der katholischen Kirche zurückhaben. Nach zähem Ringen schätzte Philipp II. die Kosten für die Invasion Englands auf sieben Millionen Dukaten und versuchte, den Papst anzupumpen. Der sagte zu, eine Million Dukaten zu zahlen, wollte aber das Geld erst herausrücken, sobald die ersten spanischen Soldaten englischen Boden betraten.

Sixtus V. konnte sich eine solche Investition problemlos leisten; er hortete die Unsumme von vier Millionen Scudi in der Engelsburg und schadete damit der Wirtschaft des Kirchenstaates erheblich. Von ihrer rigiden Sparpolitik hatte die Kirche übrigens nichts, die Soldaten Napoleons raubten schließlich den Schatz. So übertrieben sparsam der Papst auch war, die Zurückeroberung Englands für die katholische Kirche schien ihm zu verlockend, um nicht einen Teil seines Reichtums zu wagen, der ihn ohnehin zum reichsten Herrscher Europas machte. Der Papst glaubte, dass die unterdrückten Katholiken in England den spanischen Truppen wie Befreiern entgegenziehen würden.

Tatsächlich fürchtete die damalige Regentin Königin Elisabeth I. von England genau das. Sie wusste, dass in ihrem Reich Zehntausende Menschen nur zum Schein der Kirche von England huldigten, sich aber in Wahrheit nach dem katholischen Papst sehnten. Eine Invasion Englands durch katholische Truppen konnte also tatsächlich für die englische Krone als Desaster und für den Papst mit einem großen Sieg enden.

Im Mai 1588 verließ schließlich die Armada Lissabon mit dem Ziel England. Der Flottenverband aus 130 Schiffen und 2431 Kanonen gehörte zur größten Konzentration von Seestreitkräften aller Zeiten und galt als unbesiegbar. Die Spanier besaßen Schiffe mit regelrechten Burgen, also hohen Aufbauten, und waren auf den Enterkampf spezialisiert. Die Kanonen konnten nur Ziele treffen, die relativ nah waren, aber dann verheerende Zerstörungen anrichten. An Bord waren 27000 Soldaten und Seeleute.

Der Plan für die Invasion war relativ simpel: Die Armada sollte auf ihrem Weg zusätzlich die Armee des spanischen Heerführers Alessandro Farnese in den Niederlanden aufnehmen und nach England bringen. Dann sollten die Schiffe einfach die Themse hinaufsegeln und London einnehmen. Die Armada Philipps II. wurde von dem Herzog von Medina-Sidonia befehligt, einem Admiral, der keine Ahnung vom Krieg auf See hatte und zudem stark an Seekrankheit litt.«

»Vielleicht hätte der Mann dem König sagen sollen, dass er keine Ahnung davon hatte, wie man eine so große Armada befehligen muss.«

»Hat er ja, das macht es ja noch schlimmer. Der Herzog schrieb dem König mehrfach, dass er der falsche Mann sei. Aber Philipp II. war das alles egal, er blieb bei seiner Entscheidung. Dass auch die Beschlüsse eines Königs falsch sein könnten, kam ihm offensichtlich nicht in den Sinn. Die Katastrophe blieb dann auch nicht aus.«

Kann ein König so dumm sein, ausgerechnet einem Herzog von Medina-Sidonia, der schwer unter Seekrankheit leidet und darauf immer wieder hinweist, den Befehl über die Armada, einen riesigen Kriegsschiffsverband, zu übertragen? Philipp II. konnte.

»Eine Seeschlacht.«

»Nicht wirklich. Wochenlang beschossen sich die Engländer und Spanier auf Distanz, verbrauchten Unmengen Munition und Lebensmittel. Durch unsachgemäße Lagerung des Pulvers flogen spanische Schiffe in die Luft, die Landung in den Niederlanden misslang, die Flotte der Schiffe, die durch den Ärmelkanal segelten, war mittlerweile zu schwach, um eine Invasion Englands auch nur zu erwägen. Sie ließ sich von der manövrierfähigeren englischen Flotte unter Charles Howard und Francis Drake in die raue Nordsee abdrängen, wo Stürme viel verheerendere Schäden anrichteten als die Kanonen der Engländer. Vor allem weil die spanischen Schiffe für die Nordsee weder gebaut noch ausgerüstet waren. Sie umrundeten England, gerieten in eine Katastrophe nach der anderen. Als das Schiff ›Girona‹ sank, starben auf einen Schlag 1300 Menschen. Insgesamt kamen 12000 Soldaten ums Leben. Ende September trafen 68 Wracks in Santander ein, das war alles, was von der unbesiegbaren Armada übrig geblieben war. Der Traum des Papstes, England zum katholischen Glauben zurückzuzwingen, war gescheitert.«

Zölibat und Kaiserkrönung

Wir stellten uns in der beeindruckend langen Schlange der Gottesdienstbesucher an, die durch den Sicherheitscheck der Polizei mussten, um in die Kirche zu kommen. Wir beide hatten jetzt viel Zeit.

»Nun fang schon an!«, sagte Leo.

»Womit?«, fragte ich arglos.

»Na womit wohl? Du brennst doch darauf, mir vor allem eins zu zeigen: dass du die Prüfung bei Fernanda auf Anhieb bestanden hättest. Also los, zeig mir, dass ich keine Ahnung habe; das ist doch sowieso deine Lieblingsbeschäftigung.«

Jetzt ruhig bleiben, sagte eine Stimme in meinem Kopf.

»Leo, ich möchte einfach was mit dir zusammen wieder geradebiegen. Ich will dir keineswegs zeigen, dass du keine Ahnung hast.«

»Du willst mir doch nur zeigen, was du alles weißt: über diesen Platz und diese Kirche und die Kunst und die Weltgeschichte.«

»Dann halte ich jetzt die Klappe, und du erzählst mir, was du über diese Kirche weißt«, antwortete ich ein bisschen resigniert.

»Ein einziges Mal hast du mir etwas von der Peterskirche gezeigt, das mich interessiert hat. Du hast einen Freund im Vatikan besucht, und wir sind direkt an der Kirche vorbeigegangen, da, wo die Touristen nicht hinkommen. An dem Tag hat es sehr stark geregnet. Da sah ich zum ersten Mal in meinem Leben einen Wasserfall. Es war, als wäre ein Fluss, nicht nur ein Bach, ein ganzer Fluss vom Dach hinabgestürzt. Du hast mir als Kind aus einem Buch vorgelesen, das in den Alpen spielte, da kam ein Wasserfall vor, und ich habe mich gefragt, was das wohl ist. Ausgerechnet am Petersdom habe ich also diesen Wasserfall gesehen und plötzlich kapiert, wie groß diese Kirche ist. Wenn es regnet, sammelt sich auf dem Riesendach ein ganzer Fluss, der an den Wasserspeiern in die Tiefe stürzt. Einen richtigen Wasserfall in den Bergen habe ich ja noch nie gesehen, weil wir nie Urlaub in den Bergen machen durften.«

»Ich kann Berge nicht ausstehen.«

»Und deswegen musste ich auch Berge unausstehlich finden. Du hast mich immer gezwungen, dein Leben zu leben.«

»Was soll das denn jetzt?«

»Dich fasziniert Rom, und deswegen muss es mich auf die gleiche Weise faszinieren. Weißt du, was der Petersdom für mich ist? Ich werde es dir sagen: Er ist mein Zuhause. Du bist aus einem Kaff im Norden gekommen und hast nicht fassen können, was Rom zu bieten hat, und hast alles über den Petersdom gelesen. Das hätte ich vielleicht auch getan, wenn ich als Tourist nach Köln gekommen wäre; dann hätte ich wahrscheinlich alles über den Kölner Dom wissen wollen. Aber für mich ist der Petersdom Zuhause. Wenn wir nach den Ferien nach Rom reingefahren sind, haben wir ihn schon von Weitem gesehen. Wenn ich mit Mama mit der Straßenbahnlinie 8 in die Stadt gefahren bin, haben wir immer auf die Stelle an der Brücke gewartet, wo man

Der Petersdom in Rom: Verstand und Auge sind kaum in der Lage, die gewaltigen Ausmaße dieser päpstlichen Basilika, der Memorialkirche von Simon Petrus, zu erfassen, die rund 20 000 Menschen Platz bietet.

die Kuppel des Petersdoms sehen konnte. Als wir aus Trastevere nach Monteverde gezogen sind, habe ich eine Stelle in dem neuen Stadtteil gesucht, von wo aus man den Petersdom sehen konnte. Es kann sein, dass du mehr über diese Kirche weißt als ich, aber sie gehört viel mehr in mein Leben als in deins. Das einzig Faszinierende, das du mir über den Petersdom gesagt hast, war für mich die Geschichte, dass die Päpste die Kuppel als einen riesigen Kerzenständer benutzten und Tausende Kerzen anzünden ließen, wenn sie jemanden heiliggesprochen hatten. Du sagtest, diese Lichter hätte man kilometerweit sehen können. Das habe ich mir gut vorstellen können, denn immer, wenn ich die Kuppel nach einer Weile wiedersah, schien es mir, als würde sie sagen: Schön, dass du zu Hause bist.«

Der Anflug von Ärger über meinen Sohn war jetzt einem Erstaunen gewichen, das mich vergebens nach einer Antwort suchen ließ.

»Also«, sagte Leo derweil ungeduldig und zeigte auf die Fassade des Petersdoms. »Leg los! – was fällt dir als Erstes zum Petersdom ein?«

Ich überließ mich einen Augenblick der Faszination, die dieses gewaltige Bauwerk auch nach so vielen Jahren auf mich ausübt.

»Mir fällt zuerst jener alte Mann ein aus der Dombauhütte von Sankt Peter, die seit Jahrhunderten den Riesenbau in Schuss hält. Ich musste dort als junger Journalist eine Menge Interviews führen. Er sagte mir etwas über die Peterskirche, das ich nie vergessen habe: ›Selbst wenn wir die 120 Jahre Zeit hätten, die es gedauert hat, die Kirche zu bauen, selbst wenn wir die Unsummen hätten, die sie gekostet hat, selbst wenn Genies wie Bramante und Michelangelo, die an der Kirche gebaut haben, wiedergeboren würden und uns zur Verfügung stünden, selbst wenn all das so wäre, würden wir diese Kirche heute nicht noch einmal bauen. Wir hätten einfach nicht den Mut dazu. Wir hätten nicht den Mut, solch gewaltige Pfeiler aufzutürmen, innerhalb derer ein Drittel aller römischen Kirchen Platz finden würde, nicht den Mut, auf den wackligen Holzkränen von damals gewaltige Lasten bis auf die Höhe der Kuppel, also auf 120 Meter Höhe, zu hieven und diese gigantische Kuppel zu bauen mit 42 Metern Durchmesser, die 14000 Tonnen wiegt. Das ist so, als würden 75 Boeing-747-Jumbojets auf den Pfeilern des Petersdoms parken.‹«

Leo schaute die Fassade des Petersdoms hoch und kniff die Augen zusammen.

»Es gibt auf der ganzen Welt keinen Platz, der so spektakulär ist wie dieser hier. Kein anderer Ort wurde so oft mit so gigantischem Aufwand immer wieder überbaut. Alles fängt damit an, dass die Christen des 2. Jahrhunderts hier an diese Stelle pilgerten, weil sie glaubten, dass der heilige Petrus am Rand des antiken Friedhofs begraben wurde. Kaiser Konstantin muss eine für uns heute rätselhafte Erfahrung dazu gebracht haben, ein einmaliges und radikales Projekt zu beschließen. Hat Konstantin tatsächlich ein Wunder erlebt oder etwas, das er für ein Wunder hielt? Viele Forscher glauben, dass Konstantin vor der Schlacht an der Milvischen Brücke nördlich von Rom, die ihn zum Alleinherrscher im weströmischen Reich machte, tatsächlich so etwas wie ein Wunder erlebt hatte, ein Kreuzzeichen am Himmel.«

Leo verdrehte die Augen. »Ach Gott, jetzt kommst du wieder mit der Wundernummer.«

»Okay, vielleicht war es nur ein meteorologisches Ereignis. Was immer dieses seltsame Erlebnis auch gewesen sein mag, Konstantin interpretierte es für sich und für Rom als Beweis, dass der christliche Gott ihm zum Sieg verholfen hatte – und fasste einen weitreichenden Entschluss.«

Für einen Moment schaute ich Leo an und hoffte, er würde jetzt wenigstens »Welchen Entschluss?« fragen, aber er ließ nur seinen Blick über die anderen Kirchenbesucher schweifen. Also erzählte ich weiter: »Um zu begreifen, welches Risiko Konstantin an diesem Platz einging und wie klar er sich für das junge Christentum positionierte, mit Konsequenzen bis heute, muss man Folgendes wissen: Zu jener Zeit beteten die christlichen Pilger an dem Ort, den sie für das unscheinbare Grab des heiligen Petrus hielten. Dort eine Gedenkstätte zu bauen, schien jedoch unmöglich. Denn das Grabmal lag am Rand eines monumentalen römischen Friedhofs, auf dem Mittelschichtsrömer in prächtigen Gräbern ihre Toten bestattet hatten. Eine solche Gräberstadt zu zerstören, war sogar dem Kaiser verboten. Die Erinnerung an die Vorfahren war in römischer Zeit heilig. Entgegen aller Tradition, aller Verbote ließ Konstantin die Totenstadt jedoch zuschütten und mit gewaltigem Aufwand diesen Teil des vatikanischen Hügels abtragen.

Warum riskierte der Kaiser das, fragen sich Historiker bis heute. Was trieb ihn, der mit Sicherheit kein Christ im heutigen Sinne war, in einer Stadt, in der nicht einmal ein Zehntel der Bevölkerung Christen waren, ein so monumentales Bauwerk zu errichten? Denn auch die Peterskirche Konstantins verfügte über für die damalige Zeit kolossale Ausmaße: 120 Meter lang, 30 Meter hoch, das Querschiff 63 Meter lang. Ein riesiger Bau, den Papst Silvester im Jahr 326 einweihte.

Konstantin hat mit seiner Nobilitierung der christlichen Religion den Globus bis heute verändert, und er hat mit diesem gewaltigen Bauwerk ein Zeichen gesetzt. Er ließ in der Folgezeit für die Christen Basiliken bauen, in Rom, in Jerusalem und Bethlehem. Zu der Zeit war die Basilika als Gebäude längst erfunden; dort huldigten die Römer den römischen Kaisern während ihrer Audienzen oder konnten an wichtigen Gerichtsverhandlungen teilnehmen. Dieser Kaiser Konstantin, über den es natürlich sehr viel mehr zu sagen gäbe, denn auch sein Wirken füllt Bibliotheken, hätte sich niemals träumen lassen, dass fast zwei Jahrtausende später auf Kontinenten, von denen er keine Vorstellung hatte, diese Audienzhalle der Kaiser, die Basilika, zu Hunderten als Versammlungsstätte von Christen errichtet würde.

Der gigantische Bau der alten Peterskirche aber wird für Jahrhunderte der wichtigste der Erde sein, weil am Weihnachtstag des Jahres 800 in Rom etwas Epochales geschah.

Der damals regierende Papst Leo III. hatte ein ernstes Problem: Seine Gegner in Rom trachteten ihm nach dem Leben. Er war verheiratet, soll sich aber eine stadtbekannte Geliebte geleistet haben.«

»Wie bitte?« Endlich war mein Sohn ganz Ohr. »Der Papst war verheiratet?«

»Die Ehelosigkeit der Priester wurde erst durch Papst Benedikt VIII. im Jahr 1022 durchgedrückt. Das heißt, eigentlich stimmt das nicht. Dieser Papst Benedikt VIII., aus der Familie der Grafen von Tusculum, würde aus dem Lachen nicht mehr herauskommen, wenn er wüsste, wie heute über den Zölibat, die Ehelosigkeit der Priester, gestritten wird, die in seiner Amtszeit festgelegt wurde. Er hatte nie auch nur eine Sekunde die Absicht, sich an das zu halten, was während seiner Amtszeit verboten wurde: die Eheschließung von Priestern und die Vererbung kirchlicher Güter an deren Kinder. Benedikt VIII. hätte das Ansinnen, diese Verbote auch auf sich selbst anzuwenden, als Zumutung abgelehnt.

Zu jener Zeit sahen die römischen Adelsfamilien das Amt des Papstes als etwas an, was man in der Familie vererbte. Benedikt VIII. vererbte das Papstamt an seinen Bruder Romanus, der als Papst Johannes XIX. in die Geschichte einging. Insgesamt kontrollierten die Grafen von Tusculum das Amt des Papstes über mehr als drei Jahrzehnte und nutzten es, um gegen die Lokalrivalen der Crescentier Krieg zu führen. Aus der Familie der Grafen von Tusculum ging auch Papst Benedikt IX. hervor, der sich, laut einem seiner Nachfolger, mit einer ganzen Reihe von Frauen einließ und offensichtlich nie daran dachte, keusch zu leben. Er sorgte im Übrigen für einen der Tiefpunkte in der Geschichte des Papsttums – und einen Rekord, der wahrscheinlich nie eingestellt werden wird: Er verkaufte das Papstamt an seinen Nachfolger und war nach der offiziellen Liste der Päpste des Vatikans der einzige Mann, der dreimal in seinem Leben das Amt bekleidete, zwischen 1032 und 1048.

Die Päpste aus dem Geschlecht der Tuskulaner konnten kein Interesse an einem Zölibat haben, da er ihren Absichten widersprach; deshalb könnte der damalige römisch-deutsche Kaiser Heinrich II. der entscheidende Faktor für die Einführung gewesen sein. Er könnte den von ihm abhängigen Papst Benedikt VIII. zur Forderung der Ehelosigkeit gedrängt haben. Dass die Päpste aus dem Geschlecht der Grafen von Tusculum aber nur einen Moment lang in Erwägung gezogen hätten, auf Sex zu verzichten, scheint mir abwegig. Auch in den kommenden Jahrhunderten hielten sich Priester keineswegs an den Zölibat. Noch viel später, im Jahr 1605, spotteten die Zeitgenossen über den soeben gewählten Papst Paul V., dass er in ›Dingen der Venus‹ wenig Erfahrung habe, was bedeutete, dass der Papst wenig oder noch gar keinen Sex gehabt hatte.«

»Verstehe«, meinte Leo. »Wenn es normal gewesen wäre, dass Päpste keinen Sex hatten, dann würde die Erwähnung, dass Paul V. noch Jungfrau war, keinen Sinn machen. Sie machte nur dann Sinn, wenn dieser Papst die Ausnahme war.«

»Ganz genau. Kommen wir aber auf Papst Leo zurück. Sein Problem war nicht nur, dass er verheiratet war und verdächtigt wurde, eine Geliebte zu haben, sondern auch, dass auf ihn ein Mordanschlag verübt wurde.

Am 25. April 799 kam es während einer Prozession zu Ehren des heiligen Markus vom Lateran in Richtung der Peterskirche zu einem Hinterhalt, und Papst Leo III. wurde vom Pferd gerissen. Die Angreifer versuchten, ihm die Augen auszustechen und die Zunge herauszuschneiden. Der Papst konnte entkommen, reiste nach Paderborn zum Frankenkönig Karl, später Karl der Große, und bat um Hilfe. Der kam tatsächlich im Jahr 800 nach Rom und wurde am Weihnachtsabend im Petersdom zum Kaiser gekrönt. Aber sein Biograf Einhard schrieb, dass die Krönung im Petersdom Karl dem Großen ›zuwider‹ war, dass er die Kirche, obwohl Weihnachten gefeiert wurde, nicht betreten hätte, wenn er gewusst hätte, dass der Papst ihn zum Kaiser krönen wollte.

Warum wollte Karl nicht gekrönt werden? Bis heute ist das unklar, wird allerdings auch inzwischen angezweifelt. Sicher ist jedoch, dass die Krönung den Beginn eines neuen Kaisertums und der Geschichte des Heiligen Römischen Reiches, des Sacrum Imperium Romanum, bezeichnet; die römisch-deutschen Kaiser werden diesen Titel ab diesem Zeitpunkt, also ab dem Mittelalter, bis zum Jahr 1806 tragen.«

»Wow«, sagte Leo. »Tausend Jahre lang!«

Ablasshandel: Baugeschichte ist Kirchengeschichte

»Spektakulär wurde es dann wieder einmal auf diesem Platz am 18. April 1506. Papst Julius II. legte den Grundstein für die neue Peterskirche. Der erste Baumeister Donato Bramante träumte von einem Zentralbau mit einer gigantischen Kuppel. Das war der Kern der Idee dieses Bauwerks: die riesige Kuppel. Doch die Auseinandersetzung mit den Lutheranern verschärfte sich während des Baus, die Kirchenteilung war eine Tatsache. Und die Päpste wollten Stärke zeigen, mit einem gigantischen Aufmarschplatz für ihre Priester. Deswegen ließen sie dieses riesige Langhaus wie einen Paradeplatz bauen. Sie wollten die größte Kirche der Welt, dabei begingen sie eine unverzeihliche Bausünde. Die Kirche wurde viel zu weit nach vorn gezogen, sodass die Hauptidee zerstört wurde: Wenn man heute vor dem Petersdom steht, kann man die Kuppel nicht mehr sehen.«

»Ist mir nie aufgefallen«, sagte Leo und schaute jetzt genau hin. Nachdenklich runzelte er die Stirn. »Irgendwie geht immer alles durcheinander: Die Lutheraner scheinen schuld daran, dass man die Kuppel heute nicht mehr sieht. Ein Kaiser, der gar nicht gekrönt werden will, und ein Papst, der nicht nur mit seiner Ehefrau Sex haben will, begründen ein tausendjähriges Reich. Und diese eigenartigen Zusammenhänge soll ich mir merken?«

»Ja, bitte. Aber zurück zum neuen Petersdom. Über ein Jahrhundert lang hatte keiner der Päpste gewagt, die alte Peterskirche abzureißen, in der Karl der Große gekrönt worden war. Und das, obwohl sie teilweise eingestürzt war. So bot sich 120 Jahre ein ernüchternder Anblick: Im Dach der alten Peterskirche klafften Lücken, Päpste lasen manchmal durchnässt im strömenden Regen die Messe, immer wieder musste notdürftig repariert werden. Erst als Papst Julius II. befand, dass diese Kirche kein adäquater Platz für sein zukünftiges Grabmal sein konnte, war der Weg für den Neubau frei.

Dann wurde 1513 Giovanni de' Medici, ein Sohn des Herrschers von Florenz, Lorenzos des Prächtigen, zum Papst Leo X. gewählt, und wieder verbinden sich, wie du vorhin bemerkt hast, Baugeschichte und Kirchengeschichte. Denn Leo X. beschwor eine Katastrophe herauf. Er hatte vor seiner Wahl zum Papst vermutlich ein lustiges Leben geführt, da er zwar Kardinal war, aber kein Priester. Er musste nach der Wahl zum Papst erst zum Priester geweiht werden. Weil die Kosten für den Petersdom ins Unermessliche stiegen, erfand er den Handel mit dem Ablass. Eine verrückte Idee. Die katholische Kirche verkaufte Ablassbriefe, eine Art Garantie dafür, dass der sündige Vorfahre im Jenseits das Fegefeuer verlassen und das Paradies erreichen könne, nur weil sein Nachfahre auf der Erde gezahlt hatte. Dieser Ablasshandel war einer der Gründe für die Reformation. Statt aber auf die berechtigte Kritik Luthers einzugehen, warf

Leo X. ihn einfach aus der Kirche. Dessen Exkommunikation vom Januar 1521 war sicher kein kluger Schachzug.«

Wir kamen den Kontrollstellen der Polizei jetzt endlich näher.

»Zu allem Überfluss überfielen im Jahr 1527 die spanischen und deutschen Söldnertruppen von Karl V. Rom. Der damalige Papst Clemens VII. musste in die Engelsburg fliehen. Als Folge der katastrophalen Plünderung wurde das Bauprojekt des Petersdoms erst einmal auf Eis gelegt. Als es mit dem Bau endlich weiterging, waren sich die Architekten häufig so spinnefeind, dass sie für ein Chaos auf der gigantischen Baustelle sorgten und Zeitzeugen meinten, die Kirche würde nie fertig werden.«

»Wie der Berliner Flughafen?«

»Ja, so ungefähr. Als Michelangelo Buonarroti mit 71 Jahren Chefarchitekt wurde, ließ er bereits fertiggestellte Teile der Kirche, die das Genie Raffael und später der Stararchitekt Sangallo hatten errichten lassen, wieder abreißen, um seinen eigenen Entwurf durchzusetzen. Über einhundert Jahre, bis zum Jahr 1606, standen dann die beiden Kirchenkolosse nebeneinander. Dann erst ließ Papst Paul V. die alte Peterskirche vollständig abreißen, und zwanzig Jahre später wurde die neue Peterskirche eingeweiht.«

»Weißt du eigentlich, was das Besondere an diesem Bau ist?«

»Eigentlich nicht. Bisher hast du mir von so vielen Besonderheiten erzählt, dass ich die eine nicht erkannt habe.«

»Es ist das einzige Gebäude der Welt, das wir mit unseren Augen zwar sehen können, aber nicht mehr verstehen. Unser Gehirn kann die Bilder, die die Augen aus dem Petersdom liefern, nicht mehr zusammensetzen. In allen anderen Gebäuden bekommt unser Gehirn das irgendwie hin, hier nicht mehr. Die Dimensionen sind so unfassbar, dass wir wahrnehmen, was wir nicht mehr begreifen. Es gibt einen einfachen Trick, um zu verdeutlichen, was ich meine.

Alle Besucher, die ich in die Kirche geführt habe, haben im gleichen Moment und an der gleichen Stelle verstanden, dass ihre Augen ihnen in dieser Kirche nicht mehr gehorchen: Die Kuppel scheint im Inneren der Kirche viel kleiner, als sie wirklich ist. Erst wenn man auf die Buchstaben der Inschrift schaut und dann auf die Größe der Menschen, die über den Gang im Inneren der Kuppel gehen und neben den Buchstaben winzig wirken, lässt sich erahnen, wie riesig diese Kuppel tatsächlich ist. Das, was die Architekten, die diese größte Kirche der Welt ab 1506 an dieser Stelle bauten, erreichen wollten, war etwas eigentlich Unmögliches, ein Werk der Giganten. Es sollte so wirken, als ob Mächte, die nicht von dieser Welt sind, dieses gewaltige Gebäude errichtet hätten, und meiner Ansicht nach haben sie das durchaus erreicht.«

Alles Fake?

Leo deutete auf die Fassade der Peterskirche: »Da steht, dass Papst Paul V. die Kirche gebaut hat und dass er aus der römischen Borghese-Familie kommt.«

»Erinnerst du dich an den Pasquino?«, fragte ich.

»Na klar, du meinst diese antike Statue, an der Spottverse angebracht wurden, in der Nähe der Piazza Navona.«

»Genau! Nach Fertigstellung der Fassade machten sich die Römer durch Verse auf dem Pasquino darüber lustig, dass die Kirche nicht die Größe Gottes, sondern den Reichtum der Sieneser Familie Borghese feiern sollte. Der Papst lässt sich prächtig im Mittelpunkt der Fassade feiern, als sei er der entscheidende Bauherr der Kirche gewesen. Insgesamt gab es genau zwanzig

Von Bescheidenheit hielt Papst Paul V. nichts. Er ließ seinen Namen und nicht den von Christus auf der Fassade von Sankt Peter verewigen – und scheute dabei auch vor einer Lüge nicht zurück.

Päpste, die am Bau der Peterskirche beteiligt waren – zwischen 1506 und 1623. Papst Julius II. beschloss, die Kirche zu bauen, und Papst Urban VIII. weihte sie ein. Unter der Amtszeit von Papst Paul V. wurde lediglich die Fassade fertiggestellt, und er wusste natürlich, wie viele Päpste am Bau der Kirche beteiligt gewesen waren, dennoch schreibt er schamlos seinen Namen und nicht etwa den von Christus oder Petrus auf das Hauptportal von Sankt Peter.

Damit aber nicht genug: Der Papst entstammte einer Adelsfamilie, die aus Sicht der römischen Adeligen bessere Bauerntölpel waren. Das muss Papst Paul V. derartig geärgert haben, dass er neben seinen Namen stolz das Wort ›Römer‹ auf die

Fassade setzen ließ, als stamme er aus einer alten römischen Familie. Die Eitelkeit eines Mannes vom Lande führte dazu, dass er selbst am Portal des Petersdoms log.

Es gibt keinen anderen Papst, der so skrupellos beim Ausplündern der Kirchenschätze vorging.«

»Ist das der, der die Villa Borghese und dieses geile Museum Galleria Borghese gebaut hat?«

»Das ist er.«

»Dann hat er uns beiden Jahrhunderte später noch Arbeit beschert. Die Touristen kommen aus der ganzen Welt, um die Villa und das Museum zu sehen. Ohne ihn hätte Rom eine Hauptattraktion weniger. Aber war er jetzt ein guter Typ oder eher nicht?«

»Ich weiß es einfach nicht. Dieser Papst war so sehr damit beschäftigt, die zu seiner Zeit ohnehin hoch verschuldete Kirche auszuplündern, dass der Vatikan als politische Supermacht in Europa sang- und klanglos unterging. Als der Dreißigjährige Krieg ausbrach, drängten die Parteien den Papst, in den Krieg einzugreifen, mit großen Summen die katholische Seite zu unterstützen; doch Paul V. winkte ab: Er hatte kein Geld mehr. Seine Familie hatte schon alles verschwendet, die Schuldenlast des Vatikans war enorm. Das bedeutete, dass die Päpste den Krieg, für dessen tiefere Ursachen ein Jahrhundert zuvor sie durch Ablasshandel und katastrophales Missmanagement im Umgang mit der Kritik Martin Luthers selbst verantwortlich waren, nicht mehr kontrollieren konnten. Es ist heute sicher überflüssig, darüber zu spekulieren, ob ein starker Papst mit dem Geld der Kirche die Schrecken des Dreißigjährigen Krieges hätte lindern können.«

»Das heißt, der baute lieber Lustschlösser wie die wunderschöne Villa Borghese, statt einen Krieg zu finanzieren. Ist doch eigentlich sympathisch.«

Das reizende, aber enorm teure Casino nobile beherbergt heute mit seiner privaten Kunstsammlung eine der Hauptattraktionen Roms. Weil Papst Paul V. das Geld verjubelte, blieb nichts über für den Krieg.

»Papst Paul V. schuf zweifellos eine der wichtigsten Kunstsammlungen der Welt. Er schusterte seinem Neffen Kardinal Scipione Caffarelli Borghese so ungeheure Summen zu, dass der sich den gewaltigen Park, die etwa fünf Quadratkilometer große Villa Borghese direkt an der Stadtmauer mit dem Casino nobile, leisten konnte. Die Bankette des Kardinal-Nepoten waren legendär. Es ging dabei äußerst freizügig zu. Sicher ist jedoch, dass Papst Paul V. die Friedensbotschaft von Jesus von Nazareth nicht im Mindesten verstanden hatte. Er führte eine Dankesprozession nach der Schlacht am Weißen Berg an, bei der die katholische Allianz 5000 Lutheraner hingemetzelt hatte. Danach erlitt er allerdings einen Schlaganfall.«

»Weißt du, was ich mich frage: Wenn es stimmt, was die Katholiken glauben, dass Gott durch den Heiligen Geist im Konklave den Papst aussucht, wieso suchte er dann einen Typen wie Paul V. aus?«

»Keine Ahnung, Leo. Ich weiß auch nicht, ob diese Heilige Stadt je die Stadt Gottes war, aber ohne Zweifel ist sie die Stadt der Frage nach einem Gott.«

»Wie meinst du das?«

»Du kannst in Rom keinen Meter gehen, ohne dich zu fragen, ob Gott existiert. In der römischen Innenstadt gibt es 921 Kirchen, es gibt die einzige Behörde der Welt, die göttliche Wunder untersucht, in der Kongregation für Heiligsprechungen. Es gibt das Hauptquartier der Behörde für die Verbreitung des Glaubens an Gott. Jeder, der nach Rom kommt, aber wirklich jeder, stellt sich irgendwann die Frage, ob es einen solchen Gott tatsächlich gibt oder ob der ganze Aufwand, der in Rom für Gott betrieben wird, überflüssig ist, weil es ebendiesen Gott gar nicht gibt. Der Haken an der Sache ist, dass dieser Gott, wenn es ihn denn gibt, manchmal ziemlich verrückte Dinge tut. Gott, wenn es ihn denn gibt, lässt eigenartige Entwicklungen zu, sodass man sich ab und zu die Frage stellt, ob er einen seltsamen Sinn für Humor hat und den ausgerechnet in Rom auslebt.«

»Was ist hier witzig?«

»Wieso heißt die Kirche hier Petersdom?«

»Weil hier Petrus begraben ist?«

»Das ist der Punkt. Die Päpste haben ein ziemliches Problem mit Petrus, weil er sehr wahrscheinlich nie in Rom war.«

»Echt jetzt?«

»Das Problem ist die Bibel. In der Apostelgeschichte steht lang und breit alles über die Reise von Paulus nach Rom. Die Anwesenheit von Petrus in Rom wird aber mit keinem einzigen Wort erwähnt. Wieso schweigt sich die Bibel darüber aus, dass Petrus in Rom war? Laut Überlieferung finden Petrus und Paulus ein grausames Ende. Paulus wird enthauptet, Petrus im Circus gekreuzigt, mit dem Kopf nach unten. Aber in der Bibel steht nichts davon, weder dass Petrus in Rom war, noch dass er so spektakulär hingerichtet wurde. Warum nicht? Dass Paulus in Rom lebte, ist so gut wie sicher.«

»Petrus aber nicht? Das waren Fake News?«

»Aus dem Römerbrief geht ganz klar hervor, dass Paulus keine Ahnung davon hatte, ob Petrus oder ein anderer Apostel vor ihm in Rom gewesen war. Hingegen ist es möglich, dass Petrus in Babylon war, weit weg von Rom, und dann nach Jerusalem zurückkehrte. Er war sicher auch in Antiochia, aber es ist eher unwahrscheinlich, dass er je in Rom war.«

»Petrus war also mitnichten der erste Bischof von Rom?« Mein Sohn war sichtlich amüsiert. »Aber hatte Christus ihn nicht den Felsen genannt, auf dem seine Kirche stehen soll?«

»Es gibt jede Menge Theologen, auch hier im Vatikan, die bezweifeln, dass Christus diesen Satz je gesagt hat. Jesus benutzte das Wort ›Ecclesia‹, Kirche, im Neuen Testament nur ein einziges Mal, nur an dieser einen Stelle. Wenn ihm an dem Projekt einer Kirche gelegen war, wieso sprach er dann nur ein einziges Mal darüber? Eine Kirche kann er auch nicht gemeint haben, weil es so etwas noch gar nicht gab. Heute gilt als sehr wahrscheinlich, dass dieser Satz von griechischen Christen so etwa im 4. Jahrhundert nachträglich in das Neue Testament geschrieben wurde.«

»Aber die Petrusbriefe in der Bibel. Hat er die nicht in Rom geschrieben?«

»Nein, er hat sie wahrscheinlich gar nicht geschrieben.«

»Das ist nicht dein Ernst.«

»Den ersten Petrusbrief schrieb er angeblich in Babylon an eine in Kleinasien weit verstreute römische Gemeinde, die es aber zur Zeit des Todes von Petrus, der um das Jahr 64 gestorben sein soll, noch gar nicht gab. Den zweiten Petrusbrief kann er gar nicht geschrieben haben, weil es in dem Brief darum geht, dass ja die erste Generation der Zeugen-Christen gestorben sei, zu denen gehört aber Petrus selber. Außerdem sind die Briefe zweifellos von einem Verfasser geschrieben worden, dessen Muttersprache Griechisch war. Petrus sprach aber Aramäisch, Jesus nannte ihn nach dem aramäischen Wort für Fels Kephas. Und die Briefe sind völlig unpersönlich; aber Petrus hat Christus noch gekannt und hätte über ihn ganz anders geschrieben. Es tut mir leid, aber es ist nun mal ziemlich wahrscheinlich, dass Petrus nie in Rom war.«

Das Grab ist leer

»Und wieso steht dann diese riesige Kirche da?«

»Als Papst Pius XI. im Jahr 1939 starb, hatte er in seinem Testament festgelegt, dass er ganz nahe am Hauptaltar begraben werden wollte. Beim Ausschachten des Grabes stieß man zufällig auf jene Totenstadt, die sich unter dem gesamten Petersdom entlangzieht bis zur Engelsburg.«

»Und dann?«

»Es war natürlich eine Sensation. Die Archäologen konnten es kaum fassen. Sie standen auf einmal in einer Totenstadt, die zu Lebzeiten des heiligen Petrus bereits existiert hatte. Wenn Petrus tatsächlich im nahe gelegenen Circus des Nero getötet worden war, dann war es plausibel, dass man die Leiche in die Totenstadt gebracht hatte. Papst Pius war begeistert. Natürlich hatte man jahrhundertelang gehofft, dass der Hauptaltar des Petersdoms auf dem Grab des heiligen Petrus errichtet worden war; aber beweisen ließ sich das nie. Jetzt standen die Archäologen auf dem Boden der alten Totenstadt, also nur wenige Meter entfernt von dem mutmaßlichen Grab des heiligen Petrus. Sie versuchten also das Naheliegendste: das Grab zu finden. Was eine schier unlösbare Aufgabe war, denn das Steingebirge der Zehntausenden Tonnen des Petersdoms stand ja darauf. Papst Pius XII. weigerte sich, wie bei allen Ausgrabungen von oben nach unten zu graben. Denn das hätte bedeutet, dass man den Hauptaltar hätte abreißen müssen – und das wollte der Papst auf keinen Fall. Deshalb legten die Archäologen unten in der Totenstadt vertikale Stollen an, um bis zu der vermuteten Grabstelle zu gelangen. Was sie fanden, war gleichzeitig ermutigend und erschütternd.«

»Wieso?«

»Unter dem Hauptaltar des Petersdoms liegt tatsächlich ein Gräberfeld, ein sogenanntes Fächergrab. Das ist typisch für frühchristliche Gräber von Menschen, die sich in der Nähe eines Märtyrers begraben lassen wollten. Es waren einfache Gräber, ein paar Dachziegel überdeckten die Grube, in der der Leichnam in der nackten Erde lag. Armengräber, weiter nichts.«

»Warum wollten die sich denn alle in der Nähe eines Märtyrers begraben lassen?«

»In der Bibel, in der Offenbarung des Johannes, findet sich die Prophezeiung von zwei Auferstehungen. Er schreibt, dass die Märtyrer, die um Christi willen enthauptet wurden, als Erste auferstehen werden und dass die anderen noch tausend Jahre warten müssen. So entstand der Glaube, dass man in der Nähe eines Märtyrers begraben werden müsste, um mit den Märtyrern aufzuerstehen und sich tausend Jahre Wartezeit zu ersparen.«

Leo kicherte, und eine Gruppe Nonnen drehte sich mit tadelndem Blick zu uns um. »Was soll denn der Unsinn? Was haben die Menschen gedacht? Vielleicht meinten sie, der Märtyrer würde bei seiner Auferstehung so viel Krach machen, dass sie das auch mitbekämen. Oder glaubten sie, dass der Märtyrer Mitleid haben würde mit denen, die mit ihm bestattet wurden, und sie auch auferwecken lassen würde?«

»Keine Ahnung«, sagte ich. »Aber Fächergräber galten als Hinweis darauf, dass dort in der Mitte des Fächers ein Märtyrer begraben lag oder ein Mensch, den seine Anhänger für einen Märtyrer hielten. Die Archäologen waren entzückt. Leider konnte Papst Pius XII. nicht die Klappe halten. Er verkündete im Jahr 1942 über Radio Vatikan, dass das Grab des Apostels Petrus gefunden worden war. Doch als die Archäologen weitergruben, war die Enttäuschung riesig: Das Grab war leer.«

»Leer, wie blöd ist das denn?«, fragte Leo.

»Ja, leer. In ihrer Verzweiflung suchten sie in der Nähe weiter. Aber die Gebeine, die sie in der Umgebung des leeren Grabes fanden, stammten von Frauen oder Kindern, keinesfalls von einem Mann wie Petrus, der zum Zeitpunkt seines Todes etwa sechzig Jahre alt gewesen sein musste.«

»Um Gottes willen«, meinte Leo. »Der Petersdom ohne Petrusgrab?«

»Genau das war das Problem. Alles, was man fand, war ein kleines Mäuerchen, etwa kniehoch, das möglicherweise das Grab vor Überschwemmungen schützen sollte. Es gibt nur einen einzigen Hinweis dafür, dass Petrus dort unter der Kirche begraben wurde. Auf eine mit Graffiti bedeckte Wand schrieb etwa hundert Jahre nach dem Tod von Petrus ein Christ, dass er an diesen Ort gekommen sei, um zu Petrus zu beten. Das Graffito könnte bedeuten: ›Petros eni‹, was auf Griechisch bedeutet: Petrus ist hier. An diesem Ort wurde ein Denkmal errichtet, ein knapp kniehohes Mäuerchen; ein bisschen wenig, wenn die Christen tatsächlich geglaubt hätten, dass Petrus, ein Augenzeuge des auferstandenen Christus, tatsächlich dort begraben läge. Unzweifelhaft ist das Grab an der Graffitimauer leer. Es kann natürlich sein, dass die Gebeine in Sicherheit gebracht

Der Papstaltar in Sankt Peter über dem mutmaßlichen Petrusgrab. Nur ein Papst darf an dem Altar die Messe zelebrieren.

wurden; aber es ist eigentlich wahrscheinlicher, dass Petrus einfach nie in Rom war.«

»Und dass Petrus in Rom gekreuzigt wurde und er aus Respekt vor Christus sich andersherum kreuzigen ließ, mit dem Kopf nach unten, was ist denn damit? Ist das erfunden?«

»Eine Legende, und noch nicht einmal eine besonders gut erzählte. Überleg doch mal. Selbst wenn es wirklich stimmen sollte, dass Petrus in Rom war, und wenn er hier tatsächlich gekreuzigt worden wäre, dann wäre er für die Römer, die ihn kreuzigten, ein Schwerverbrecher gewesen. Was, denkst du, passiert, wenn ein solcher Verbrecher im Moment der Kreuzigung anfinge, Forderungen zu stellen und zu sagen: ›Hört mal zu, Jungs! Ich bestehe darauf, mit dem Kopf nach unten gekreuzigt zu werden. Denn ich glaube an einen Mann, den ihr für einen gefährlichen Spinner namens Jesus haltet, und deswegen kreuzigt mich bitte andersherum.‹ Was, meinst du, hätten die Soldaten gemacht? Sie hätten ihm ein paar Peitschenhiebe verpasst. Die Römer kreuzigten Menschen, damit man ihre Bestrafung am Kreuz von Weitem gut sehen konnte – das ging kaum mit dem Kopf nach unten. Warum hätten sie Petrus diesen Gefallen tun sollen? Man kann es drehen und wenden, wie man will, es ist und bleibt relativ unwahrscheinlich, dass Petrus je in Rom war.«

»Für die Päpste, die Nachfolger Petri, die Hüter des Petrusamtes, wäre das aber ein Desaster. Ist das geil, das wusste ich nicht. Mann, ist das cool.« Leo schien jetzt richtig Spaß zu haben.

»Kann man so sagen. Es ist auch möglich, dass das Gerücht verbreitet wurde, in dem Grab würde Petrus liegen. Die Graffiti wurden erst etwa hundert Jahre nach dem Tod von Petrus in die Wand geritzt. In einer so langen Zeit können eine Menge Irrtümer entstehen. Vielleicht wollten die Christen in Rom auch nur ein Petrusgrab herbeizaubern, eine Fälschung anlegen, weil sie, gemessen an Jerusalem, wo immerhin der Bruder von Jesus, Jakobus, die Gemeinde leitete, oder Alexandria, wo der Evangelist Markus Bischof wurde, nichts vorzuweisen hatten.«

»Also ist Petrus definitiv nicht unter dem Petersdom begraben worden?«

»Niemand weiß das. Wenn man sich nur an das Evangelium hält, dann war Petrus nie in Rom. Letztendlich wird man es aber nie wissen, denn in der Mauer, der sogenannten roten Schutzmauer, entdeckten die Archäologen Knochenreste, die in ein prächtiges Tuch gewickelt worden waren. Es ist möglich, dass diese Gebeine aus dem Grab stammen und in die Mauer gelegt wurden, um sie vor dem Zerfall in der feuchten Erde zu schützen. Das Tuch deutet jedenfalls darauf hin, dass ein wichtiger Verstorbener in der Mauer beigesetzt wurde. War das Petrus? Ausschließen kann man es nicht. Bleibt das Problem, dass die Bibel über den Aufenthalt von Petrus in Rom schweigt. So grüßt Paulus im Römerbrief einige Christen mit ihrem Namen, aber nicht Petrus. Unwahrscheinlich, dass Paulus Petrus nicht gegrüßt hätte, wenn der dort gewesen wäre.

Die Anhänger der Theorie, dass Petrus in Rom war, klammern sich an das Wort ›Babylon‹. Petrus schreibt in dem ersten Petrusbrief, den er zumindest selber diktiert haben könnte, dass er den Brief in Babylon verfasst hätte. Die Anhänger der Petrus-in-Rom-Theorie konstruieren daraus, dass Petrus den Brief gar nicht in Babylon schrieb, sondern mit Babylon das sündige Rom meinte. Aber das ist keine besonders überzeugende Annahme, in jedem Fall nichts weiter als eine Vermutung.«

Was für ein Gott?

»Gibt es denn überhaupt keine Berichte darüber, dass Petrus vielleicht doch hier gewesen sein könnte?«

»Klar. Erinnerst du dich, dass ich mal einen Roman geschrieben habe, der *Die Petrusakte* heißt?«

»Ey, Alter«, schnaufte Leo und schaute auf die Schlange vor uns, als würde sich dort jeden Augenblick Protest gegen mich breitmachen. »Nerv mich, womit du willst, aber bitte, bitte lass mich mit deinen Büchern zufrieden.«

»Du meinst, mit meinen Scheißbüchern.«

»Das habe ich nicht gesagt.«

»Aber gedacht?«

»Ja klar, wer liest denn so einen Scheiß? Bücher, das war gestern. Kannst du nicht einmal, ein einziges Mal, was Cooles machen? Bücher über Päpste ... Was soll ich eigentlich sagen, wenn mich ein cooles Mädchen fragt: Was macht eigentlich dein Alter? Soll ich dann sagen: Der schreibt Papstbücher? Ist dir klar, wie abtörnend das ist? Die Mädels denken doch, dass sie bei uns zu Hause in die Messe müssen und dann in den Beichtstuhl.«

»Red nicht so einen Unsinn!«, meckerte ich. Warum musste mein Sohn immer alles in den Dreck ziehen?

»Hast du auch nur eins davon gelesen?«

»Natürlich nicht. Wenn ich in der Schule erzähle, dass ich Papstbücher lese, kommen die mit der Zwangsjacke.«

»Das Buch *Petrusakte* war ein Roman, ein Thriller.«

»Hat Hollywood es verfilmt?«

»Okay, Hollywood hat es nicht verfilmt, aber es war ein Erfolg«, verteidigte ich mich kleinlaut.

»Gibt's das als Fernsehfilm? Nein! Als Idee für ein Computergame? Nein! Also ist es Mist.«

»Für dich vielleicht.«

Eine absolute Rarität in den Vatikanischen Museen ist diese Darstellung einer Szene mit Simon dem Zauberer, die nur in einem apokryphen, also nicht in den Kanon des Neuen Testaments aufgenommenen Text vorkommt.

»Aber egal, wieso hast du mit diesem Buch angefangen?«

»In meinem Roman ging es um einen Zauberer. Er kommt im Evangelium vor, im achten Kapitel der Apostelgeschichte. Er heißt Simon und wird als ein mächtiger Zauberer geschildert, der das Volk in seinen Bann zieht. Doch dann sieht Simon, dass die Apostel durch Handauflegen den Heiligen Geist weitergeben können. Er geht zu ihnen und bietet ihnen Geld an, um selbst auch diese magischen Kräfte zu erlangen. Petrus und Paulus sind stinksauer und schicken ihn mitsamt seinem Geld weg. Simon entschuldigt sich und verkündet danach das Evangelium. Doch in der sogenannten Petrusakte, einem Text, der es nicht in den Kanon der Evangelien geschafft hat, der als unglaubwürdig gilt, geht es um die Schilderung des Aufenthaltes von Petrus in Rom. Dort sieht Petrus den Zauberer Simon wieder, und es kommt zu einem spektakulären Wettstreit.

Zur Zeit des Kaisers Claudius soll dieser Simon im Stadtzentrum von Rom ein erstaunliches Wunder gewirkt haben. Er soll wie ein Vogel durch die Luft geflogen sein, um vor Petrus und Paulus seine Macht zu demonstrieren. Die beiden Apostel knien nieder und bitten Gott, den Zauberer abstürzen zu lassen, doch er soll nicht sterben, sondern sich die Beine brechen. Tatsächlich stürzt Simon ab und bricht sich die Beine. Was dann in der Petrusakte passiert, zeigt, dass die gesamte Szene erfunden wurde, denn der herabgestürzte Magier wird gesteinigt. In Griechenland und Palästina waren Steinigungen üblich, aber in Rom völlig undenkbar. Das wusste der Autor offenbar nicht. In der Petrusakte endet die Geschichte damit, dass der verletzte Zauberer nach Ariccia bei Rom gebracht wird, wo er stirbt.«

»Da hast du mich mal hingeschleppt. Jetzt erinnere ich mich. Ich fand diese Spanferkel-Spezialität, die sie da machen, Porchetta aus Ariccia, total widerlich.«

»Ich auch.«

»Das habe ich als Kind wohl gespürt, und deswegen habe ich mich gewundert, dass wir dorthin gefahren sind. Du hast mir eine Tafel gezeigt.«

»Ja, das gefälschte Grab von Simon dem Zauberer.«

»Gab es den denn nun oder nicht?«

»Sehr wahrscheinlich nicht. Die Geschichte von Simon ist eine Apokryphe, eine von jenen biblischen Geschichten, die letztendlich im Jahr 367 von Athanasius von Alexandria aus der Bibel geworfen wurden, also nicht zur Heilsbotschaft der Evangelien gehören, sondern als Legenden und möglicherweise erfunden eingeschätzt wurden. Dabei sind einige Geschichten ganz besonders spannend, die aber, weil sie so spektakulär waren, als unglaubwürdig galten. So rutscht also ein Teil der

Geschichte ins Evangelium, während ein anderer Teil draußen bleiben muss – und das ist gerade der Teil, der vom Aufenthalt des Petrus in Rom erzählt. Diese Geschichte erschien den Kirchenvätern vielleicht zu phantastisch, aber auch faszinierend. Sogar im Vatikan wurde diese Geschichte aufgemalt.«

»Echt? Wo denn?«

»Unter der Decke im großen Kartensaal. Berühmt ist auch die Darstellung des Absturzes von Simon vor Petrus in Rom in der Kirche von Monreale bei Palermo. Hätte man diese Erzählung in die Evangelien aufgenommen, wäre das Problem beseitigt gewesen, dass der Aufenthalt von Petrus in Rom in der Bibel nicht vorkommt.«

Starapostel Petrus – not available

»Wieso ist es letztendlich so wichtig für die Päpste, dass ausgerechnet das Grab von Petrus in Rom liegt? Ich denke, es gibt wenig Zweifel daran, dass Paulus hier in Rom war. Hätte es nicht gereicht, eine große Kirche am Grab des heiligen Paulus zu bauen? Dann hätte man sich nicht damit herumärgern müssen, dass Petrus vielleicht gar nicht in Rom war.«

»Ganz einfach. Paulus hat Christus nie gesehen. Dass Paulus in Rom bestattet worden sein soll, war schön und wichtig für die Päpste, aber nicht annähernd so wichtig wie die Tatsache, dass Petrus hier gewesen sein könnte. Petrus vereint zwei enorme Vorteile: Er war nicht nur jahrelang an der Seite von Jesus, er hat auch den auferstandenen Christus mit eigenen Augen gesehen. Christus selbst soll ihn zum ersten Papst gemacht haben, du weißt schon, der Felsen, auf dem die Kirche gebaut werden soll. Es ist also kein Wunder, dass den Christen wichtig war, das Grab des Mannes zu finden, der Christus so nahe gewesen war.«

Eines der größten Rätsel Roms: Erst im Jahr 2005 wurde der Sarg des Apostels Paulus in der Paulskirche untersucht. Grabbeigaben und Knochenreste scheinen zu bestätigen, dass die Gebeine des Paulus tatsächlich in diesem Sarg ruhen; im Bild das Ziborium.

»Verstehe. Der Star der Apostel ist Petrus, Paulus ist nur zweite Liga«, stellte Leo nüchtern fest.

»So in etwa. Paulus hat wahrscheinlich jahrelang in Rom gelebt und ist vermutlich so um das Jahr 65 enthauptet worden. Aber auch über den Tod von Paulus schweigt die Bibel. Paulus schrieb selbst im Brief an die Römer, dass er plante, nach Spanien zu reisen. Es ist unklar, ob er den Plan in die Tat umsetzen konnte oder in Rom starb. Laut der Legende wurde er in der Nähe der heutigen Via Ostiense enthauptet. Als sein Kopf abgeschlagen wurde, soll er dreimal auf der Erde aufgesprungen sein, bevor er zur Ruhe kam. An diesen drei Stellen sollen drei Quellen entsprungen sein, eine warme, eine lauwarme und eine eiskalte. Den Ort nennt man heute noch Drei-Quellen-Ort. Eine Kirche steht dort, die Kirche der Tre Fontane. Knapp zweitausend Jahre lang blieb das tatsächliche Grab des Paulus allerdings ein Geheimnis, bis etwas passiert.«

»Nämlich?«

»Stell dir mal vor, zweitausend Jahre lang pilgern Menschen nach Rom und wollen an das Grab des Paulus von Tarsus, das Grab des Mannes, der durch ein Wunder auf der Straße nach Damaskus vom Saulus zum Paulus wurde. In Rom existierte bereits seit der Zeit von Kaiser Konstantin, seit 324, eine große Basilika am vermuteten Grab des heiligen Paulus. Es schien also klar, wo der Sarg des heiligen Paulus sein musste: unter dem Altar in der Kirche des heiligen Paulus vor den Mauern. Knapp 1700 Jahre betreten Millionen von Menschen die Sankt-Pauls-Basilika, ohne je auf die logischste aller Ideen zu kommen, nämlich nachzusehen, ob die Leiche des heiligen Paulus tatsächlich unter dem Altar der Kirche bestattet sein könnte. Erst im Jahr 2005 forschte ein Archäologenteam des Vatikans unter dem Altar der Pauls-Basilika nach und fand einen Sarkophag, der tatsächlich die letzte Ruhestätte des heiligen Paulus sein könnte. Denn darin befinden sich Knochen und edle Stoffreste, die nach Einschätzung unabhängiger Experten, die nicht über die Herkunft der Proben informiert worden waren, aus dem 1. oder 2. Jahrhundert stammen. Jetzt kann Rom tatsächlich stolz behaupten, mit einiger Wahrscheinlichkeit das Grab eines der wichtigsten Akteure des Neuen Testaments gefunden zu haben, auch wenn es nicht das Grab des heiligen Petrus ist.«

Wir hatten die Kontrollen erreicht. Ich legte Handy, Schlüsselbund und meine Jacke auf das Band des Scanners.

»Irgendwie wird mir Rom sympathischer«, sagte Leo unvermittelt. »Diese Schatzkiste Gottes, die du immer angepriesen hast, die Stadt, in der die Menschen seit Jahrtausenden auf die Suche nach Gott gehen, war also eine Stadt des Heiligen, aber auch eine Stadt voller Gemeinheiten, Irrtümer, Brutalität.«

Leo hatte den Scanner überstanden.

»Ja, aber auch diese dunklen Seiten hatten immer mit Gott zu tun. Das war das Besondere an Rom.

Zu fragen ist doch: Wieso hat dieser Gott das alles zugelassen, die ganzen Pfuschereien, die Betrügereien, die zu Kriegen und massenhaften Morden führten? Wieso war diese alte Stadt so voller Lügen über Gott? Wieso war Gottes Geschichte in dieser Stadt so oft verfälscht und hingebogen worden, wieso war so wenig echt und rein? Warum ließ dieser Gott das alles zu, und gab es ihn überhaupt? Was war das für ein Gott, der so etwas passieren ließ – oder war hinter den Wolken da oben im All oder wo auch immer einfach nichts?

War das die wahre Geschichte dieser Stadt und der Kirche, die hier ihr Zentrum behauptet: dass sie ein riesiges Monument war, bestimmt für einen Gott, den alle suchten – und der nicht existierte?«

Wir hatten es endlich bis zum Portal der Peterskirche geschafft und gingen hinein.

PETERSDOM

Inflation der Heiligen Jahre

Ich betrat mit Leo die Eingangshalle der Peterskirche und fragte mich, ob er sich wenigstens heute würde verkneifen können, mich als Teil eines korrupten Systems namens katholische Kirche hinzustellen – wie er es jedes Mal machte, wenn wir den Petersdom betraten. Diesmal war ich immerhin hier, um ihm zu helfen, hatte also ein Recht darauf, geschont zu werden. Aber er schaffte es nicht. Er deutet auf die Verkaufsstände der Vox Mundi und fragte bitter: »Na, hat euer Ablasshandel heute zu?«

Ich versuchte, die Bosheit einfach zu überhören, ärgerte mich aber dennoch. Leo machte sich, wie viele Römer beim Besuch der Peterskirche, über den regen Handel in der Vorhalle lustig. Es ist ein böser Insider-Seitenhieb. Um Reisegruppen die Peterskirche zu zeigen, muss man an den Ständen der kircheneigenen Firma Vox Mundi Kopfhörer und Mikrofone ausleihen. Jede Gruppe, die die Kirche besuchen will, muss sich mit Kopfhörern versorgen lassen. Am Eingang zur Basilika stehen Wachposten von Vox Mundi, die jene Gruppen herauspicken, die versuchen, ohne Kopfhörer in die Kirche zu gelangen. Die offizielle Begründung liegt nahe: In dem gigantischen Gedränge in der Peterskirche während der Stoßzeiten würde eine unglaubliche Schreierei herrschen, wenn die Reiseleiter ihrer Gruppe die Peterskirche ohne Mikrofone und Kopfhörer erklären müssten. Pikanterweise müssen auch die Gruppen zahlen, die schon mit Kopfhörern ausgerüstet sind.

Der Vorwurf an den Vatikan, indirekt für Gruppen Eintritt für den Petersdom zu verlangen, ist also nicht ganz unberechtigt. Ich habe Hunderte Male mit Vox Mundi zusammengearbeitet und finde den Vorwurf gegen Vox Mundi, ausgerechnet im Petersdom zu schachern, eher unangebracht.

Aber Leo machte sich stets genussvoll darüber lustig, dass ich indirekt mit der Anmietung der Kopfhörer einen Eintritt bezahlen musste. Er beschimpfte mich zu gern, weil ich seiner Ansicht nach dabei mitmachte, dass die Kirche die Hand aufhielt wie während des Ablasshandels.

An den Sonntagen, wenn der Papst eine Messe im Petersdom liest, sind die Stände von Vox Mundi geschlossen. Leo zeigte auf die Verkaufsstände und konstatierte genüsslich: »Da lässt du den Rubel doch auch rollen, oder? Dabei hat doch Christus die Geldwechsler aus dem Tempel vertrieben.«

Eigentlich hatte ich jetzt schon keine Lust mehr.

Coelestin und der Erfinder des Heiligen Jahres

Aber Leo wandte sich um und zeigte auf die schwere Tür: »Das ist doch die Heilige Pforte? Wieso sieht die eigentlich so neu aus?«

Ich machte nun auch gute Miene und erklärte:

»Diese Heilige Pforte gibt es erst seit dem Heiligen Jahr 1950. Vorher gab es alle möglichen Türen hier, aber keine war so prächtig.«

»Klopfen die Päpste nicht mit einem Hammer dagegen?«

»Stimmt. Der ziemlich wenig fromme Papst Alexander VI., der seine Kinder protegierte und sich die Geliebte Giulia Far-

Die Heilige Pforte im Petersdom: Eigentlich soll sie nur alle 25 Jahre für ein Heiliges Jahr geöffnet werden, wäre da nicht die Ungeduld der Päpste.

nese leistete, führte im Jahr 1499 die Tradition ein, dass das Heilige Jahr mit drei Hammerschlägen gegen die Pforte eröffnet wird. Seitdem machen die Päpste das immer so. Im Laufe der Jahrhunderte ist man auf die Idee gekommen, die rechte Pforte am Eingang des Petersdoms zuzumauern und die Mauer in jedem Heiligen Jahr einzureißen. Hinter dieser Bronzepforte liegt also eine richtige Mauer.«

»Wie kamen die Päpste auf die Idee der Heiligen Pforte?«

»Wahrscheinlich hat es mit der Friedens- und Kriegspforte der römischen Kaiser zu tun. Die Türen des Janus-Tempels wurden im antiken Rom immer dann verschlossen, wenn in Rom Frieden herrschte, nachdem die römische Armee einen Sieg errungen hatte. Im Krieg wurden die Pforten geöffnet.«

»Was soll das Heilige Jahre eigentlich?«, fragte Leo.

»Ganz einfach: In der Bibel, im Alten Testament, im 3. Buch Mose ist die Rede von einem Erlassjahr. Alle fünfzig Jahre sollten Schulden und Besitzstreitigkeiten ausgeglichen werden. Das hebräische ›Schenat Hajobel‹ wird in der christlichen Tradition zum Annus Iubilaeus; daher kommt auch der Ausdruck ›alle Jubeljahre‹, weil das Jubiläumsjahr zunächst so selten stattfand. Dieses aus der Bibel stammende göttliche Jahr des Schuldablasses wurde aber ziemlich schnell von den Interessen der Menschen beherrscht.«

»Inwiefern?«

»Der erste Papst, der auf die Idee kam, ein Heiliges Jahr, ein Jubeljahr feiern zu lassen, war Bonifatius VIII. Er feierte das erste heilige Jubiläum im Jahr 1300. Aber ausgerechnet dieser Papst verhielt sich selbst eher wie ein Teufel denn wie ein Heiliger. Es gelang ihm vermutlich, seinen Vorgänger, Papst Coelestin V., zum Rücktritt zu überreden, um selber Papst werden zu können. Der arme Coelestin V. gehört zu den tragischsten Männern auf dem Thron des Papstes. Er hatte fast sein gesamtes Leben als Einsiedlermönch in den Bergen der Abruzzen verbracht. Im Traum soll ihm in der Nähe von Collemaggio geheißen worden sein, eine Kirche zu bauen. So entstand die Kirche Santa Maria di Collemaggio. Nach deren Fertigstellung zog sich Pietro da Morrone in eine Höhle bei Sulmona zurück und lebte dort über fünfzig Jahre als Einsiedler. Er galt als Heiliger. Ich kann mir gut vorstellen, was für ein Schock es gewesen sein muss, als dieser alte Einsiedler, fast 85 Jahre alt, zum Papst gewählt wurde und am Palmsonntag in L'Aquila auf einem Esel zur Kirche ritt, um sich zum Papst krönen zu lassen.«

»Das passt ja prima. Schon fast ein bisschen gruselig.«

»Wie meinst du das?«

»Na ja, dieser Coelestin V. und Joseph Ratzinger haben gleich zwei wichtige Gemeinsamkeiten. Du hast doch gesagt, dass Joseph Ratzinger nicht Papst werden wollte, ebenso wenig wie dieser Coelestin – und beide sind die einzigen Päpste, die freiwillig zurücktraten.«

»Das stimmt. Beiden fiel es sehr schwer, das Amt auszuüben, und beide haben ein ähnliches Problem, trotz siebenhundert Jahren zeitlichem Abstand: Die weltgewandten Kardinäle der Kurie verfügten über einen ausgeklügelten Machtapparat, um die Kirche und die Gläubigen kontrollieren zu können. Coelestin, der fromme Mönch, gänzlich unerfahren in den Winkelzügen und Lügen der Kurie, musste scheitern. Und das kann man schon mit der Situation Joseph Ratzingers vergleichen.«

Ich dachte kurz über Leos Vergleich nach und kehrte dann zu Coelestin zurück.

»Zustande gekommen war die Wahl Coelestins, weil das Amt des Papstes 27 Monate lang nicht besetzt gewesen war und der neapolitanische König Karl II. endlich einen Papst auf dem Thron haben wollte, den er manipulieren konnte. Als Coelestin schließlich abdankte und umgehend Bonifatius VIII. auf den Thron gelangte, ließ der seinen Vorgänger jagen. Der Einsiedlermönch war, nur von einem Mitbruder begleitet, von Neapel in Richtung Rom unterwegs gewesen, als Gefangener. Bei Sulmona ließ ihn der Bruder entkommen, was er mit dem Leben bezahlen sollte. Bonifatius ließ daraufhin überall in Süditalien nach seinem Vorgänger suchen. Coelestin versteckte sich monatelang in Mittelitalien, gelangte schließlich nach Rodi am Monte Gargano, eine der heiligsten Stätten in der Welt des Mittelalters, wo in einer Höhle der Erzengel Michael verehrt wurde.

Fast wäre dem zurückgetretenen Papst die Flucht gelungen. Er schaffte es auf ein Schiff, das ihn nach Griechenland hätte bringen sollen; doch der Wind stand ungünstig, und die Strömung trieb das Schiff zurück nach Italien. In Vieste wurde er von Häschern des neuen Papstes gestellt und in eine Zelle eingesperrt, wo er bis zu seinem Tod bleiben würde. Bonifatius VIII. hatte offensichtlich Angst davor, dass Coelestin seinen Rücktritt widerrufen und ein Schisma, also eine Kirchenspaltung, drohen könnte.«

»Mann, ist das cool: Die Päpste untereinander waren ja so richtige Kumpels. Wenn ich das Elend von dem armen Coelestin mal in unsere Zeit übersetzen darf, zu unserem zurückgetretenen Papst: Dann tritt Joseph Ratzinger zurück, knackt ein Auto und versucht, in Richtung Adria abzuhauen. Dort angekommen, schmiert er irgendeinen Urlauber mit einem schnellen Boot, dem geht aber auf dem Weg nach Griechenland der Sprit aus, und Ratzinger wird im Urlauber-Resort bei Vieste, wo ein Club neben dem anderen liegt, inmitten von Mädels, die sich oben ohne sonnen und nur knappe Tangas tragen, angetrieben. Papa Francesco hat unterdessen seine Kavallerie geschickt, die schnappen sich Ratzinger und schmeißen ihn in das tiefste Loch im Vatikan ohne Wi-Fi und Fernsehen.«

»So in etwa«, sagte ich, innerlich schmunzelnd über Leos komödiantischen Scharfsinn.

»Weil dieser Fall so spektakulär und auch so übel für den zurückgetretenen Papst endete, wird es bis zum Jahr 2013 dauern, bis wieder ein Papst zurücktritt, Joseph Ratzinger, Papst Benedikt XVI.

Auch im Fall Ratzinger gab es offensichtlich Bedenken, dass der zurückgetretene Papst manipuliert werden könnte, wenn er in seine Heimat zurückkehrte. Aus Vorsicht, damit die Rücknahme des Rücktritts ausgeschlossen blieb, zwangen die Kardinäle Joseph Ratzinger, im Vatikan zu bleiben, obwohl der Bayer immer wieder seinen Wunsch geäußert hatte, nach Deutschland zurückzukehren.

Einmal auf dem Thron des Papstes, führte Bonifatius VIII. aus der Familie Caetani einen erbitterten Krieg gegen die verhasste Familie der Colonna. Er scheute sich nicht einmal, zu einem Kreuzzug aufzurufen, um für seine Familie Besitzungen erobern zu können. Er verbiss sich dann in einen Konflikt mit König

Philipp IV. von Frankreich, der den Beinamen der Schöne trug. Er schrieb die berühmteste Bulle des Mittelalters *Unam sanctam*, die sich gegen den König richtete. Darin bekräftigte er den aus dem Papstprimat abgeleiteten Anspruch auf die päpstliche Weltherrschaft: Das ›weltliche Schwert‹ unterstehe dem ›geistlichen Schwert‹, das geistliche werde *von* der Kirche geführt und das weltliche *für* die Kirche. Die Sache ging aber schief. Einen Tag vor der Exkommunikation Philipps des Schönen stürmten die verhassten Gegner der Familie Colonna, Sciarra Colonna und der französische Heerführer Wilhelm von Nogaret, die Residenz des Papstes in Anagni bei Rom. Dabei soll der Papst auch persönlich verletzt worden sein.«

»Verletzt? Wie verletzt?«

»Laut Legende bekommt er eine Ohrfeige.«

Leo lachte schallend auf. »Der Papst kriegt eine geknallt, das ist ja geil. Kann das nicht mal wieder jemand machen?«

»Er weigerte sich aber abzudanken, starb kurz darauf im Oktober 1303.

Obwohl der Papst eher wie ein raffsüchtiger Heide lebte, funktionierte die Idee des Heiligen Jahres blendend. Aus ganz Europa strömten Pilger nach Rom in der Hoffnung, Ablass von göttlichen Strafen für ihre Sünden zu erwirken. Die Angst vor endlosen Qualen in einer Hölle war weit verbreitet. Die Pilger brachten große Geldmengen nach Rom, die Stadt blühte auf. Doch mit dieser Idee legte Bonifatius schon den Grundstein für die Reformation. Er begründete die Vorstellung, Päpste könnten auf der Erde die Macht haben, Strafen im Jenseits annullieren zu lassen. Die Reformation des Martin Luther wird durch die Geißelung dieser Idee eine Kirchenteilung auslösen.

Weil das Heilige Jahr finanziell so erfolgreich war, wollten die Nachfolger von Bonifatius VIII. nicht mehr hundert Jahre auf ein Heiliges Jahr warten. Schon Papst Clemens VI. änderte die Regel und führte ein Heiliges Jahr nach nur fünfzig Jahren, also 1350, ein. Papst Urban VI. wollte sein eigenes Heiliges Jahr im Jahr 1390, dann wurde im Jahr 1400 wieder das reguläre Heilige Jahr gefeiert, und bereits im Jahr 1413 feierte Papst Gregor XII. sein Heiliges Jahr. Du siehst, von wegen alle hundert Jahre. Papst Martin V. führte dann wieder eine neue Regel ein, dass nämlich alle 33 Jahre, also die Anzahl der Jahre, die Christus gelebt haben soll, ein Heiliges Jahr gefeiert werden sollte. Er legte sich zurecht, dass ja im Jahr 1390 ein Heiliges Jahr stattgefunden hatte, er also 1423 ein Heiliges Jahr feiern konnte. Erst Papst Paul II. brachte 1470 wieder Ordnung in die Sache, und seitdem halten sich die Päpste an die Regel – bis heute: Ein Heiliges Jahr darf seit 1475 alle 25 Jahre gefeiert werden. Allerdings musste es bisher dreimal ausfallen: Im Jahr 1799 wurde Papst Pius VI. in französische Gefangenschaft überführt, er starb im Sommer 1799 in Valence. Da sein Nachfolger Pius VII. erst im März 1800 unter dem Schutz Österreichs in Venedig gewählt wurde, konnte er das Heilige Jahr 1800 nicht einleiten. Ein ähnliches Problem hatte Papst Pius IX. Er musste am 24. November 1848 vor den Revolutionären nach Gaeta, südlich von Rom, fliehen. Er konnte, nach der Niederschlagung des Aufstands der Römer und der Zerschlagung der kurzlebigen römischen Republik durch französische und spanische Truppen, erst im Frühjahr 1850 nach Rom zurückkehren. Das war zu spät, um noch ein Heiliges Jahr auszurufen. Papst Pius IX. verzichtete beleidigt auf die Eröffnung des Heiligen Jahres im Jahr 1875, weil die Italiener im Jahr 1870 den Kirchenstaat erobert und in einer Volksbefragung den Anschluss an Italien erreicht hatten. Das Königreich der Päpste war damit untergegangen. Pius IX. hatte aber schon drei außerordentliche Heilige Jahre gefeiert, deswegen gönnte er sich vermutlich die Bosheit, das Heilige Jahr 1875 ausfallen zu lassen.«

»Was für ein außerordentliches Heiliges Jahr meinst du?«, fragte Leo. »Ich denke, es ging immer schön nacheinander, alle 25 Jahre ein Heiliges Jahr.«

»Na ja, alles relativ – auch in der Kirche. Es stimmt, dass ab dem Jahr 1470 die Regel eingehalten wird, aber viele Päpste wollten nicht 25 Jahre warten; deswegen gab es zusätzlich achtzehn irreguläre Heilige Jahre. Papst Leo X. rief im Jahr 1518 das erste solche Heilige Jahr aus, um die Polen im Kampf gegen die Türken zu unterstützen. Wie gesagt, war dann Pius IX. ein regelrechter Heiliges-Jahr-Fanatiker: Er richtet 1854 das erste Heilige Jahr zur Feier des Dogmas der unbefleckten Empfängnis aus; 1858, 1867 und dann 1869 zur Feier des Ersten Vatikanischen Konzils gab es weitere Heilige Jahre. Die letzten Päpste, die länger regierten, haben sich drei Heilige Jahre gegönnt. Paul VI. feierte 1966 zum Abschluss des Vatikanischen Konzils sein Heiliges Jahr und 1967 zur Erinnerung an das Martyrium von Petrus und Paulus, im Jahr 1975 dann das reguläre Heilige Jahr. Papst Johannes Paul II. feierte 1983 ein Heiliges Jahr und schließlich das reguläre im Jahr 2000.«

Leo lachte: »Wenn du das so aufzählst, hat man das Gefühl, dass die Heilige Pforte öfter geöffnet war als geschlossen.«

»Stimmt. Und auch Papst Franziskus hat sich bereits ein Heiliges Jahr gegönnt, im Jahr 2016, das der Barmherzigkeit.«

»Komm!«, sagte Leo. »Gehen wir jetzt hinein.«

Wir stiegen über das Wappen der Schlüssel des Petrus, die in den Boden eingelassen sind, in die Kirche.

Zauber und Gefahr

Ich kenne niemanden, der beim Betreten des Petersdoms gleichgültig bleibt. Dieser gigantische Raum teilt alle Besucher in zwei Lager: Die einen empfinden nichts, sie fühlen sich eher an eine große Bahnhofshalle erinnert und sagen häufig nach kurzer Zeit, dass sie in kleinen, alten, romanischen Kirchen viel eher ein Gefühl für Frömmigkeit und einen wie auch immer gearteten Gott spüren als in diesem Riesenbau. Die anderen sind überwältigt.

»Erinnerst du dich an die Weihnachtsfeste hier?«, fragte ich Leo beim Eintreten.

»Nicht wirklich.«

»Wir sind in der Weihnachtsnacht oft hierher in den Gottesdienst gegangen, weil du das wolltest.«

»Ich wollte das?«

»Weißt du nicht mehr, wieso?«

»Nein. Ich weiß, dass wir Weihnachten immer hier waren, aber ich dachte, du hast das so gewollt.«

»Nein, es war deine Idee. Als du ganz klein warst, haben wir den Heiligen Abend zu Hause verbracht.«

»In Trastevere?«

»Ja, in Trastevere.«

»Aber irgendwann musste ich in der Weihnachtnacht arbeiten, und du und Mama, ihr seid mitgekommen. Seitdem wolltest du am Heiligen Abend immer in den Petersdom.«

»Also warum?«

»Weil die Aufseher des Petersdoms von Papst Johannes Paul II. persönlich angewiesen worden waren, dass sie an einem Abend im Jahr, und zwar am Heiligen Abend, die Kinder nicht maßregeln durften. An diesem einen Abend durften Kinder im

Selbst der riesige Bronzebaldachin über dem Papstaltar, der höher ist als viele Stadtpaläste in Rom, wirkt von der Kuppel aus klein.

Petersdom machen, was immer sie wollten. Das war wie ein riesiger Kindergeburtstag. Vorn am Hauptaltar las der Papst die Messe, aber ein paar Hundert Kinder spielten hier hinten, und du warst im Mittelpunkt.«

»Wieso das?«

»Weil du Deutscher bist.«

»Quatsch, Papa, was redest du da, ich habe einen italienischen Pass.«

»Ja, das weiß ich natürlich, aber als du klein warst, haben wir Weihnachten wie die Deutschen gefeiert. Das heißt, nach dem Abendessen und vor dem Gottesdienst gab es bei uns die Bescherung. Du bekamst deine Geschenke unter dem Tannenbaum.«

»Oh, hör mir bloß auf. An deine Tannenbaum-Aktionen kann ich mich perfekt erinnern. Wir sind stundenlang kreuz und quer durch Rom gefahren, damit du endlich deinen verdammten Tannenbaum bekamst.«

»Das war nicht meine Schuld. In Rom einen schönen Tannenbaum zu kaufen, war wahnsinnig schwierig«, verteidigte ich mich.

»Ich weiß, da er unbedingt auch noch seine Wurzeln haben musste.«

»Weil wir ihn wieder einpflanzen wollten.«

»Papa, deine deutschen Tannenbäume sind in unserer Sommerhitze alle eingegangen.«

»Einer hat überlebt, der steht genau neben unserem Hauseingang.«

»Einer von zwanzig. Wir hätten es einfach machen können, wie alle anderen auch.«

»Ich habe mich immer geweigert, einen Plastiktannenbaum aufzubauen wie die Italiener, dessen Lampen noch dazu blinken wie der Notarztwagen.«

»Ja, weil du in manchem so verdammt deutsch bist. Deswegen durfte ich auch nicht auf den Weihnachtsmarkt an der Piazza Navona.«

»Das ist ja kein Weihnachtsmarkt, sondern die Karikatur eines Weihnachtsmarktes. Mit lächerlichen Schießbuden. Eine Schießbude auf einem Weihnachtsmarkt und jede Menge Stände, an denen man Eis kaufen konnte, weil es im Dezember in Rom oft ziemlich warm ist. Aber mit einem Zitroneneis über einen Weihnachtsmarkt zu gehen, der aus Schießbuden besteht, ist pervers. Aber du hast dich auf jeden Fall über die Bescherung unter dem Tannenbaum gefreut, und du bestandest dann darauf, dass wir zum Petersdom gingen.«

»Wieso war mir das so wichtig?«

»Weil dort so viele Kinder waren, die dich bewunderten, weil du schon deine Geschenke hattest, die du in die Kirche mitgeschleppt hast. Die anderen, die italienischen Kinder, bekamen ihre Geschenke ja erst am nächsten Tag. Ich kann mich daran erinnern, dass wir einen ferngesteuerten kleinen Bagger durch die Peterskirche fahren ließen, und um dich herum waren Unmengen Kinder.«

»Hier war das, oder? An der Heiligen Pforte?«

»Ja«, bestätigte ich.

Für Augenblicke in Stein gebannt

Leo streichelte versonnen den rohen Putz der Wand auf der Seite der Heiligen Pforte. Diese Stelle im Petersdom, die Ecke zwischen der Heiligen Pforte und der Nische, in der die Pietà von Michelangelo steht, ist die einzige in der Peterskirche, in der immer eine Traube von Menschen anzutreffen ist. Egal, ob im Sommer oder im Winter, in der Haupt- oder Nebensaison, nirgendwo sonst im Petersdom konzentrieren sich ständig Hunderte von Menschen. Nicht einmal am Petrusgrab, in der Nähe des Baldachins des Bernini oder an der Statue des heiligen Petrus, dessen Bronzefuß glattgeküsst wurde, stauen sich immer Menschen. Es gibt Tage, da kann man allein vor der Statue des Petrus über das Schicksal dieses einzigartigen Menschen nachdenken; doch allein vor der Pietà verweilen können Besucher des Petersdoms eigentlich nie. Es gibt nur eine einzige Möglichkeit, wie durch einen Zauberspruch diese Menschentrauben verschwinden zu lassen: Das ist ein Gottesdienst mit dem Papst. Denn dann und nur dann huschen die Gläubigen, ohne länger zu verweilen, an der Statue vorbei, um so rasch wie möglich zu ihrem Sitzplatz zu kommen.

Michelangelo Buonarrotis Meisterwerk: Die Pietà, die Darstellung Marias, der Mater Dolorosa, mit dem Leichnam ihres Sohnes, bezaubert Menschen im Petersdom seit Jahrhunderten. Ein Meilenstein in der Geschichte der Kunst.

Leo hatte die Statue an diesem Sonntag ganz für sich allein. Er wusste genau, was für ein Glück das war; denn an allen anderen Tagen ist die Statue allein schon deswegen so schlecht zu sehen, weil ein ununterbrochenes Gewitter aus Blitzlichtern auf der Panzerglasscheibe reflektiert. Manchmal möchte ich schreien: Hört doch bitte auf damit, Blitzlichter zu benutzen! Das ist zutiefst unsinnig; auf den Handys und Fotoapparaten sieht man nur den auf der Scheibe reflektierenden Lichtblitz, aber kaum etwas von der Statue.

Leo blieb verzaubert stehen. Ich ahnte, was er sagen würde; fast alle Menschen, die in relativer Ruhe auf die Pietà schauen können, sagen das, und auch Leo sagte es: »Sie sieht aus, als könne sie sich gleich bewegen, als könne sie den Kopf heben.«

Wahrscheinlich ist das der größte Zauber der Pietà: dass die Statue wie ein lebendiger Stein wirkt, wie eine junge Frau, die nur für einen Augenblick in dem Stein gefangen ist und aufstehen und weggehen könnte. Ich kenne keine andere Statue in Rom, die solch eine Wirkung hat, selbst das Meisterwerk des Laokoon oder des von Goethe bewunderten Apollon von Belvedere. Diese Statue hier ist besonders, möglicherweise das einzige Werk, das nach über eintausend Jahren wieder die Perfektion antiker Statuen erreichte.

»Sie ist so jung.« Leo schaute verträumt – und deutete schließlich auf den Kopf der Muttergottes.

»Das hat schon die Zeitgenossen irritiert und Michelangelo immer wieder in Erklärungsnot gebracht. Er soll dazu gesagt haben, dass Jungfrauen weit weniger altern als Frauen, die nicht keusch leben.«

Leo gluckste und musste ein Lachen unterdrücken. »Ich kannte mal eine alte Schachtel, die war Hausmeisterin in der Schule, und die hatte garantiert nie was mit einem Mann gehabt, aber jung sah die nicht aus.« Dann zeigte er auf die Statue: »Aber es ist schade, dass man den liegenden Christus gar nicht richtig sehen kann.«

»Seit Jahrhunderten gibt es darüber Streit, ob die Pietà nicht an einer falschen Stelle und vor allem viel zu hoch steht, denn das Gesicht von Jesus kann man in der Tat nicht sehen. Ein irrer Ungar, der eigentlich Australier war, hat im Jahr 1972 durch Hammerschläge die Statue schwer beschädigt, auch im Gesicht, sie musste restauriert werden. Seitdem machen die Römer übrigens den blöden Witz, dass selbst die Muttergottes geliftet werden musste. Deshalb also steht sie seither hinter Panzerglas und wird wohl noch eine Weile hier stehen, die perfekteste Statue der Welt.«

Leo zückte sein Smartphone und knipste drauflos.

»Michelangelo war erst Mitte zwanzig, als er die Statue geschaffen hat. Dieses Werk in seiner Vollkommenheit hat ihn wohl selbst überrascht; nur auf dieser Statue, auf der Schärpe der Muttergottes, die über ihrer Brust verläuft, hat er seinen Namen, Michelangelo Buonarroti aus Florenz, eingemeißelt. Kein anderes Werk hat er je signiert. Und weißt du, was mich besonders fasziniert? Dass diese Statue sein Leben geprägt hat. Noch als er später der Superstar der Freskomalerei war, unterschrieb er alle Verträge mit seinem Namen, Michelangelo Buonarroti, und dem Zusatz ›Bildhauer‹; er unterschrieb nie als Maler. Er hat in der Sixtinischen Kapelle wahrscheinlich den wichtigsten Freskenzyklus gemalt, den es auf diesem Planeten gibt, aber hat sich nie als Maler gesehen.«

»Die ganze Statue erscheint so leicht.« Leo war deutlich anzumerken, wie ihn die Pietà beeindruckte.

»Deswegen ist das Ganze ja so genial, denn wir stehen vor einem Felsklotz, der 2,6 Tonnen wiegt. Wenn Maria aufstehen würde, wäre sie über zwei Meter groß. Michelangelo benutzte ein paar Tricks, um die Statue schaffen zu können: Weil er die enorme Steinmasse des Leichnams Christi stützen musste, meißelte er das gigantische Becken der Muttergottes und versteckte es dann in den Faltenwürfen; stünde die Muttergottes auf, hätte sie Beine und ein Becken wie ein Elefant. In dieser Statue wird etwas Unmögliches Wirklichkeit: Leichtigkeit in einer riesigen Steinmasse. Er hat es perfekt gemacht. Vielleicht stimmt ja, was er dazu gesagt haben soll: dass Gott die Muttergottes besonders schön gemacht haben muss, eine Frau, die nicht altert. Und vielleicht kann ja auch nur ein gläubiger Mensch so etwas schaffen.«

Er sah mich nachdenklich an.

»Was meinst du damit?«

»Dass Michelangelo auch seinen Glauben an Gott in diese Statue gemeißelt hat.«

»Gott in einem Stein?«

»Ich kann es nicht anders sagen: Vielleicht gelingt dieser Statue, etwas Unsichtbares sichtbar zu machen, den Glauben an einen gütigen Gott in Stein zu fassen. Ich kann mir nicht vorstellen, dass ein Künstler, dem der tote Körper von Jesus und die trauernde Maria nichts sagen, ein solches Meisterwerk schaffen könnte, mit einer solchen Strahlkraft.«

Löwe und Antilope

Ich spürte, dass wir schon viel zu lange vor der Pietà standen und sie anschauten. Gerade war ich dabei, gegen die wichtigste aller Regeln in der Peterskirche zu verstoßen – und mich um Kopf und Kragen zu bringen.

In jeder großen Kirche der Welt, die ein außergewöhnliches und vom Massentourismus berührtes Bauwerk ist, gibt es einen Konflikt zwischen Touristen und Ordnern in der Kirche. Sie sind natürliche Feinde wie die Antilope und der Löwe in der afrikanischen Savanne. Die Touristen wollen alles sehen, auch während der Gottesdienste, auch in Kapellen, in denen Gläubige in Stille andächtig das Allerheiligste anbeten. Den Touristen ist Frömmigkeit egal; sie wollen das in ihrem Reiseführer gepriesene Fresko, Bild oder die berühmte Statue sehen und fotografieren. Außerdem nehmen sie für sich das Recht in Anspruch, sich über das Gesehene lustig zu machen, etwa über das zugegebenermaßen häufig belächelte Motiv des heiligen Sebastian, der trotz intensiven Beschusses mit Pfeilen glücklich lächelt.

Die Ordner in der Kirche wollen das genaue Gegenteil: Für sie ist die Kirche nicht einfach ein interessantes Bauwerk mit Kunstschätzen, sondern ein sakraler Raum, in dem Menschen sich an Gott wenden und in dem herumstreichende, kichernde Urlauber, denen Gott gleichgültig ist, nichts zu suchen haben. Der Kampf, der ausgetragen wird, ist immer der gleiche: Die

Touristen wollen, wann immer es ihnen gerade passt, ungehindert durch die Kirche laufen und alles fotografieren, und die Ordner wollen genau das verhindern. Sie versuchen, dem Heiligen Respekt zu verschaffen und die Touristen, wie eine Herde wilder Pferde, in Schach zu halten, notfalls mit der Drohung, sie einfach hinauszuwerfen.

Im Petersdom, vor allem unmittelbar vor einem Gottesdienst mit dem Papst, gilt das Gleiche in verschärfter Form. Nichts schürt das Misstrauen der dortigen Ordner so nachhaltig wie der Versuch, den Dom wie ein staatliches Museum zu betreten, herumzulaufen, zu fotografieren und mit lauter Stimme Einzelheiten der zum Teil peinlichen Geschichte der Kirche von sich zu geben. Und genau deswegen waren Leo und ich hier.

Ich kannte die Strafe dafür, und mir graute vor dem Urteilsspruch. Sollte man mich erwischen, würden die Chefs der Wachmannschaft sagen: Ausgerechnet er, der schon so lange hier ist, der ganz genau weiß, dass das absolut verboten ist, macht solch einen kolossalen Fehler. Nehmen Sie ihm die Akkreditierung! Damit wäre ich erledigt: Mein Zugang in den Vatikan und zum Papst wäre für Monate, wenn nicht Jahre weg.

Ich hatte einen Fehler gemacht. Ich hatte ein Versprechen gegeben, und ich konnte es nicht einhalten. Ich hätte die Kraft aufbringen müssen, das hier und jetzt zuzugeben. Spätestens in diesem Moment hätte ich Leo sagen müssen, dass das, was ich ihm versprochen hatte, nämlich durch die Kirche zu laufen und sich alles anzuschauen, unmittelbar vor einem Gottesdienst mit dem Papst nicht möglich war. Wir hätten hinausgehen müssen. Aber wir blieben.

Zunächst einmal brauchte ich Deckung. Wir mussten untertauchen, wir durften uns nicht mehr so auffällig wie Touristen bewegen. Ich fand die perfekte Tarnung zumindest für ein paar Minuten genau dort, wo ich sie erwartet hatte: inmitten der

Tauschbörse, nur wenige Meter von der Pietà entfernt. Tauschbörse klingt merkwürdig für eine Kirche. Aber am Eingang der Peterskirche dulden die Wächter so etwas. Wer ein paar Karten für gute Sektoren hat und sie nicht braucht, überlässt sie Gottesdienstbesuchern mit schlechten Karten. Das geht diskret vor sich, aber ein Mindestmaß an Getuschel lässt sich nicht vermeiden, denn natürlich fragen die mit guten Karten Beschenkten, ob der Spender nicht doch noch ein paar weitere Karten vergeben kann. Dieses diskrete Tuscheln am Markt der Karten nehmen die Wärter hin, denn die übrig gebliebenen Karten Nonnen oder Patres zuzustecken, gilt als ein ausgesprochener Akt der Ritterlichkeit in der Kirche. Sobald ich meine Karten, die ich gut sichtbar in die Hand nahm, hochhielt, scharten sich Nonnen um mich, und einer der Aufseher ging, wie erwartet, diskret ein paar Schritte zur Seite, damit ich den Nonnen die Karten zustecken konnte. Ich hatte ein paar Minuten Zeit, aber auch nicht mehr, und ich musste sehr vorsichtig sein.

Leo bestaunte belustigt den Tauschhandel und ließ seinen Blick umherschweifen. Sobald ich alle Tickets losgeworden war, sagte er: »Komm, wir haben doch eine Verabredung.«

Der alte Mann und das Kind

Er zog mich hinter sich her durch den Bogen in der Nähe der Pietà und ging auf die Gebetsbänke vor dem Grab von Johannes Paul II. zu. Wir setzten uns nebeneinander. Es war glücklicherweise noch früh und in den Augen der Aufpasser normal, dass zwei Gläubige vor dem Gottesdienst mit dem Papst am Grab von einem seiner Vorgänger sich ein wenig sammelten. Kurz vor Beginn des Gottesdienstes würde der Zugang zu den Bänken gesperrt werden.

»Irgendwie ist das jedes Mal beeindruckend«, flüsterte Leo.

Das Grab von Papst Johannes Paul II. – letzte Ruhestätte von Gottes polnischem Marathonmann, der 104 Auslandsreisen absolvierte und als erster Papst der Geschichte eine Synagoge betrat.

Wir schauten beide auf den Schriftzug am Altar. Johannes Paul II. stand da. Hier war also der Weg des Marathonmanns Gottes zu Ende gegangen.

»Was meinst du?«, fragte ich.

»Na ja, wenn wir hierherkamen, alle zusammen, mit dir und Mama, und am Grab von Karol Wojtyła standen, war das für mich jedes Mal beeindruckend. Ich dachte dann: Wow, in dieser riesigen Kirche, in der seit über tausend Jahren alle möglichen berühmten Personen begraben wurden, liegt auch ein Mann, sogar ein Heiliger, den ich kenne. Ein Mann, der mich als Kind auf den Schoß genommen hat, der mit mir gespielt hat.

Weißt du, was ich mir manchmal vorgestellt habe? Im Sommer, wenn auf dem Petersplatz diese Mädchen aus der ganzen

Welt saßen und sich sonnten, mir das schönste Mädchen auszusuchen, zu ihr hinzugehen und zu sagen: Hättest du Lust, dir mit mir die Peterskirche anzuschauen? Ich kannte nämlich einen Heiligen, der darin begraben worden ist. Sie würde dann sagen: Willst du mich auf den Arm nehmen? Und dann hätte ich sie hierhergeführt und ihr von Karol Wojtyła erzählt.«

»Und? Hast du es je gemacht?«

Leo schüttelte den Kopf und sagte dann leise: »Nee.«

»Hättest du vielleicht tun sollen. Woran kannst du dich erinnern?«

»Seit ich denken kann, war er in unserer Familie präsent. Als ich ganz klein war, spürte ich, dass Mama traurig war, wenn du auf eine dieser langen Reisen mit ihm gegangen bist. Ich hatte natürlich keine Ahnung, was du da gemacht hast und wo du so lange warst, aber dass du mit so einer Art König mitgereist bist, das habe ich schon verstanden. Als kleines Kind hast du ständig mit Königen zu tun, deswegen hatte ich davon eine Vorstellung. Wenn du zurückkamst, hast du mir immer etwas mitgebracht und von Elefanten in Indien erzählt oder von Affen in Südamerika. Du hast dann einen Tag freigenommen, und wir haben irgendetwas zusammen gemacht. Aber natürlich habe ich mich gefragt, wie dieser König Papst wohl sein würde, mit dem du unterwegs warst.«

Ich schaute mich um, ob unser Getuschel irgendwem auffiel; aber die Bänke um uns herum waren leer. In der Kirche herrschte zudem so viel Geschäftigkeit, weil Tausende Menschen zu ihren Sitzplätzen strömten, dass wir beide, die am Grab die Köpfe zusammensteckten, niemandem auffielen.

»Als Schüler habe ich damit angegeben, dass mein Name in einem Buch steht. Du hast mir die Widmung gezeigt und mir erzählt, du hättest dir vorgestellt, dass ich dich eines Tages danach fragen könnte, wie Karol Wojtyła war, und dass du deswegen das Buch geschrieben hast. Aber ganz ehrlich: Ich habe das Buch mit der Widmung für mich zwar einer Menge Mitschülern unter die Nase gehalten, aber gelesen habe ich es nie.«

Ich klopfte ihm auf die Schulter. »Ich glaube, das ist normal. Kein Sohn liest die Bücher seines Vaters.«

»Als wir zum ersten Mal zu ihm gegangen sind, in den Vatikan, war ich sehr zufrieden, dass innen alles so aussah, wie ich es mir vorgestellt hatte. Alles glitzerte wie Gold. Ein richtiger Palast, mit Soldaten in bunten Uniformen, die ihn bewachten. Und das Beste war, dass ich an ihnen vorbei in den Palast marschieren durfte und dass die Leute uns neidisch nachschauten und sich wahrscheinlich fragten, was für wichtige Personen wir wohl sein mussten.

Ich dachte: Hier ist es genau so wie in den Märchen, genau so wie in den Filmen, die ich gesehen hatte.«

»Wie bei Heidi«, sagte ich und sah, dass Leo ein Lachen unterdrücken musste. Das war ein Familienwitz, seitdem Leo das erste Mal die Berge gesehen hatte: Als kleiner Junge fuhr er so gern Zug, deshalb nahmen wir den Autozug zur Oma nach Deutschland. Als der Zug die Alpen erreichte, sprang Leo wie von der Tarantel gestochen auf und rief: »Mamaaaa, guck mal, hier wohnt Heidi!«

Leo wurde wieder ernst: »Außerdem war da dieser sehr alte Mann, der mir so besonders vorkam.«

»Wieso sagst du das?«

»Du wirst lachen«, flüsterte er, »ich kann mich so gut an dieses erste Treffen erinnern, weil ich es als Kind normalerweise widerlich fand, von den alten Tanten oder Opas abgeknutscht zu werden. Doch an diesem Abend wollte ich dem alten Mann ein Küsschen geben, weil er so friedlich und so ganz anders war als die blöden alten Tanten meiner Verwandtschaft. Weißt du, was ich damals empfand?«

»Nein.«

»Der alte Mann, dieser Papst, sah mich. Obwohl ich nur ein Kind war. An diesem Abend war ich mehr als ein Anhängsel von dir, eine kleine Zugabe, die man freundlich behandeln, aber nicht ernst nehmen musste. Alle deine Kollegen haben mich so behandelt, als sei ich eben nur ein Kind und uninteressant. Aber dieser alte Mann schaute mich an. Ich hatte das Gefühl, dass er mich meint, dass ich ihm willkommen bin, mehr noch, dass ich ihm wichtig bin.«

»Du hast ihn Opa Papst genannt.«

»Ja, weil er ähnlich aussah wie dein Vater, wie Opa, der hatte auch so einen runden Kopf.«

»Du bist etwa drei oder vier Jahre alt gewesen, als du ihn zum ersten Mal gesehen hast.«

»Ich erinnere mich aber auch, dass wir zum Petersplatz gegangen sind, wenn dort eine Generalaudienz stattfand. Das fand ich spannend.«

»Aber der Papst konnte damals kaum mehr sprechen. Ein Assistent las Bibelauslegungen vor. Das hast du spannend gefunden?«

»Dass da einer was vorgelesen hat, habe ich nicht bemerkt. Ich habe nur gedacht: All diese Menschen hier auf dem Platz, die vielen Urlauber, die vielen Römer, sie ahnen nicht, dass ich diesen Mann wirklich kenne, dass ich auf seinem Schoß gesessen habe. Erst viele Jahre später habe ich verstanden, welches Glück ich hatte, einen so berühmten Menschen kennenzulernen. Ich habe ihn wiedergesehen, in der Schule auf der Leinwand im Medienraum. Da war auf einmal dieser Papst, mit dem ich gespielt hatte. Er ging mit Helmut Kohl durch das Brandenburger Tor, da war der Papst, der das Sowjetreich besiegt hatte. Ich sah ihn dann mit Ronald Reagan, mit Michail Gorbatschow, vor den Vereinten Nationen, mit Shimon Peres in Jerusalem. Ich habe natürlich in der Schule herumerzählt, dass ich den Mann kannte; das hat sogar einem Lehrer imponiert. Aber du hast ihn ja richtig gekannt. Weißt du, was ich dich längst fragen wollte?«

»Keine Ahnung.«

»Hast du dich je gefragt, ob der Mann da ein Heiliger sein könnte? Ich meine, an einem ganz normalen Arbeitstag, wenn du in den Vatikan musstest, hast du dich gefragt: Ist dieser Mann ein Heiliger? Und wie war das, nachdem sie ihn heiliggesprochen haben? Hast du dich da gefragt: Habe ich jahrelang mit einem Heiligen zusammengearbeitet und nichts gemerkt? Wie war denn der Mann, der jetzt unter dem Altar liegt?«

»Gute Frage«, flüsterte ich zurück. »Hin und wieder dachte ich schon darüber nach, was an diesem Mann so anders war. Denn Johannes Paul II. lebte auf eine so extreme Art und Weise, dass sich jeder fragen musste, ob der Mann komplett verrückt war oder auf eine sehr besondere Weise mit Gott verbunden, also so etwas wie ein Heiliger. Ich habe nie einen Menschen kennengelernt, der alle in seiner Umgebung so radikal zwang, sich zu fragen, ob Gott existiert, wie dieser Papst. Wojtyła wusste erschreckend viel über das, was Gott tat. Selbst seine engsten Freunde erschütterte diese schockierende Gewissheit über Gottes Handeln.

Er war überzeugt davon, dass eine unsichtbare Hand die Kugel abgefangen hatte, die ihn am 13. Mai 1981 hätte töten sollen. Selbst einigen seiner Bewunderer ging das zu weit. Konnte ein Mensch so vermessen sein, zu glauben, dass Gott ein spektakuläres Wunder gewirkt hatte, um einen bestimmten Menschen zu retten, im Augenblick eines Mordanschlags, vor Zehntausenden von Zeugen? Aber ein Papst, der so etwas sagte, zwang jeden Menschen, sich zu fragen, ob es eine unsichtbare Hand Gottes überhaupt gab oder ob der Papst einfach Unfug redete. Für Karol Wojtyła war das alles vollkommen sicher. Er glaubte daran, dass Jesus von Nazareth einer Ordensfrau in seiner Heimatstadt Krakau erschienen war, die aus der Erinnerung eine

Art Foto Gottes malen ließ, obwohl die Glaubenskongregation das jahrzehntelang für baren Unsinn gehalten hatte. Für Karol Wojtyła war das real, Jesus war durch dieses Kloster in Krakau spaziert. Als in der Nähe von Rom eine Gipsmuttergottes Blut weinte, beschlagnahmte die Polizei die Statue wegen des Verdachts auf einen Betrug. Der komplette Vatikan lachte über das vermeintliche Blutwunder – nur der Papst nicht; er schickte seinen Freund Kardinal Deskur in die Stadt, um im Ort des Blutwunders eine neue Marienstatue aufstellen zu lassen.«

Der Frontsoldat Gottes

»Weißt du, was sie im Vatikan über ihn sagten, über Karol Wojtyła?«

»Nein.« Leo betrachtete mich jetzt interessiert.

»Sie sagten über ihn: Er spricht mit Gott. In den Nächten, in denen er in der Kapelle in seiner Wohnung wachte, sprach er mit Gott, und Gott sprach mit ihm. Karol Wojtyłas unbedingter mystischer Glaube verstörte viele Menschen. Er wirkte dabei nicht wie ein gläubiger Priester, sondern wie ein einfacher, an der Front kämpfender Soldat Gottes, der für diesen Gott immer wieder, unglaubliche Strapazen ertragend, durch das Feuer musste. Karol Wojtyła konnte sich nicht vorstellen, dass man nicht an Gott glauben könnte. Das lag jenseits seiner Vorstellungswelt.«

»Ernsthaft? Der konnte sich Menschen, die Gott für ein Hirngespinst halten, nicht einmal vorstellen?«

»Nein. In seiner Welt gab es nur Gläubige und jene, die noch Hilfe brauchten auf ihrem Weg zu Gott. Alle anderen waren Feinde, die den Glauben an Gott mit Panzern und Gewehren hinter dem Eisernen Vorhang niedermachen wollten. Dieser Kriegszustand war sein Alltagsleben. Wenn er die Botschaften des Vatikans, die Nuntiaturen, in den Ländern des Einflussbereiches der Sowjetunion besuchte, hatte er immer einen großen Kassettenrecorder, einen Ghettoblaster, dabei. Sobald er ein Gespräch in der Nuntiatur begann, drehte er ihn auf volle Lautstärke. Er wusste, dass alle Zimmer verwanzt waren, und durch die laute Musik machte er es unmöglich, dass die Agenten verstanden, was er in der Botschaft sagte. Es war in seiner Welt damals für ihn normal, Berichte anhören zu müssen über Priester, die ins Gefängnis geworfen, gefoltert oder gar ermordet worden waren. Er war an der Seite seines Gottes in einem Krieg. Er lebte in seinem täglichen Leben wie ein Soldat, er lebte wie ein Kämpfer im Krieg. Er verlangte nie etwas für sich. Der Haushalt dieses Papstes war so bescheiden, dass es einem Leben an der Armutsgrenze glich. Waschmaschinen hielt man in seinem Haushalt für überflüssig, noch in den 1990er-Jahren wurde alles im päpstlichen Palast in Castel Gandolfo mit der Hand gewaschen. Die Küche war so veraltet, dass Benedikt XVI. sie vollständig ersetzen musste.«

Leo nickte und hörte mir aufmerksam zu, fragte dann leise: »Aber spürte man, dass der Mann ein Heiliger war?«

»Etwas sehr Seltsames umgab ihn. Ich habe Tausende Menschen zu Karol Wojtyła gehen sehen, und viele von ihnen glaubten nicht an Gott; aber wenn man sie fragte, wie es gewesen war, mit dem Papst zusammenzutreffen, hörte ich sehr oft das Gleiche. Sie sagten so etwas wie: ›Als ich vor dem Papst stand, war alles, was ich ihm sagen wollte, weg; stattdessen schossen mir Worte durch den Kopf – und erst nach einer Weile begriff ich: Du betest ja. Wieso betest du denn?‹ Mir erging es genauso. Als würde man ein Zwiegespräch mit Gott führen können, als würde sich ein Kanal, der verstopft war, öffnen, nur weil dieser Mann in Weiß in der Nähe war. Ich habe keine Ahnung, ob etwas Übersinnliches passierte. Vielleicht war es auch etwas ganz Schlichtes. Wenn man zu Karol Wojtyła kam, dann hatte man das Gefühl, zu einem Mann zu kommen, den Gott als Frontsoldaten in die Schlacht geschickt hatte, der mit Mut und einer schier unbegrenzten Leidensfähigkeit wieder und wieder in die Schützengräben des Krieges Gottes gekrochen war. Dieses Leid, das er ausgehalten hatte als ein einfacher Kämpfer, war überzeugend und berührend.«

Für einen Augenblick nahm mich die Erinnerung an so viele Jahre im Umfeld dieses Papstes ein.

»Dieser Karol Wojtyła hat sicher alle möglichen Fehler gemacht, aber selbst seine härtesten Kritiker hätten eines niemals bestritten: dass er alles, was er hatte, restlos alles, in den Dienst seines Kampfes für Gott gestellt hatte, bedingungslos und ohne jede Furcht. Er war der einzige Mensch, den ich je kennengelernt habe, der vor absolut nichts Angst hatte, nicht vor Krankheit und Leid und nicht vor dem Tod. Er war keine Majestät und hätte sich geweigert, heiliggesprochen zu werden. Er kannte seine Fehler und wusste ganz genau, was an seinem Hof und in seinem Namen alles schieflief.«

»Welche Fehler meinst du?« Leo sah mich prüfend an.

»Er hatte zum Beispiel jahrzehntelang die orthodoxen Christen als Ketzer beschimpft und erst als Papst die Brüder in ihnen erkannt. Dieser Fehler wog für Karol Wojtyła schwer, denn er bedeutete für ihn, dass er Gottes Willen nicht erkannt hatte, dass er Gott nicht nahe gewesen war, ihm nicht genau genug zugehört hatte, dass er also eben kein Heiliger war.«

»Glaubst du, dass er dich sieht?«

»Das hat mich noch nie jemand gefragt.«

»Also was glaubst du?«

»Ja. Manchmal glaube ich, dass er da ist. Wenn ich mich mit Freunden über die Zeit mit ihm unterhalte, wenn ich an ihn denke. Sein Grab hier passt gut an diese Stelle im Petersdom. Denn es stellt jedem, der hier vorbeikommt, die Frage: Hat dieser Mann an der Seite Gottes gekämpft und gewonnen, oder war er Teil einer politischen Entwicklung, die zu den Umwälzungen in Polen und dem Mauerfall führten? Ich glaube, das hier ist ein guter Platz, um darüber nachzudenken.«

Apple gegen Microsoft

Leo schwieg eine Weile, schließlich meinte er: »Komm, lass uns noch einmal zurückgehen. Ich habe am Eingang das Grab einer Frau gesehen. Erstaunlich, dass die Besucher gleich das Bild einer Frau empfängt. Sollen Frauen damit besonders herzlich willkommen geheißen werden?«

Ich zog ihn in eine Abseite, wo man uns nicht sehen konnte. »Nein«, sagte ich leise, »das ist überhaupt nicht nett gemeint.«

»Und wieso nicht?«

»Der Sarg ist leer; die Frau auf dem Bild ist Christina von

Das Propaganda-Grabmal im Petersdom: Dass ausgerechnet die protestantische Königin Christina von Schweden 1655 zum Katholizismus übertrat, schlachteten die Päpste mit dieser Showinstallation genüsslich aus.

Schweden, sie ruht in einem anderen Grab, unten in den Grotten des Petersdoms.«

»Und wieso ist dann der Sarg hier?«, fragte Leo.

»Das Grabdenkmal hier oben liegt nicht zufällig nur ein paar Schritte vom Eingang in die Kirche entfernt; es ist eine reine Show. Das Grabmal sollte nur eines besagen: Schaut her, wer ihr auch seid und diese Kirche betretet! Selbst Christina von Schweden, die Königin und langjährige Chefin der mächtigsten Armee, die je katholische Truppen bekämpfte, trat letztendlich zum wahren, zum einzigen, nämlich katholischen Glauben über. Die Frau, die die Prager Kunstsammlung von Kaiser Rudolf II. plündern ließ, die den Generalissimus Karl Gustav, den Chef der antikatholischen Truppen im Deutschland des Dreißigjährigen Kriegs, heiraten wollte, trat zum Schluss zum katholischen Glauben über und ließ sich von Papst Alexander VII. firmen.«

»Wie bitte? Das Grab ist eine Gemeinheit?«

»Dieses falsche Grabmal will im Klartext sagen: Ihr mieses abtrünniges protestantisches Gesindel, ihr gottlosen Anhänger des Ketzers Martin Luther! Ihr habt mit eurem evangelischen Glauben eine so kümmerliche Religion geschaffen, dass selbst die wichtigsten Anführer der evangelisch-lutherischen Front, ja selbst Königin Christina von Schweden, letztendlich die Sünde einsahen, sich von der katholischen Kirche abgekehrt zu haben und dem Irrglauben des Martin Luther nachgelaufen zu sein. Dieses falsche Grabmal an diesem Ort besagt mit unfassbarer Selbstgefälligkeit: Es gibt nur eine Kirche, die Gott will, die katholische.

Und das Schreckliche ist, dass es hier zwar dieses Grabmal einer Königin gibt, die sich zum Katholizismus bekehrte und in Rom ein lustiges Leben führte, aber nicht einen einzigen Hinweis auf die Berge von Leichen, die dieser Krieg zwischen den katholischen Truppen und der schwedischen Allianz hinterlassen hat. Im Dreißigjährigen Krieg starben in Süddeutschland etwa zwei Drittel der Bevölkerung, der Krieg war damit weit verheerender als der Zweite Weltkrieg. In einigen der vom Krieg verwüsteten Regionen sollte es über hundert Jahre dauern, bis sie sich von der Katastrophe erholt hatten. Nichts an diesem Grabmal erinnert auch nur im Geringsten an die etwa sechs Millionen Toten, die der Krieg gekostet hat.«

»Krass!«, sagte Leo. »Dann ist der Petersdom ja voll der Talibantempel.«

»Jetzt übertreibst du.«

»Wieso? Du hast doch grade gesagt, dass Millionen Menschen in dem Religionskrieg umgekommen sind. Ich denke, die wurden umgebracht, weil sie nicht zum richtigen Allah gebetet haben.«

»Das kann man so nun nicht ausdrücken. Der Dreißigjährige Krieg hatte eine ganze Reihe von Auslösern. Lange Zeit konnte man einfach nicht mehr aufhören, Krieg zu führen.«

»Erspar es mir. Ich kenne das Zitat, der Krieg ernährt den Krieg; aber darum geht es nicht. Es gibt immer viele Gründe für alle möglichen Katastrophen. Ich will nur eines wissen: Kannst du dir vorstellen, dass es das Gemetzel des Dreißigjährigen Krieges gegeben hätte ohne den Streit zwischen Katholiken und Protestanten? Hätte es diesen Krieg dann trotzdem gegeben?«

»Das kann man so einfach nicht sagen«, stotterte ich.

»Noch mal! Wenn die Katholiken den Protestanten gesagt hätten: Okay, ihr wollt ums Verrecken nicht in der katholischen Kirche mitmachen. Dann eben nicht. Dann macht doch, was ihr wollt. Ihr wollt dem Papst nicht gehorchen, uns doch egal. Also, wenn das so gewesen wäre, hätte es den Dreißigjährigen Krieg dennoch gegeben?«

»Ich glaube nicht; ohne den Streit zwischen Protestanten und Katholiken wäre der Krieg kaum ausgebrochen.«

»Also doch! Sag ich doch: Talibantempel, Millionen Tote.«

»Aber nein«, protestierte ich erneut. »Das kannst du so nicht sagen! Es war auch ein Glaubenskrieg. Davon verstehst du nichts. Du bist in eine tolerante Welt geboren worden. Einen Kampf um den Glauben kannst du dir doch nicht einmal vorstellen.«

»Klar kann ich das! In einem Streit um den Glauben geht es nicht um Argumente, es geht um das, woran man einfach glaubt, sei es noch so irrational. Das gibt es in meiner Klasse auch. Apple oder Microsoft. Tanja aus meiner Klasse schwört auf Apple, ihr sind Argumente total egal. Sie will auch nicht diskutieren, Handy, Computer, Music Player – alles muss Apple sein. Sie glaubt eben daran und will mit Leuten, die nicht daran glauben, nichts zu tun haben. Sie kann total ausrasten, wenn du dich über Apple lustig machst. Aber so unsicher wie deine Päpste hier in der Kirche ist sie nicht.«

»Wieso sollen die unsicher gewesen sein?«, fragte ich verständnislos.

»Überleg doch mal. Würdest du am Haupteingang der Microsoft-Zentrale an die Wand malen: Apple ist doof? Das wäre doch viel zu plakativ, geradezu primitiv; so was machst du doch nur, wenn du verdammt unsicher bist. Ich glaube, dass deine Päpste ziemlich unsicher waren, ob es eventuell dem lieben Gott im Himmel nicht doch egal sein könnte, ob die Menschen evangelisch oder katholisch sind. Sonst machst du doch so was nicht – am Eingang ein Plakat anzubringen und zu sagen, die anderen sind doof. So was machst du nur, wenn du nicht sicher bist, ob du recht hast.«

Ich überlegte eine Weile, ob da was dran sein könnte: Waren die Päpste unsicher? Was er sagte, klang ziemlich plausibel.

»Außerdem hat das doch alles nichts mehr mit uns zu tun, das ist doch viel zu lange her.« Leo hatte sich seine Meinung gebildet und war augenscheinlich nicht weiter interessiert. Aber ich hatte das letzte Wort dazu noch nicht gesprochen.

»Wahrscheinlich bist du tatsächlich der Erste in unserer Familie, der mit dem erbitterten Streit zwischen Katholiken und Protestanten nichts mehr zu tun hat. In mein Leben ragte dieser Glaubenskrieg noch hinein.«

»Wie meinst du das?«

»Meine Oma, also deine Urgroßmutter, wurde nach dem verlorenen Zweiten Weltkrieg aus Schlesien ausgewiesen. Sie kam in ein Auffanglager nach Oldenburg in Norddeutschland und sollte dann in einen Ort im protestantischen Norden umgesiedelt werden. Mit allen Mitteln, die einer Flüchtlingsfrau zur Verfügung standen, sträubte sie sich. Sie wollte auf keinen Fall unter Menschen evangelischen Glaubens leben. Sie nervte mit Hilfe eines katholischen Priesters die Behörden so lange, bis man ihrem Wunsch nachgab und sie in einen katholischen Wallfahrtsort gebracht wurde, nach Werl, wo ich geboren bin. Wir wohnten in einer Siedlung, in der fast nur katholische Familien aus Schlesien lebten. Eine Familie in unserer Straße war evangelisch, und mit deren Kindern sollten wir nicht spielen; meine Oma wollte das nicht. Uns kam es so vor, als sei alles, was evangelisch war, irgendwie bedrohlich, nicht normal. Uns Kindern schien es ein fürchterliches Schicksal, evangelisch zu sein.«

»Gott sei Dank ist dieser Quatsch vorbei.«

Die große Angstmache

Wir mussten jetzt unbedingt weitergehen; viel zu lange standen wir schon vor dem Scheingrab der Christina von Schweden. Es konnte nur noch eine Frage der Zeit sein, bis wir aufflogen. Doch Leo sah mich an und tat dann etwas sehr Seltsames. Er hielt mir die Ghettofaust hin, was allerhöchste Anerkennung seinerseits bedeutet. Ich war verblüfft. Womit hatte ich das verdient? Ich zog ihn auf einen der Stühle in der Nähe des Pfeilers der Schwedenkönigin, die noch nicht besetzt waren. Solange wir hier saßen, waren wir erst einmal in Sicherheit.

Eine Weile schwieg Leo, schließlich sagte er: »Kannst du dich an den alten Pfarrer erinnern, der immer kam, um unsere Wohnung in der Via Vestri zu segnen?«

»Klar, ein alter Kauz.«

»Wusstest du, dass er dich nicht ausstehen konnte?«

»Nein, der tat doch immer so freundlich.«

»Ich weiß. Wenn er bei uns zu Hause war, ließ er sich von Mama mit Kaffee und Plätzchen versorgen; aber mich sprach er ein paarmal auf der Straße an. Weißt du, warum der so sauer auf dich war?«

»Keine Ahnung.«

»Wir hatten damals in der Wohnung viele große Bilder.«

»Im Eingang hing ein Riesenengel, die Verkündigung von Fra Angelico.«

»Genau, und um den ging es auch. Der Pfarrer sagte mir, dass es eine schreckliche Sünde ist, Bilder des Heiligen als Deko zu benutzen.«

»Das hat er gesagt?« Ich war baff. Aus seiner Sicht hatte er wahrscheinlich sogar recht. Ich kannte das Problem aus einer ganz anderen Richtung: Die Buddhisten versuchen mit Kampagnen seit Jahren die Mode zu bekämpfen, dass in durchgestylten Wohnungen und Wellnesstempeln, in Hotels und Restaurants Buddhastatuen als Deko aufgestellt werden – von Menschen, denen der Buddhismus herzlich egal ist.

»Und was hast du dem Priester gesagt?«

»Das es mir leidtut. Dann hat er mich ziemlich ausgeschimpft, weil ich nicht regelmäßig in die Kirche ginge, weil er mich nicht beim Beichten gesehen hatte und so weiter, und er meinte, dass ich genau wie du riskierte, in der Hölle zu landen. Ich muss damals so dreizehn oder vierzehn Jahre alt gewesen sein. Was mir echt Angst einjagte, war, dass er behauptete, über dem Eingang der Hölle stünde: Lasst alle Hoffnung fahren.«

»Das ist von Dante, das steht nicht in der Bibel.«

»Ach, das steht gar nicht in der Bibel?«, fragte er überrascht.

»Nein«, sagte ich. »Das steht da nicht.«

»Gott sei Dank!«, seufzte Leo. »Dieser Satz: Lasst alle Hoffnung fahren – das fand ich am schlimmsten. Wenn ich überhaupt keine Hoffnung mehr haben darf, wenn ich nicht wenigstens davon träumen darf, dass es besser wird, wie soll ich dann weitermachen? Na ja, auf jeden Fall dachte ich, dass er ja etwas recht hatte. Ich war kein guter Christ, hatte schon mal geklaut, einen Mitschüler reingelegt. Also hatte ich schon irgendwie Angst vor der Hölle. Und du hast das jetzt geradegerückt.«

»Ich? Wieso das denn?«

»Ich wusste einfach nicht, dass die auch gemein waren. Ich wusste es nicht, es hat mir bisher nie jemand so gesagt. Dass die am Eingang ihres heiligsten Ortes, am Eingang des Petersdoms, eine solche Gemeinheit wie ein falsches Grabmal anbringen, um andere Christen in die Pfanne zu hauen, dass sie also auch Böses tun, Hass und Verachtung gegen andere Christen säen, hätte ich nie gedacht. Und dann hatten sie nicht einmal den Mut, der Millionen Toten zu gedenken, die während ihrer Kriege ums Leben gekommen sind. Weißt du, was mir das jetzt sagt?«

»Nein«, ich hörte gespannt seinen Schlussfolgerungen zu.

»Sie wollten mir nur Angst einjagen, das haben sie die ganzen Jahre getan, und ich habe das jetzt endlich verstanden. Sie haben all die Jahre so getan, als seien sie etwas Besseres, als seien sie rein und ohne Sünde und ohne große Fehler, als hätten sie die Macht zu bestimmen, dass Leute wie du und ich böse sind. Dabei haben sie in Wirklichkeit viel schlimmere Sachen gemacht. Das wusste ich einfach nicht.«

Deshalb also die Faust.

»Komm«, sagte ich jetzt schnell. »Ich will dir einen meiner Lieblingsorte in der Peterskirche zeigen.«

Wir schoben uns durch das rechte Seitenschiff des Petersdoms nach vorn. In einem Seitengang zeigte ich Leo das Grabmal von Papst Benedikt XIV.

»Siehst du das und fällt dir etwas auf?«

Leo schaute hoch zu der Statue des Papstes, der zwischen 1740 und 1758 die Kirche regierte.

»Nee«, sagte er. »Sieht aus wie die anderen Papstgrabmäler.«

»Siehst du das Engelchen?«

»Ja, ein süßes kleines Engelchen, davon wimmelt es im Petersdom.«

»Schau mal genauer hin, schau auf die Flügel.«

Das Grabmal Papst Benedikts XIV.: Ein Teufelchen (unten rechts) mit Drachenflügeln hält verführerisch ein Füllhorn voller Geld. Martin Luther hätte die Darstellung vermutlich geschätzt.

»Du hast recht, die sehen seltsam aus. Wie von einem Reptil, von einer Fledermaus.«

»Oder einem kleinen Drachen, einem Symbol des Teufels.«

»Engel? Teufel?«, fragte Leo leicht irritiert.

»Der süße kleine Engel ist kein Engel, sondern ein Teufelchen; der kommt nämlich direkt aus der Hölle, deswegen hat er Flügel wie ein Drache und ein Füllhorn voller Geld im Arm.«

»Was soll das?«

»Papst Benedikt XIV. war ganz schön mutig, ausgerechnet auf seinem Grabmal ein äußerst peinliches Thema anzusprechen.«

»Das wäre?«

»Geld, viel Geld. Das Teufelchen bietet dem Papst ein Füllhorn voller Geld an, und der Papst wollte damit natürlich sagen, dass das Teufelchen mit seinem Sack voller Geld bei ihm keine Chance bekam. Aber gleichzeitig machte er klar, dass Satan Päpste mit dem Angebot von Geld in Versuchung führen wolle. Damit signalisierte Benedikt XIV. auf seinem Grab, dass es Satan bei dem einen oder andern Papst auch gelungen sei, ihn zu bestechen und durch Geld zu kaufen. In dieser riesigen Kirche, die Unsummen gekostet hat, gibt es nur diese eine Stelle zu diesem heiklen Thema; nur dieses eine Mal wagte ein Papst, das Offensichtliche den Menschen der Nachwelt zu sagen: dass bei Päpsten sehr viel Geld im Spiel war, dass es um Ablässe und den Verkauf von Kardinalshüten ging, dass Schmiergelder bei Papstwahlen gezahlt und ganze Königreiche durch Päpste verschachert wurden. Wenn Martin Luther sich ein entlarvendes Denkmal in der Peterskirche gewünscht hätte, dann hätte es ähnlich ausgesehen: das Füllhorn aus der Hölle, das einem Papst angeboten wird.

Gleichzeitig sorgte dieser Papst aber auch für eine der größten Peinlichkeiten in der Geschichte des Vatikans.«

»Wieso?« Leo war wieder ganz Ohr.

»Dieser Papst führte einen der absurdesten Briefwechsel in

der katholischen Kirche. Der vielleicht wichtigste Vorkämpfer der Aufklärung, der Vorbote des Sturms der Französischen Revolution, Voltaire, wandte sich an den Papst. Er schickte ihm frech sein Theaterstück *Mahomet* (d.i. Mohammed). In diesem Stück machte Voltaire religiöse Verbohrtheit lächerlich, klagte den Fanatismus des Religiösen an, er machte sich über die Heuchelei der Kirchen lustig. Im Grunde musste Voltaire damit rechnen, dass der Papst das Stück auf der Stelle in der Luft zerreißen würde, dass er Voltaire sofort mit dem Kirchenbann belegen und alle seine Werke für Katholiken verbieten würde. Doch dann passierte etwas, womit Voltaire nicht gerechnet hatte. Der Papst las das Stück einfach nicht; er verstand nicht, dass der Absender ein erklärter Verächter der Kirche war. Statt ihm den Kirchenbann entgegenzuschleudern, schickte er ihm aus Dank für das Geschenk ein paar Medaillen. Voltaire erkannte natürlich sofort, dass der Papst nicht kapiert hatte, wer ihm da was geschickt hatte. Voltaire schrieb dem Papst zurück – und damit begann einer der entlarvendsten Briefwechsel: zwischen dem erklärten Kirchenverächter Voltaire und dem Papst, der nicht verstand, mit wem er es zu tun hatte. Er schrieb ihm weiter nette Briefe und freute sich über die Antwort von Voltaire, der sich über Benedikt XIV. amüsierte. Erst als die französischen Kardinäle mitbekamen, dass der Papst ausgerechnet mit ihrem ärgsten Feind einen Briefwechsel führte, informierten sie den Papst, damit er endlich aufhörte, sich lächerlich zu machen. Als der Papst begriff, ließ er *Mahomet* sofort verbieten.«

»Ist das eine coole Geschichte. Der Erzketzer Voltaire schickt dem Papst ein für die Kirche total fieses Theaterstück, und der Papst hat keine Lust, das Stück zu lesen, bedankt sich artig und fängt einen niedlichen Briefverkehr mit einem Typen an, der ihn verachtet.« Leo war begeistert.

»Dieser Papst war zwar zweifellos etwas einfältig, aber nicht schlecht in dem, was er tat. Er mahnte etwa die Portugiesen, die

Menschenrechte der Ureinwohner Lateinamerikas zu schützen, und hob den Bann gegen Nikolaus Kopernikus auf. Allerdings unterstützte er die Lüge des Anderl von Rinn. Das ist eine Nordtiroler Legende von einem Jungen, der angeblich von Juden rituell ermordet wurde. Es ist eine glatte Lüge; den Mord durch Juden hat es nie gegeben.«

Feind im Anzug

Leo stand plötzlich auf und machte das Gefährlichste, was er in unserer prekären Lage tun konnte: Er ging auf den Mittelgang des Petersdoms zu und schaute sich um wie ein belustigter, aber interessierter Urlauber, während immer schneller elegante Gläubige in die Kirche strömten. Ich hatte mich die ganze Zeit umgesehen, den Blick kreisen lassen, doch keinen der Aufseher erkennen können. Jetzt allerdings sah ich einen der gefährlichsten in der Nähe des Mittelgangs. Er hieß Dottore Franco Ferraris, war der Leiter einer kleinen Bankfiliale direkt neben der Spanischen Treppe, in der ich vor Jahren mein Konto hatte, weil unser Büro in unmittelbarer Nähe lag. Er hatte mich als Kunde ignoriert, weil meine Einzahlungen gemessen an allen anderen Kontoinhabern lächerlich gering waren. Die großen Modehäuser rund um die Spanische Treppe zahlten riesige Summen ein. Für einen normalen Kunden wie mich bot die Bank oft ein filmreifes Spektakel: Junge Frauen, die aussahen wie Topmodels, was zur Grundvoraussetzung zu gehören schien, um von einer Super-Luxusboutique eingestellt zu werden, brachten Taschen mit Hunderten Millionen Lire Bargeld in die Bank und schleppten, sich in ihren sexy Hüften wiegend, säckeweise kleine Scheine und Münzen Wechselgeld aus der Bank. Ab und zu bekam ich mit, dass die Bank Feste für die betuchten Kunden in den angrenzenden

Luxushotels organisierte, zu denen ich selbstverständlich nie eingeladen worden war.

Das Interesse des Bankdirektors weckte ich eher zufällig, weil ich eines Tages einen Scheck für den Vatikan ausstellen ließ, um einen der zahlreichen und stets sehr teuren Flüge in der Maschine mit Papst Johannes Paul II. zu bezahlen. Er bat mich daraufhin zu einem Gespräch in sein Büro und erklärte mir, dass er einer der Adeligen am Hof des Papstes sei, ein Nobiluomo di Sua Santità, und dass dies seine eigentliche Bestimmung sei. Wer Dottore Ferraris sah, brauchte nicht viel Phantasie, um zu ahnen, wieso die Bank ihn in diese Nobelfiliale versetzt hatte. Er sah mit seinem dichten schlohweißen Haar und seinem trainierten Körper aus wie ein Senator des römischen Imperiums, eine äußerst elegante Erscheinung, vertrauenerweckend und ungemein repräsentabel. Dass er von Bankgeschäften keine Ahnung hatte, war seinen Bossen offensichtlich egal. Die Kunden aus der Modebranche brachten die enormen Summen von allein, die Damen in Stöckelschuhen und ultrakurzen Miniröcken, die die Geldberge anschleppten, sollten gar nicht über Investmentmöglichkeiten informiert werden. Die Bank brauchte an der Spanischen Treppe lediglich einen ungewöhnlich gut aussehenden Filialleiter, und das war Dottore Franco Ferraris.

In diesem Augenblick, mitten im Petersdom und in Begleitung meines ungeniert umherschauenden Sohnes, stand meine Zukunft auf Messers Schneide. Denn eines wusste ich: Dieser Mann nahm seine Aufgaben als Adeliger des Papstes extrem ernst. Ich hatte ihn mehrfach vor päpstlichen Messen im Petersdom gesehen, und eines Tages hatten wir uns begrüßt, unmittelbar vor einem Gottesdienst mit dem Papst. Er hatte selbst in den Momenten, in denen er mir die Hand gegeben hatte, keinen Augenblick lang aufgehört, die Kirche in seinem Umfeld nach irgendwelchen Regelverstößen abzusuchen. Er wollte mir mit aller Deutlichkeit zeigen, dass er ein unermüdlicher Bewacher der Erhabenheit des Petersdoms sei.

Ich hatte mehrfach miterlebt, wie er Unregelmäßigkeiten gnadenlos ahndete. So war es im Petersdom nicht erlaubt, den Kinderwagen mitzunehmen. Manche Aufseher winkten aber genervte Mütter durch und zwangen sie nicht, ihre schlafenden oder erschöpften Kinder aus dem Kinderwagen zu holen. Anders der Dottore: Als er eine junge Frau mit Kinderwagen im Petersdom entdeckte, stürzte er sich auf sie wie ein Habicht auf die Beute. Er warf die frustrierte Mutter samt Ehemann und Kindern mitleidlos aus der Kirche. Ich hatte nicht den geringsten Zweifel, was geschehen würde, wenn er entdeckte, dass ich in der feierlichen Atmosphäre vor dem Gottesdienst auch nur einen Satz zu Leo sagen würde, auch nur ein einziges Mosaik erklären würde. Er würde kalt und unnachsichtig darum bitten, dass ich ihm meine Platzkarten aushändigen möge, er würde sie dann in der Mitte durchreißen und die Reste in der Jackentasche verschwinden lassen – mit einem Blick, der bedeutete: Sie wissen genau, die Regeln sind die Regeln, und der Petersdom ist nun mal kein Museum, besonders dann nicht, wenn die Gläubigen sich im stillen Gebet auf einen Gottesdienst mit dem Papst vorbereiteten. Also von dannen!

Ohne Platzkarten waren wir verloren; es gab dann keine Chance mehr, an den Wachleuten vorbei zum Sitzplatz zu kommen. Wir würden aus der Kirche komplementiert werden. Das Schlaueste, was ich tun konnte, wäre gewesen, jetzt den Petersdom zu verlassen oder aber konsequent die Klappe zu halten, an unseren Platz zu gehen und dem Gottesdienst zu folgen.

Leo hatte unterdessen das Mittelschiff der Basilika erreicht, war stehen geblieben und schaute mit unverhohlenem touristischem

Interesse auf die Markierungen im Boden. Er schrie geradezu danach, entdeckt zu werden. Er zeigte auf die Buchstaben und Zahlen vor seinen Füßen: »Was ist das?«, fragte er viel zu laut, während fromme Messbesucher, leise Gebete murmelnd, an uns vorbeischlichen.

»Das zeigt die Größe anderer Kirchen gemessen von vorn. Den Päpsten war es wohl wichtig zu zeigen, dass das hier die größte Kirche der Welt ist. Du kannst sehen, wie klein der Kölner Dom oder der Dom in Speyer im Vergleich zum Petersdom sind.«

»Die größte Kirche?«, fragte Leo abschätzig. »Die Päpste wollten unbedingt die größte Kirche haben? Aber ich denke, die Ersten werden die Letzten sein und so weiter – und dann wollen die Päpste den größten Bau haben?«

»Es gibt in dieser Kirche manches, was Jesus von Nazareth vermutlich nicht gewollt hätte«, erwiderte ich kleinlaut. Ich schob Leo jetzt in die rettende Deckung des linken Seitenschiffs.

Wir waren ein paar Schritte zwischen den chic zurechtgemachten Messbesuchern gegangen, die leise und diszipliniert ihrem Platz zuströmten, als ich es bemerkte: Dottore Franco Ferraris hielt nach irgendetwas oder irgendwem Ausschau. Hatte er uns bemerkt? Diese Markierungen am Boden, die anzeigten, wie viel kürzer die anderen großen Kirchen der Welt gemessen am Petersdom sind, sind zu verlockend für jeden, der zum ersten Mal die Kirche besucht, um nicht nach ihrer Bedeutung zu fragen. Selbstverständlich war es streng verboten, die Bedeutung der Markierungen unmittelbar vor dem Gottesdienst zu erklären. Genau das hatte ich aber getan, und jetzt bahnte sich Dottore Franco Ferraris möglicherweise gerade seinen Weg durch die Menge auf uns zu. Wenn er uns suchte, hatten wir einen geringen Vorsprung, und ich zog Leo in die Stuhlreihe hinter den Pfeiler des Grabmals von Papst Innozenz VIII.

Die Stühle in diesem Teil der Peterskirche boten ein perfektes Versteck. Jetzt waren sie noch leer und würden es auch eine ganze Weile bleiben. Wer sich im Petersdom ein klein wenig auskannte, wusste, dass es kaum schlechtere Plätze gab. Die Stühle standen so weit weg vom Mittelgang, durch den der Papst kommen würde, dass man ihn kaum würde sehen können, geschweige denn ihm die Hand geben. Zudem versperrten die Pfeiler vor den Stühlen den Blick in die Kirche; der Altar und der Baldachin des Bernini ließen sich von hier nicht einmal erahnen. Dottore Franco ging vermutlich davon aus, dass ich Karten für einen besseren Platz in der Kirche haben musste, deswegen schoss er an uns im Seitengang vorbei, den suchenden Blick starr nach vorne gerichtet. Zweifellos war er hinter irgendjemandem her. Franco Ferraris wusste, dass es immer unangenehmer werden würde, jemanden aus der Kirche zu werfen, je näher er dem Altar des Petersdoms kam. In unmittelbarer Nähe des Hauptaltares vermieden die Ordnungshüter alle Meinungsverschiedenheiten mit Messbesuchern; es wurde nur noch geflüstert.

Als der Dottore in der Menge verschwunden war, flüsterte ich Leo zu: »Steh doch bitte mal kurz auf!«

»Wieso das?«

»Steh einfach auf, geh um den Pfeiler herum, hinter dem wir sitzen. Du siehst dort ein Grabmal, das den toten Papst gleich zweimal darstellt, einmal auf dem Thron sitzend und einmal auf dem Totenbett liegend. Achte darauf, was er in der Hand hält.«

Er nickte mir zu. Offensichtlich hatte er zwar bemerkt, dass ich mein Verhalten verändert hatte und mich benahm wie auf der Flucht, wusste aber nicht, weshalb.

Das Grabmal von Papst Innozenz VIII., das vor dem Abriss aus der alten Peterskirche gerettet wurde. Der Papst hält die Lanzenspitze des Longinus in der Hand.

»Im Petersdom wird die wahrscheinlich rätselhafteste Waffe der Welt aufbewahrt«, erklärte ich so leise wie möglich.

»Eine Waffe?«, fragte er viel zu laut.

»Ja, eine sehr seltsame Waffe, die unbesiegbar machen und ganze Armeen vernichten soll.«

Leo stand auf und verschwand hinter dem Pfeiler. Ich hatte gehofft, dass er nach ein paar Augenblicken zurückkommen würde, aber er kam nicht. Es schien mir eine Ewigkeit, bis er endlich auftauchte. Gerade noch rechtzeitig. Er setzte sich neben mich auf den Stuhl. Sekunden später sah ich, wie Dottore Franco Ferraris sichtlich enttäuscht zurückkam von seinem erfolglosen Jagdausflug auf wen auch immer. Er ließ immer noch aufmerksam seinen Blick über die Menge streichen, aber wenn er uns suchte, dann sicher nicht hier. Ich drückte mich, so tief ich konnte, in die Nische. Dottore Franco ging vorbei.

»Hast du das Grabmal gesehen?«

»Ja, ein Mann in Schwarz.«

»Das ist verwitterte Bronze.«

»Hast du gesehen, dass er etwas in der Hand hält?«

»Ja, so eine Art Schaufel.«

»Das ist sie.«

»Das ist was?«

»Die Waffe, das heißt eine Nachbildung. Das Original wird in einem der vier Pfeiler unter der Kuppel des Petersdoms aufbewahrt, direkt am Petrusgrab.«

»Die Gartenschaufel soll eine Waffe sein?«

»Adolf Hitler wollte diese Waffe haben, vor dem Zweiten Weltkrieg. So lächerlich kann sie nicht sein.«

»Hitler?«, fragte er überrascht.

»Ja, Adolf Hitler.«

Jetzt hatte ich seine ganze Aufmerksamkeit.

»Als Jesus von Nazareth gekreuzigt wurde, stand ein Mann unter dem Kreuz, ein römischer Soldat. Er stach Jesus nach dessen Tod in die Seite und war der Erste, der in der Bibel erkannte, dass da vor ihm Gottes Sohn gestorben war. Er soll Longinus geheißen haben, heute weiß man nicht mehr genau, wieso er den Namen bekam. In der Bibel heißt es nur ›ein Soldat‹ oder bei Matthäus und Markus ›der Hauptmann‹, möglicherweise wurde der Name nie bekannt. Vielleicht gab man ihm später auch nur deshalb den Namen, weil der im Römischen Reich so gewöhnlich war wie Müller in Deutschland.«

»Ja und?«

»Longinus ist leider eine etwas peinliche Erscheinung. Der katholischen Kirche wird seit Jahrhunderten vorgeworfen, dass sie ihn so verherrlicht und ihm sogar einen Ehrenplatz im Petersdom gegeben hat, direkt unter der Kuppel. Und zwar deshalb, weil er der allererste nichtjüdische Christ war. Longinus steht als Römer für den Anfang des nichtjüdischen Christentums. Also warf man der Kirche Antijudaismus vor. Jesus war Jude, Petrus war Jude, und trotzdem organisierte oder duldete die Kirche Judenverfolgungen immer wieder.«

»Was ist aus diesem Longinus und seiner Lanze geworden?«

»Genau weiß das niemand. Über tausend Jahre nach der Kreuzigung behaupteten die Kreuzfahrer, die im Jahr 1096 aufbrachen, um Jerusalem zu erobern, dass sie die Lanzenspitze des Longinus vor sich hertrugen, die sie unbesiegbar mache.«

»Unbesiegbar? Diese Schaufel?«

»Unbesiegbar!«

Im Jahr 1302 vertrieben die Muslime die Kreuzritter endgültig aus dem Heiligen Land, und die sagenhafte Lanze des Longinus soll in Jerusalem geblieben sein. Die Kaiser sollen sie allerdings später nach Konstantinopel geholt haben. Als die muslimischen Truppen 1453 Konstantinopel eroberten, soll ihnen auch diese Heilige Lanze in die Hände gefallen sein.«

»Und Hitler?«

»Augenblick noch. Im Jahr 1481 wurde Bayezid II. Sultan der Osmanen. Er stritt mit seinem Bruder Cem um den Thron und wollte ihn verschwinden lassen; ihn zu töten, wäre allerdings zu riskant gewesen, weil das Aufstände hätte auslösen können. Cem rettete sich zu den Widersachern der Osmanen, den Rittern von Rhodos, Nachfahren der Kreuzritter. Um den Prinzen begann nun eine Art Versteigerung, denn alle wollten den Mann haben, der das Recht erstreiten könnte, Herrscher des Osmanischen Reiches zu sein. Nach langen Verhandlungen gewann der Papst, ebendieser Papst Innozenz VIII., den du auf dem Grabmal hier hinter uns gesehen hast.

Jetzt kam der König von Frankreich ins Spiel. Damals gehörte die Bretagne noch nicht zu Frankreich, schlimmer noch, war verbündet mit England. Karl VIII. wollte die Bretagne unbedingt für sein Herrschaftsgebiet. Die Herrscherin der Bretagne Anna flüchtete sich aus Furcht vor ihm in die Ehe mit dem römisch-deutschen Kaiser Maximilian I. Als er sie heiratete, war sie gerade mal vierzehn Jahre alt.

»Eine richtige Lolita«, lächelte Leo.

»Nein, die hatten nie Sex; die Ehe wurde per Handschlag besiegelt. Der französische König bot daraufhin dem Papst einen Handel an: Wenn der Papst die Auflösung jener Ehe von Anna mit Maximilian zulassen und die Ehe zwischen Karl VIII. und Anna besiegeln würde, Frankeich somit also die Bretagne erhielte, sollte der Papst als Gegenleistung Cem bekommen, den Bruder des osmanischen Herrschers.«

»Wegen so einem Kuhhandel gehört die Bretagne zu Frankreich?«

»Ja, genau. Der König bekam Anna und die Bretagne. Der Papst bekam Cem und erpresste dessen Bruder Bayezid II. Der Sultan behauptete, die Lanze des Longinus hätten seine Vorfahren bei der Eroberung Konstantinopels im Jahr 1453 erbeutet. Der Papst versprach dem Sultan, Cem in Gewahrsam zu behalten, wenn er dafür die Lanze des Longinus bekäme. Seitdem ist die Lanzenspitze hier im Petersdom. Papst Innozenz VIII. ließ sich mit einer Kopie von der Lanzenspitze in der Hand bestatten.«

»Und Hitler?«

»Es gibt eine zweite Lanze des Longinus, die angeblich unbesiegbar macht. Die römischen Kaiser deutscher Nation bewahrten eine Lanze auf, die Teil des Schatzes der Kaiser war, und nahmen sie bei Kriegszügen mit. Als Adolf Hitler nach dem Anschluss Österreichs im März 1938 nach Wien kam, fuhr er sofort in die Hofburg und ließ sich die Lanze geben. Er nahm sie mit nach Nürnberg, wo sie bei Aufmärschen der Partei gezeigt wurde. Aber diese Lanze ist vermutlich um das Jahr 800 gefertigt worden, eine Fälschung; sie brachte Hitler kein Glück. US-Soldaten entdeckten sie nach dem Krieg in einem Stollen und brachten sie nach Wien zurück. Die angeblich echte Lanze des Longinus liegt aber immer noch im Pfeiler des Petersdoms, ein paar Schritte von hier entfernt, und bisher konnte nie geklärt werden, ob sie wirklich in die Seite des Jesus von Nazareth gestoßen wurde und wirklich sein Blut daran klebt.«

Kriegsherren und Judenhasser

Noch während ich die letzten Sätze sagte, erkannte ich, dass wir dabei waren aufzufliegen. Ich hatte viel zu viel und wahrscheinlich zu laut auf Leo eingeredet. Empörte Messbesucher, die sich in Stille auf den Gottesdienst vorbereiten wollten, hatten zu uns hinübergeschielt. Die Kopfbewegung von Gläubigen, die missbilligend auf irgendeinen Punkt der Basilika schauten, bedeuteten im Petersdom für die Aufseher so etwas wie das Schwanzwedeln eines Drogenhundes am Flughafen, der eine Packung Kokain erschnüffelt hat. Die Aufpasser waren darauf trainiert, den empörten Blicken zu folgen, die sich auf einen bestimmten Punkt richteten, die Quelle der ungebührlichen Unruhe – und das waren nun mal Leo und ich. Ich sah, wie ein Aufseher eilig den Mittelgang hinunterschritt und mit entschlossener Angriffslust nach einem Ziel, also uns, Ausschau hielt. Wir mussten weg, sofort.

»Komm! Komm schnell, dann kann ich dir noch was zeigen.«

Wir gingen zügig nebeneinander her, und ich sprach im Flüsterton mit Leo. »Das linke Seitenschiff des Petersdoms hat mit den Muslimen zu tun, nicht nur das Grab von Papst Innozenz VIII. und das Geschacher um den Prinzen Cem; es geht auch um die Kriege gegen die Muslime, denn die Päpste haben selbst Seeschlachten gegen das Osmanische Reich schlagen lassen.«

»Richtige Schlachten?«

»Ja, richtige Schlachten. Gemessen an der Lepanto-Schlacht 1571 erscheinen selbst die schlimmsten Seeschlachten im Zweiten Weltkrieg als eher harmlos. Nie zuvor und nie danach kamen bei einer Seeschlacht so viele Menschen an einem Tag ums Leben wie während der Seeschlacht der Heiligen Liga unter Papst Pius V. gegen die Muslime, über 35 000. Die Zahl der Opfer der berühmten Midway-Schlacht 1942 im Pazifik erreicht nicht einmal zehn Prozent, gemessen an den Opfern von Lepanto.«

Wir hatten jetzt den Pfeiler erreicht, auf dem die in Marmor geschlagenen Kanonen das belagerte Wien beschießen.

»Siehst du die?« Ich deutete auf den Altar, unter dem, hinter Glas, die Leiche Papst Innozenz' XI. ruht: »Hinter dem Glas, die mumifizierte Leiche des Papstes? Er wird verehrt für einen der wichtigsten militärischen Erfolge der Kirche. Der Papst hat verhindert, dass 120 000 Osmanen die 40 000-Einwohner-Stadt Wien erobern konnten, indem er den polnischen König zu einem Verteidigungsbündnis zwang.«

Der gläserne Sarg des einbalsamierten Papstes Innozenz' XI. Ohne den Einsatz des Verteidigers des christlichen Abendlandes, so sein Beiname, hätten 1683 vermutlich die Türken Wien erobert, und Europa sähe heute anders aus.

»Die Päpste haben sich also an Kriegen beteiligt. Was ist denn damit, dass man auch die andere Wange hinhalten soll, wie Christus das wollte?«, gab Leo zu bedenken.

»Das mit der Wange haben Päpste nicht sonderlich ernst genommen. Viele Päpste waren Kriegsherren. Papst Pius V. wollte die Schlacht von Lepanto, Papst Innozenz XI. wollte den Krieg gegen die Türken, Papst Julius II. wollte den Krieg gegen Venedig und so weiter.«

Ich schaute zurück in den Gang. Die Wärter hatten jetzt die Stelle am Pfeiler erreicht, auf die viele empörte Gläubige geschaut hatten, weil dort gesprochen worden war. Doch die beiden Stühle, unsere beiden Stühle waren jetzt leer.

»Komm!«

Wir mussten uns vorsehen.

Ich hatte zwei Tickets für den sogenannten Reparto speciale ergattert, das ist ein für Messbesucher abgesperrter Bereich unmittelbar neben dem Altar des Petersdoms, nur Kardinäle können noch näher am Altar des Papstes sitzen. Dieser Bereich liegt so nahe am Hauptaltar, dass die Aufseher alle Streitigkeiten, ja, auch nur ein lautes Wort um jeden Preis vermeiden. Es herrscht ein salbungsvoller Flüsterton. Wenn wir es schaffen sollten, die Kontrolle zu passieren und in den Reparto speciale zu gelangen, wäre es äußerst unwahrscheinlich, dass die Wut eines Aufsehers so groß sein würde, uns dort noch herauszuholen. Die Angst der Aufpasser, so nahe am Papstaltar Aufsehen zu erregen, wäre größer als ihr gerechter Zorn auf uns. Doch noch trennte uns eine hüfthohe, braune Holzbarriere, an der zwei Aufseher postiert waren, vom Reparto speciale. Die Aufseher kontrollierten sorgfältig jedes einzelne Ticket und brachten die Messbesucher anschließend zu ihren Plätzen. An der Barriere hatte sich ein Stau gebildet. Wenn wir hier stehen blieben, bis wir an der Reihe waren, stünden wir wie auf dem Präsentierteller – und wenn sie tatsächlich nach uns suchten, würden sie uns hier finden, während wir warteten.

Ich zog Leo weg von der Barriere, in den Schutz eines Pfeilers. Ich wollte warten, bis sich der Stau an der Kontrollstelle aufgelöst hatte, dann würden wir rasch hindurchschlüpfen und wären in Sicherheit. Leo schaute auf den Baldachin des Bernini, auf die Pfeiler unter der Kuppel am Petrusgrab und den Thron der Kathedra des heiligen Petrus unter dem Frontfenster der Peterskirche. Die Sonne ließ die weiße Taube, die im Fenster der Front des Petersdoms zu sehen war, wie lebendig schimmern. Ich sah, wie Leo gebannt die Taube betrachtete.

»Es ist kein Glas, es ist Alabaster, dünn geschnittener Alabaster. Das Bild der Taube ist viel größer, als es scheint: Die Spannweite der Flügel beträgt 1,60 Meter. Am 5. November 1943 warf ein seltsames Geisterflugzeug eine Bombe hinter dem Vatikan ab, beschädigte den Bahnhof schwer und zerstörte alle Fenster an der Westseite des Petersdoms. Bis heute ist unklar, was für ein Flugzeug das war. Hatten die Faschisten versucht, den Sender von Radio Vatikan zu treffen, weil er die Nachrichten der Alliierten verbreitete, oder waren es Amerikaner gewesen oder gar Deutsche, die den Papst warnen wollten? Bis heute ist die Herkunft ungeklärt. Die Fenster wurden später repariert.«

»Und was ist das für ein riesiger Thron?«

»Das ist die sogenannte Kathedra. Im Mittelalter glaubte man, dass im Petersdom der Bischofsstuhl des heiligen Petrus aufbewahrt würde. Aber das ist Unsinn. In Wirklichkeit überließ Kaiser Karl der Kahle im Jahr 875 bei seiner Krönung zum Kaiser in Rom seinen Thron dem Papst. Es ist aber möglich, dass die Elfenbeinverzierungen des Throns sehr viel älter sind und in Ägypten hergestellt wurden, für den Thron Kaiser Konstantins des Großen. Es ist in Wahrheit ein ziemlich unscheinbares Holzstühlchen. Um dieses Stühlchen baute Gian Lorenzo Bernini im 17. Jahrhundert einen gigantischen Thron.«

Die Kathedra des Petersdoms – mit einem erklärten Judenfeind, dem Kirchenlehrer Johannes Chrysostomos, als einem der Stuhlträger.

Leo deutete auf das Bronze-Wunderwerk der Kathedra über dem Altar. »Sie fliegt ja.«

»Es sollte so aussehen, als würde sie zwischen Himmel und Erde schweben. Vier Kirchenlehrer, zwei aus dem Westen, zwei aus dem Osten, stützen sie mit nur einem Finger, der heilige Ambrosius und der heilige Augustinus für den Westen, der griechische heilige Athanasius und der heilige Johannes Chrysostomos aus Alexandria für den Osten. Letzterer ist leider ganz besonders peinlich.«

»Schon wieder einer peinlich?«

»Na ja, da steht ganz vorn im Petersdom als eine der wichtigsten Stützen der Bernini-Kathedra die Statue eines Kirchenlehrers, der Juden verabscheute. Er hat gepredigt, dass es für Juden, da sie Christus getötet hätten, weder Vergebung noch Besserung noch Verzeihung geben könne. Er warf ihnen vor, das größte Verbrechen aller Zeiten begangen zu haben: den Mord an Gott. Ihre Raserei gegen Christus stelle alle Untaten in den Schatten. Wenn man so will, ist er mitschuldig am Judenhass der katholischen Kirche, der durch die Jahrhunderte eine Unzahl Tote forderte. Allerdings ist der Antijudaismus zur Zeit des Chrysostomos weit verbreitet und geht auf das Evangelium selbst zurück: Im Johannes-Evangelium nennt Christus Juden, die sich nicht bekehren wollen, Kinder des Teufels. Die katholische Kirche war so stolz auf diesen Mann, dass die christlichen Plünderer von Konstantinopel seine Leiche stahlen und hierher in den Petersdom gebracht haben, wo er achthundert Jahre lang verehrt wurde. Erst im Jahr 2004 hat Papst Johannes Paul II. die Gebeine dem orthodoxen Patriarchen von Konstantinopel zurückgegeben.«

»Ach ehrlich? Er hat die Knochen zurückgegeben?«

»Ja.«

»Und dieser Mann, der den Hass auf Juden predigte, steht dort als großes Vorbild im Petersdom?«

»Ja, und er ist nicht der Einzige. Dort steht noch der heilige Augustinus. Zweifellos ein Genie. Sein Buch *Confessiones* gehört zu den wahrscheinlich einflussreichsten Autobiografien aller Zeiten. Aber auch er hasste Juden und legte einen weiteren Grundstein für den Antijudaismus der katholischen Kirche. Er warf den Juden den Mord an Gott vor, beschimpfte sie als ›aufgerührten Schmutz‹, nannte sie ›Mörder und Sünder‹ und forderte, dass die Juden immer ›Knechte‹ sein müssten.

Papst Innozenz III. und später Papst Gregor IX. schrieben ins Kirchenrecht, dass Juden als Knechte zu leben hätten; damit begründeten sie den Status der Judenknechtschaft, was Millionen Juden über Jahrhunderte dem Terror durch Christen aussetzte, die sie ausplündern und auch ermorden durften.

Ich will damit sagen, die katholische Kirche allein ist sicher nicht schuld an Auschwitz, aber ohne ihren jahrhundertealten Antijudaismus wäre es vielleicht nie zu Auschwitz gekommen. Bis heute aber bringt es mich auf, dass die beiden Kirchenlehrer, die den Hass auf Juden propagierten, so prominent ganz vorn als Statuen im Petersdom stehen, in einer Kirche, in der es um den Juden Petrus geht – und nur ganz versteckt, sodass niemand es mitbekommt, ist der echte Namen von Petrus in der Kirche zu sehen.«

»Wo?«, fragte Leo. »Ich sehe es nicht.«

Ich zeigte von unserem Versteck im linken Seitenschiff auf die über zwei Meter hohen Buchstaben des Bandes über den Pfeilern des Petersdoms. Leos Blick blieb am Baldachin hängen.

»Da steht aber nirgendwo Petrus.«

»Nein, das ist ja auch nicht sein richtiger Name. Wir Christen haben die ursprünglichen jüdischen Namen verändert. In dem Namen des Apostels Bartholomäus steckt das originale jüdische Bar, was ›Sohn des‹ bedeutet. Bartholomäus heißt also in Wirklichkeit Bar Tolomai, Sohn des Tolomai. Dort hinten steht der echte Name des heiligen Petrus, den Christus mit dem aramäischen Wort für Felsen Kephas nennt und der in Wirklichkeit Simon Bar Jona hieß, Simon, Sohn des Jona.«

Leo entdeckte den Namen in die Ecke gequetscht im rechten Seitenschiff.

Erwischt!

Plötzlich spürte ich, dass uns ein Blick getroffen hatte. Der Pfeiler unter der Kuppel des Petersdoms, der die sterblichen Überreste des heiligen Andreas bewahren soll, schirmte Leo und mich perfekt gegen den Rest der Kirche ab. Wir waren vom Mittelschiff aus nicht zu sehen. Die Kontrolleure an der Barriere konnten uns sehen, aber sie waren mit der Überprüfung der Tickets und der Aufgabe, die Messbesucher zu ihren Plätzen zu geleiten, so beschäftigt, dass sie kaum mitbekommen konnten, wie ich Leo ständig etwas zuflüsterte. Vom Hauptaltar aus gesehen, standen wir allerdings wie auf dem Präsentierteller. Die Priester, die den Gottesdienst für den Papst vorbereiten mussten, waren rund um den Altar eifrig damit beschäftigt, die Falten der Teppiche zu glätten, damit der Papst nicht stolpern konnte, Kelche bereitzustellen und Mikrofone auszuprobieren.

Über allem wachte der Zeremonienchef des Papstes, Monsignore Guido Marini. Der Spitzname, den er im Vatikan erhalten hatte, passte so gut zu ihm, dass auch Messbesucher, die ihn noch nie gesehen hatten, ihn sofort erkannten, sobald man ihnen sagte, dass Marini Spitzmaus genannt wurde. Er hatte ein Gesicht wie eine Spitzmaus, einen erdnussförmigen Kopf und eine magere, asketische Gestalt. Er war auf die Kelche konzentriert, überprüfte ihre Zahl und die zu erwartende makellose Sauberkeit, sah dann aber auf, weil irgendetwas seinen Argwohn erregt hatte. Er hatte seinen Blick über den freien Raum, über den prächtigen Marmorfußboden des Petersdoms zwischen sich und dem Pfeiler des heiligen Andreas gleiten lassen auf der Suche nach der Quelle einer sündigen Handlung – und er war fündig geworden. Er hatte gesehen, wie ich auf Leo im Flüsterton eingeredet und der mit dem Handy Fotos gemacht hatte, an einem Ort und zu einem Zeitpunkt, an dem nur noch stilles Gebet und schweigsame Andacht gestattet war. Augenblicklich hatte er sich nach Gendarmen umgesehen, um ihnen ein Zeichen zu geben, damit sie den rücksichtslos quatschenden Mann, also mich, der die Heiligkeit des Ortes und des Moments mit Füßen trat, und seinen jungen Begleiter fassten und entfernten.

Ich fing seinen tadelnden, nach Ordnungskräften Ausschau haltenden Blick auf, als plötzlich ein kräftiger Priester vor ihm auftauchte und ihm ein Mikrofon hinhielt, mit dem es offensichtlich ein Problem gab. Der Priester mit dem Mikrofon in der Hand schüttelte aufs Äußerste besorgt immer wieder den Kopf. Der Zeremonienchef schaute verärgert zu mir, dann wieder auf das Mikrofon, als würde er abwägen, welches Unbill am Altar des Vikars Gottes dringender seiner Aufmerksamkeit bedurfte. Schließlich schubste er den kräftigen Priester vor sich her, schätzte uns augenscheinlich als das weniger dringende Problem ein und verschwand mit dem Mikrofon in der Hand hinter dem Altar.

Intoleranz und Lazio Rom

Ich atmete auf und fuhr fort: »Diese Kirche ist leider auch voller Hass. Papst Paul IV. war ein übler Bursche, ein gnadenloser Verfolger der Lutheraner und Chef der Inquisition, der Mord und Totschlag verbreitete und sich angeblich damit brüstete, bereit zu sein, das Holz für den Scheiterhaufen des eigenen Vaters zu sammeln, um ihn zu verbrennen, sollte der ein Ketzer sein.

Dieser Papst zwang mit der Bulle *Cum nimis absurdum* die Juden, in Ghettos zu leben; er ließ auch das römische Ghetto errichten. Die römischen Juden flohen daraufhin scharenweise aus der Stadt. Im Kirchenstaat wurden damals Juden verbrannt.«

»Erinnerst du dich an den alten jüdischen Herren, der unter uns in der Via Vestri wohnte?«, fragte Leo unvermittelt.

»Aber natürlich«, sagte ich. »Damals, als wir in den Stadtteil Monteverde Nuovo zogen, wusste ich nicht, dass ich in ein jüdisches Viertel von Rom kommen würde. Wir hatten die teure Mietwohnung in Trastevere aufgeben müssen. In den 1950er- und 1960er-Jahren verließen viele Juden das ehemalige römische Ghetto, in das Papst Paul IV. ihre Vorfahren im 16. Jahrhundert gezwängt hatte, um in das Neubauviertel in Monteverde hinter dem Vatikan zu ziehen. Im alten Ghetto an dem wunderschönen Porticus der Octavia, den Augustus für seine Schwester hatte bauen lassen, waren die Wohnungspreise so stark gestiegen. In unserem Wohnhaus in Monteverde lebten mehrere jüdische Familien.«

»Und die wussten natürlich alle, dass wir Deutsche waren, also zumindest du und Mama. Es muss ihnen klar gewesen sein, dass dein Großvater noch an der mörderischen Maschinerie der Nazis beteiligt gewesen sein könnte. Oder?«, wollte Leo jetzt wissen.

»Ja«, sagte ich. »Aber hast du deswegen so etwas wie Ablehnung gespürt?«

»Nein«, antwortete Leo. »Nie. Alle die römischen Juden, die ich kennenlernte, waren eher neugierig, aus welchem Teil Deutschlands ich denn kam. Aber eines ließ sich nicht diskutieren: Einen der Fans der Fußballmannschaft Lazio Rom, die offen antisemitisch sind, hätten sie nicht toleriert, aber mein Herz schlägt Gott sei Dank seit Langem für AS Roma. Während du doch noch immer ein verkappter Dortmund-Fan bist.«

»Erwischt«, lachte ich.

Ausgerechnet der Bruder des Petrus, Andreas, wird zum Symbol der Gemeinheit der Kirchen. Die Päpste reißen sich die Leiche des Begründers der Konkurrenzkirche im Osten unter den Nagel.

Wir gingen an der Absperrung vorbei, sodass Leo den Pfeiler am Petrusgrab sehen konnte, an dem die Statue des heiligen Andreas steht.

Leo zeigte auf die Statue: »Das ist Andreas, ich erkenne das Kreuz.«

»Andreas war der Bruder von Petrus. Er folgte Christus und betete nach der Himmelfahrt mit den anderen Aposteln. Danach soll er in weiten Teilen des östlichen Mittelmeers gepredigt haben, bis er auf Patras, in der Zeit der Christenverfolgung unter Nero, gekreuzigt wurde. Er gilt als Begründer der Ostkirchen. Nachdem die römischen Kaiser ihren Sitz nach Konstantinopel verlegt hatten, wurde diese Stadt wichtiger als Rom. In Rom berief man sich darauf, dass Petrus dort begraben sei, in Konstantinopel darauf, dass Andreas die Kirche gegründet habe. Noch heute sehen sich die Patriarchen von Konstantinopel als Nachfolger des heiligen Andreas, so wie der Papst sich als Nachfolger von Petrus sieht. Im Jahr 1054 exkommunizierten sich die Kirchen gegenseitig, ein bis heute schwelender Bruderstreit begann. Ein Kardinal, Petrus Capuanus, stahl schließlich in Konstantinopel die Gebeine des heiligen Andreas, die Kopfreliquie des Heiligen landete im Petersdom und wurde hier in diesem Pfeiler bestattet.«

»Was für eine Sauerei«, stellte Leo unmissverständlich fest.

»Die beiden Kirchen, die sich auf den friedlichen Jesus von Nazareth berufen, beklauen sich gegenseitig. Das gibt's doch gar nicht. Was hätte denn der Papst gesagt, wenn die Ostkirchen die Gebeine des heiligen Petrus gestohlen hätten? Die nehmen der Konkurrenzkirche den Gründer weg. Das ist an Gemeinheit kaum zu überbieten, zumal die Päpste sie noch ganz prominent direkt an das Petrusgrab stellen.«

Bernini und der Baldachin

Aus der Deckung unseres Pfeilers konnten wir den Baldachin von Bernini und den Papstaltar gut sehen.

»Stimmt das, dass nur der Papst an dem Altar die Messe lesen darf?«

»Ja, ich hab dir ja zum Desaster des angeblichen Petrusgrabes schon einiges erzählt. Alles fing damit an, dass irgendwann um das Jahr 150 ein bestimmter Gaius über einem einfachen Grab ein kleines Grabmal baute, nicht größer als ein normaler Grabstein. Leider bedachte niemand das Grabmal mit einer Inschrift. Keiner hielt es offenbar für nötig, in den Grabstein zu ritzen, dass hier Petrus begraben liegt, der Mann, der den auferstandenen Christus gesehen haben soll. Pilger ritzten später in dieses Grabmal ihre Namen und ihre Gebete an Petrus. Daraus entstand der Glaube, dass dort Petrus begraben worden sein soll. Konstantin ließ dieses kleine Grabdenkmal in Marmorplatten einfassen. Später wird diese Marmorplatte überbaut, um auf dem Petrusgrab die Messe lesen zu können.

Nach dem Abriss der alten Peterskirche und dem Bau des neuen Doms schuf Bernini das größte Bronzekunstwerk der Welt, diesen gigantischen Baldachin. Er wirkt wegen der kolossalen Ausmaße der Domkuppel viel kleiner, als er ist. Der Baldachin ist höher als viele große Stadtpaläste in Rom. Wenn du um den Baldachin herumgehen und nur auf die Basis der Säulen achten würdest, dann würdest du das Gesicht einer gebärenden Frau sehen und als letztes Bild am Papstaltar das grinsende Gesicht eines Kindes. Bis heute ist unklar, warum Bernini diese Phasen einer Geburt zeigte, möglicherweise wollte er nur daran erinnern, dass er nicht neun Monate, sondern neun Jahre, von 1624 bis 1633, an diesem Baldachin gearbeitet hat. Aber das ist nicht das einzige Geheimnis des Baldachins, es gibt außerdem ein eigenartiges Rätsel.«

»Und das wäre?«, fragte Leo.

»Bernini ging mit unglaublicher Rücksichtslosigkeit vor. Du musst dir also vorstellen, dass er am Hauptaltar, in unmittelbarer Nähe zum Petrusgrab, Fundamente ausschachten ließ. Dabei machte er eine sensationelle Entdeckung: Er fand die Gräber einer bis dahin unbekannten Totenstadt, an deren Rand das Grab des heiligen Petrus gelegen haben soll. Das heißt, Bernini stand genau auf der zweitausend Jahre alten Straße, an deren Rand Petrus begraben worden sein könnte.

Und was machte Bernini? Statt nachzusehen, wo das Grab des heiligen Petrus gelegen haben könnte, donnerte er rücksichtslos seine riesigen Fundamente in die Totenstadt. Er riss zweitausend Jahre alte Mauern ein, ließ in unmittelbarer Nähe des Petrusgrabes bedenkenlos zumauern, ausschachten, abtragen. Seine Arbeiter sollen die Knochen der Toten, die dort begraben waren, zertreten haben. Wieso Bernini überhaupt nicht interessierte, was er da unten fand, ist bis heute rätselhaft. Jahrhundertelang geriet in Vergessenheit, dass unter dem Petersdom eine Totenstadt liegt, erst als Papst Pius XI. im Jahr 1939 starb und nahe am Hauptaltar begraben werden wollte, stießen Arbeiter zufällig beim Ausheben des Grabes auf die Totenstadt, die Bernini mehr als drei Jahrhunderte vorher schon entdeckt hatte.«

Krieg im Namen Jesu

Leo schaute sich unter der Kuppel um und zeigte auf eine Statue, die aus einem der Pfeiler regelrecht zu fliegen schien: »Und wer ist das da?«

»Das ist die Statue der heiligen Veronika. Laut der Legende stand sie am Weg nach Golgatha, als Christus sich an ihr vorbeischleppte. Sie reichte ihm ein Schweißtuch, und auf wundersame Weise blieb der Abdruck des Gesichtes auf dem Schweißtuch sichtbar. Es entstand ein Foto Gottes, wenn man so will. Schon früh galt diese Reliquie als besonders wertvoll, und der Pfeiler des Petersdoms, in dem sie aufbewahrt werden sollte, wurde von Anfang an als Veronika-Pfeiler geplant. Papst Julius II. legte den Grundstein der Peterskirche unter diesem von Bramante geplanten gigantischen Pfeiler. Das Schweißtuch wird bis heute dort aufbewahrt und einmal im Jahr den Gläubigen vom Balkon gezeigt. Als Martin Luther 1511 nach Rom kam, bemängelte er, dass auf dem Schweißtuch der Veronika nichts zu sehen, der Abdruck nicht zu erkennen sei. Das passte zu seiner Überzeugung, dass falsch verstandene Traditionen in der Kirche gefährlich sein können und nur die Schrift allein zähle. Denn in den Evangelien wird die heilige Veronika mit keinem einzigen Wort erwähnt. Sie ist reine Legende, und damit war sie für Luther unerheblich.«

»Und wer ist das da mit dem Kreuz in der Hand?« Leo zeigte auf die vierte und letzte Figur unter den Pfeilern der Peterskirche, die die Kuppel tragen.

»Das ist die Mutter von Kaiser Konstantin, Helena, und die hat diesen Ehrenplatz im Zentrum der Kirche wirklich verdient.«

»Eine Frau auf einem Ehrenplatz im Petersdom. Erzähl mal, find ich interessant.«

»Seltsamerweise ist den meisten Menschen nicht klar, dass keineswegs nur Männer am Beginn der römisch-katholischen Kirche standen, sondern vor allem Frauen. Zwei Frauen sind dabei besonders wichtig, die eine erfuhr als Erste die wichtigste Botschaft des Christentums: dass Christus von den Toten auferstanden war. Jesus teilte dies als Erstes nicht einem Mann, sondern einer Frau mit, Maria von Magdala. Und ohne die Frau, die in einer Nische da am Petrusgrab steht, Helena, würde es die römisch-katholische Kirche wahrscheinlich gar nicht geben.«

»Wieso konnte eine einzelne Frau so entscheidend sein?«, fragte Leo.

»Sie unternahm eine der wahrscheinlich spannendsten Reisen in der Geschichte und machte damit das christliche Rom eigentlich erst möglich. Sie war die Erste, die vor Ort Beweise für die Existenz von Gottes Sohn sehen wollte. Denn das Seltsame an der Entstehung des Christentums ist, dass es keinerlei Spuren einer solchen Suche gibt. In der Apostelgeschichte erzählt der Begleiter von Paulus, dass er bei seiner Ankunft in Puteoli (heute: Pozzuoli) um 59 auf christliche Brüder traf. Das bedeutet, dass es schon sehr früh, wenige Jahre nach dem Tod von Jesus, ein im Mittelmeerraum verbreitetes Christentum gab. Diese ersten Christen hatten eine einzigartige, für uns kaum vorstellbare Chance: mit eigenen Augen nachzuschauen, ob das, was die neue Religion über Gottes Sohn lehrte, überhaupt stimmte. Im Unterschied zu allen anderen Religionen behauptet das Christentum, dass die spektakulären Wunder nicht im Geheimen, in irgendeinem Zimmerchen stattfanden, sondern vor Tausenden von Menschen, also vor einer Unzahl von Zeugen.«

»Wow. Das ist eine coole Idee. Du hast recht. In Jerusalem und in Galiläa müssen damals zahlreiche Menschen gelebt haben, die Christus mit eigenen Augen während der Wunder noch gesehen hatten. Überleg doch mal: Wenn in Bethanien tatsächlich etwas so Spektakuläres geschehen war, dass ein Toter namens Lazarus nach mehreren Tagen aus seinem Grab spazierte, dann mussten doch dreißig Jahre später die Augenzeugen noch davon gesprochen haben, vom Ereignis ihres Lebens. Stell dir vor, heute würde ein Mann, der zweifelsfrei mehrere Tage lang tot war, aus seinem Grab steigen, die Fernsehstationen der ganzen Welt wären vor Ort, das Interesse riesengroß«, meinte Leo sichtlich beeindruckt.

»Ja, das ist richtig. Auch in der Antike wäre die Behauptung, dass ein Mann von den Toten aufersteht, spektakulär gewesen; dennoch gibt es nicht den geringsten Hinweis, ob irgendwann irgendwer einfach mal nachgesehen hat, ob es irgendwelche Beweise für solche Wunder gab.«

»Und warum nicht?«, wunderte sich Leo. »Es müsste doch für die ersten Christen verlockend gewesen sein, mit Menschen zu sprechen, die bei Massenwundern dabei gewesen waren: bei der Speisung am See Genezareth, bei der Verwandlung von Wasser in Wein in Kana oder im Gasthaus zu Emmaus, wo der auferstandene Christus mit zwei Jüngern zu Abend aß. Müsste es für einen Christen also nicht unendlich spannend gewesen sein, nach Palästina zu reisen und nach diesen Menschen zu suchen? Warum machte das niemand?«

»Ich weiß es nicht«, sagte ich.

Leo überlegte eine Weile, dann gab er zu bedenken: »Waren die Christen in Italien nicht viel zu arm, um sich eine solche Reise nach Palästina leisten zu können?«

»Nein. Die Ausgrabungen in den Katakomben in Rom und in heidnischen Friedhöfen haben gezeigt, dass auch sehr reiche Menschen unter den ersten Christen waren, die sich eine solche Reise problemlos hätten leisten können. Jerusalem zu erreichen, war für einen wohlhabenden Römer dank der zahlreichen Schiffsverbindungen kein Problem. Aber es gibt kein einziges schriftliches Zeugnis von irgendwem, der losgefahren war, um auch nur das Geburtshaus von Jesus zu sehen. Keine einzige Spur, keine Überlieferung, einfach nichts aus der Zeit der ersten Christen.

Den späteren Christen fiel das natürlich auf. Sie fragten sich, wieso nie jemand an den heiligen Stätten nachgesehen hat, als das noch möglich war. Sie kamen zum Teil auf bizarre Erklärungen: Das Haus Marias, in dem Christus geboren worden sein soll, flog nach der Legende durch die Luft, landete in Loreto an der Adria und gilt als Schutzpatron der Luftfahrt. Das ist natürlich ein Märchen, aber es enthält den Kern der Frage: Wieso ist jahrhundertelang niemand nach Nazareth gefahren? Damals hätte man noch nachvollziehen können, ob dieser Rabbiner Jesus tatsächlich Gott war oder einfach nur ein sehr charismatischer Prediger.«

»Und niemand hat das gemacht.«

»Wenn ja, hat er es für sich behalten. Zu jener Zeit haben viele Christen geglaubt, das Ende der Welt stünde unmittelbar bevor und sie hätten nur noch wenige Wochen oder Monate zu leben. Vielleicht haben sich deshalb viele für diese Erde nicht mehr sonderlich interessiert. Und selbst wenn im Laufe der Jahre Christen wissen wollten, was in Jerusalem wirklich passiert war, dauerte es, soweit überliefert, bis zum Jahr 326, bis die erste Christin nach Palästina reiste, eben Helena.«

»Diese Reise wird das aus christlicher Sicht wenig bedeutende Rom schlagartig zu einem der wichtigsten christlichen Zentren der Welt machen.«

»Und wieso?«, fragte Leo.

»Vor Helenas Reise gab es drei wichtige christliche Zentren. In Palästina konnten christliche Pilger die wichtigsten Stätten von Jesu Wirken erleben. In Alexandria lebte der Evangelist Markus und wirkte als Bischof der Stadt. In Antiochia hatte Petrus missioniert, was im Galaterbrief ausführlich beschrieben wird. Rom konnte zwar nicht mit direkten Zeugnissen aus dem Leben von Jesus dienen, aber immerhin lebte Paulus mehrere Jahre in Rom. Ob er in Rom wirklich hingerichtet und unter dem Altar der Paulskirche begraben wurde, ist wahrscheinlich, aber nicht sicher. Es ist durchaus möglich, dass Paulus die im Brief an die Römer angekündigte Reise nach Spanien tatsächlich antrat und in Spanien verstarb. Für die Päpste muss diese Stelle im Römerbrief ziemlich beunruhigend geklungen haben. Denn wenn Paulus gar nicht in Rom hingerichtet und dort auch nicht begraben, also gar nicht verfolgt wurde, sondern unbehelligt nach Spanien fuhr und dort starb, dann hatte die Stadt Rom nichts mehr vorzuweisen, um als wichtiges christliches Zentrum zu gelten.«

»Das wäre für die Päpste eine echte Katastrophe. Oder?«

»Ja klar. Doch die Reise von Helena änderte alles. Sie sorgte dafür, dass Rom eine Schatztruhe für die Christen wurde. Die wichtigsten Reliquien, die sie im Heiligen Land auftreiben konnte, brachte sie nach Rom. Der Geschichtsschreiber Eusebius von Caesarea, der zur selben Zeit lebte wie Helena, beschrieb in seiner Lobschrift auf Kaiserin Helena, wie sie durch Palästina zog und zwei Kirchen bauen ließ, die Geburtskirche in Bethlehem und die Kirche am Berg der Seligpreisungen. Ihr Sohn Konstantin hatte anordnen lassen, dass auch nach dem Grab von Christus und der Hinrichtungsstätte Golgatha gesucht werden sollte.«

»Wusste niemand mehr, wo Christus hingerichtet worden war?«

»Nein. Der römische Kaiser Hadrian hatte nach dem großen Aufstand der Juden unter dem Anführer Bar Kochba um 132 Jerusalem zerstören lassen und verbot bei Todesstrafe allen Juden, in die Stadt zurückzukehren. Damit begann die Zerstreuung des Volkes der Juden in alle Welt. Ein Heiligtum in Jerusalem schien Hadrians Feldherren ganz besonders gestört zu haben. Sie zerstörten nicht nur den Tempel der Juden, sondern ließen auch das Grab eines eigenartigen Rabbiners zuschütten, den seine Anhänger als den gesalbten Retter, Christus, verehrten. Über dem Grab und der Hinrichtungsstätte dieses Christus errichteten Hadrians Männer ein Heiligtum der Venus, das neue Zentrum der Stadt, die sie Aelia Capitolina nannten, das römische Jerusalem.

Erstaunlich ist, dass die Christen über dreihundert Jahre das Gedächtnis an die Grabstätte von Jesus und an den Golgatha-Hügel in Jerusalem bewahrten. Sie erinnern sich über viele Generationen daran, dass unter dem Venus-Heiligtum der für sie heiligste aller Orte lag, das Grab Christi.

Anders lässt sich die Entscheidung Kaiser Konstantins, diesen Ort freizulegen, nicht erklären. Er regierte ein Reich, in dem nicht einmal zehn Prozent der Bewohner Christen waren. Konstantin würde nie zum Christentum übertreten, ehrte aber die römischen Heiligtümer, auch das seines Vorgängers Hadrians in Jerusalem, den Venus-Tempel. Dass er dennoch beschloss, diesen römischen Tempel abreißen zu lassen, konnte nur einen Grund haben. Etwas sehr, sehr Wichtiges musste unter diesem Tempel liegen. Ein Ort, von dem die Christen auch noch zwei Jahrhunderte nach dem Tempelbau behaupteten, dass dort Jesus von Nazareth begraben und auferstanden sein sollte.

Das, was Konstantins Ingenieure, die schließlich die Grabeskirche bauten, fanden, ist erstaunlich. Tatsächlich kam unter dem Venus-Heiligtum ein Felsen zum Vorschein. Auf diesem Fels, außerhalb Jerusalems gelegen, könnte Jesus gekreuzigt worden sein, und im nahen Steinbruch könnte das Grab des Jesus von Nazareth gelegen haben.

Was nach der Freilegung geschah, ist unklar und von einer Unzahl Legenden umrankt: Helena soll in einer Schlucht in der Nähe der Grabeskirche mit Hilfe des Juden Judas Cyriacus das Kreuz Christi gefunden haben. Um zu überprüfen, ob dies das echte Kreuz Christi sein könnte, soll Helena Todkranke aus Hospitälern herbeigeholt haben, die nach Berührung mit dem Kreuz auf wundersame Weise geheilt wurden.

Kanonen zur Ehre Gottes: Innozenz XI. erinnert von seinem leeren Grabmal aus an die Befreiung Wiens.

Sicher scheint, dass Pilger, die im 4. Jahrhundert nach Jerusalem kamen, ein Stück vom wahren Kreuz sahen. Helena soll einen Teil des Kreuzes in Jerusalem belassen haben, einen anderen Teil schickte sie nach Konstantinopel, den Rest nahm sie mit nach Rom, in ihren Palast, der später zu der heutigen Kirche Santa Croce in Gerusalemme umgebaut wurde. Die Päpste brachten später einen großen Teil des Kreuzes hierher in den Pfeiler, vor dem bis heute die Statue der Helena steht.«

Liebe predigen und Gewalt verherrlichen

Ich sah in der Nähe einen Wachmann in sein Funkgerät sprechen, dann hörte er zu und schaute in unsere Richtung. Wir mussten sofort weg. Während wir das linke Seitenschiff hinaufhasteten, stoppte mich Leo plötzlich und deutete auf das Grabmal von Papst Innozenz XI.

»Das sind doch Kanonen, oder?«

»Klar«, sagte ich leise.

»Kanonen in einer Kirche?«

»Kriege spielen hier im Petersdom eine große Rolle«, flüsterte ich ihm zu und zog ihn hinter den Pfeiler an dem Grabmal, sodass man uns vom Gang nicht gleich sehen konnte.

»Ja, das hast du mir ja schon erzählt. Aber ich finde es immer wieder unchristlich, wenn ich an die Sache mit der rechten und der linken Wange denke.«

»Über das Grabmal von Christina von Schweden und den Dreißigjährigen Krieg haben wir ja schon gesprochen. Im Petersdom wird aber auch das Rosenkranzfest am 7. Oktober gefeiert, das ursprünglich das Fest unserer Lieben Frau vom Sieg hieß, weil es an die vorhin erwähnte Seeschlacht der Christen gegen das Osmanische Reich erinnert, und dieses Denkmal hier erinnert an den Krieg gegen die Türken vor Wien im 17. Jahrhundert.«

»Die Christen führen also jahrhundertelang Kriege gegen die Türken, und der Papst unterstützt das?«

»Ja, über tausend Jahre lang. Aber seit dem frühen Mittelalter bis weit in die Neuzeit hinein sahen die Päpste es immer auf die gleiche Art und Weise: Wir, die christlichen Europäer, gegen die anderen, also die Osmanen, die Türken, Menschen, die an den Koran Mohammeds und den Propheten Allahs glauben. Wiederkehrende heftige Auseinandersetzungen waren die Folge. Dabei lieferten sich die zutiefst verfeindeten Päpste und europäischen Könige und Fürsten selbst so lange blutige Schlachten, dass ein gemeinsamer äußerer Feind höchst willkommen war – und das ist im ersten und zweiten Jahrtausend nach Christus stets der gleiche: die muslimischen Herrscher.

Das begann schon, als die Päpste gerade einen eigenen Staat aufbauten. Der erste, der einen regelrechten Krieg gegen die Muslime führte, war Papst Leo IV. Er war Diakon in einer meiner Lieblingskirchen von Rom, der Santi Quattro Coronati.«

»Nahe der Kirche hast du doch mit Mama mal gewohnt.«

»Ja, als wir noch am Kolosseum lebten. Er wurde zum Papst gewählt und erlebte immer wieder, dass muslimische Piraten Rom überfielen. Leo IV. organisierte einen Gegenangriff und schaffte es im Jahr 849 während der Seeschlacht bei Ostia, die Muslime zu besiegen. Es handelte sich meist um Piraten aus Nordafrika. Er ließ auch die Leoninische Mauer errichten, die Sankt Peter schützen sollte. Kurz vorher, im Jahr 847, entstand das erste und einzige Emirat auf italienischem Boden, das Emirat von Bari. Papst Leo IV. ersuchte um Hilfe in Konstantinopel und an den Höfen der Franken. Auch seine Nachfolger Benedikt III. und Nikolaus I. wollten den Brückenkopf der muslimischen Truppen in Italien unbedingt zerstören, was ihnen schließlich gelang. Papst Sixtus IV. brach fünfhundert Jahre später seine mörderische Auseinandersetzung mit Florenz ab, als muslimische Truppen in Otranto landeten. Papst Pius V.

einigte sich ausgerechnet mit dem Erzfeind Venedig, den Papst Julius II. bitter bekämpft hatte, um 1571 die Seeschlacht bei Lepanto gegen die Türken schlagen zu können. Diese kriegerischen Konflikte zwischen Muslimen und Christen kosteten Hundertausende Menschen das Leben. Aber nicht nur wir in unseren Kirchen gedenken derer, die Muslime abgeschlachtet haben, auch die Muslime feiern jene, die Christen umgebracht haben.

Der Unterschied besteht nur darin, dass in den Kirchen, die Jesus von Nazareth geweiht sind, der ja Gewaltfreiheit und Liebe predigte und dafür starb, Denkmäler, die grausamste Gewalttaten verherrlichen, diesem Ideal zuwiderlaufen. Wenn in den Moscheen, die den Glauben an Allah und seinen Propheten Mohammed verbreiten, Gräber an Krieger erinnern, muss man wissen, dass Mohammed selbst ein Krieger war, ein Feldherr, der Schlachten geschlagen hat.

Einer der legendären Kriegsherren der Muslime, der einen Religionskrieg führte und die Christen aus Jerusalem hinauswarf, ist in unmittelbarer Nähe eines Gotteshauses beigesetzt worden. Wir nennen ihn Saladin, er hieß Salah ad-Din und schaffte es, den Kreuzfahrern das Heilige Land abzunehmen, auch wenn er die Schlachten gegen Richard Löwenherz nicht gewinnen konnte. Sein Grab liegt direkt neben der Umayyaden-Moschee in Damaskus.«

»Und der hier im Grab mit den Kanonen?«

»Das ist Innozenz XI., seine Leiche kannst du einbalsamiert dort unter dem Altar sehen, unter dem Mosaik der Verklärung Christi.«

»Das ist ein Mosaik?«, fragte Leo erstaunt.

»Ja, im Petersdom gibt es fast ausnahmslos nur Mosaiken. Im Laufe der Jahrhunderte hat die hiesige Mosaikenschule eine beispiellose Perfektion erreicht und kann über 28 000 Farbtöne einsetzen, um mit winzigen Steinen komplexe Kunstwerke nachzubilden. Bis heute wird das Rezept geheim gehalten, wie genau aus Glas und auf der Basis von Leinöl diese komplizierten Kunstwerke geschaffen werden. Weil Brände für Kirchen die größte Gefahr bedeuteten, die Päpste den Petersdom aber als eine Kirche für die Ewigkeit bauen wollten, sollte kein Holzrahmen und keine Leinwand hier Feuer fangen können. Deswegen mussten alle Bilder durch Mosaiken ersetzt werden.

Dieses hier bildet perfekt ein Werk von Raffael nach, ›Die Verklärung‹ (auch: ›Transfiguration‹). Das Original hängt in der Pinakothek im Vatikan. Du musst nahe herangehen, um zu sehen, dass es ein Mosaik und kein gemaltes Bild ist.

Dieser Papst dort im Glassarg lag in erbittertem Streit mit dem französischen König, drohte ihm immer wieder mit Exkommunikation. Doch als die Türken Wien belagerten, wollte Innozenz eine christliche Allianz aufstellen, die alle muslimischen Truppen aus Österreich vertreiben sollte. Es gelang dem Papst, mit aller Macht diese Allianz gegen die Muslime zu schmieden unter den christlichen Herrschern. Er konnte den polnischen König Jan Sobieski und Kaiser Leopold I. dazu überreden, den Belagerungsring der Türken zu brechen. Dafür legte der Papst die unglaubliche Summe von 1,5 Millionen Gulden auf den Tisch. Er selbst lebte als Asket. Der Krieg gegen die Türken, um die Islamisierung Europas zu vermeiden, war ihm wichtiger als Kunst, er gab sein Geld für den Krieg, nicht für Fresken aus. Damit sorgte er vermutlich dafür, dass Europa nicht muslimisch wurde.

Mich beeindruckt, dass eine solch riesige Armee von 120 000 Muslimen eine Stadt berannte, in der nur 40 000 Menschen lebten und von denen etwa 25 000 kämpfen konnten. Die Belagerung war so spektakulär, dass sie zu einer Vielzahl von Legenden führte. So sollen Wiener Bäcker das Hörnchen, den Halbmond, als Gebäck erfunden haben, um hineinzubeißen und damit den

Islam verhöhnen zu können. Das ist christlicher Blödsinn. In Wahrheit geht es auf das italienische Cornetto zurück, was ›Hörnchen‹ heißt und schon im 12. Jahrhundert existierte. In Münster wird bis heute die Legende gepflegt, dass ein gewisser Jürgen Lechther in den frühen Morgenstunden eines Montags im Jahr 1683 im belagerten Wien Brot gebacken und dabei gehört habe, wie die muslimischen Mineure, ein Pionierkommando, sich bis zum Roten Turm, einem Wiener Stadttor, einen Gang gegraben und gesprengt hatten. Er soll die Verteidiger alarmiert haben, denen es gelang, die türkischen Eindringlinge zu stoppen. Aus Dankbarkeit sei den Bäckern daraufhin der gute Montag, ein freier Tag in der Woche, gewährt worden, was in Münster immer noch gefeiert wird.«

Schwarzbrot, Hunger und nackte Wahrheiten

»Und was ist das da?« Leo deutete auf das Grabmal Alexanders VII.

»Ich komme gern hierher zu dem Grab des Mannes, der so kultiviert war, dass er in meiner Heimat gelitten hat, weil es nur Bier und Schwarzbrot und Schmutz gab und ich mich ein bisschen dafür entschuldigen muss, dass wir damals in Westfalen noch so derbe Bauern waren.«

»Wie meinst du das?«

»Fabio Chigi, der spätere Papst Alexander VII., wuchs in einer schwerreichen Bankiersfamilie auf und hatte das Pech, einen aussichtslosen Job zu bekommen: Er musste den Papst während der Verhandlungen um den Westfälischen Frieden in Münster vertreten.«

»Das ist doch ganz in der Nähe von dort, wo Oma wohnte.«

»Wo ich auch gewohnt habe, bis zum Abitur.«

»Und was hat diesem Fabio Chigi da nicht gefallen?«

»Es gab eine Menge, was ihn erschüttert haben muss; aber was er am abscheulichsten fand und was er kaum fassen konnte, war, dass in Münster viele Familien noch mit ihren Tieren im selben Raum wohnten. Die Ställe gingen in die Wohnhäuser über, Schweine, Kühe, Hühner und Enten gackerten durch die Wohnstuben, sofern nach dem Dreißigjährigen Krieg überhaupt noch Tiere vorhanden waren. Das alles war für Fabio Chigi unerhört.

Seine Familie lebte bereits im frühen 16. Jahrhundert, 150 Jahre bevor Fabio Chigi nach Deutschland kam, gemessen an den Standards von Münster, in einem unvorstellbaren Luxus. Der Vorfahre des späteren Papstes, Agostino Chigi, ein sehr reicher Bankier, wird eine der schönsten Villen an den Ufern des Tibers in Trastevere bauen. Die Villa bekam später den Namen Farnesina, sogar Raffael schmückte sie aus.

Agostino Chigi konnte es sich leisten, sich über die Konventionen seiner Zeit hinwegzusetzen. Er unterhielt eine außereheliche Beziehung zu einer venezianischen Kurtisane, die er später zu seiner offiziellen Ehefrau machte. Für die damalige Zeit war es ein äußerst riskanter Schritt, eine Kurtisane in die höhere römische Gesellschaft einzuführen. Für die Dame, die Francesca Ordeaschi geheißen haben soll, bedeutete das einen kometengleichen Aufstieg an die Seite eines der einflussreichsten Männer seiner Zeit, vor dem die Päpste zitterten, weil sie so hohe Schulden bei ihm hatten.

Berühmt ist die Geschichte, wie die Familie Chigi ihre Gäste zu beeindrucken suchte. Nach einem sagenhaften Gastmahl, bei dem die Speisen auf goldenen und silbernen Tellern serviert worden waren, deckten die Lakaien ab und warfen das wertvolle Geschirr zum Erstaunen der Gäste einfach aus den Fenstern in den Tiber. Es verbreitet sich natürlich blitzartig die Kunde, wie reich die Chigis seien, wenn sie sich so eine Verschwendung leisten konnten. Was die Gäste nicht wussten, war, dass im Fluss Netze aufgespannt worden waren, sodass man das Geschirr bequem wieder hineinziehen konnte. Die Familie unterhielt in der Nähe der Villa Stallungen, die, gemessen an den Bauernhäusern von Münster, wie Paläste gewirkt haben müssen. Aber mit einem Ochsen und einer Kuh unter einem Dach zu sitzen, ein Abendessen aus Schwarzbrot und Schinken zu essen und dazu das verhasste Bier zu trinken, war für Fabio Chigi zu viel. Er beschwerte sich in Rom bitterlich über den unerträglichen Lebensstandard in Münster. Das dunkle Bier soll ihm, gemessen an den erlesenen Rot- und Weißweinen seiner Heimat in der Toskana, wie ein Höllengebräu vorgekommen sein.«

»Ich kann das supergut verstehen«, sagte Leo und schüttelte sich ein bisschen. »Manchmal, wenn wir bei den Omas in

Das Grabmal Papst Alexanders VII., der vor seinem Pontifikat als päpstlicher Nuntius Fabio Chigi, an den guten Wein Roms gewöhnt, seinen Abscheu vor westfälischem Bier – einem wahren »Höllengebräu« – kundtat.

Deutschland waren, mussten wir Sachen essen, die schmeckten absolut ekelig.«

»Woran erinnerst du dich denn?«

»Wir bekamen damals hier im Kindergarten morgens Kekse oder süße Hörnchen, und ich fand es widerlich, dass dein Vater zum Frühstück ein Schinkenbrot aß. Und dieser gute Mann, Fabio Chigi, mochte also Deutschland nicht?«

»Nein, überhaupt nicht. Und das Leben wurde ihm nicht gerade dadurch erleichtert, dass seine Position während der Verhandlungen so aussichtslos war. Der Dreißigjährige Krieg hatte Deutschland schlimmer verwüstet als je ein Krieg zuvor oder danach. In einigen Regionen Deutschlands starben, wie bereits gesagt, zwei Drittel der Bevölkerung. Dennoch zogen sich die Verhandlungen über fünf Jahre hin, und der Krieg tobte unterdessen weiter. Kaiser Ferdinand III. verlor auf dem Schlachtfeld gegen die schwedische Allianz dramatisch, was selbst ihn schließlich zum Einlenken zwang. Selten hatte ein Krieg so vollständig die letzten Reserven eines Landes aufgebraucht und verwüstet. Die Menschen waren am Ende. Das Elend der ausgehungerten Bevölkerung spürten alle Verhandlungsteilnehmer in Münster; schließlich waren sie sich einig, dass es zum Frieden keine Alternative gebe. Allein der Papst war gegen den Friedensschluss.«

»Ausgerechnet der Papst wollte keinen Friedensvertrag?«, wunderte sich Leo.

»Ja, er wollte keine Zugeständnisse gegenüber den Lutheranern, den Protestanten, machen; er sah in ihnen Häretiker, Ketzer, die es wagten, den wahren Glauben anzuzweifeln. Doch Fabio Chigi stand mit dieser Haltung auf verlorenem Posten, und noch heute, wann immer der Jahrestag des Westfälischen Friedens gefeiert wird, schüttelt man den Kopf angesichts der Tatsache, dass ausgerechnet die katholische Kirche den Friedensvertrag boykottierte. Und als dieser schließlich geschlossen war, ihn als ungültig ansah, nachdem die Verhandlungsführer, die Gesandten des deutschen Kaisers, der schwedischen Königin Christina und des französischen Königs, endlich eine Einigung gefunden hatten, nach endlosen Verhandlungen über die Etikette.

Für den Gesandten aus Rom, Nuntius Fabio Chigi, brach mitten in den Verhandlungen dann auch noch eine Welt zusammen. Im Jahr 1644 starb sein Gönner Papst Urban VIII. Die Kardinäle wählten daraufhin Papst Innozenz X., der auf seinen Vorgänger ziemlich sauer war. Er wollte die Nepoten von Urban VIII. zur Rechenschaft ziehen, die dank der Unterstützung durch den Papst den Vatikan ausgeplündert hatten; die waren aber rechtzeitig vor dem neuen Papst nach Frankreich geflohen. Innozenz hegte daher ein tiefes Misstrauen gegen die komplette Kurie seines Vorgängers, betroffen war auch Fabio Chigi, der ohne die Legitimierung durch den neuen Papst in Münster ausharrte. Als der Brief endlich kam, bestätigte er Fabio Chigi nur halbherzig im Amt als Verhandlungsführer. Seine Vermittlungen hatten ohnehin keinen Sinn mehr. Als Einziger sollte er am 24. Oktober 1648 den Friedensschluss von Münster nicht unterzeichnen.

Er nahm sich einen Tag Auszeit und schrieb am 26. Oktober so etwas wie eine Rechtfertigung, in der er erklärte, dass der Friedensschluss von Münster sehr viele Punkte enthielte, die schädlich für die heilige katholische Kirche seien, und dass er deswegen nicht unterschrieben habe. Für die Kirche war diese Weigerung ein einziger katastrophaler Misserfolg. Sie verlor in diesem Moment ihre Vormachtstellung in Europa. Ich frage mich manchmal, ob Alexander VII. nach seiner Wahl zum Papst nicht hin und wieder voller Sehnsucht an das schwarze Pumpernickelbrot in Münster gedacht haben mag.«

»Wieso denn das? Er hat es doch gehasst.«

»Rom erlebte in seiner Amtszeit eine Hungersnot. Wenn man

das prächtige Grabmal des Papstes sieht, mag man kaum glauben, dass Menschen in Rom Hungers starben, während dieser Papst Bernini die Mittel für dieses prächtige Grabmal gewährte. Er musste das Brot, das für die einfachen Leute gebacken wurde, rationieren. Er schrieb, dass nur das Weißbrot im Umlauf bliebe, weil sich das eh nur die Reichen leisten konnten. Die Armen mussten hungern. Ein paar Wagenladungen Pumpernickel wären in Rom damals bestimmt willkommen gewesen.

Wer dieses wunderschöne Grabmal Berninis sieht, mit dem riesigen Tuch aus Stein und dem Skelett mit dem Stundenglas, der kann sich angesichts einer solchen Pracht das Elend in der Stadt kaum vorstellen.

Rechts von dem knienden Papst siehst du die Wahrheit, die, wie es sich gehörte, eine nackte Wahrheit war, was den Nachfolgern von Alexander VII. missfiel. Sie ließen die Figur anziehen. Bis heute ist ungeklärt, ob es Zufall ist, dass die Figur der Wahrheit ihren Fuß auf England setzt. Sollte sie zeigen, dass die Päpste gerade wieder dabei waren, den Einfluss der katholischen Kirche auf England zu stärken? Das wird wohl ein Geheimnis bleiben.«

In diesem Augenblick spürte ich etwas in meinem Rücken.

Enttarnt

Ich drehte mich um: Dottore Franco Ferraris stand mit so etwas wie einer kleinen Eingreiftruppe vor uns: ein halbes Dutzend äußerst grimmig dreinblickender Aufseher in einer Haltung, die signalisierte, dass sie uns in Stücke gerissen hätten, wenn sie nicht ihren eleganten Frack getragen und mitten im Petersdom gestanden hätten.

Wir waren jetzt fast an der Reihe, unsere Karten vorzuzeigen und durchgebeten zu werden zu unseren Sitzplätzen; aber mit einem winzigen angedeuteten Kopfnicken und einem vernichtenden Blick auf uns machte Ferraris den beiden Aufsehern an der Absperrung klar, dass für Leo und mich der Besuch des Petersdoms jetzt vorbei sei. Sie erwiderten mit einer kaum erkennbaren Neigung des Kopfes, dass sie verstanden hatten.

Dottore Franco Ferraris sah mich jetzt direkt an, und sein Blick war eindeutig, er besagte: Mach es nicht noch schlimmer, als es schon ist. Er flüsterte mir mit einem Ausdruck tiefer Enttäuschung zu: »Dass ein erfahrener Mann wie Sie so etwas macht, hätte ich nicht für möglich gehalten. Und ersparen Sie mir die Erklärung, dass der junge Mann hier nur diesen einen Tag in Rom ist und Sie ihm deshalb nur heute den Petersdom zeigen konnten. Ersparen Sie es mir einfach.«

Er schob uns sanft, aber entschlossen weg von der Barriere, hinter der wir in Sicherheit gewesen wären – und dann beging er einen Fehler. Ich sah in seinen Augen, dass er sich Sorgen machte, denn der Papst würde jeden Augenblick in die Basilika kommen. Da er damit rechnen musste, dass wir nicht gerade rasch und beherzt gingen, sondern eher wie erwischte Gefangene aus dem Dom schleichen würden, entschloss er sich, eine Abkürzung zu nehmen. Statt das linke Seitenschiff hochzueilen, um den Ausgang zu erreichen, und gegen den Strom der letzten in die Kirche eilenden Gläubigen zu kämpfen, schob er uns hinter die Absperrung genau vor der Pressetribüne des Petersdoms. Sein Plan bestand darin, uns in einem Zickzackkurs an den Absperrungen vorbei, den Strom der eintreffenden Nachzügler vermeidend, durch den Mittelgang zum Ausgang zu schleusen. Als Dottore Franco Ferraris seinen Fehler erkannte, war es zu spät.

Papst Franziskus kam den Mittelgang hoch, langsam und gemessen. Ferraris mochte innerlich fluchen, hatte aber keine andere Wahl, als sich an das eherne Gesetz des Petersdoms zu halten, dass, sobald der Papst kommt, alle wie eingefroren stehen und sitzen zu bleiben haben. Wir standen genau an der Stelle, an der Dottore Franco Ferraris uns ganz gewiss nicht haben wollte: auf dem Präsentierteller, genau vor der Pressetribüne. Der Papst kam näher, blieb stehen, grüßte meine Kollegen oben auf der Tribüne, dann ging er weiter, und sobald der Papst aus dem Blickfeld, hinter dem Hauptaltar, verschwunden war, schob Ferraris uns weiter den Mittelgang hinunter Richtung Ausgang. Er machte das hervorragend. Er stützte Leo und mich am Arm, sodass es aussah, als sei uns schlecht gewesen und wir dringend an die frische Luft müssten. In der Vorhalle der Basilika ließ er uns los und sah mich an mit dem Blick, den ich kannte und der bedeutet: Das wird ein Nachspiel haben.

Leo sah mich auf den Stufen vor dem Petersdom zunächst verwirrt an, dann platzte er heraus und begann zu lachen: »Ich habe die Prüfung über die Kunst in Rom vergeigt, aber dich haben sie aus dem Petersdom geworfen. Ich weiß echt nicht, was schlimmer ist.«

Ich versuchte, nicht daran zu denken, dass ich mir echten Ärger eingehandelt hatte.

»Meinst du, du packst die Prüfung morgen über diese unglaubliche Kirche?«

»Ich weiß es nicht, aber ich werde es versuchen.«

PRÜFUNG I

Letzte Chance

Soweit ich es rekonstruieren kann, verlief die Prüfung meines Sohnes am nächsten Tag etwa wie folgt: Es war ein Montag, und Fernanda thronte mit ihrem ganzen Selbstbewusstsein im schicken Büro ihrer privaten kleinen Schule in Trastevere. Das Vorzimmer wirkte so steril wie das eines teuren Zahnarztes: ein Flachbildfernseher an der Wand, moderne Möbel, ein Bücherregal und für die Besucher zwei Tablets. Entweder bildete ich es mir ein, oder der Raum roch trotz der Sterilität tatsächlich stets penetrant nach Angstschweiß. Das wäre zumindest plausibel, denn für viele Kunden von Fernanda hängt ihre Existenz davon ab, ob sie die Abschlussprüfung bestehen und die regionale Lizenz erhalten. Fernandas Kurse dauern ein bis zwei Jahre, sind teuer und bringen häufig junge Menschen an den Rand ihrer Existenz. Wenn sie dann durch die Prüfung fallen, stehen sie oft vor dem Nichts. Wenn sie es schaffen, steht vor allem denjenigen, die auch noch ein oder zwei Fremdsprachen beherrschen, eine beruflich abgesicherte Zukunft offen. In Rom verdienen gute Fremdenführer weit mehr als Anwälte oder Architekten.

Leo war zuversichtlich, dass er dieses Mal wenigstens den Eingangstest bestehen würde.

Fernanda fragte: »Wie lang ist der Petersplatz?«

Leo zögerte.

»Okay, dann sag mir, wie breit der Platz ist.«

Leo antwortete so etwas wie: »Giovanni Lorenzo Bernini hat ihn entworfen; er sollte wie zwei riesige Arme die Menschen aufnehmen, die aus dem Gassengewirr auf den Petersplatz strömen.«

»Ich habe nach den Dimensionen des Platzes gefragt«, insistierte Fernanda.

Leo sagte: »Ich weiß es nicht; aber ich weiß, dass sich im Augenblick des Attentats auf dem Platz wahrscheinlich die europäische Geschichte entschieden hat.«

»Okay. Dann sag mir doch mal, welchen Durchmesser die Kuppel des Petersdoms hat.«

»Die Kuppel ist ein unfassbares Meisterwerk. Die gewaltige Masse der doppelschaligen Kuppel ruht auf den gigantischen Pfeilern, die noch vom ersten Bauleiter stammen, Bramante, der eigentlich einen Zentralbau schaffen wollte. Die Kuppel soll im Grunde das Gleiche erreichen wie der Chor der Kirche: Sie soll die Unendlichkeit inszenieren, den Menschen einen Blick auf die himmlische Pracht ermöglichen, als sei die Kirche eine Art Wundermaschine, die uns von der Erde aus ins Paradies schauen lässt. Die Dimensionen der Kirche sind so groß, dass unser Auge sie nicht erfassen, nicht in Relation setzen kann. Sie zwingen uns geradezu, das Gesamtkunstwerk zu bestaunen.«

»Interessant. Aber ich habe dich nach dem Durchmesser gefragt, und du gibst mir keine Antwort. Kannst du mir vielleicht sagen, wie viele Seitenaltäre es in der Peterskirche gibt?«

»An einem der Seitenaltäre ist ein Mann begraben, den ich gekannt habe und der heiliggesprochen worden ist, Papst Johannes Paul II. Ich war zwar noch ein Kind, als ich ihn kennenlernte, aber ich kann mich daran erinnern, dass er …«

»Leonardo, natürlich ist es nicht schlecht, wenn es einem Fremdenführer gelingt, sein Fachwissen durch unterhaltsame Anekdoten, sagen wir, ein wenig aufzupeppen. Aber genau wie jedes große Bauwerk ein Fundament braucht, muss ein guter

›Guide‹ über eine solide Basis an jederzeit abrufbaren Fakten und Daten verfügen können: Das unterscheidet einen lizenzierten Fremdenführer von einem Scharlatan. Der Petersplatz ist 240 Meter lang und 340 Meter breit. Die Kuppel hat einen Durchmesser von 42 Metern und ist damit kleiner als die des Pantheons und des Domes von Florenz. Und es gibt 45 Altäre in der Peterskirche. Nichts davon hast du gewusst. Es tut mir leid, Leo, aber du kannst dich gerne im nächsten Jahr noch einmal bei mir bewerben.«

Als Leo an diesem Tag nach Hause kam, war unschwer zu erraten, was passiert war. Er ließ sich auf sein Bett fallen und heulte. Es dauerte eine Weile, bis ich aus ihm herausbekommen hatte, was geschehen war. Aber je klarer mir wurde, was Fernanda getan hatte, desto mehr gefror mir das Blut in den Adern. Ich hatte meinem Sohn die Perspektiven ruiniert. Nicht er hatte versagt, sondern ich. Das, was Fernanda hatte hören wollen, die schlichten Daten, hätten wir in fünf Minuten lernen können, statt stundenlang durch die Kirche zu laufen und uns schließlich hinauswerfen zu lassen. Es war nicht Leos Schuld und nicht Fernandas, es war meine. Ich war über das Ziel hinausgeschossen. Die Niederlage, die mein Sohn ausbaden musste, hatte er keineswegs sich zuzuschreiben. Er war mir stundenlang aufmerksam durch die Kirche gefolgt. Ich hingegen hatte dafür gesorgt, dass er diese Klatsche einstecken musste. Ich hatte also keine Wahl: Ich musste es wiedergutmachen.

Das Gespräch mit Fernanda würde äußerst unangenehm und sehr peinlich werden, daran bestand nicht der geringste Zweifel. Das letzte Mal hatte ich ein vergleichbares Gespräch geführt, nachdem sich mein Sohn auf dem Spielplatz von einem anderen Jungen den Lederball und die Jacke hatte stehlen lassen. Damals hatte ich beim Vater des Jungen klingeln müssen. Der

Unterschied: Niemand findet etwas dabei, wenn ein Vater sich für seinen fünfjährigen Sohn einsetzt. Für den fast volljährigen Sohn vorzusprechen, um die Kohlen aus dem Feuer zu holen, macht einen gänzlich anderen Eindruck.

Und was, bitte schön, sollte ich Fernanda sagen? Dass sie keine Ahnung davon hatte, wie man den Petersdom erklärt? Sie war staatlich geprüfte Stadtführerin und durfte mindestens 42 Euro die Stunde dafür verlangen, Rom zu erklären. Sollte ich ihr sagen, dass es völlig egal war, ob der Petersdom 211 oder 212 Meter lang ist, dass es vielmehr auf die Träume, Pläne und Enttäuschungen ankam, die die Baumeister dieser Kirche erlebt hatten?

Fernanda würde das niemals akzeptieren, sondern sich in ihrer Autorität als Fremdenführerin angegriffen fühlen. Eigentlich hatte es gar keinen Sinn, zu ihr zu gehen. Ich war gegen Fernanda angetreten und hatte verloren. Ich hatte geglaubt, ich könnte Leo alles vermitteln, um ihn die Prüfung bestehen zu lassen, und hatte ihm das, was Fernanda hatte wissen wollen, nicht beigebracht.

Ich hätte mich ebenso wie mein Sohn mit der Niederlage einfach abgefunden, wenn da nicht die neuen Chats um Carlotta aufgetaucht wären. Es war ein bisschen so, als kreisten die Geier bereits über einem noch nicht ganz verendeten Tier. Die Nachricht, dass Leo die Arbeitsgruppe mit Carlotta aufgeben musste, hatte sich verbreitet, und es wimmelte jetzt von jungen Männern, die sich bereit erklärten, Leos Platz einzunehmen. Im Grunde war das natürlich zu erwarten gewesen; das Rennen um regelmäßige Treffen mit dem schönsten Mädchen war wieder offen. Leo bekam das mit und krümmte sich in der üblichen Verzweiflungslage auf seinem Bett.

Er tat mir so leid, dass ich mich schließlich auf den Weg zu Fernanda machte. Ihr Büro lag nicht weit weg vom Tiber in Trastevere. Ich fuhr mit dem Aufzug in den dritten Stock und klingelte. Das schicke Wartezimmer war leer. Die Tür zu ihrem Büro war angelehnt, und sie telefonierte, offensichtlich mit irgendwelchen Kunden; ich hörte, dass sie Termine abmachte.

Sie sah aus wie eine für den römischen Alltagskrieg bestens gerüstete Frau. Das Kinn etwas gesenkt, wie zum Angriff bereit, stets sehr elegant gekleidet – sie schien in einem körperbetonten Businesskostüm auf die Welt gekommen zu sein. Ihr Helm-Haarschnitt verlieh ihr selbst beim Lächeln ein kriegerisches Aussehen.

In Rom sind Frauen wie Fernanda völlig normal. Der Kampf um die Existenz beginnt jeden Morgen schon bei dem Versuch, sein Fahrrad aus der zugeparkten Einfahrt zu schieben oder einen Platz in der total überfüllten U-Bahn zu bekommen, ohne Opfer der üblichen Horde von Taschendieben zu werden. Frauen wie Fernanda können sich in eine Kampfmaschine verwandeln, um es mit einem Hausmeister, Finanzbeamten oder bewaffneten Einbrecher aufzunehmen.

Nachdem sie aufgelegt hatte, winkte sie mich herein. Ihr Gesichtsausdruck ließ keinerlei Zweifel zu: Sie hielt meinen Sohn nicht nur für unfähig, sondern auch noch für ein Muttersöhnchen, dem es nicht einmal zu peinlich war, nach einer Niederlage nach seinem Papa zu rufen wie im Kindergarten.

»Was willst du?«, fragte sie mich genervt.

»Ich möchte zunächst festhalten, dass mein Sohn nicht weiß, dass ich hier bin«, sagte ich.

»Oh«, erwiderte sie, »es ist mir egal, ob Leo das weiß oder nicht.«

»Ich möchte nur sagen, dass er durch mein Verschulden die Prüfung über den Petersdom nicht geschafft hat.«

»Auch das ist mir eigentlich egal.«

»Ich möchte nur, dass du weißt: Ich habe versucht, mit ihm sein Wissen über den Petersdom aufzufrischen, und bin deswegen mit ihm am Sonntagvormittag in die Kirche gegangen, um alles noch einmal anzusehen.«

»Du meinst am Sonntagnachmittag.«

»Nein, am Vormittag.«

»Hör mal«, sagte sie jetzt grimmig. »Ich mag es nicht, belogen zu werden. Ich habe im Fernsehen die Messe des Papstes am Sonntagvormittag gesehen. Du kannst keine Besichtigung gemacht haben; das ist während eines päpstlichen Gottesdienstes streng verboten. Das solltest du in deiner Position eigentlich seit vielen Jahren wissen.«

»Das genau ist der Punkt. Der Papst hat die Messe gelesen, und ich habe Leo die Kirche gezeigt.«

»Das kann gar nicht sein«, brummte sie, »dann wärest du hinausgeflogen.«

»Sind wir auch«, sagte ich kleinlaut.

»Das ist nicht dein Ernst.« Sie lachte.

»Doch, leider ist das mein Ernst.«

»Das wird dir eine Menge Ärger einbringen«, sagte sie, immer noch glucksend vor Lachen. Sie sah mich belustigt an. »In deiner Haut möchte ich jetzt nicht stecken.«

»Ich fühle mich in meiner Haut derzeit auch ziemlich unwohl«, gab ich zu.

»Gut«, sagte sie schließlich. »Wenn Leo übermorgen alles, aber auch wirklich alles über die Vatikanischen Museen weiß, was ein Schüler wissen sollte, bevor ich ihn zum Experten mache, will ich die verpatzte Petersdom-Prüfung vergessen. Aber ab jetzt gibt es keine Toleranz mehr, verstehst du das?«

Ich nickte.

Jetzt hatten wir einen Tag, um alles über das größte Museum der Welt mit Hunderttausenden Exponaten zu lernen. Na prima!

NACHT IM VATIKAN

Allein mit den Geheimnissen der Päpste

Mir war klar, dass wir nicht den Hauch einer Chance hatten, diese Prüfung zu bestehen. Und das hatte keineswegs nur mit Fernanda zu tun, sondern mit der Sache an sich: Es gibt in Rom nichts, was so überraschend ist wie die maßlose Enttäuschung der Heerscharen von Besuchern über die Vatikanischen Museen und die Sixtinische Kapelle. Wahrscheinlich existiert kein anderer Ort, der so einzigartig ist wie die wichtigste Kunstsammlung der Welt mit dem unfassbaren Meisterwerk der Sixtinischen Kapelle. Gleichzeitig gibt es zumindest in Rom keinen Ort, der die Besucher so stresst, nervt, reizt und mit Gewissheit in schlechte Laune versetzt wie das gigantische Museum. Der Grund dafür ist einfach. Johann Wolfgang von Goethe konnte seine Begeisterung über die Sixtinische Kapelle kaum in Worte fassen und schrieb, dass man sich keinen »anschauenden Begriff machen kann von dem, was ein Mensch vermag«, wenn man nicht die Sixtinische Kapelle gesehen hatte. Die maßlose Begeisterung Goethes lag keineswegs darin begründet, dass er im Gegensatz zu den modernen Touristen einen tieferen Sinn für die Schönheit der Kunst besaß. Der Grund war viel simpler: Goethe erlebte die Kapelle in Stille, mit nur wenigen Begleitern. Heute drängen sich hier täglich bis zu 50000 Menschen, vor allem an den gefürchteten Sonntagen, an denen der Besuch gratis ist. Goethe hatte sich Teile des Vatikans gegen großzügiges Trinkgeld aufschließen lassen. Heute versuchen Hunderte eng zusammengedrängte Urlauber in einer Atmosphäre, die der in einem Apple-Shop am ersten Verkaufstag des neuen iPhones gleicht, der Kunst im Vatikan etwas abzugewinnen.

Ich habe Hunderte Gruppen in die Vatikanischen Museen begleitet, und selbst die nettesten, tatsächlich an der Kunst interessierten Frauen und Männer hatten spätestens beim Erreichen der Sixtinischen Kapelle die Nase voll. Das hat viele Gründe. Einer von ihnen besteht schlicht darin, dass die Besucher die Sixtinische Kapelle am Ende ihres Besuchs der Vatikanischen Museen erreichen. Sie haben dann schon etwa zwei Stunden ein geballtes Angebot von Kunst in jeder erdenklichen Form auf sich wirken lassen und sind meist nicht mehr aufnahmefähig für den überwältigenden »Bildersturm« der Kapelle. Mich erinnert das, was fast alle Besucher der Sixtinischen Kapelle erleben, an die überbordenden italienischen Hochzeitsbankette. Die Besucher werden mit einer Unzahl von Vorspeisen und Nudelgerichten stundenlang vollgestopft, und wenn schließlich der Hauptgang kommt, hat wirklich niemand mehr auch nur ein bisschen Appetit.

Zudem zwingen die Massen der Menschen in der Kapelle die Wärter zu drastischen Maßnahmen. Die Besucher werden, wie störrisches Vieh auf dem Weg zur Schlachtbank, in Sektoren der Kapelle gezwängt, um die Durchgänge frei zu halten. Gleichzeitig schreien die Aufseher in regelmäßigen Abständen »Silenzio!«, also »Ruhe!«, in der seltsamen Erwartung, dadurch das ununterbrochene Gemurmel der Besucher im Zaum zu halten, was ein fast unmögliches Unterfangen ist. Fast alle Besucher haben nach ein paar Minuten Gerangel, Schubsereien und Geschrei von dieser aggressiven Atmosphäre so dermaßen genug, dass sie nur noch wegwollen, ohne die berühmten Fresken wirklich angeschaut zu haben.

Würde ich also Leonardo in diese Horden von Besuchern pferchen, würde er aus Abscheu vor dem Gedränge überhaupt nichts mitbekommen. Uns zu Hause hinzusetzen und in Stille Bücher mit den Zehntausenden Exponaten durchzusehen, hatte ebenfalls keinen Sinn. Er musste eine Meisterleistung vollbringen und in kürzester Zeit alles über die Vatikanischen Museen lernen – und das ging nicht mit Hilfe von Büchern. So war Leo nicht gestrickt. Er hatte auf der Straße im Urlaub in Südafrika mehr Englisch gelernt als in seinem gesamten Englischkurs. Es gab also nur eine Möglichkeit: die Sixtinische Kapelle und das Vatikanische Museum außerhalb der Öffnungszeiten besuchen zu dürfen.

Es hat mich immer wieder überrascht, wie viel die Besucher, die die seltene Gelegenheit haben, in der Stille durch das riesige Museum zu wandern, von der Kunst der Vatikanischen Sammlung mitnehmen. Die Stille und das Erlebnis, wie ein Dieb in der Nacht durch den gigantischen Palast zu streifen, schärft die Aufnahmefähigkeit auf das Erstaunlichste. Ich glaube, dass die wenigen Glücklichen, die abends allein durch das Museum flanieren dürfen, das Hundertfache von dem mitbekommen, was die Besucher erleben, die sich tagsüber durch die verstopften Gänge schieben lassen müssen.

Erica und der Passierschein

Einen so außergewöhnlichen Besuch des Museums im Dunkeln musste ich organisieren, dann hatte Leo eine Chance, diese gigantische Schatztruhe intensiv zu erleben und genug Neugier zu entwickeln, um wissen zu wollen, was dort alles verborgen ist. Es gibt eine simple Möglichkeit, bestimmte Personen außerhalb der Öffnungszeiten in die Vatikanischen Museen zu bringen: Man richtet einen diskreten Brief an den Chef der Sixtinischen Kapelle, den Zeremonienchef des Papstes, der über alles, was in der Kapelle geschieht, zu entscheiden hat. Wenn ich einem befreundeten Priester oder Bischof während seines Rombesuchs die Museen und die Kapelle hätte zeigen sollen, wäre ein solcher Brief ein möglicher Weg gewesen; aber Leo gehörte nun mal nicht zum Klerus und war einfach ein Schüler. Ich musste also auf Möglichkeit zwei ausweichen: einen Besuch außerhalb der Öffnungszeiten zu kaufen, was unter bestimmten Umständen durchaus möglich, wenn auch sehr teuer ist. Aber dazu brauchte ich einen Vorlauf von mindestens einem Jahr. Diese Variante fiel also auch aus. Es gab nur noch eine letzte Möglichkeit: Erica.

Die Wärter in den Vatikanischen Museen verfügen über eine gewisse Macht. So können sie kleinen Gruppen den Gefallen erweisen, einen Saal der Museen, der normalerweise verschlossen ist, aufzusperren. Man braucht nicht viel Phantasie, um sich vorzustellen, was geschieht, wenn eine sehr attraktive Fremdenführerin mit einer Gruppe auf einen Wärter trifft, der von den Reizen der Dame begeistert ist. Er weiß, dass die Gruppe außer sich geraten wird vor Entzücken, wenn er etwa das Kabinett der Masken öffnet mit dem berühmten Stuhl, der angeblich dazu bestimmt war, das Geschlecht des Papstes als männlich zweifelsfrei festzustellen. Gruppen zu führen, die ein solches Erlebnis als Zugabe bekommen haben, die etwas gesehen haben, was anderen verschlossen geblieben ist, bringt natürlich mehr Spaß – und mehr Trinkgeld. Daher sind manche Fremdenführerinnen an guten Kontakten zum Wachpersonal in den Vatikanischen Museen stark interessiert. Sie lassen sich also schon mal zu einem Glas Wein einladen, aus Dankbarkeit für die guten Kontakte im Museum, und manchmal entstehen daraus sogar Liebesbeziehungen.

Erica war genau solch ein Fall. Allerdings war alles gründlich schiefgegangen. Erica war, wie sie selbst nicht müde wurde zu betonen, Opfer eines schlichten Denkfehlers: Wärter in einem Museum müssen nun mal eine geradezu leidenschaftliche Begeisterung für das Nichtstun entwickeln. Denn genau damit verbringen sie ihre Arbeitszeit: neben einem wichtigen Museumsstück, einem Bild oder einer Skulptur, zu sitzen oder zu stehen und absolut nichts zu tun, außer aufmerksam zu sein. Sie müssen die Kunstwerke nicht erklären, ja nicht einmal ein besonderes Interesse für sie aufbringen, sie müssen einfach da sein. Ericas Mann ging dieser Beschäftigung in den Vatikanischen Museen nach. Und sie erkannte zu spät, dass die spezielle Leidenschaft, sein Leben ohne erkennbare Aktivitäten zu verbringen, sich nicht auf seinen Arbeitsalltag beschränkte, sondern auch nach Feierabend weiterging. Ericas Mann machte zu Hause genau das, was er in den Museen tat, nämlich absolut nichts. Das belastete die Beziehung nicht wenig und endete in einer unschönen Trennung, die Erica de facto zur alleinerziehenden Mutter machte.

Geblieben war Erica die freundschaftliche Verbindung zu Kollegen ihres Exmannes, von denen ihr einige sogar den Hof machten. Wenn es also jemanden gab, der mich in das Museum bringen konnte, dann waren es Erica und ihre Kontakte. Sie wusste oder konnte in Erfahrung bringen, wer an welchem Abend in die Vatikanischen Museen gehen durfte, wenn diese bereits geschlossen waren. Es gab mehrere solcher Gruppen, zum Beispiel die reichen Unterstützer des Museums, die großzügige Spenden ablieferten, oder Besuchergruppen, die sich ein Jahr zuvor den Eintritt gesichert hatten, und wichtige Priester und Bischöfe, die einen guten Draht zum Zeremonienchef hatten. Ich rief Erica an und schilderte ihr die Dramatik meiner Lage. Sie hatte selber vier fast erwachsene Kinder, die ihr die eine oder andere schlaflose Nacht bereitet hatten, und erklärte sich bereit, mir zu helfen. »Warte kurz«, sagte sie am Telefon, »ich muss mich erkundigen.« Sie rief mich nach ein paar Minuten zurück: »Da ist eine Gruppe Polen heute Abend, ich kann dir die Nummer des Priesters geben, der sie begleitet.«

Das konnte sowohl eine gute als auch eine schlechte Nachricht sein. Meine beiden Bücher über Papst Johannes Paul II. waren ins Polnische übersetzt worden und hatten sich sehr gut verkauft, was mir eine gewisse Fangemeinde eingebracht hatte, selbst unter den Priestern. Allerdings hatte ich in den sehr konservativen Kreisen der polnischen Kirche auch eine Menge Widersacher, die mir meine positiven Bücher über Papst Franziskus übel nahmen; sie hielten ihn für eine Art Ketzer, der das Erbe des großen Karol Wojtyła verspielte.

Ich rief also den polnischen Priester an und hatte Glück. Er kannte meinen Namen. Und er kaufte mir fast ab, dass ich meinen Sohn unbedingt an diesem Abend in die Vatikanischen Museen bringen musste. Aber ein bisschen Misstrauen war zu spüren, so ganz geheuer war ihm meine Bitte nicht. Um sich zu schützen, griff er nach einem alten Trick, der im Vatikan geläufig war.

Er sagte: »Wir werden nicht von außen durch den Eingang in die Museen gehen. Wenn Sie unserer Gruppe folgen wollen, kommen Sie bitte zu den Quattro Cancelli, um 19 Uhr. Bitte pünktlich.«

Ich kannte diese Sicherheitsmaßnahme. Der Priester war damit nicht mehr dafür verantwortlich, mich in den Vatikan gelassen zu haben. Was immer auch passierte, welch seltsamen Plan ich haben mochte und welcher Verfehlung ich mich schuldig machen sollte, der polnische Priester, der mir erlaubt hatte, seine Gruppe zu begleiten, hatte nichts mehr damit zu tun.

Nun musste ich jemanden sehr Einflussreichen finden, der mir einen Passierschein ausstellen konnte, und zwar nicht irgendwohin, sondern bis zum Eingang jener 91-Milliarden-Euro-Schatztruhe, der Vatikanischen Museen, die von der lombardischen Handelskammer auf diesen Wert geschätzt werden.

Es gibt im Vatikan verschiedene Sicherheitszonen. Bis zu den Quattro Cancelli zu gelangen, bedeutet, dass man tief in den inneren Sicherheitsbereich des Vatikans durfte – und dazu brauchte ich einen sehr einflussreichen Kontaktmann. Die am wenigsten stark gesicherten Zonen des Vatikans werden nur von einer Kette Wachposten der Schweizergarde bewacht. Wer zum Beispiel die Fotos abholen will, die bei den Generalaudienzen geschossen wurden, braucht am Grenzübergang der heiligen Martha nur das Wort »Foto« zu sagen, und schon ist er im Vatikan. Allerdings ist nach wenigen Metern Schluss; wer nicht zum Büro der Fotoausgabe abbiegt, stößt auf die Wache der Gendarmerie und wird angehalten. Ein bisschen schwieriger ist es, zur Apotheke zu kommen. Die Besucher müssen durch denselben Eingang gehen, den Grenzübergang an der Kirche der heiligen Anna, aber dann geradeaus weiter bis zum Checkpoint der Polizei. Dort ist Schluss, wer nicht ein Rezept vorweisen kann und einen Ausweis, kommt hier nicht weiter. Bis zu den Quattro Cancelli zu gelangen, ist ungleich schwieriger, weil der Weg an den Wachposten der Grenzen und den beiden Wachposten der Vatikanischen Gärten vorbeiführt. Es ist unmöglich, bis dorthin ohne offizielle Einladung vorzudringen. Der Hof heißt übrigens so, weil er eben quattro cancelli, also vier Tore, besitzt.

Es gab nur einen wirklich sicheren Weg, unbehelligt bis in die Museen zu kommen: die Einladung eines Bewohners des Vatikans. Der konnte das Autokennzeichen des Besuchers am Grenzübergang hinterlegen, und der Besucher konnte nach den Kontrollen in den Vatikanstaat fahren. Ich rief einen alten Freund an, dem ich versprochen hatte, eine Kiste Bücher vorbeizubringen. Ich sagte ihm, wann ich kommen wollte, wohl wissend, dass er dann gar nicht im Büro sein würde. Er sagte: »Komm einfach mit dem Auto, stell die Kiste an der Tür zu meinem Büro ab. Ich hinterlege dein Kennzeichen am Perugino.«

Den ersten Teil hatte ich geschafft.

Leo zu überzeugen, dass wir noch eine Chance hatten, war ungleich schwieriger. »Glaub mir«, sagte ich ihm. »Es war meine Schuld, ich habe dich auf die Prüfung bei Fernanda falsch vorbereitet: aber den Fehler machen wir nicht noch einmal.«

»Es ist ja gut und schön, dass du es geschafft hast, uns bei Nacht in den Vatikan zu bringen, aber das heißt doch noch lange nicht, dass ich mir dann merken kann, was ich wissen muss.«

»Dort herrscht eine wunderbare Magie«, beschwor ich ihn. »Du musst dir gar nichts merken.«

»Wieso das denn nicht?« Seine Skepsis blieb.

»Du wirst es verstehen, du musst das Museum einfach nur erzählen lassen.«

»Ich mach dann mit dem Handy Fotos, oder?«

»Klar«, sagte ich.

»Okay. Dann wollen wir es versuchen.«

Es war später Nachmittag, als wir den Gianicolo hinunter zum Vatikan fuhren. Ich steuerte den Wagen von der Via Aurelia in Richtung des Perugino-Eingangs. In der Nähe dieser Grenzstation in den Vatikan lag früher ein Geheimtipp-Parkplatz; doch dieser Parkplatz liegt direkt an der Mauer, die die Rückseite des Gästehauses abschirmt, in dem Papst Franziskus wohnt. Er lebt zwar in einer Wohnung, die in Richtung Petersdom hinausgeht, und im Fall eines Bombenattentats würde die Mauer den Großteil der Sprengkraft auffangen. Aber es blieb das Risiko, dass eine große Autobombe die Mauer und das Gästehaus wegsprengen könnte, und deswegen hatte die Polizei den Parkplatz gesperrt.

Wir standen jetzt in der Warteschlange vor dem Grenzübergang in den Vatikanstaat. Die Gendarmen kontrollierten die Kennzeichen der Autos und winkten endlich auch uns durch.

Leo sah mit einer gewissen Besorgnis aus dem Fenster, als wir langsam an der Tankstelle des Vatikans, der Polizeistation und dem Gerichtssaal vorbei in Richtung der Apsis der Peterskirche fuhren.

»Das hier ist jetzt nicht mehr Italien, richtig?«

»Richtig«, bestätigte ich. »Du bist jetzt in einem anderen Land.«

»Wenn hier jemand herausbekommt, dass ich nicht an Gott glaube, komme ich dann ins Gefängnis? Gibt es hier überhaupt eins?«, fragte er ein wenig verunsichert.

»Ja, gibt es. Zwei Zellen, da saß schon der Kammerdiener von Papst Benedikt XVI. drin, Paolo Gabriele, verurteilt zu achtzehn Monaten Haft.«

»Weil er nicht an Gott glaubte?«

»Nein, weil er Dokumente gestohlen und an die Presse verkauft hat. Wegen Glaubensfragen wird man heute nicht mehr eingesperrt.«

»Aber gab es das mal?«

»Natürlich. Das Sant'Uffizio, inoffizielle Bezeichnung der heutigen Glaubenskongregation, beschäftigte während der Zeit der Inquisition Spitzel, die das Gepäck der Besucher in Roms Gasthäusern heimlich durchwühlten. Wenn sie ein verbotenes Buch fanden, wurden die Besucher verhaftet.«

»Was zum Beispiel war ein verbotenes Buch?«

»Eine Bibel.«

»Willst du mich auf den Arm nehmen?«

»Nein, die Bibel in eine lebende Sprache zu übersetzen, war verboten. Die Bibel durfte ausschließlich auf Altgriechisch oder Latein gelesen werden, was nur die wenigen gebildeten Mönche und Priester verstanden. Martin Luther hatte die Bibel ins Deutsche übersetzt, und im lutherischen Einflussbereich kursierten auch ins Italienische übersetzte Bibeln, die in den Staat der Päpste geschmuggelt wurden, damit die Leute verstehen konnten, was darin stand. Weil in der Bibel aber nicht einmal vorkam, dass Petrus und Paulus in Rom hingerichtet worden waren, ja nicht einmal, dass beide überhaupt in Rom waren, wollten die Päpste natürlich nicht, dass ihre Untertanen in diesem Buch lasen. Deswegen war das verboten. Wer mit einer ins Italienische oder Französische oder Deutsche übersetzten Bibel erwischt wurde, kam ins Gefängnis.«

»Ehrlich?«, fragte Leo. »Wenn du mit einer Luther-Bibel im Gepäck erwischt wurdest, kamst du in den Knast?«

»Ja, das stimmt. Es gab aber Unmengen von Missverständnissen, weil die Spitzel so ungebildet waren. Sie konnten so gut wie keine Fremdsprachen. Wenn sie ein Buch fanden, das sie nicht lesen konnten, nahmen sie den Besitzer fest, weil sie dachten, dass es sich um ein verbotenes Buch handeln musste, nur weil es nicht auf Latein geschrieben war. So landeten Menschen in den Verliesen des Vatikans, nur weil sie ein Buch über den Ackerbau auf Französisch dabeihatten, das die Spitzel nicht lesen konnten. Bücher in Sprachen außer Latein galten grundsätzlich als gefährlich und subversiv.«

»Unglaublich«, befand Leo.

Ich fuhr auf den Posten zu, der den Zugang zu den Vatikanischen Gärten und dem Governatorat bewachte. Zu Fuß wäre jetzt Schluss gewesen. Seit dem Rücktritt von Benedikt XVI. versuchen immer wieder vor allem deutsche Pilger, die den Friedhof Campo Santo am Petersdom besucht haben, durch den Vatikan zum Kloster Mater Ecclesiae zu gelangen, wo Benedikt XVI. seit seinem Rücktritt wohnt. Die meisten pilgern in der naiven Vorstellung dorthin, dem Papst die Hand zu geben und Guten Tag zu sagen. Die Gendarmen fangen ganze Heerscharen solcher Pilger ab. Nur wer mit dem Auto auf den Wachposten zufährt, hat eine gute Chance, durchgewinkt zu werden. Die Gendarmen gehen in der Regel davon aus, dass nur Autos, die genau kontrolliert wurden, überhaupt in den Vatikan gelangen können, wie gesagt in der Regel. Ich wusste, was passieren würde, sollte der Posten mich anhalten. Ich hatte einen Passierschein, um an einer bestimmten Stelle im Vatikan ein Paket abzugeben, stattdessen fuhr ich mit dem Wagen in einem Teil des Vatikans herum, in dem ich nichts verloren hatte. Der Gendarm würde mich auffordern, den Kirchenstaat auf der Stelle zu verlassen. Ich fuhr mit Herzklopfen auf den Mann zu, der uns zu meiner Erleichterung durchwinkte. Ich umrundete die Apsis, fuhr die Rampe zu den Vatikanischen Museen hoch und parkte. Wir hatten es geschafft. Ich lief mit Leo den Weg zu den Quattro Cancelli hoch. Das Ganze war ihm offensichtlich ziemlich unheimlich, denn er schwieg. Ein Gendarm kam auf uns zu und sah uns misstrauisch an.

»Wir gehen zur Gruppe von Pater Stanisław«, erklärte ich schnell. »Sie müssen jeden Augenblick kommen.« Er sah mich unschlüssig an, und ich fürchtete, dass er jetzt fragen würde: »Wie sind Sie eigentlich hierhergekommen?«, als die Polen mich retteten. Sie kamen leise murmelnd auf uns zu. Weil meine Bücher über Papst Johannes Paul II. in Polen erfolgreich waren und ich Karol Wojtyła gekannt hatte, begegnen mir viele polnische Priester mit Wohlwollen, obgleich sie meine Bewunderung für Papst Franziskus nicht verstehen können. Die polnische Bischofskonferenz lehnte fast ausnahmslos den Reformkurs von Franziskus strikt ab. Einige Mitglieder der Gruppe umarmten mich. Dass ich sie mit meinem Sohn begleiten sollte, empfand niemand als seltsam. Die Polen sammelten sich in die Warteposition für private Führungen an das Fenster, das den Ausblick auf die Terrasse der Museen und die Kuppel des Petersdoms gewährt. Nur an wenigen Plätzen im Vatikan kann man die Kuppel so schön sehen wie von dort.

Das Wachpersonal stellte sich jetzt auf. Das Prinzip ist einfach: Ein Wachmann geht vor der Gruppe einer Privatführung, einer dahinter. Sie gaben mir mit einem Wink zu verstehen, dass wir diesmal in umgekehrter Richtung die Vatikanischen Museen besuchen würden. Das bedeutete, dass wir als Erstes die Sixtinische Kapelle sehen würden, die Besucher sonst als Letztes erreichten. Eine solche Änderung ließ darauf schließen, dass irgendein hohes Tier angekündigt hatte, heute Abend noch die Sixtinische Kapelle besuchen zu wollen, ein Kardinal oder wichtiger Staatgast. Die Gruppe der Polen musste also aus der Sixtinischen Kapelle verschwunden sein, wenn der VIP in die Kapelle kam.

Besucher, die zum ersten Mal eine Privatführung im Vatikan erleben, machen alle denselben Fehler: Wer den Vatikan betritt, ist in der Regel schon von den ersten Räumen überwältigt. Die Besucher ahnen nicht, dass sie nur einen, gemessen am Rest, unbedeutenden Teil der Museen sehen. Statt durch die ersten Teile zu eilen, um zu dem gigantischen Schatz zu gelangen, der sie erwartet, verschwenden sie kostbare Zeit. Ich kannte die Wachmänner, und sie nahmen meinen flehentlichen Blick wahr. Sie wussten, dass er besagte: Bitte lasst uns schon mal in die Sixtinische Kapelle gehen. Einer der Wachmänner nickte, er hatte ein Einsehen. Statt mit der Gruppe der Polen langsam durch die Säle der Bibliothek zu schlendern, brachte er uns gleich in einen der überwältigendsten Räume der Erde.

SIXTINISCHE KAPELLE

Bildersturm im erstaunlichsten Raum der Welt

Wir bogen in einen engen Gang ein, gingen drei Treppen hinunter, wandten uns nach links und standen in dem vielleicht erstaunlichsten Raum der Welt, der Sixtinischen Kapelle.

Immer wenn ich vor dem Riesenfresko des Jüngsten Gerichts stehe, brauche ich Augenblicke für mich. Mich packt im Angesicht dieser dramatischen Szenerie stets das gleiche Gefühl, die gleichen Gedanken gehen mir durch den Kopf: Selbst wenn es keinen Gott gibt, wenn die Griechen die Idee des Jüngsten Gerichts tatsächlich von den Ägyptern übernommen haben, diese Idee an die Römer und später an uns, die Christen, weitergegeben haben, selbst wenn die Hoffnung auf ein Leben nach dem Tod Illusion ist, selbst wenn ich im Moment meines Todes beten werde: »Herr, nimm mich auf in dein Reich!«, und wenn dann nichts passieren wird, außer dass ich eben sterbe, selbst dann hat der Mensch einmal, ein einziges Mal den Tod besiegt – und zwar der Beste von allen in einer sechs Jahre dauernden Plackerei mit der Schöpfung dieses Werks.

Michelangelo begehrt gegen den Tod auf

Ich gebe zu, dass ich mit großer Freude und immenser Genugtuung sehe, wie der Tod auf dem Fresko sich vor Entsetzen in seine Höhle verkriecht, im unteren Teil des Freskos, der genau hinter dem Holzkreuz auf dem Altar der Sixtinischen Kapelle liegt. Der Tod zittert vor Angst angesichts seines Endes und schickt wie ein sterbender Feldherr nach verlorener Schlacht mit seinem letzten Befehl noch einmal alle seine Schergen in den Kampf, in dem sie nur noch eines erwartet: ausgelöscht zu werden. Täglich schickt der Tod auf der Erde seine Schwadron los, und die ist fleißig. Jeden Tag fallen Menschen in den Operationssälen, in den stillen Sterbezimmern der Altenheime, auf dem Asphalt der Straßen in einer nie endenden Schlacht um ihr Leben, und immer, ausnahmslos gewinnt der Tod diesen Kampf. Nur hier nicht! Hier hat der Tod keine Chance, seine Schergen versuchen mit aller Macht, die Menschen in ihren Gräbern festzuhalten, sie zurückzureißen, ihnen das Leben zu nehmen, ihnen die Starre im Grab zu gebieten. Dieses eine Mal verliert der Tod auf der ganzen Linie und verkriecht sich fassungslos vor Entsetzen, weil er selbst an diesem Jüngsten Tag sterben muss.

Ich kenne kein Bild, das lange vor Erfindung des Kinos so sehr einem Film gleicht wie dieses Fresko. Es geht um die größte denkbare Schlacht zwischen Stillstand und Bewegung. Das entsetzlichste Unbewegliche, das sich ein Mensch vorstellen kann, ist seine eigene Leiche. Nichts jagt dem Menschen so viel Schrecken ein; dass er selbst ein Ding werden wird, ein Gegenstand, dessen Organe von Maden gefressen und dessen Knochen zerstampft werden. Dieses Fresko begehrt gegen die Eiseskälte des absoluten Stillstands auf. Gottes Hand gestattet den Menschen, allen Menschen, die Starre zu verlassen und in die Höhe zu steigen, dem Reich des Todes zu entkommen, für immer.

Das Jüngste Gericht – einzigartiges Mammutwerk in der Sixtinischen Kapelle von Michelangelo Buonarroti, das ihn sechs Jahre beschäftigen sollte und 1541 vollendet war.

Mein Schweigen schien Leo gereizt zu haben, die Bewunderung seines Vaters für ein Meisterwerk ging ihm offensichtlich total auf den Senkel. Leo griff mich aus heiterem Himmel an: »Pass auf, wir machen das jetzt so. Ich tue so, als würde ich das alles hier in der Sixtinischen Kapelle ganz toll finden; du erzählst mir, was du mir erzählen musst, und wir vermeiden einen Streit.«

Ich spürte, dass Zorn in mir hochstieg, den ich nicht würde kontrollieren können.

»Nein«, widersprach ich, »das machen wir nicht. Du sagst mir einfach die Wahrheit.«

»Die wird dir aber nicht gefallen. Die Wahrheit ist, dass ich viele schöne bunte Bilder sehe und dass mich das beim besten Willen nicht beeindruckt. Du wirst mir jetzt gleich sagen, wie lange Michelangelo daran gemalt hat.«

»1508 bis 1512 an der Decke; 1535 bis 1541 an dem Fresko des Jüngsten Gerichts.«

»Okay, dann ist das also geklärt, und ich kann dir sagen, was ich dabei empfinde. Mir tut es leid, dass Michelangelo so viel Zeit seines Lebens auf diese Bilder verwendet hat. Er hätte einfach 450 Jahre warten sollen, bis das nächste *Call of Duty*-Videospiel herauskommt; das kann nämlich alles, was ich hier sehe, weit besser.«

Wir hatten über diese verdammten Videospiele so oft gestritten. Das mussten wir nicht auch noch in der Sixtinischen Kapelle tun. Ich schwieg also.

Leo beschloss aber, mich weiter zu reizen: »Sieh mal da oben. Das soll doch wohl Gott sein, der durch das All schwebt. Ich weiß, was du hören willst, und ich weiß, was ich Kunden während einer Führung sagen müsste. Dass es beeindruckend ist, wie Michelangelo in einer solchen Höhe …«

»Die Kapelle ist zwanzig Meter und siebzig Zentimeter hoch.«

»… also in einer solchen Höhe eine so gute Illusion des schwebenden Gottes geschaffen hat. Perfekt perspektivisch verkürzt und so weiter. Die Wahrheit ist aber, dass ich während des *Call of Duty*-Spiels nicht einen Gott schweben sehen kann, sondern ganze Bomberstaffeln abstürzen, in bewegten Bildern, was unendlich viel spektakulärer aussieht. Gemessen daran, sind diese Bilder jämmerlich.«

Ich hatte mich jetzt nicht mehr im Griff. »Du bist ein abgestumpfter Ignorant. Du starrst auf die Ballerspiele, die bekloppte Nerds irgendwo zusammenbasteln. Aber was siehst du denn da? Was du siehst, ist die langweilige Nacherzählung einer Nacherzählung einer Nacherzählung. Der Nerd hat irgendwelche Kriegsfilme gesehen, die künstlich den Krieg nacherzählen, und das kaut er bloß noch mal durch, und du schaust dir den Scheiß an. Meinst du, der Nerd hat den Krieg je gesehen? Weißt du, was passieren würde, wenn er den Krieg gesehen hätte? Es gibt eine Menge Künstler, die im Krieg waren, und wenn sie überlebt haben, dann haben sie gemalt, erzählt, aufgeschrieben, was sie gesehen haben, und, glaub mir, jeder Einzelne, ausnahmslos, hat vom entsetzlichen Grauen des Krieges erzählt. Keiner hat den Krieg als Tummelplatz dargestellt, um am Computer Menschen zum Spaß den Kopf wegzuschießen.«

Mussten wir uns mitten in der Sixtinischen Kapelle zum hundertsten Mal den gleichen Streit liefern? Ich hatte die Nase voll, ich wollte sagen: »Mir reicht es jetzt. Wir gehen. Du bist und bleibst ein Idiot, der es einfach nicht wert ist, dass man ernsthaft mit ihm redet.«

»Na und, was ändert das? Nichts! Ich behaupte doch nicht, dass *Call of Duty* echt ist; ich sage, dass die Bilder spektakulärer sind als alles das hier. Gib es doch einfach zu: Ich habe schon Bilder gesehen, die hätte sich Michelangelo nicht einmal vorstellen können.«

Mein Zorn auf ihn war jetzt auf dem Siedepunkt, auch weil mir dämmerte, dass manches, was er sagte, stimmte. Zweifellos hatte Leo spektakuläre Bilder gesehen, die sich Michelangelo nicht hätte vorstellen können. Michelangelo gibt sich auf dem Fresko des Jüngsten Gerichts alle Mühe, den Eindruck zu erwecken, dass die Auferstandenen fliegen können. Wenn er die

Möglichkeit gehabt hätte, sie in einem Film wirklich fliegen zu lassen, dann hätte er das wahrscheinlich genutzt. Wahrscheinlich würde es eines Tages einen Michelangelo der Videospiele geben. Aber auch wenn sich heute alles visualisieren ließ, vom Untergang der »Titanic« bis zum Weltuntergang, dann gab es doch einen Punkt, da hatten die Nerds von *Call of Duty* keine Chance.

Geheime Codes klagen an

»Hier geht es nicht um Menschen, die auf dem Computerbildschirm virtuelle Massenmorde begehen, hier geht es um einen echten Mord. Die Freunde des Ermordeten haben diese Bilder für den verhassten Mann gemalt, der den Killern den Auftrag erteilte, ihren Freund umzubringen.«

»Mord? In der Kapelle des Papstes geht es um Mord?«

»Schau mal, die Sixtinische Kapelle besteht aus drei Teilen, Michelangelos Deckenfresken, Michelangelos gewaltigem Fresko des Jüngsten Gerichts an der Stirnwand und dem Freskenzyklus links und rechts, der das Leben von Moses und parallel dazu von Christus erzählt. Der Papst, der diesen letzten Freskenzyklus in Auftrag gegeben hat, befahl den Mord an einem Mann, den die Maler dieses Freskenzyklus verehrt haben. Jedes Mal, wenn ich hier in der Sixtinischen Kapelle stehe, frage ich mich, ob die seltsamen Zeichen, die in den Fresken versteckt sind, an diesen Mord erinnern sollen.«

»Du meinst, in den Bildern könnte so etwas wie ein Code versteckt sein, um sich an dem Mörder zu rächen; dass sie wollten, dass er auf ewig angeklagt wird, und dass wir, du und ich, fünfhundert Jahre später diesen Code aufspüren und zu knacken versuchen.«

»So in etwa«, sagte ich. »In allen Büchern über die Sixtinische

Kapelle steht natürlich, dass es diese Ungereimtheiten gibt, aber niemand weiß genau, was sie bedeuten.«

»Du meinst, diese Fresken an der Seite sind so etwas wie ein Rätsel aus der Renaissance, ein Mysterium, das seit Jahrhunderten nicht geknackt werden kann?«

»Genau«, bestätigte ich.

Und plötzlich hatte ich das Gefühl, etwas eigentlich Unmögliches erreichen zu können: *Call of Duty* in den Schatten zu stellen.

»Alles fängt damit an, dass Papst Sixtus IV. im Jahr 1478 einen spektakulären Mord in Auftrag gibt. Ausgerechnet einer der wichtigsten Männer der Renaissance sollte auf Befehl des Papstes sterben: Lorenzo de' Medici, Beiname der Prächtige, der Florenz zu der Stadt machte, die neben Rom als Hauptstadt der Renaissance in die Geschichte einging. Ausgerechnet diesen großen Förderer des Genies Michelangelo Buonarroti und des Superstars der Malerei Sandro Botticelli wollte der Papst ausschalten. Er wollte die unermesslich reiche Familie Medici, Lorenzo und seinen Bruder Giuliano, mit Hilfe der Familie Pazzi und einiger Kirchenmänner hinterrücks abstechen lassen. Die Attentäter schlugen am 26. April 1478 im Dom von Florenz bei der Ostermesse zu. Giuliano de' Medici wurde erstochen, aber Lorenzo de' Medici konnte fliehen, und der Attentäter und der Vertreter des Papstes, ein Erzbischof, Francesco de' Pazzi, wurden vor dem Palast der Signoria, dem großen Stadtpalast der Republik Florenz, am selben Tag gehängt.«

»Okay. Aber was hat das mit den Fresken hier zu tun?«

»Ich frage mich immer, ob Papst Sixtus IV. nicht von Gewissensbissen gequält wurde. Hatte er Albträume? Kam ihm deswegen die Idee, den mordenden Gott malen zu lassen, einen Gott, der sich das Recht herausnimmt, loszuziehen, um zu töten?

Wollte Papst Sixtus IV. in dieser Kapelle ein Fresko sehen, das sein Gewissen beruhigen konnte?«

»Ist das nicht ein bisschen viel Spekulation?«

»Schau mal auf das erste Fresko in der Reihe der Lebensgeschichte des Moses. Der Papst gab dem Maler Perugino den Auftrag, eine der spektakulärsten und seltsamsten Stellen der Bibel zu malen, die so gut wie nie in der Kunst vorkommt: Gottes Mordversuch.«

»Häh?«

»Es klingt verrückt, aber es gibt im zweiten Buch Mose, dem Buch Exodus, im vierten Kapitel eine rätselhafte Stelle. Im Vers 24 steht, dass Gott Moses an einem Rastplatz entgegentritt, weil er ihn töten will. In diesem Augenblick nimmt die Frau des Moses, Zippora, einen Feuerstein und schneidet einem ihrer Söhne die Vorhaut ab; da lässt Gott den Plan, Moses zu töten, fallen. Perugino wusste offensichtlich nicht, wie er diese schwierige Stelle malen sollte, und er entschloss sich zu einer Notlösung. Statt Gottvater mit einem Schwert in der Hand in mörderischer Absicht zu zeigen, malte er einen weißen Engel, einen Engel des Herrn, der Moses erschlagen soll.«

»Das habe ich noch nie gehört.«

»Natürlich nicht! Die Bibelstelle war schon vor Christi Geburt heftig umstritten. Kann Gott überhaupt einem Menschen entgegentreten, um ihn zu töten? Aber so steht es nun einmal in der Bibel. Ausgerechnet ein Papst wollte also in seiner Kapelle das Bild eines Gottes sehen, der losgeht, um zu töten. Wollte dieser Papst sich mit diesem Fresko rechtfertigen? Wollte er zeigen, dass er ein Recht darauf hatte, Menschen hinterrücks ermorden zu lassen, weil schließlich auch Gott Moses erschlagen wollte? Sollte dieses Fresko untermalen, dass er das Recht gehabt hatte, zwei Jahre bevor das Fresko entstand, den Mordanschlag auf die Medici in Auftrag zu geben? Sicher werden wir das nie erfahren.«

Eine der seltsamsten Stellen der Bibel: Gott auf dem Weg, um Moses zu töten; hier dargestellt von Perugino. Moses' Frau Zippora besänftigt den zornigen Gott durch die Beschneidung ihres Kindes Gerschom.

»Was ist nach dem Anschlag passiert?«, wollte Leo wissen.

»Lorenzo de' Medici konnte sich und die Macht der Medici in Florenz retten. Daraufhin drohte der Papst Florenz mit dem Kirchenbann, sollte man Lorenzo nicht ausliefern. Doch Florenz weigerte sich standhaft. Der Papst sah schließlich im Jahr 1480 ein, dass er dabei war, einen Fehler zu machen, denn damals besetzten die Türken auf dem italienischen Festland die apulische Stadt Otranto. Er brauchte ein kräftiges christliches Bündnis aller Fürstentümer in Italien, um die Türken vertreiben zu können.«

»Wieso bist du so sicher, dass Papst Sixtus IV. den Befehl gab, den Mordanschlag Gottes auf Moses zu malen? Das könnte doch auch der Maler selbst gewollt haben, oder?«

»Du hast gerade eine der spannendsten Fragen der Renaissance gestellt, und du hast recht. Ich bin mir nicht sicher, keiner weiß das. Genau deswegen gehören diese, angesichts der Wucht der Malerei des Michelangelo, so oft unbeachteten Bilder zu den spannendsten Italiens. Denn nur hier und nur dieses eine Mal mussten die treuen Freunde eines Ermordeten, eben von Giuliano de' Medici, der feige abgestochen wurde, für den Killer, den Auftraggeber des Mordes, arbeiten. Haben sie sich mit zahlreichen versteckten Zeichen in den Fresken an dem Mörder, Papst Sixtus IV., gerächt, ohne dass er dies bemerkt hat? Haben sie die Zeichen so gut versteckt, dass wir, Jahrhunderte später, wenn wir die Fresken ansehen, immer noch die verborgenen Codes erkennen können, die den Auftraggeber der Ermordung des Giuliano für alle Zeiten anklagen sollen?«

»Wieso das denn?«

»Überleg doch mal: Dieser Papst Sixtus IV., der den Auftrag gab, um Lorenzo den Prächtigen, Bruder des getöteten Giuliano und Gönner von Sandro Botticelli, zu ermorden, saß drei Jahre nach dem Mordanschlag vor Botticelli, um ihm zu erklären, was er malen soll.«

»Wieso malte der denn für den Killerpapst?«

»Das war ein Teil des Friedensabkommens zwischen dem Papst und Florenz. Für den Papst hatten bis zu diesem Zeitpunkt nur mittelmäßige Künstler aus Rom gearbeitet. Aber für seine private Kapelle wollte er das Beste vom Besten, die Superstars aus dem verhassten Florenz, also Perugino, Botticelli, Ghirlandaio. Es gibt keine Zweifel daran, dass diese Maler auf Seiten der Medici standen und damit der Todfeinde des Papstes. Sandro Botticelli zum Beispiel malte auf einem berühmten Schandgemälde die gehängten Beteiligten an der Pazzi-Verschwörung, und er malte fast in Serie das Bild des ermordeten Opfers Giuliano de' Medici. Jetzt musste ausgerechnet dieses Genie sich vom Auftraggeber des Mordes sagen lassen, was er

Die Rotte Korach: Die Anhänger des Priesters Korach müssen erleben, dass Gott mit ihnen nichts zu tun haben will und sie untergehen lässt – er bevorzugt Aaron und den Papst.

malen sollte, und der Papst verlangte etwas, das Botticelli zur Weißglut getrieben haben muss: seine Glorifizierung, die bildliche Verherrlichung seiner selbst, ausgeführt ausgerechnet von einem Maler, der den Papst zutiefst gehasst haben musste.«

»Was passierte dann?«

»Botticelli gehorchte. Er malte diese Glorifizierung, wie der Papst verlangt hatte. Hier, schau mal: Dies ist das Fresko über die Bestrafung der Rotte Korach.«

»Was ist eine Rotte?«

»Luther benutzt das Wort der Rotte Korach in seiner Bibelübersetzung, daher kommt das Wort »zusammenrotten«. Die Nazis gaben dem Wort ›Rotte‹ endgültig den bis heuten negativen Klang, Einheiten der SS nannte man Rotte. Im ursprünglichen Bibeltext ist nur eine Gruppe um einen Mann namens Korach gemeint. Links auf dem Fresko siehst du, wie die aufständischen Israeliten unter Korach Moses bedrohen; sie wollen ihn steinigen. Die Tempeldiener und andere fromme Männer sind sauer, dass Moses und sein Bruder Aaron allein einen direkten Draht zu Gott haben; sie wollen ebenfalls direkt mit Gott kommunizieren, ohne Moses und Aaron. Moses kann sein Leben nur retten, weil er ein Gottesurteil vorschlägt. Korach und seine Anhänger bringen wie Moses und sein älterer Bruder Aaron Rauchopfer dar. Da öffnet sich die Erde, und Teile der Rotte Korach werden verschlungen, dann lässt Gott Feuer vom Himmel regnen und vernichtet damit den Rest der Aufständischen. Damit selbst der Letzte sofort versteht, was damit gemeint ist, trägt Aaron die Tiara, die Krone der Päpste.

Damit wollte Sixtus IV. sagen, dass er selber, wie der von Gott auserwählte Hohepriester Aaron und Moses, Gott auf seiner Seite hat und dass vor allem den Kirchenmännern, die sich gegen den Papst erhoben, schreckliche Strafen drohten und das Papsttum keinerlei Demokratie zuließe, keine Kollegialität. Dass es vielmehr einen absoluten Herrscher gäbe, der von Gott selbst eingesetzt, geschützt und unterstützt würde. Das Bild richtet sich vor allem an die Kardinäle und Bischöfe, die gegen den Kurs von Sixtus protestierten. Um keine Zweifel daran aufkommen zu lassen, was und wer gemeint war, musste Botticelli den Konstantinbogen von Rom ins Bild setzten, versehen mit der Inschrift, dass niemand sich die Ehre anmaßen dürfte, Hohepriester zu sein, der nicht wie Aaron von Gott berufen ist.«

»Und du meinst, Botticelli rächte sich, indem er Botschaften in dem Bild versteckte?«

»Ich weiß es nicht, niemand weiß es, aber es gibt seltsame Rätsel in diesen Bildern. Es gibt nicht den geringsten Zweifel,

Begebenheiten aus dem Leben des Moses: im Vordergrund Moses, der Killer, gemalt im Auftrag eines mörderischen Papstes, den Sandro Botticelli mit seinem Gemälde über die Jahrhunderte hinweg anklagt.

dass die Maler hier unter einer unglaublichen Anspannung standen, weil sie für einen Mann arbeiteten, der zu den Feinden gehört hatte. Schau doch mal auf das zweite Fresko. Es trägt den Titel ›Begebenheiten aus dem Leben des Moses‹. Was macht Botticelli da? Auf dem Fresko kommt Moses genau siebenmal vor, es sind sieben Einzelgeschichten. Jeder würde sofort erkennen, welche die wichtigste dieser sieben Geschichten ist, nämlich die, als Gott Moses im Dornenbusch erscheint. Die wichtigste Begebenheit seines Lebens. Aber Botticelli malt sie ganz an den Rand, in den Hintergrund. Auch die Geschichte des Auszugs aus Ägypten erscheint am Rand, ebenfalls die Szene, als Moses sich die Schuhe auszieht, weil er die geweihte Erde des Dornenbuschs betritt. Und das Bild, als er seine spätere Frau am

Brunnen trifft, sowie die Szene, in der er die Hirten verscheucht, die die Frauen am Brunnen bedrängen, alles das erscheint im Hintergrund. In den Vordergrund, äußerst prominent, malt Botticelli das, was Moses wahrscheinlich am liebsten hätte für immer vergessen wollen: den hinterhältigen Mord an einem Ägypter und die feige Flucht. Ist das die Rache Alessandro Botticellis an dem Papst, weil der seinen Gönner und Freund Giuliano de' Medici umbringen ließ? Das steht zwar in keinem Kunstbuch der Welt, aber ich kann es mir gut vorstellen.«

»Ich habe von der Bibelstelle nie gehört.«

»Weil Moses so hinterhältig und feige ist und so unverhältnismäßig reagiert. Der Aufseher schlägt bei der Fronarbeit einen Hebräer, einen Stammesgenossen von Moses, aber er tötet ihn nicht. Moses hingegen schlägt nicht zurück, sondern reagiert wie ein Mörder. Die Bibel betont, dass er einen Mord plant; es ist kein Totschlag im Affekt, er handelt nicht kopflos. Denn Moses schaut sich erst feige um, ob ihn keiner sieht, bevor er den Ägypter erschlägt, und verscharrt ihn dann im Sand. Auch der Mord an Giuliano de' Medici lief ausgesprochen hinterhältig ab, in einer Kirche und auf Befehl eines Papstes.«

Klatschmaul und Superpriester

»Aber dieses Bild zeigt auch das Problem all der Maler, die an den Seitenwänden der Kapelle gearbeitet haben: Sie hatten keinen Platz.«

»Wie meinst du das?«, fragte Leo.

»Sie müssen die Geschichten, die im Grunde auf mehreren Fresken erzählt werden müssten, auf einem Bild unterbringen. Wie in einem Comic tauchen im Vordergrund und Hintergrund der Bilder verschiedene Geschichten auf. Auf diesem Bild tötet Moses den Ägypter, flieht und kommt in das Land

Midian. Wo das ist, weiß man heute nicht genau, es könnte der Sinai gemeint sein oder Teile des heutigen Saudi-Arabien. Als Moses in dem Land Midian ankommt, versuchen Hirten, die Töchter des Priesters von Midian, Jethro, am Brunnen zu verdrängen. Moses kommt ihnen zu Hilfe, lässt sie die Schafe tränken. Aus Dankbarkeit wird er in das Haus des Priesters aufgenommen und bekommt die Tochter Zippora zur Frau.«

»Moment«, unterbricht Leo. »Das verstehe ich nicht. Wenn Moses auf dem zweiten Fresko Zippora zur Frau bekommt, die auf dem ersten Fresko schon ein Kind von ihm hat, dann ist die Reihenfolge falsch.«

»Stimmt. Du bist gut. Die Reihenfolge ist falsch. Ist das Absicht? Haben sich Botticelli und Perugino abgesprochen? Sollte den künftigen Generationen hier ein versteckter Hinweis gegeben werden? Wollten die Maler sagen: Merkt ihr, dass wir die Reihenfolge vertauscht haben? Versteht ihr, dass wir euch damit über die Jahrhunderte hinweg etwas sagen wollten? Dass dies nämlich zwei ganz besondere Fresken sind mit einer versteckten Botschaft, die uns sehr am Herzen lag: Wir wollten den Mörder malen, auf dem ersten Fresko in Gestalt Gottes, auf dem zweiten in Gestalt des Moses. Aber gemeint haben wir jemand ganz anderen; den, der uns für diese Bilder bezahlt hat und der nicht ahnen durfte, dass wir die Anklage gegen den Mörder für alle Zeiten in diesen Fresken versteckt haben: Papst Sixtus IV. Aber das ist nur eine Möglichkeit der Betrachtung – und ich kann sie nicht beweisen.«

»Was wäre die andere Sichtweise?«

»Vielleicht ging es dem Papst nicht um die richtige Reihenfolge. Auf dem ersten Fresko sollten möglicherweise die Beschneidung und die Taufe gleichgesetzt werden. Sicher ist lediglich, dass der Papst auf der einen Seite der Sixtinischen Kapelle das Leben des Moses darstellen lassen wollte und auf der anderen Seite das von Christus. Er möchte eine Gegenüberstellung dieser zwei Männer. Das Vorbild stammt vermutlich aus der Antike. Plutarch schreibt im 1. Jahrhundert nach Christus Parallelbiografien: Darin wird immer das Leben eines Helden der Griechen mit dem eines Helden der Römer verglichen. Außerdem gehörte der Maler dieses Freskos, Pietro Perugino, nicht zu den Künstlern, die wie Michelangelo selber entschieden, was sie malten. Er war ein klassischer Auftragsmaler. Das Klatschmaul der Renaissance, Giorgio Vasari, schrieb über ihn, dass er in einer sehr armen Familie in Perugia aufwuchs, daher sein Spitzname Perugino. Er selbst sei so arm gewesen, dass er kein Bett besessen habe, sondern immer auf Brettern schlief. Vasari macht sich über ihn lustig, weil Perugino sich so sehr vor der Armut gefürchtet haben soll, dass er alle Aufträge annahm, die er bekommen konnte. Als Auftragsmaler beschäftigte er eine Werkstatt, also eine ganze Reihe von Gehilfen, die an der Fertigstellung der Fresken beteiligt waren. Er hat eine ganze Menge Bilder gemalt, aber ich glaube, das hier ist das rätselhafteste. Allerdings gibt es noch einen weiteren Aspekt, der sich mit einem der Grundprobleme von Religionen beschäftigt: die Frage ihrer Notwendigkeit.«

»Das verstehe ich nicht.«

»Jede Religion stellt sich die Frage, wie notwendig sie ist. Eigentlich könnte doch jeder Mensch, ohne die Regeln einer Religion, ohne Priester, seinen eigenen Weg zu einem Gott oder vielen Göttern finden. In einigen Spielarten des Buddhismus gibt es so gut wie keine irdischen Instrumente von Religionen wie dem Christentum und kaum einen Einfluss von Priestern: weder sonntägliche Gottesdienste noch Beichten, noch Fastenregeln oder Firmungen. In der katholischen Kirche ist das genaue Gegenteil der Fall. Auch das wollte Sixtus zeigen.«

»Und wie?«

»Du siehst, dass der Engel Gottes Moses erschlagen will; aber verstehst du, wieso?«

»Nein.«

»Gott verlangt persönlich die Einhaltung nicht der göttlichen, sondern der irdischen Regeln, also dass der Sohn des Moses beschnitten werden muss. Erst dann lässt er von dem Mordanschlag auf Moses ab. Auf dem gegenüberliegenden Bild, dem Bild, auf dem Jesus getauft wird, verkündet Gott, dass ein Sohn getauft werden muss. Verstehst du?«

»Ja, Gott selber verlangt die Einhaltung der Regeln der irdischen Priester. Er fordert keine himmlischen Regeln ein, sondern die irdischen Vorschriften der Religion. Er tritt wie ein Superpriester auf, der erklärt, dass Moses damit rechnen muss, von Gott selbst ermordet zu werden, wenn er sich nicht den irdischen Regeln der Priester, hier eben der Beschneidung, unterwirft. Auf dem Bild gegenüber, auch von Perugino, siehst du links Johannes den Täufer, in der Mitte die Taufe Christi und rechts die erste Predigt des Jesus von Nazareth an die Menschen.«

»Und verstehst du, was das bedeutet?«, fragte ich.

»Ja«, nickte Leo, »es heißt, dass selbst Gottes Sohn erst auf der Erde getauft werden muss, bevor er predigen darf. Das heißt, wenn ich mich auf der Erde den Regeln der Kirche widersetze, dann widersetze ich mich nicht nur einer Kirche und deren Priestern, sondern ich widersetze mich Gott persönlich.«

»Exakt. Das ist der Gedanke dahinter.«

»Was weißt du eigentlich über diesen sonderbaren Botticelli?«

»Er hieß Alessandro di Mariano Filipepi. Sein Bruder Giovanni nannte ihn wahrscheinlich Botticelli, was Fässchen bedeutet; offensichtlich war er dick und rund. Giorgio Vasari kannte sich auch in diesem Punkt nicht aus. Er behauptete, dass Sandro den Namen Botticelli bekam, weil er bei einem Goldschmied dieses Namens in die Lehre gegangen sei, was falsch ist. Richtig ist aber, dass Botticelli eine Lehre als Goldschmied gemacht hatte. Daher seine eigenartige Marotte, auf seinen Bildern häufig ausgefallene Schmuckstücke zu malen. Es ist übrigens auffällig, dass viele Maler der Renaissance zunächst das Goldschmiede-Handwerk erlernten und dann erst zu Stars der Freskomalerei wurden. Das gilt für Ghirlandaio, Luca della Robbia, Verrocchio und Andrea del Sarto.«

»Also wenn ich das richtig kapiert habe, besitzt jedes Bild von Moses eine Entsprechung im Leben von Christus. Was ist denn auf dem Zwillingsbild zu sehen?«

»Wenn es das Bild nicht gäbe, würde ich über die ersten beiden Bilder anders denken.«

»Ich verstehe dich mal wieder nicht.«

»Mir stellt sich die Frage, ob Sixtus den Gott mit mörderischer Absicht und den mordenden Moses malen ließ, um den Besuchern zu zeigen, dass nicht nur er selber einen Mord befahl, sondern dass selbst Gott und Moses dazu fähig waren. Das setzt aber voraus, dass Sixtus auf die Ausgestaltung der Fresken starken Einfluss nahm und es nicht den Malern überließ, die Motive zu wählen. Dieses Fresko gibt die Antwort.«

»Inwiefern?«

»Im Mittelpunkt des Bildes steht das von Sixtus IV. neu erbaute Krankenhaus des Heiligen Geistes. Es gibt keinen Zwei-

Die Versuchung Christi, der den Teufel abwehren muss, inszeniert von Botticelli auf dem Dach des Krankenhauses des Heiligen Geistes. Das Fresko sollte Papst Sixtus IV. feiern, der das Hospital wieder aufbauen ließ.

fel, dass der Papst selber wollte, dass seine großzügige Heldentat, das Krankenhaus zu renovieren, auf dem Fresko gefeiert wurde, also muss er klare Angaben gemacht haben, was zu malen war. Das Krankenhaus ist ein uralter Bau am Tiber, den die Angelsachsen schon im 7. Jahrhundert für Pilger aus England errichten ließen. Aber das Gebäude wurde durch einen Brand in der Regierungszeit von Sixtus IV. vollkommen zerstört. Dieses Fresko sollte den Papst nach dem Wiederaufbau als Wohltäter feiern. Er zwang Botticelli, die Versuchung Christi auf das Dach des Krankenhauses in Rom zu verlegen, obwohl sie in der Bibel auf dem Dach des Tempels in Jerusalem spielt. Botticelli malte den Versucher, also den Teufel, auf sehr eigenartige Weise: Er ist gekleidet wie ein Eremit, der sogar einen Rosenkranz bei sich trägt. Was ihn als Teufel erkennbar macht, sind die beiden kleinen schwarzen Flügel auf seinem Rücken. Er streitet mit Christus auf dem Dach des Krankenhauses des Heiligen Geistes und fordert ihn auf, sich hinabzustürzen, sodass die Engel herbeigeflogen kämen, um ihn aufzufangen. Christus antwortet in der biblischen Szene, dass der Mensch Gott nicht auf die Probe stellen dürfe.«

»Was passiert da im Vordergrund?«

»Ich glaube, dass die Maler auch hier ein Geheimnis versteckt haben und dass wir noch in Jahrhunderten rätseln werden, was sie damit meinten.«

»Ich verstehe nicht, was du meinst.«

»Du siehst doch im Vordergrund den jungen Mann neben dem Priester.«

»Ja und? Er hält eine Art Schale, aus der irgendwelche Dämpfe aufsteigen.«

»Das ist das Ende einer Geschichte, die drei Bilder weiter beginnt.«

»Wie bitte, die Bilder wandern?«

»Ich glaube ja, aus irgendeinem Grund ließen die Maler, die alle gleichzeitig hier in der Kapelle arbeiteten, eine Geschichte, die in einem Fresko beginnt, in einem anderen Bild enden. «

»Zeig mal!«

Ich zog Leo zu dem Bild von Cosimo Rosselli, das dritte Bild nach dem von Botticelli.

»Siehst du? Im rechten Teil des Bildes heilt Christus einen Aussätzigen, der zu ihm kommt und sich vor ihn kniet. Er ist übersät mit Flecken. Das ist eine berühmte Geschichte aus den Evangelien nach Markus, Lukas und Matthäus. Die Geschichte geht so, dass ein Aussätziger Christus um Heilung bittet. Jesus heilt ihn und befiehlt ihm dann, aus Dankbarkeit vor den Priestern zu opfern, wie es in den Gesetzen Mose steht.«

»Ja, und weiter?«

Die Bergpredigt, gemalt von Cosimo Rosselli, zeigt auch die Heilung des Aussätzigen. In der Bibel trägt Jesus dem Geheilten auf, zu opfern, wie Moses es befohlen hat. Wandert die Darstellung des Opfers in das Fresko des Sandro Botticelli?

»Der zweite Teil der Geschichte, also das Opfer, wird in dem Fresko von Botticelli vollzogen; dazwischen liegen noch zwei andere Fresken.«

»Das ist ja wie in einem Spukschloss. Die Bilder wandern an der Wand.«

»Ich glaube, ja. Ich kann es auch nicht wirklich erklären, aber die Geschichte beginnt im Fresko von Cosimo Rosselli. Da siehst du ganz klar den Aussätzigen vor Christus knien, der ihn heilt. Mit dem Hauptthema des Bildes, der Bergpredigt, hat die Episode eigentlich nichts zu tun. Nach der Heilung befiehlt Christus in der Bibel dem Aussätzigen, das Opfer in den Tempel zu bringen. Das Opfer ist eine Schale mit dem warmen Blut eines Opfertieres. So sieht es das Gesetz des Moses vor. Dieses

Opfer, die Schale mit dem warmen Blut, sieht man aber seltsamerweise in dem Fresko drei Bilder weiter, in dem Fresko von Botticelli.«

»Sehe ich nicht.«

»Schau doch: Botticelli malt die Versuchung Christi durch den Teufel, aber mitten in das Bild malt er die Opfergabe von warmem Blut eines Opfertieres. Die Szene hat in dem Fresko eigentlich nichts zu suchen. Irgendetwas haben die Maler uns über die Jahrhunderte mitteilen wollen, aber was?«

»Du meinst, es könnte sein, dass Botticelli die Schale mit dem dampfenden Blut, das zu dem Fresko zwei Bilder weiter gehört, vor das Krankenhaus des verhassten Papstes gemalt hat, um an das vergossene Blut des Opfers Giuliano de' Medici zu erinnern? Schreit dort das vom Mörder vergossene Blut seit Jahrhunderten ausgerechnet vor dem Krankenhaus, das der Auftraggeber des Mordes bauen ließ, nach Vergeltung?«

»Ich weiß es nicht, und ich habe von keinem Experten je eine klare Antwort bekommen. Aber jedes Mal, wenn ich hier bin, frage ich mich, ob es so sein könnte.«

Leo schwieg. Er schien nachzudenken. Ich hatte das Gefühl, dass ihn die Magie des Ortes jetzt endlich erreicht hatte.

»Es tut mir leid wegen vorhin«, sagte er schließlich. »Ich wollte dich nur ärgern mit *Call of Duty*.«

»Das habe ich gemerkt.«

Am Ende der Zeiten

»Weißt du, was ich ehrlich die ganze Zeit denke?«, flüsterte Leo auf einmal.

»Nein«, antwortete ich, hatte aber einen Verdacht.

»Ich glaube, wir stören.«

»Wie meinst du das?«, flüsterte ich zurück.

Er ging durch den leeren Raum, der den Maßen des Tempels von Salomon entsprechen soll, und ich war gespannt, was er jetzt tun würde, was der leere Raum mit meinem Sohn anstellen würde. Die meisten Menschen tasten im üblichen Gedränge in der Kapelle mit ihren Augen die Fresken unter der Decke nach dem berühmtesten aller Bilder ab, der Erschaffung Adams, und haken dann innerlich die Sixtinische Kapelle ab. Doch ich wusste, dass die Stille in der Kapelle die Besucher bezaubern kann, was dann aber geschah, hätte ich niemals für möglich gehalten. Leo ging, wie an einem unsichtbaren Faden gezogen, auf die linke Seite der Kapelle zu und schaute hoch zum Propheten Ezechiel.

»Ich habe so etwas noch nie gesehen. Ich kenne Bilder, die so tun, als würden sie Menschen darstellen, aber hier ist es genau umgekehrt. Die Bilder, wie von diesem Mann da, tun so, als seien sie nicht lebendig, sie wollen uns hereinlegen. Sie sind in dem Moment unter der Decke erstarrt, als wir die Kapelle betreten haben. Sie haben ihr Geflüster unterbrochen, als sie uns kommen hörten, und jetzt tun sie so, als seien sie einfach stumme Bilder. Aber sobald wir ihnen den Rücken drehen, werden sie weitermachen mit ihrem Getuschel unter der Decke. So wirkt das auf mich.«

Ich war sprachlos.

»Du bist mir gerade ein bisschen unheimlich«, flüsterte ich, »viele tun es als Zufall ab oder als Hirngespinst, aber in der Kapelle gibt es ein Rätsel.«

Die Sibylle von Erythrai: Sie soll schon das Ende Trojas vorausgesagt haben und gilt als Expertin für die Apokalypse, den Untergang der Welt.

»Was meinst du?«

»Immer wenn ich hierherkomme, fesselt mich der Gedanke, dass es in dieser Kapelle ein Geisterbild gibt. Wenn du hier unbedarft hereinkommst, dann siehst du unter der Decke eine Unmenge Hinweise auf das Jüngste Gericht. Du siehst die Propheten, die Sibyllen, und zwar alle jene, die das Ende der Welt voraussagen, das Jüngste Gericht. Außerdem scheinen drei Details auf das Fresko an der Frontwand hinzudeuten. Siehst du die Wahrsagerin aus Erythrai? Ihr Name steht da als Erithraea.«

»Ja, sehe ich.«

»Fällt dir was auf?«

»Ja klar, neben ihr brennt eine Lampe, sie kämpft gegen den aufziehenden schweren Sturm, der die Flamme auszublasen droht.«

»Von wo kommt der Wind?«

Der Prophet Jesaja scheint ganz ruhig zu bleiben, obwohl das Engelchen etwas Unglaubliches gesehen zu haben meint.

»Von vorn, er scheint vom Fresko, dem Jüngsten Gericht, auszugehen – als entfache das Bild einen Sturm.«

»Genau. Jetzt schau dir mal den kleinen Engel neben dem Propheten Jesaja an.«

»Der scheint etwas überaus Aufregendes gesehen zu haben, ganz offensichtlich das Jüngste Gericht vorn an der Stirnwand, und deswegen macht er den Typen, der Jesaja heißt, darauf aufmerksam.«

»Genau. Jetzt schau mal auf Ezechiel, einen Propheten des Alten Testaments. Welche Wirkung hat er auf dich?«

»Er scheint außer sich zu sein; ein Mann, der vollkommen überrascht ist, der heftig reagiert, der geradezu explodiert, weil er etwas Unglaubliches erblickt hat, eben das, was an der Stirnwand zu sehen ist und was ja auch unglaublich ist: das Getöse des Jüngsten Gerichts. So sieht es für mich aus. Er hat das Spektakel des Gerichts Gottes gesehen und fragt die Frau in der

Nische nebenan, was das soll, als könne sie ihm erklären, was vor sich geht, und das tut sie auch.«

»Exakt!«, sagte ich. »Sie deutet auf ihr Buch, als wolle sie sagen: Was regst du dich auf, hier steht doch alles längst geschrieben, und genauso ist es auch. Sie ist die Sibylle, die Wahrsagerin aus Erythrai in der heutigen Türkei, sie hat tatsächlich das Ende der Welt vorhergesagt. Sie scheint eher selbstverständlich zur Kenntnis zu nehmen, dass das Jüngste Gericht jetzt endlich eingetreten ist.«

Michelangelo und die Geisterbilder

»Okay, Papa, das habe ich kapiert. Ganz offensichtlich reagierten die Propheten unter der Decke auf das Fresko an der Stirnwand, das Jüngste Gericht. Die Fresken stehen in einem Zusammenhang. Ja und? Was ist daran so besonders?«

»Weil es gar nicht sein kann. Als Michelangelo die Decke malte, gab es das Jüngste Gericht noch nicht. Er malte es dreißig Jahre später. Es geht dir wie fast allen Menschen, die ich hierherbringe. Die Propheten dort oben unter der Decke scheinen das Fresko des Jüngsten Gerichts zu sehen, so wirkt die Kapelle. Aber das ist unmöglich.«

»Wann malt er die Decke noch mal?«

»1508 bis 1512.«

»Und wann das Jüngste Gericht?«

»1535 bis 1541.«

»Vielleicht hatte Michelangelo schon vor, das Jüngste Gericht zu malen, als er die Deckenfresken gemalt hat.«

»Michelangelo sah sich sein Leben lang als Bildhauer, er unterzeichnete auch alle Verträge als Bildhauer, er musste zum Malen immer gezwungen werden. Es gibt eine rührende Geschichte über ihn, die zeigt, wie sehr er in seinem Inneren Bild-

Was erregt Ezechiel eigentlich so maßlos? Der Prophet wirkt seit Jahrhunderten auf die Besucher der Kapelle besonders lebendig.

hauer war. Als er vor seinem Tod fast vollständig erblindete, ließ er sich im Vatikan zu der Skulptur bringen, die er mehr bewunderte als jede andere, den Torso vom Belvedere. Er tastete jeden Zentimeter der Plastik ab.

Es gibt keinerlei Hinweis darauf, dass er beim Malen der Decke vorhatte, das Jüngste Gericht zu malen, und es gibt auch einen einfachen Grund, weshalb er das gar nicht geplant haben kann.«

»Na, da bin ich aber mal gespannt.«

»Papst Clemens VII. beauftragte Michelangelo im Jahr 1532, das Jüngste Gericht zu malen, und zwar deshalb, weil er meinte, etwas Ähnliches, den Untergang der Welt, erlebt zu haben. Denn Rom erlitt im Jahr 1527 die größte Katastrophe seit der Antike, die monatelange Plünderung der Stadt Rom durch 26000 Söldner. Michelangelo konnte im Jahr 1512, als er die

Der Prophet Joel. Auch er sagte den Untergang voraus. Schon den Zeitgenossen Michelangelos war es ein Rätsel, wie der Künstler trotz der Dimensionen der Kapelle so perfekt arbeiten konnte.

Decke vollendete, unmöglich wissen, dass Rom fünfzehn Jahre später eine Katastrophe erleben würde. Dennoch geht es in dem Konzept der Fresken unter der Decke nur um das Jüngste Gericht.«

»Was war denn auf der Wand zu sehen, als Michelangelo die Decke bemalte?«

»Nichts, was sich mit dem späteren Spektakel des Weltgerichts vergleichen kann. Es war eine andächtige Kreuzigungsszene.«

»Dann zeig mir, wo es da oben überall um das Jüngste Gericht geht.«

»Der Mann neben der Sibylle ist der Prophet Joel, und der schreibt in seinem Buch in der Bibel über ein einziges Thema, das Weltgericht. Er ist der Erste, der schreibt, wo das Weltgericht stattfinden wird, nämlich in einem Tal mit dem Namen Joschafat. Er meint damit eine große Talebene, in der alle Völker der Welt Platz haben werden, um sich versammeln zu können; er könnte einen Teil der Altstadt Jerusalems gemeint haben, das sogenannte Kidrontal. Dort lassen sich seit viertausend Jahren fromme Juden in Erwartung des Jüngsten Gerichts begraben. Joel nennt diesen Ort das Tal der Entscheidung und das Tal des Strafgerichts. Jetzt schau mal auf die libysche Sibylle, gleich vorn, neben dem Jüngsten Gericht.«

»Es sieht so aus, als schließe sie ihr Buch.«

»Genau, sie schließt das Buch der Prophezeiungen, das Zeichen dafür, dass das Ende der Zeiten gekommen ist, eben das Jüngste Gericht, sodass Voraussagen nicht mehr nötig sind. Jetzt sieh mal auf den Mann ganz vorn, direkt neben dem Jüngsten Gericht.«

»Wer ist das?«

»Der Prophet Jeremia.«

»Er sieht ziemlich in sich gekehrt, ziemlich traurig aus.«

»Ja, er ist das Symbol des Untergangs, deswegen sieht er so niedergeschlagen aus. Er beweint das Schicksal, weil er voraussagt, dass Jerusalem untergehen wird. Genau neben dem Jüngsten Gericht malt Michelangelo den Mann, der den Untergang der Stadt Gottes voraussieht. Jetzt schau mal auf den Mann, der direkt über dem richtenden Christus thront.«

»Der mit dem Karpfen daneben?«

Ich musste lachen. »Das soll Jona sein und der Fisch neben ihm ein Wal, wahrscheinlich hatte Michelangelo keine Ahnung, wie ein Wal aussah, deswegen hat er einfach einen großen Fisch gemalt. Aber Jona ist im frühen Christentum das Symbol der Wiederauferstehung. Er war drei Tage im Bauch des Wales, wie Christus drei Tage im Grab lag, bis Gott beide, Jona und seinen Sohn Christus, befreite. Jona thront genau über dem wiederauferstandenen Christus. Sowohl Ezechiel als auch Jesaja als auch Jeremia, die libysche wie die erithräische Sibylle und der Prophet Joel sowie auch Jona scheinen ein Bild zu sehen, das nicht da war. Michelangelo malt sie alle so, als sei das Fresko des Jüngsten Gerichts bereits auf dieser Wand. Im ganzen Mittelalter gilt die Sibylle von Erythrai als Verkünderin des Weltgerichts, des Endes der Zeit, und sie deutet auf dem Fresko an der Decke in ihr Buch, als sei das Ende der Zeit jetzt gekommen, genau so schlägt die libysche Sibylle ihr Buch der Prophezeiungen zu, was laut der Legende am Ende der Zeiten geschieht, wenn keine Weissagungen mehr möglich sein werden. Der Prophet Joel beschreibt ganz genau, was seiner Ansicht nach während des Jüngsten Gerichts im Tal Joschafat passieren wird, und Jeremia scheint den Untergang des neuen Jerusalem, den Untergang Roms zu beweinen, obwohl das Bild, das den Untergang Roms zum Thema hat, weil die Plünderung wie ein Weltgericht gesehen wurde, noch gar nicht da ist.«

Der Prophet Jona, den der Wal verschluckte und wieder ausspie. Offensichtlich hatte Michelangelo noch nie einen solchen Meeressäuger gesehen, er platziert eine Art groß geratenen Karpfen neben den Propheten.

»Wieso sind dort oben überhaupt heidnische Sibyllen und biblische Propheten?«

»Weil beide das Ende der Welt voraussagen. Michelangelo wollte sagen, dass die heidnischen Wahrsager das Gleiche prophezeit haben wie die Propheten der Bibel: das Ende der Welt. Du wirst sehen, diese Kapelle steckt voller Geheimnisse, und einige von ihnen werden wir nie verstehen.«

»Zum Beispiel?«

»Schau mal auf die Sibylle von Cumae!«

»Man muss schon zweimal hinsehen, um zu erkennen, dass das eine Frau sein soll. Sie sieht aus wie ein Preisboxer.«

»Warum malt Michelangelo sie so? Das widerspricht eindeutig allem. Welchen Hinweis hat er in dem Bild versteckt?«

»Was meinst du damit: Das widerspricht allem?«

»Die Sibylle von Cumae soll eine Wahrsagerin gewesen sein, die in einer Höhle in Cumae bei Neapel gelebt haben soll. Der Playboy unter den Göttern, Apollon, kommt zu ihr, weil er mit ihr ins Bett gehen will. Apollon war in der Götterwelt ein attraktiver Gott, der sich die Frauen aussuchen konnte; also muss die Sibylle eine attraktive Frau gewesen sein, wenn der Gott sie anbaggert und ihr sogar Wunder zugesteht. Er bietet ihr ein langes Leben, so viele Jahre, wie Körner in einem Sandhaufen sind, und als das nicht reicht, ewige Jugend. Sie akzeptiert das fast ewige Leben, verweigert aber trotzdem den Sex mit dem Gott. Warum also malt sie Michelangelo so unglaublich hässlich, eine Monsterfrau, die nie schön gewesen sein kann? Was wollte er damit sagen? Dass er Frauen nicht mochte, kann nicht die Antwort sein. Denn es gelingt ihm, wenn er will, sehr wohl, attraktive Frauen zu malen, wie die delphische Sibylle, die man nur ein paar Meter weiter unter der Decke sehen kann.«

»Wieso ist die Sibylle von Cumae eine Wahrsagerin?«

Die Sibylle von Cumae, Bewahrerin der prophetischen Bücher. Hätte sich Apollon tatsächlich in sie verliebt? Warum malte Michelangelo die angebliche Schönheit so maskulin?

»Sie soll Bücher besessen haben, in denen die Zukunft der Welt vorausgesagt wurde, vor allem die der Stadt Rom. Sie soll sie dem König von Rom, Tarquinius Superbus, angeboten haben, zu einem sehr hohen Preis, doch der lehnte den Kauf ab. Da verbrannte sie eines der Bücher und bot ihm die verbliebenen Bücher zum gleichen Pries an. Er lehnte erneut ab. Wieder verbrannte die Sibylle eines der Bücher und bot ihm das letzte Buch zum gleich hohen Preis wie zuvor an; da kaufte er. Dieses Buch der Sibylle von Cumae soll in Rom von den Priestern konsultiert worden sein vor wichtigen Entscheidungen. Aber die Sibylle ist nicht das einzige ungeklärte Motiv der Decke. Es gibt zahlreiche andere.«

»Die wären?«

»Wenn du von der Stirnwand zurückschaust, siehst du die erste Szene der Schöpfungsgeschichte, die Michelangelo auf der Decke erzählt. Gott teilt das Chaos und schafft auf dem zweiten Fresko Licht und Finsternis, du siehst die Sonne. Gott ist auf dem zweiten Fresko zweimal zu sehen, das ist unglaublich.«

»Was soll daran so unglaublich sein?«, fragte Leo.

»Es ist das erste Mal in der Geschichte der Malerei, dass ein Künstler es wagt, Gottes Hintern zu malen – und das in der heiligsten Kapelle der Päpste. Warum tut er das? Ist das eine Provokation? Ist es Absicht, denn der Papst muss nach der Fertigstellung des Freskos beim Erteilen des Segens in der Kapelle auf Gottes Hintern schauen? Michelangelo muss gewusst haben, dass das zu einem Skandal führen würde. Also wieso machte er das?«

Gott trennt Licht und Finsternis: Dieses Deckenfresko gibt seit Jahrhunderten Rätsel auf. Wieso etwa malt Michelangelo Gottes Hintern? Ihm musste bewusst sein, dass das zu Protesten führen würde.

Die Erschaffung Adams: vielleicht Michelangelos berühmtestes Werk, entstanden zwischen 1508 und 1512. Der ausgestreckte Finger Gottes, der Adam mit Leben beseelt – eine geniale Idee.

»Ich gebe zu, das ist äußerst eigenartig«, sagte Leo nachdenklich.

»Dann zeigt er Gott auf eine so rätselhafte Weise. Er erschafft Adam auf dem berühmten Fresko des Deckenzyklus und verrät dabei ohne Not in dem Bild eines seiner am besten gehüteten Geheimnisse.«

»Das wäre?«

»Schau dir das Fresko mal genau an. Gott scheint heranzufliegen, von den Engeln getragen, die ein Schleier in einer eigenartigen Form umgibt. Er sieht aus wie der Querschnitt eines menschlichen Gehirns, Gott schwebt dort im Zentrum des Gehirns und scheint wie durch die Augenhöhlen dieses Schädels seinen Arm auszustrecken und Adam zu berüh-

Die Erschaffung Evas aus der Rippe Adams. Wieso sieht Gott dabei plötzlich so unzufrieden aus? Zweifellos hatte Michelangelo Buonarroti ein problematisches Verhältnis zu Frauen.

ren. Das war in zweierlei Hinsicht gefährlich. Erstens war es bei Todesstrafe verboten, Leichen zu sezieren, ein Verbot, an das sich Michelangelo aber zweifellos nicht hielt; er kannte den menschlichen Körper dafür zu gut. Aber wieso verrät er das auf dem Fresko, und wieso malt er Gott in das Innere eines menschlichen Gehirns? Hegt er den ketzerischen Gedanken, dass Gott eine Phantasie des menschlichen Geistes ist?«

»Wow!« Leo war schwer beeindruckt. »Dafür wäre er wahrscheinlich schwer bestraft worden, oder?«

»Wahrscheinlich. Nach der Erschaffung Adams ändert Michelangelo Gott auf einmal. Der dynamische, entschlossene Gott der ersten Bilder der Decke steht unschlüssig, mit einem gelb angelaufenen Bart neben Adam, als er Eva aus dessen Rippe erschafft. Er erinnert eher an einen gebrochenen alten Mann mit einem plötzlich seltsam verfärbten Bart. Siehst du, dass auch Adam blond wird?«

Die Versuchung und Vertreibung aus dem Paradies: Adam und Eva sind jetzt endgültig blond. Michelangelo kannte die Warnungen der Prediger an die Frauen, ihr Haar nicht blond zu färben, um Gott nicht zu beleidigen.

»Wie meinst du das?

»Schau mal zur Decke, bei der Erschaffung Adams hat er noch dunkle Haare, doch wenn du im Vergleich das Fresko des Baums der Erkenntnis anschaust, ist Adam blond. Ein berühmter Prediger, Bernardino da Siena, hatte schon im 15. Jahrhundert den Frauen vorgeworfen, sich durch Blondieren der Haare gegen Gott zu versündigen. Das Färben der Haare galt als Kritik an Gott, der den Menschen doch schon perfekt geschaffen habe. Blonde Haare galten als Symbol der Sünde. Gab deswegen Michelangelo Adam blonde Haare, kurz bevor der das Paradies verlassen muss, und ist Gott mit dem blonden Bart bereits enttäuscht und muss zur Kenntnis nehmen, dass es Sünde gibt? Was will Michelangelo damit sagen? Ist das bereits ein enttäuschter Gott, der weiß, dass die Erschaffung Evas der erste Schritt zum Abfall des Menschen von Gott ist? Warum steht dieser Gott ausgerechnet in dem feierlichen Moment der Erschaffung der Frau so geschlagen neben den ersten beiden Menschen? Be-

Die Arche Noah: Warum vergisst Michelangelo alle Tiere? Die Bibel beschreibt ausführlich, wie Gott Noah anweist, welche Tiere er in die Arche laden soll. Michelangelo muss das gewusst haben, hält sich aber nicht daran.

dauert er bereits, dass sie vom Baum der Erkenntnis essen werden, das Paradies verlassen und ihr Leben in Plackerei und in Erwartung des sicheren Todes verbringen müssen? Dann begeht Michelangelo unter der Decke absichtlich einen spektakulären Fehler. Die Fachleute rätseln bis heute, warum er das tut. Er malt eine sehr seltsame Arche Noah.«

»Wieso seltsam?«

»Schau mal nach oben«, bat ich Leo. »In der Bibel sagt Gott im Buch Genesis zu Noah, dass er von allen Tieren ein Paar, ein Männchen und ein Weibchen, in die Arche führen soll; Gott wird sogar noch genauer und sagt ihm, dass er von allen reinen Tieren sieben Paar und von allen unreinen Tieren ein Paar in die Arche führen solle.«

»Ja und?«

»Jetzt schau dir mal Michelangelos Arche an.«

»Kein einziges Tier.«

»Ganz genau, aber was ist der Grund? Michelangelo war ein

Das Dankopfer Noahs: Wieso verwechselt Michelangelo die Reihenfolge? Er malt den Dank des Noah vor dem Ereignis, für das Noah Gott Dank schuldet: seine Errettung in der Arche.

äußerst versierter Kenner der Bibel, verspottete sogar Papst Julius II. wegen dessen mangelnder Bibelkenntnisse. Aber warum macht er dann diesen Fehler in dem Fresko? Das kann kein Zufall sein, er wollte irgendeine Botschaft darin verstecken; wir werden aber vielleicht nie erfahren, welche.«

»Vielleicht wollte er einfach nicht gerne Tiere malen?«

»Ja, vielleicht«, lachte ich. »Aber es gibt noch ein Rätsel. Michelangelo lässt nicht nur alle Tiere auf der Arche Noah weg, sondern er verwechselt auch noch die Reihenfolge.«

»Wie bitte?«

»Ja, er verwechselt die Reihenfolge.«

»Ja und?«

»Das vorletzte Deckenfresko, Fresko Nummer sieben von vorn gezählt, zeigt das Dankopfer des Noah für die Errettung. Aber wie kann Noah für die Errettung danken, wenn die Katastrophe in dem Bild danach erst eintritt? Er bedankt sich für die Errettung vor der Sintflut in Fresko Nummer sieben,

Die Trunkenheit Noahs: Das letzte Bild des Deckenzyklus in der Sixtinischen Kapelle. Noah, der als Erster Weinbau betreibt, ist folgerichtig auch der erste Betrunkene im Alten Testament.

aber die Sintflut tritt erst in Fresko Nummer acht ein. Wieso? Das kann unmöglich ein unabsichtlicher Fehler gewesen sein. Über die Jahrhunderte scheint Michelangelo den Betrachtern in der Kapelle zuzurufen: Ihr müsst doch merken, dass mit diesen Bildern etwas nicht stimmt! Findet es heraus!

Wenn du nach oben schaust, siehst du als letztes Fresko der Reihenfolge der Decke, Fresko Nummer neun, die Trunkenheit Noahs. In der Bibel, im Buch der Genesis, wird erzählt, wie Noah den ersten Weinberg anlegt, von dem Wein trinkt und betrunken wird. Dann kommen seine Kinder und bedecken das Geschlecht des nackten Mannes, seine Blöße. Das ist das letzte Bild des Deckenzyklus der Sixtinischen Kapelle.«

Michelangelos neuer Christus

»Ich habe Gott noch nie so gesehen«, sagte Leo plötzlich in die Stille der Kapelle.

»Er hat absolut nichts mit dem Toten am Kreuz zu tun. Ein kräftiger Mann, ein Athlet.«

»Ja, das Bild Christi im Jüngsten Gericht von Michelangelo gehört zu den größten Geheimnissen dieser Kapelle. Er malt einen völlig neuen Christus, der eher aussieht wie ein griechischer Gott und nicht wie der geschundene Schreinerssohn mit Dornenkrone, ein Apollon, der in einer strahlenden Sonne auftaucht. Ausgerechnet in der heiligsten Kapelle der Päpste erscheint Gottes Sohn in seiner am meisten heidnischen Version.«

»Was meinst du damit?«

»Für die Päpste war wichtig, dass Christus ein neuer Gott ist, der nichts mit seinen Vorgängern Jupiter oder Zeus zu tun hatte. Das ist ihnen auch gelungen. Ein Mensch der Antike empfand einen gekreuzigten Gott als etwas radikal anderes als alle anderen Götter. Dieses Bild des Gekreuzigten ist neu.

Aber Gottes Sohn wird nicht von Anfang an so dargestellt. Die ersten Christen sehen Jesus als Sonnengott, eine Mischung aus dem heidnischen Gott Helios und Christus. Wir wissen nicht, ob Michelangelo eine solche Darstellung einmal gesehen hat. Viele von ihnen wurden durch die Päpste zerstört, weil sie diese Bilder für Teufelszeug hielten. Es kann sein, dass Michelangelo von ganz allein auf diese Darstellung gekommen ist. Sicher ist aber, dass es im Vatikan zwei berühmte Darstellungen des Christus als Gott der Sonne gibt, einmal hier in der Sixtinischen Kapelle und ein weiteres Mal in der Nähe des mutmaßlichen Petrusgrabes, tief unter dem Petersdoms. Aber das hatte Michelangelo nicht ahnen können. Bei den Ausgrabungen, die Papst Pius XII. mitten im Zweiten Weltkrieg anordnen wird, werden die Archäologen genau diese Darstellung eines Christus-Sonnengottes finden. In einer kleinen, 1700 Jahre alten Kapelle tief unter dem Petersdom wird Christus seltsamerweise so dargestellt, wie Michelangelo ihn mehr als 1200 Jahre später malen wird.«

Christus, die neue Sonne

»Unglaublich«, sagte Leo. »Aber warum war diese Darstellung so skandalös, dass die Päpste sie vernichten ließen?«

»Der Christus, der in der Sonne erscheint, versteckt nicht mehr das Geheimnis der Geburt des Jesus von Nazareth, die auf den 25. Dezember gelegt werden musste. Denn an diesem Tag feierte die Zivilisation Europas Jahrhunderte vor Christi Geburt das Fest des mächtigsten aller Götter, der Sonne selbst. Christus musste diesen Sonnengott verdrängen, er wurde persönlich die neue Sonne, ein halb heidnischer Gott, wie ihn Michelangelo an diese Wand malt.

Er wusste, dass die Theologen sich das Maul zerreißen würden über diesen neuen Christus – und genau das sollten sie auch tun. Dieser Christus ist nicht nur gekommen, um zu richten, sondern auch, um zu erlösen. Die Auferstandenen schweben auf ihn zu, die Engel benutzen seltsamerweise Rosenkränze, an denen sie die Erlösten hochziehen, um das Paradies zu erreichen.«

»Rosenkränze?«, fragte Leo.

»Ja, Rosenkränze. Ich hoffe immer, dass Rosenkränze tatsächlich so wirksam sind, dass sie uns ins Paradies befördern können. Die Menschen schweben nach oben in das mystische Blau der Wand. Um Christus scharen sich die Geretteten. Aber am auffälligsten ist Maria. Sie schmiegt sich eher wie eine Geliebte als eine Mutter an Christus und scheint seltsam unbeteiligt. In an-

Der heilige Bartholomäus, dem die Haut abgezogen worden sein soll – darauf ein Selbstporträt des ausgelaugten Michelangelo Buonarroti.

deren Darstellungen des Jüngsten Gerichts sitzt sie neben Gottvater und Christus auf einem Thron, aber hier scheint sie neben seinem Thron zu liegen. Noch immer trägt sie die Züge einer jungen Frau, so wie Michelangelo Buonarroti sie 43 Jahre zuvor, in seinem Meisterwerk, das bis heute Menschen sprachlos macht, der Pietà, in Stein geschlagen hatte. Es wird seit Jahrhunderten darüber gerätselt, warum die Maria auf dem Fresko so unbeteiligt scheint und den Blick abwendet von dem, was tief unter ihr, in der rechten Ecke des Freskos, geschieht. Hält sie es nicht aus, wie die Verdammten ins Verderben getrieben werden, an den Ort, von dem es keine Rettung mehr gibt? Will sie die gnadenlosen Schläge des Charon gegen die Verurteilten nicht sehen, in die dann Pfähle getrieben werden, um sie aufzuspießen? Ist sie jetzt, im Augenblick des Jüngsten Gerichts, immer noch die Mutter, die sie für alle immer war und die jetzt nichts mehr tun kann für die Sünder? Wollte Michelangelo zeigen, dass es im Moment des Jüngsten Gerichts zu spät ist, um Maria anzurufen, um Hilfe und Beistand und Vergebung zu bitten, wie in der Stunde unseres Todes? Und kann Maria sich jetzt nur noch abwenden, entsetzt und erschreckt angesichts der fürchterlichen Strafen, die auf die Sünder warten? Wir wissen es nicht.

Kuss der Männer

An der Seite gegenüber Maria wagt sich langsam die gigantische Figur des Petrus näher, der mit einer unterwürfigen Geste Gottes Sohn zeigt, dass das Ende der Zeiten gekommen ist. Er will Christus das zurückgeben, was der Mann aus Nazareth ihm vor so langer Zeit anvertraut hat, die Schlüssel des Himmels. Er braucht sie jetzt nicht mehr, der Himmel steht offen. Die Engel schleppen die Zeichen des Sieges herbei, die einst Werkzeuge der Qual von Gottes Sohn waren: das Kreuz, die Dornenkrone und die Säule der Geißelung.

Zu den Füßen des mächtigen Christus thront auf einer Wolke der Märtyrer Laurentius, der den Rost in der Hand hält, auf dem er auf offenem Feuer zu Tode gequält worden sein soll. Neben ihm ist Bartholomäus zu sehen, er hält seine Haut in der Hand, die ihm abgezogen worden sein soll. Es ist möglich, dass Michelangelo die Züge eines seiner Auftraggeber, des unglücklichen Clemens VII., für seinen Bartholomäus wählte. Er sitzt dort mit seinem Vollbart, den auch der Papst bis zu seinem Tode getragen habe soll, aus Trauer über die Plünderung Roms im Jahr 1527. Auf diese abgezogene Haut malte der gequälte Michelangelo sein Selbstporträt, das Porträt eines zutiefst erschöpften alten Mannes, dem es nicht gestattet war, das Bild zu signieren und der sich auf diese Weise in dem Bild verewigte. Rechts über dem richtenden Gott, mitten im Getümmel der Erlösten, malte Michelangelo vielleicht seine eigene Aussöhnung mit Gott. Man braucht ein Fernglas, um es vom Boden aus genau sehen zu können. Es sind zwei Männerpaare, die sich auf den Mund küssen. Hat der zutiefst fromme Michelangelo sich hier selber freigesprochen, weil er unter seiner Homosexualität gelitten hat?«

»Michelangelo war schwul?«

»Den Begriff ›schwul‹ oder der Homosexualität gab es zu Zeiten des Michelangelo noch gar nicht. Michelangelo selber hätte einen Homosexuellen als Sodomiten bezeichnet, und er hätte gewusst, dass Dante die Sodomiten in die Hölle verbannt. Sie irren im dritten Ring der Hölle ohne Rast und Ruhe ewig hin und her. Aber Michelangelo kannte zweifellos auch den Ruf des Giovanni Antonio Bazzi, der ›Sodoma‹ genannt wurde, weil er laut Vasari ›sich stets mit jungen Männern umgab, die er missbrauchte‹. Dass Giovanni Antonio Bazzi öffentlich Sodomit genannt wurde und auch noch stolz darauf war, verhinderte nicht, dass die frommen Mönche des wunderschönen Klosters Monte Oliveto Maggiore ihm einen Großauftrag gaben. Sie nannten den exzentrischen Mann auch gern ›Mattaccio‹, den Verrückten, schätzten ihn aber offensichtlich sehr.

Das alles wusste Michelangelo Buonarroti ganz sicher. Eine echte Verdammnis für Sodomiten gab es in der Praxis nicht, die Gerichte verfolgten vielmehr heterosexuelle Ehebrecher. Es wird aber bis zur Wahl von Papst Franziskus dauern, bis der erste Papst sich dafür entschuldigt, was die Kirche homosexuellen Menschen angetan hat. Noch seine Vorgänger, Benedikt XVI. und Papst Johannes Paul II., haben Homosexualität als widernatürlich verdammt.

Doch Michelangelo Buonarroti hat die Sodomiten schon viel früher freigesprochen. Mehr als vierhundert Jahre vor der Wahl des Papstes aus Argentinien malt er sie ins Paradies, versteckt zwar, aber doch präsent, mit gleich zwei sich küssenden

Küssendes Männerpaar im Paradies. Ohne Fernglas kaum zu erkennen. Warum malte der homosexuelle Michelangelo sich küssende Männer in das Paradies? War das seine Art der Aussöhnung mit Gott?

Paaren in der Kapelle der Päpste. Tief unter ihnen verkünden die Posaunen, dass die Zeit an ihr Ende gekommen ist. Die Engel deuten auf die Namen im großen Buch Gottes, wo jene festgehalten werden, die der Verdammnis preisgegeben werden. Unter ihnen, am unteren rechten Rand des Bildes, tobt eine Schlacht. Die sieben Engel der Todsünden stoßen, boxen und drücken die Verdammten hinunter auf das Boot des Charon, des antiken Fährmanns, der sie in das Totenreich bringt. Voller Hass jagt er sie mit einer Keule vom Boot auf das Festland, wo die Teufel mit gespitzten Pfählen nur darauf warten, die Holzpflöcke durch die Leiber der Ankommenden zu rammen. Gepfählt zu werden, galt über alle Jahrhunderte als grausamste aller Strafen. Der Pfahl wurde dabei durch den ganzen Körper getrieben, sodass er an der Schulter wieder austrat, was zu einem langsamen und qualvollen Tod führte. Das Vorbild für den literarischen Dracula, der rumänische Fürst Vlad III., soll auf das

Pfählen spezialisiert gewesen sein. Minos, der Richter der Unterwelt, schaut dem furchtbaren Spektakel zu.«

»Der Typ mit den Eselsohren.«

»Ja«, sagte ich. »Es ist eine der erstaunlichsten Karrieren, die ein Mensch machen kann. Ein langweiliger Notar und Zeremonienchef des Papstes schaffte es, durch den Fehler seines Lebens unsterblich zu werden. Der Mann hieß Biagio da Cesena, er wurde in dem Adria-Städtchen Cesena geboren, studierte Rechtswissenschaften und kam als Notar nach Rom. Er stieg zum ersten Zeremonienmeister auf und organisierte die Wahl von drei Päpsten, Hadrian IV., Clemens VII. und Paul III. Er spielte eine gewisse Rolle in der Auseinandersetzung mit dem englischen König Heinrich VIII., die zur Abspaltung von Rom und der Gründung der Kirche von England führte. Dennoch wäre er zweifellos in Vergessenheit geraten, wenn er sich

Auch das kann unsterblich machen: Biagio da Cesena (rechts im Vordergrund), der berühmteste Bewohner der Hölle, weil er das Meisterwerk des Michelangelo nicht zu würdigen verstand.

nicht einmal in seinem Leben eine kolossale Fehleinschätzung geleistet hätte.«

»Und was war das?«

»Papst Paul III. soll ihn gebeten haben, sich das Jüngste Gericht von Michelangelo anzuschauen, und er soll dem Papst seine Empörung darüber kundgetan haben. Er soll dem Papst erklärt haben, ein solches Bild mit so vielen nackten Figuren eigne sich eher für ein Badehaus, was so etwas wie ein Bordell war, oder eine Kneipe, aber nicht für die päpstliche Kapelle. Michelangelo ärgerte sich dermaßen, dass er den Zeremonienchef zum Minos machte, den Richter der Unterwelt, und ihn über den Türsturz malte. In Dantes *Göttlicher Komödie* trägt der Minos einen dreifachen Ring einer Schlange über der Brust, so stellt ihn Michelangelo dar, allerdings beißt diese Schlange Biagio da Cesena auf ewig ins Geschlecht. Der empörte Zeremonienchef soll beim Papst angesichts dieser Darstellung protestiert haben. Paul III. soll dazu den salomonischen Satz gesagt haben, dass, wenn Michelangelo ihn in das Fegefeuer gemalt hätte, der Papst durchaus etwas hätte tun können, aber in der Hölle habe er nun mal keine Macht.«

Provokation in der päpstlichen Kapelle

»Das Bild ist wirklich unglaublich«, sagte Leo plötzlich.

»Es hat viele Gründe, warum dieses Fresko so unfassbar auf uns wirkt. Einer ist ganz simpel: Michelangelo trickst die Perspektive aus. Uns müssten die Figuren immer kleiner vorkommen, desto höher sie auf dem Fresko zu sehen sind, weil die dann weiter weg sind vom Auge des Betrachters. Aber Michelangelo malt die Figuren größer, je weiter sie von uns weg sind. Deswegen wirkt das Getöse auf dem Fresko so lebendig. Außerdem wirkt das Bild wegen der teuren Farben, vor allem dem Lapislazuli-Blau. Es war fast unbezahlbar. Die Menge des Materials, die Michelangelo für dieses Fresko verwendete, dürfte es zu einem der teuersten aller Zeiten machen.«

»Es ist toll! Aber hat es keinen Ärger gegeben, dass sie fast alle nackt sind?«

»Doch, es hat Riesenärger gegeben. Aber was sollte Michelangelo denn machen? Wie würden wir denn auferstehen, wenn es eine Auferstehung gibt? In Jeans und Pulli? Michelangelo will zeigen, dass wir alle gleich sind, Könige und Päpste, Bettler und Diebe, im Augenblick des Jüngsten Gerichts, also nackt. Er bringt den Mut auf, den seine Nachfolger, die sich eine Generation später als viel moderner als Michelangelo betrachten, nicht mehr zutrauen. Als die Maler Giorgio Vasari und Federico Zuccari dreißig Jahre später die Kuppel des Doms von Florenz ausmalen, ebenfalls mit einem Jüngsten Gericht, werden sie alle Heiligen und Geretteten im Paradies bekleidet malen, nur die Verdammten in der Hölle wagen sie nackt zu zeigen.

Es gibt noch ein gutes Beispiel dafür, wie heftig der Streit um dieses Fresko und seine nackten Figuren war. Francesco Scannelli, einer der ersten Kunsthistoriker, schreibt in seinem Standardwerk *Microcosmo*, dass Leonardo da Vinci, einer der Götter der Malerei, das Werk von Michelangelo Buonarroti als plump und unverschämt verurteilt habe. Zu dem Zeitpunkt, als Michelangelo das Jüngste Gericht malte, war Leonardo aber schon seit Jahrzehnten tot. Er kann es gar nicht gesehen haben. Scannelli benutzte den Namen des großen Leonardo da Vinci nur, um auf Michelangelos monumentales Werk einzudreschen, offensichtlich spürte er einen geradezu grenzenlosen Groll gegen das Werk und seinen Meister. Vielleicht hat es nie eine größere Provokation gegeben als dieses Fresko hier. Hunderte nackter Körper in der Kapelle des Papstes. Engel ohne Flügel, Heilige, die nicht besonders glücklich wirken. Fast hätte Michelangelo das alles mit der Zerstörung seines Werkes bezahlt.«

»Wieso?«

»Es gab immer wieder Versuche, das skandalöse Bild zerstören zu lassen. Zum Schluss kam es zu einem Kompromiss. Auf dem Konzil von Trient wurde darüber beraten, wie mit skandalösen Darstellungen in Kirchen umzugehen sei. Im Fall des Jüngsten Gerichts wurde Daniele da Volterra, der Mitarbeiter von Michelangelo, beauftragt, die am meisten anzüglichen Stellen zu übermalen. Er zog den dargestellten Nackten Hosen an und bekam dafür den Spitznamen Unterhosenmaler. Insgesamt ließen die Päpste 36 Stellen übermalen.

Die in ihren Augen skandalöseste betraf die heilige Katharina von Alexandria. Auf der rechten Seite des Bildes siehst du eine Frau in einem auffälligen grünen Kleid, die sich bückt.

Hinter ihr steht ein Mann, der sich devot vor Christus verneigt. Dieser Teil des Freskos ist aus der Wand geschlagen worden. Auf dem originalen Fresko beugt sich die nackte, vollbusige Katharina von Alexandria nach vorn, während der Herr hinter ihr einen Blick auf die Schultern oder gar den nackten Po der Heiligen zu riskieren scheint. Das war dem Papst dann doch zu viel, und er ließ es vernichten und die Stelle übermalen. Bei der Restaurierung, die im Jahr 1994 abgeschlossen wurde, hat man nur diejenigen übermalten Stellen entfernt, die mit Temperafarbe aufgemalt wurden, die von Daniele da Volterra hat man belassen.«

»Ich hätte nie gedacht, dass ein Bild in einer Kapelle für einen solchen Aufstand sorgen kann.«

Nach einer Pause fragte Leo: »Weißt du, was das Fresko für mich ist?«

»Keine Ahnung.«

»Es erinnert mich daran, was für mich das Geheimnis der Welt ist.«

»Ich hätte nicht vermutet, dass du dir über das Geheimnis der Welt Gedanken machst.«

»Papa, ich weiß, dass du mich für unterbelichtet hältst, also nicht für die hellste Kerze auf der Torte.«

»Hör doch bitte damit auf, das stimmt einfach nicht. Lass uns nicht schon wieder streiten, sag mir also, was für dich das Geheimnis der Welt ist.«

»Du willst dich doch nur über mich lustig machen.«

»Nein. Das stimmt nicht.«

Leo schwieg eine Weile, dann sagte er:

»Ich finde, das Geheimnis dieser Welt ist das Gesetz der Beteiligung.«

»Was meinst du damit?«

»Wir kommen aus einem Dunkel, von dem wir nichts wissen; wir erinnern uns nicht daran, wo wir angefangen haben; wir wissen nur, dass irgendwer oder irgendwas uns beteiligt hat an der größten aller Fragen.«

»Welche Frage?«

»Wer uns geschaffen hat, baute das kolossale Spektakel der Galaxien vor uns auf und fragte uns: ›Was ist das?‹ Was oder wer immer es auch ist, es hat uns beteiligt, uns nicht außen vor gelassen; wir dürfen mitmachen am wichtigsten aller Spiele, dem Spiel, das da lautet: Wer bist du und was passiert, wenn deine Seele zerspringt, wenn du nicht mehr da bist? Irgendetwas oder irgendwer hat uns alle herbeigeholt, und wir wissen über ihn nur das: Er will, dass es uns gibt, und sehr wahrscheinlich will er, dass wir uns fragen, wer oder was er sein könnte. Und dieses Bild …«

»Was ist mit diesem Bild?«

»Es beteiligt uns an dem größten aller Spektakel: dem Jüngsten Gericht.«

»Vielleicht ist dies das zentrale Geheimnis der Sixtinischen Kapelle: dass es die Menschen seit Jahrhunderten provoziert, mit der Nacktheit der Figuren und der Frage danach, wie man sich Gott vorstellen kann. Ich fand es unverständlich, dass ausgerechnet einer der wichtigsten Kunsthistoriker aller Zeiten, der Schweizer Jacob Burckhardt, dessen 150 Jahre altes Werk über die Kultur der Renaissance noch heute zum Standard zählt, diese Fresken nicht verstanden hat. Er wird in der Schweiz verehrt, sein Porträt ist auf der höchsten Schweizer Banknote, dem 1000-Franken-Schein, zu sehen. Er beschimpfte Michelangelo als einen Mann, dem es um Effekthascherei gegangen sei. Er hielt ihn für einen minderwertigen Maler. Er schreibt, von all dem, was uns das Leben teuer mache, komme in seinen Werken wenig vor. Er belächelte die anatomische Genauigkeit Michelangelos, er fühlte sich durch die Darstellung der

›Muskeln und Sehnen‹ geradezu belästigt und erklärte, dass bestimmte ›Schultern und Hälse‹ der Figuren Michelangelos einfach ›monströs‹ seien. Goethe dagegen konnte seine Bewunderung für dieses Fresko ebenso kaum in Worte fassen wie Giorgio Vasari, der bei dem Versuch, dieses Fresko zu übertreffen, in der Kuppel des Doms von Florenz kläglich scheiterte.«

Plötzlich räusperte sich der Wachmann. Ich hatte ihn völlig vergessen. Er sah mit Wohlwollen zu uns und deutete auf die Tür.

»Es ist abgemacht, dass Sie die Borgia-Gemächer sehen können, wenn Sie es wollen.«

VATIKANISCHE MUSEEN

Borgia – ein Name wie Gift

Der Name schien Leo zu elektrisieren.

»Borgia! Wie cool! Sex and Crime. Super! Das sind die aus der TV-Serie und dem Computerspiel *Assassin's Creed Brotherhood*. Ich schätze mal, das ist die Hauptattraktion im Vatikan überhaupt. Kann man Bilder von dem Borgia-Papst sehen? Ich habe keine Ahnung, wie er ausgesehen hat.«

»Ja, kann man sehen«, sagte ich, leicht genervt, weil mein Sohn seine Bildung aus der Playstation bezog.

Der Wachmann ging vor uns her, die Treppen hinunter, dann durch die Sammlung der modernen Kunst in Richtung der Wohnung des vielleicht berühmtesten Mannes, der je im Vatikan gelebt hat.

Leo beachtete die modernen Kunstwerke auf unserem Weg kaum. Die Sammlung gehört zu den Niederlagen von Papst Paul VI., weil der sich eine historische Absage einhandelte. Jahrhundertelang waren die Päpste die wichtigsten Auftraggeber für Künstler auf der ganzen bekannten Welt gewesen, und dann bat Paul VI. einen der berühmtesten Maler des 20. Jahrhunderts, Pablo Picasso, dem Vatikan einige seiner Werke zu leihen. Picasso lehnte ab.

Wir stiegen jetzt Treppen hinauf, und Leo betrat auffallend vorsichtig und leise, als könnte er jemanden stören, das Appartement Alexanders VI.

Leo schwieg einen Augenblick. »Weißt du, ich kann mir viel besser vorstellen, dass Papst Alexander VI. hier gelebt hat, als dass Julius II. in den von Raffael ausgemalten Räumen arbeitete.«

»Wieso?«, fragte ich.

»Die Kamine, die Fußböden mit ihren Macken – als hätte Alexander die Wohnung gerade eben erst verlassen. Alles sieht echt aus, wie bei Schneewittchen, als sei die Zeit stehen geblieben.«

»Gut erkannt«, bestätigte ich. »Den Päpsten graute regelrecht vor diesen Räumen, und sie haben sie erst nach Jahrhunderten wieder aufschließen lassen. Deswegen sind die Fresken in diesen Räumen, die Pinturicchio gemalt hat, einzigartig. In der Renaissance kopierten die Maler eigentlich alle.«

»Die malten voneinander ab?«

»Genau, nur diese wurden nie kopiert, weil niemand hier in diese Räume kam. Alexander VI. starb am 18. August 1503 hier in diesem Appartement, aber erst im Jahr 1897, knapp vierhundert Jahre später, durfte zum ersten Mal Publikum diese Säle sehen.«

Papst Alexander VI. als frommer Beter, mit der dreifachen Krone der Päpste, der Tiara, neben sich.

»Echt? Die waren vierhundert Jahre abgeschlossen? Wie krass ist das denn? Wo ist er denn jetzt, der böse Borgia-Papst?«

Ich zog Leo in den Saal des Glaubensbekenntnisses.

»Da ist er«, zeigte ich ihm. »Neben dem offenen Grab, aus dem Christus wie ein Held siegreich aufersteht, kniet der Mann, um den sich hier alles dreht: Alexander VI. Er hat am Grab des Herrn die Tiara abgelegt, um zu beten.«

»Das ist also das Monster.«

»Ich weiß nicht, ob er ein Monster war, aber es gab zweifellos Menschen, die in ihm ein Monster gesehen haben. Entscheidend dazu beigetragen, dass Papst Alexander VI. als der unchristlichste aller Päpste in die Geschichte eingegangen ist, hat, außer dem Papst selbst, allerdings der Florentiner Geschichtsschreiber Francesco Guicciardini, ein Zeitgenosse des Papstes. Er war zwar noch ein Kind, als Alexander starb, aber zweifellos hatte er in seinem Leben die Möglichkeit, noch aus erster Hand Schilderungen vom Hof dieses Papstes in Erfahrung zu bringen.

Guicciardini beschreibt an einer berühmten Stelle den Tod des Borgia-Papstes auf äußerst drastische Weise: ›Ganz Rom lief mit unermesslicher Freude zum toten Körper von Alexander, sie konnten sich mit den Augen nicht sattsehen, diese Schlange tot zu sehen, die durch maßlosen Ehrgeiz, pestilenzialische Hinterhältigkeit, Beispiele entsetzlicher Grausamkeit, monströse Gier nach Sex, unglaublichen Geiz, der, ohne Unterschied zu machen, die geistlichen und die weltlichen Güter verkaufte, die ganze Welt vergiftete.‹«

»Die ganze Welt vergiftete? Wow, dieser…, wie heißt der noch?«

»Guicciardini.«

»Der muss auf diesen Papst ziemlich sauer gewesen sein.«

»Ja, allerdings war er Florentiner und ein Anhänger seiner Gegner, der Medici. Aber es war nicht Francesco Guicciardini allein. Auch der Straßburger Zeremonienchef des Papstes,

Johannes Burckard, trug dazu bei, den Ruf des Borgia-Papstes für Jahrhunderte zu ruinieren und den Gegnern der katholischen Kirche perfekte Munition zu liefern. Die Forschung hat unterdessen gezeigt, dass die Darstellungen von Burckard aus zweiter oder dritter Hand stammen und zumindest teilweise frei erfunden sein könnten. Da nur ein Bruchteil des Originaltextes noch existiert, lässt sich schwer rekonstruieren, was Burckard tatsächlich geschrieben hat. Aber kaum etwas schadete dem Andenken des Papstes mehr als die Geschichte des berühmten Kastanienbanketts.«

Orgien, Verwesung und Playstation

»Schieß los!«

»Laut Burckard soll dieses Bankett an einem Sonntag, am Abend des letzten Oktobertages im Jahr 1501, stattgefunden haben. Cesare Borgia soll seinen Vater Papst Alexander VI. und seine Schwester Lucrezia in seine Wohnung im Vatikan eingeladen haben. Dort sollen fünfzig Huren zunächst bekleidet, dann nackt getanzt haben, um anschließend auf dem Boden mit den Händen und Füßen Kastanien aufzusammeln. Danach soll eine Orgie begonnen haben. Überröcke, Barette und Schuhe seien als Preise verteilt worden für diejenigen, die am häufigsten im Saal den Akt mit den Dirnen vollziehen konnten. Die Geschichte dieser Orgie nutzten die Kirchengegner über Jahrhunderte, um die Verderbtheit der Kirche anzuprangern. Ob dieses Kastanienbankett je stattgefunden hat, konnte nie bewiesen werden.«

»Ich finde, es klingt nach einem wahren Kern.«

»Wieso meinst du?«

»Wenn er den Papst einfach nur in die Pfanne hauen wollte, hätte er einfach eine Orgie erfunden. Aber wieso erwähnt er das Detail der Kastanien? Im Oktober in Rom essen wir immer Kastanien.«

»Na ja, die Kastanien sollten die Erzählung vielleicht glaubhafter machen. Burckard ist, wie gesagt, nicht verlässlich, er soll übrigens auch wegen Urkundenfälschung aus Straßburg geflohen sein. Was allerdings glaubwürdig klingt, ist Burckards Darstellung der unrühmlichen Beisetzung von Papst Alexander VI. Die zementierte über die Generationen nochmals das Bild vom vollkommen verdorbenen Papst. Das hat vor allem mit dem noch heute in der katholischen Kirche verbreiteten Glauben zu tun, dass der Körper von Heiligen und von Menschen, die gottgefällig leben, durch die Verwesung auch über Jahrhunderte nicht entstellt wird. Stolz zeigt man noch heute im Petersdom die einbalsamierten und nur wenig verwesten Leichen von Papst Innozenz XI. und Papst Johannes XXIII. in Glassärgen. Die Leiche von Alexander VI. hingen verweste blitzartig und für die Zeitgenossen auf das Erschreckendste, was als Zeichen seiner maßlosen Sünden gedeutet wurde. Guicciardini beschreibt die Leiche als ›schwarz, aufgedunsen und hässlich‹.

In Burckards angeblichen Aufzeichnungen kann man nachlesen, dass Papst Alexander VI. am Samstag, dem 12. August 1503, Fieber bekam, das bis zu seinem Tod nicht mehr sinken sollte. Was den Tod wohl beschleunigte, war die damalige Praxis, Kranke zur Ader zu lassen. Am 15. August entnahmen ihm die Ärzte fünfzehn Unzen Blut. Am Freitag, dem 18. August, starb der Papst am Nachmittag, nachdem er an einer Messe teilgenommen und die letzte Ölung erhalten hatte. Was dann passierte, hat mit Frömmigkeit nichts mehr zu tun.«

»Nämlich?«

»Weil sein Sohn Cesare selber krank im Bett lag …«

»Der berühmte Cesare?«

»Ja, der Papst hatte reichlich Kinder, aber bekannt wurden vor allem Cesare und Lucrezia. Also, sein Sohn Cesare schickte seinen Vertrauten Michelotto mit ein paar Männern in diese Wohnung hier, und der drohte dem Kardinal Casanova, ihn aus dem Fenster zu werfen, weil er ihm nicht die Schlüssel zu den Schatztruhen des Papstes aushändigen wollte. Der entsetzte Kardinal gab den Männern von Cesare, was immer sie wollten, und die trugen alles Silber, das sie hier finden konnten, sowie zwei Gefäße mit jeweils 100 000 Dukaten aus dem Appartement. Ein guter Handwerker verdiente damals zwölf Dukaten, wohlgemerkt, pro Jahr. Laut Burckard hatten die Kirchenmänner am Hof des Papstes Angst davor, dass die Leiche geschändet werden könnte. So soll der Bischof von Sessa erklärt haben, dass es am ausgestellten Sarg des Papstes zu einem Skandal kommen könnte, falls ein Mann, der vom Papst verletzt worden sei, sich an der Leiche rächen wolle. Deshalb wurde der Sarg hinter einem Gitter aufgestellt, sodass Gläubige, die vom Papst Abschied nehmen wollten, nur mit einer Hand durch das Gitter den Sarg berühren konnten.

In der Hitze des Augusts verfiel die Leiche äußerst rasch. Burckard schreibt, dass er die Leiche des Papstes um acht Uhr am Tag des Begräbnisses gesehen und die Verwesung bereits eingesetzt habe. Das Gesicht des Papstes sei völlig schwarz gewesen, wie ein dunkles Tuch ›oder der schwärzeste Neger‹. Die Nase sei geschwollen gewesen, der Mund vergrößert, die Zunge um das Doppelte angeschwollen, sodass sie aus dem Mund ragte, der offen gestanden habe. ›Kurz gesagt, habe ich noch nie etwas so Schreckliches gesehen‹, berichtet Burckard.«

Ich ging mit Leo langsam in den Räumen auf und ab, als suchten wir die Gespenster der Menschen, die hier einmal gelebt hatten.

»Dann schildert er die unrühmliche Beerdigung. Er schreibt: ›Am Abend nach neun Uhr wurde der Sarg des Papstes in die Kapelle Santa Maria delle Febbri gebracht von sechs Lastenträgern, die ständig ihre Witze und Anspielungen über den Papst machten. Die beiden Zimmerleute hatten den Sarg zu schmal und zu kurz gemacht. Sie legten ihm die Mitra an die Seite, bedeckten ihn mit einem alten Teppich und halfen mit den Fäusten nach, damit er in den Sarg passte.‹«

»Mann, du schimpfst ständig über meine angeblich so brutalen Videospiele, aber so was Krasses, dass einer Leiche die Knochen gebrochen werden, damit sie in den Sarg passt, so etwas Derbes gibt es da nicht.«

»Aber das ist doch ganz was anderes, ob man Burckard liest oder ein blödes Videospiel guckt. Ein Buch beflügelt deine Vorstellung, und du fragst dich: Warum schreibt Burckard das? Hat er das gesehen, oder will er dem toten Papst aus anderen Gründen ein äußerst unrühmliches Ende andichten? Wenn man nur stumpfsinnig vor der Playstation sitzt, stellt man sich doch gar nichts vor.«

Ich wusste, dass ich einen Fehler machte, schon während ich den Satz aussprach. Ich machte ihn trotzdem. Es hatte mich geärgert, dass Leo auf gewisse Weise recht hatte: Die Darstellungen vom Tod des Papstes erinnerten tatsächlich an düstere Horrorszenarien wie in Computerspielen.

Statt einzulenken, kritisierte ich weiter: »Du konsumierst nur; aber du denkst nicht weiter, weil du so gut wie nichts liest.«

Auf meine gänzlich überflüssige Attacke, zu einem völlig ungeeigneten Zeitpunkt, reagierte Leo zunächst gelassen.

»Ja und? Junge Leute lesen eben nicht mehr, denn Lesen ist langweiliges Rezipieren. In einem Computerspiel steuere ich die Handlung, und bei *Assassin's Creed* bin ich Cesare Borgia, das ist doch viel kreativer.«

»Ich habe über diesen Mann gelesen, stell dir vor. In fünfhundert Jahre alten Büchern habe ich versucht, zu verstehen, wer dieser Mann war – und nicht in einem öden Videospiel.«

Warum machte ich das? Was sollte das jetzt? Ich hatte ihm oft genug unter die Nase gerieben, dass er fast nie Bücher las. Ich versuchte mir zu sagen: Du bist hier, um mit ihm zusammen ein Problem zu lösen, nicht, um ihn zu beleidigen.

Aber meine Einsicht kam zu spät. Leo war jetzt ebenfalls auf dem Kriegspfad.

»Weißt du, was?«, zürnte er. »Ich kann mir perfekt vorstellen, wie du deine Geschichten über Alexander VI. erzählst, wie du den schlauen Leuten den Vatikan zu Zeiten des Borgia-Papstes erklärst, aber das ist alles total überholt. Vielleicht fängst du das nächste Mal ganz anders an und sagst: Hey, kennt ihr das coole Videospiel, in dem Papst Alexander VI. vorkommt? Nicht? Dann erzähle ich euch jetzt, wie das Gameplay angelegt ist.«

»Die meisten Menschen lesen, denen muss ich nichts von einem Videospiel erzählen«, keilte ich zurück.

»Die meisten jungen Menschen sind aber nun mal ganz anders, als du denkst. Denn weißt du, was? Den meisten Menschen in meinem Alter ist Papst Alexander VI. schnurzegal. Denen ist auch der jetzige Papst, zu dem du immer rennst, egal. Die wissen nicht einmal, wozu ein Papst da ist. Das ist der Punkt, den du nicht kapierst.«

»Was willst du damit sagen?«, fauchte ich. »Dass es Ignoranten gibt? Idioten? Ja, gibt es. Aber darum geht es nicht. Wenn du nicht liest, dann wirst du weder diesen Palast noch diese Stadt verstehen, dann ist das alles hier völlig umsonst.«

»Das musst du mir heute wieder einmal unter die Nase reiben?«

Warum hielt ich jetzt nicht einfach den Mund?

»Jemand, der liest, der malt das, was er gelesen hat, mit seiner Phantasie aus. Aber du glotzt immer nur auf Bildschirme, auf dem Handy, dem Laptop, dem Tablet, der Playstation. Wer etwas liest, der bekommt Futter für seine Phantasie. Aber wenn man immer nur Bilder anschaut, dann macht man sich keine Vorstellungen mehr, dann verkleistert man sich den Kopf nur mit sinnloser Bilderflut.«

»Jetzt hör mir mal zu«, giftete Leo mich an, so laut, dass der Wachmann aufmerksam wurde. »Du liest also diese ganzen schlauen Bücher, und in deinem Kopf entsteht eine Vorstellung von Alexander VI. Ich spiele Videospiele mit Darstellungen von Papst Alexander VI., und dadurch entsteht auch bei mir eine Vorstellung von ihm, und die ist falsch, aber ich weiß, dass sie falsch ist. Er hat anders ausgesehen, als ihn mir mein Videospiel zeigt. Doch du mit deinen dicken Büchern hast auch nur eine Vorstellung von Alexander VI., eben deine eigene, und die ist auch falsch. Du kannst mit deiner Vorstellungskraft den echten Alexander VI. auch nicht wieder herbeizaubern.«

»Aber Bücher haben das ganze Wissen der Welt transportiert.«

Langsam geriet ich in die Defensive.

»Ja, früher. Jetzt macht das jede Site im Internet besser. Dass alles besser war, als die Menschen noch Bücher lasen, ist doch Schwachsinn. Bibliotheken waren im Vergleich zum Internet eine riesige Zeitverschwendung.«

»Ich glaube, dir zu helfen, ist Zeitverschwendung.«

»Kann ja sein. Aber deine Mönche im Mittelalter mussten in Wirklichkeit monatelang irgendwohin pilgern, weil sie irgendeinen ganz bestimmten Schinken abschreiben wollten. Die mussten lebensgefährliche Reisen unternehmen. Heute klickst du in deinem Wohnzimmer irgendein Archiv an, und du kannst, wenn du willst, aus Millionen zum Teil uralter Bücher auswählen und mit zwei weiteren Klicks auch gleich die Stelle finden, die du wirklich suchst.«

»Die Mönche im Mittelalter kannten Hunderte Bibelzitate auswendig.«

Diesen Schlagabtausch würde ich verlieren.

»Ja und? Sie konnten klassifizieren und einordnen. Ich habe einen Kumpel, der kann aus einem Fetzen der Verpackung eines Computergames unter Hunderten Titeln den richtigen erkennen, eben klassifizieren und einordnen.«

»Ihr ordnet nur Schwachsinn zu, wie es auch im Internet vor Schwachsinn wimmelt.«

»Das Internet hat doch deine blöden Bücher gerettet. Ihr habt jahrhundertelang die Bücher regelrecht zerlesen, seltenste Exemplare kaputt gemacht, weil jeder Idiot darin herumblättern konnte. Das Internet hat die Bücher digitalisiert, du kannst jahrtausendealte Texte online wie im Original lesen, ohne dass sie irgendeinen Schaden nehmen.«

Warum lenkte ich nicht endlich ein und sagte ihm die Wahrheit? Was hatte ich denn getan in den ersten Jahren in Rom? Vor dem Abendessen fuhr ich mit einem Kumpel in eine Spielhalle in der Nähe des Teatro Torre Argentina, wo wir tausend Lire in Automaten versenkten, die die Vor-Vorgänger der Computerspiele meines Sohnes waren, und wir starrten gebannt auf die Monitore, auf denen sich kaum etwas erkennen ließ.

»Eine Welt, in der kein Mensch mehr Bücher liest, wird furchtbar.«

»Und in deiner Welt der Bücher, wie war das da? War die Menschheit nach der Aufklärung pazifistisch, klug und weise? Konnten die Menschen, die Hitler gewählt haben, nicht lesen? Und sieh es doch mal so: Vielleicht würde ich ja mehr lesen, wenn du mich neugieriger gemacht hättest. Vielleicht bin ich nicht abgestumpft, sondern du bist einfach nicht in der Lage, mir spannende Dinge auch spannend zu erzählen.«

»Das bin ich durchaus«, schnauzte ich.

Leo grinste mich genüsslich an. »Na, dann leg mal noch mal los!«

Ich schwieg eine Weile und sah ihm zu, wie er nachdenklich

durch die Räume ging. Er hatte sich viel weniger aufgeregt als ich – und er hatte in vielerlei Hinsicht recht.

Schließlich lenkte ich innerlich ein und kehrte zum Borgia-Papst zurück.

Eine Liebe des anderen Borgia

»Alles begann damit, dass sein Onkel mütterlicherseits, Alonso de Borja, zum Papst gewählt wurde; er nahm den Namen Kalixt III. an. Der Papst aus Spanien holte seine Verwandten nach, unter ihnen auch Rodrigo de Borja – und veränderte mit dieser Entscheidung das Leben des erst 26-Jährigen für immer. Er ernannte ihn zum Kardinalsdiakon, obwohl er kein Priester war, und ein Jahr darauf zum Vizekanzler der Heiligen Römischen Kirche. Das war einer der mit Abstand begehrtesten Titel, den es überhaupt auf der Erde gab. Denn wer es schaffte, Vizekanzler zu werden, wurde dadurch gleichzeitig einer der reichsten Männer der Welt. Der Job war mit den Einkünften aus etwa dreißig Bistümern dotiert. Es war so, als wenn ein junger Mann von einem Tag auf den anderen Multimillionär geworden wäre.

Angesichts der späteren Exzesse ereignete sich im Leben von Rodrigo Borja, der den spanischen Namen in ›Borgia‹ italienisieren ließ, um diese Zeit etwas Erstaunliches. Er hatte ja bereits drei uneheliche Kinder von drei verschiedenen Frauen, was in Kirchenkreisen geduldet wurde. Er verliebte sich mit Anfang vierzig in die damals auch schon über dreißigjährige Vanozza de' Cattanei und führte mit ihr eine regelrechte Ehe, natürlich ohne den Segen der Kirche. Rodrigo Borgia hat diese Frau zweifellos geliebt, etwa zwanzig Jahre mit ihr zusammengelebt und sie bis zu ihrem Lebensende bestens versorgt.

Als Kardinal hatte er Vanozza in einem Haus untergebracht, das er leicht vom Vatikan aus erreichen konnte, dem Palazzo

Borgia, und er kam regelmäßig zum Essen mit seiner Frau und den vier gemeinsamen Kindern, die er mehr geliebt hat als alle anderen seiner Nachkommen. Teile des Palazzo stehen heute noch. Millionen Urlauber kommen an ihm vorbei zur Kirche San Pietro in Vincoli, um den Moses von Michelangelo zu bewundern, ohne zu ahnen, dass sie unter jenem Fenster vorbeigehen, hinter dem Borgia seine Familie versammelte.«

»Stopp«, sagte Leo. »Der Typ las morgens im Petersdom die Messe als Kardinal, und dann spazierte er durch Rom, um pünktlich zum Mittagessen bei seiner Familie zu sein?«

»Ja. Stimmt.«

Im Jahr 1475 brachte Vanozza den ersten Sohn zur Welt, Cesare Borgia. Bereits im Jahr danach wurde Juan geboren, vier Jahre später Lucrezia und im Jahr 1481 das vierte Kind Jofré. Was im Leben von Alexander VI. rätselhaft bleibt, ist seine eigenartige Treue zur Familie. Statt die Beziehung zu vertuschen, stand er zu seinen Kindern und zu seiner Frau. Dabei wurde diese Beziehung für ihn immer gefährlicher. Seitdem er im Jahr 1476 das angesehene Amt des Dekans der Kardinäle bekleidete, war Rodrigo Borgia das Oberhaupt der gesamten Kirche für den Fall, dass der Papst starb. Die ständigen Besuche bei seiner Familie mussten auffallen. Für seine Karriere wäre es förderlicher gewesen, Vanozza und die Kinder weit weg von Rom unterzubringen. Aber das tat er nicht.

Um ihre Ehre zu schützen, verheiratete er Vanozza de' Cattanei mit Vertrauten: erst mit einem der Angestellten des Kirchenstaates, Domenico d'Arignano, der aber fast ständig auf Reisen war und schließlich überraschend starb. Dann mit Giorgio di Croce, einem apostolischen Sekretär, der so gut wie nie in Rom weilte. Als Croce im Jahr 1486 starb, verheiratete er die mittlerweile 44-jährige Vanozza erneut, diesmal mit dem mittellosen Humanisten Carlo Canale. Kardinal Borgia verschaffte

Vanozza de' Cattanei, langjährige Lebensgefährtin des späteren Papstes Alexander VI. und Mutter seiner vier Kinder.

dem armen Ehegatten eine stattliche Mitgift und ein Amt in der Kurie.

Der Kardinal versorgte die langjährige Geliebte zwar vorbildlich, aber sie gehörte nie zu seinem Hofstaat. Ihre Kinder gingen im Vatikan ein und aus, trafen sich auch regelmäßig mit der Mutter, aber sie durfte nie in den Vatikan kommen. Das Ende der Beziehung nahm Vanozza offensichtlich ohne Groll hin, als sie ihre Position als Geliebte an jüngere Frauen abgeben musste. Der Ton blieb freundschaftlich zwischen dem Paar. Selbst als Papst versorgte Rodrigo Borgia seine Ex-Lebensgefährtin noch großzügig. Sie schaffte schließlich mit Hilfe des Papstes den eigentlich fast unmöglichen Aufstieg in den Adelsstand. Sie erhielt das Wappen der Borgia mit dem Stier und lebte wie eine reiche Frau; sie besaß drei Herbergen, mehrere Wohnhäuser und betätigte sich als eine Art Privatbankier. Sie starb im Alter von 76 Jahren 1518 in Rom, wurde mit allen Ehren bestattet; selbst Angehörige des Hofstaates von Papst Leo X. kamen zur Beerdigung. Sie wurde an der Seite ihres zweiten Mannes, Giorgio di Croce, in dessen Familienkapelle in der ehrwürdigen Kirche Santa Maria del Popolo beigesetzt. Vor ihrem Tod traf sie eine merkwürdige Anordnung: Sie verlangte, auf ihrem Grabstein müsse stehen, dass sie die Mutter der vier berühmtesten Kinder von Papst Alexander VI. sei. Ab diesem Tag, dem Begräbnis von Vanozza de' Cattanei, mussten die Päpste also damit leben, dass in ihrer Stadt an einem Grab in einer wichtigen Kirche gebetet werden kann, auf dem die Inschrift an die vier Kinder eines Papstes und deren Mutter erinnert.«

»Moment mal!«, unterbrach Leo. »Ich kenne die Kirche Santa Maria del Popolo, und eine solche Inschrift hätte mir eigentlich auffallen müssen.«

»Sie ist auch nicht mehr da. Es war nur eine Frage der Zeit, bis ein Papst diese Provokation nicht mehr ertragen würde. Papst Clemens VIII. ordnete 1594 schließlich an, ihr Grab abzutragen. Ihre Grabplatte warfen die Römer allerdings nicht weg, obwohl der Papst das gewollt hatte. Sie wurde als Erinnerung an diese Frau, die dem berüchtigten Borgia-Papst so viel bedeutet hatte, im Portikus der Kirche von San Marco in Rom eingemauert. Es ist eine meiner Lieblingsstellen in Rom.«

»Echt? Wieso?«

»Na, du weißt ja, wie das ist. Irgendwann ist man immer mal an der Piazza Venezia, dann gehe ich zu der Grabplatte und denke daran, dass kein Mensch den Namen dieser Frau kennt und dass sie dennoch einer der interessantesten Menschen ist, die es in Rom gegeben hat.«

»War diese Frau noch die Geliebte von Rodrigo Borgia, als er Papst wurde?«

»Nein, sie musste Platz machen für eine der berühmtesten Frauen, die als Geliebte eines Herrschers in der Geschichte Karriere machten: für Giulia Farnese.«

»War das Miss Super Sexy im Vatikan, der schärfste Body aller Zeiten im Kirchenstaat?«

»Vielleicht«, sagte ich.

Ohne Skrupel alle Register der Macht

»Rodrigo Borgia hatte seine Stellung als Vizekanzler der Kirche weitestgehend ausgenutzt, doch der große Sprung kam im Sommer 1492. Papst Innozenz VIII. starb im Juli. Kardinal Rodrigo Borgia wusste, dass seine Stunde jetzt kommen musste. Er war 61 Jahre alt, als das Konklave begann, ein weiteres würde er vielleicht nicht mehr erleben.

Wie schon während der ›Wahl‹ von Innozenz VIII. ging es auch während des Konklaves, das zur Wahl von Papst Alexander VI. führen würde, von Anfang an um großzügige ›Geschenke‹. Um die Stimmen der Kardinäle auf sich zu vereinigen, war Rodrigo Borgia bereit, Paläste zu verschenken und enorme Geldsummen zu zahlen. Im Konklave standen sich zwei mächtige Gegner gegenüber, Giuliano della Rovere und Ascanio Sforza, der Bruder des Herzogs von Mailand. Wie so oft in der Geschichte der Päpste legten sich die beiden Stars gegenseitig lahm, und Rodrigo Borgia wurde Papst – und verlieh unter dem Wappentier seiner Familie, dem Stier, dem Amt des Papstes eine neue Dimension.

Alexander VI. setzte sein Amt und auch die Schätze der Kirche rücksichtslos ein, um sein großes Ziel zu erreichen: ein eigenes Fürstentum der Familie Borgia. Er machte seinen Sohn Cesare zum Condottiere, dem Befehlsführenden General der Armee der Kirche, die aber keineswegs das Territorium der Kirche verteidigen sollte. Es war eine reine Angriffsarmee, die darauf aus war, den Borgias Land und reiche Städte zu verschaffen. Obwohl er mit seinen Kindern enorme Anstrengungen unternahm und bei den Beutezügen von Cesare Tausende Menschen sterben mussten, stand der Familienclan am Ende mit leeren Händen da.«

»Sagst du mir gerade, dass der Papst eine räuberische Armee ausschickte, die Menschen abschlachtete, damit er sich ein eigenes Fürstentum sichern konnte? Das ist ja wie bei *Game of Thrones*.«

»Es war wohl so. Cesare Borgia war über Jahre einer der gefürchtetsten Befehlshaber einer Armee in Italien. Komm, ich zeig ihn dir.«

Ich ging mit Leo in den sogenannten Sala dei Santi. »Da auf dem Thron sitzt der Mann, um den es geht, Cesare Borgia. Er ist dargestellt als König Maxentius, vor dem die heilige Katharina von Alexandria gerade die Überlegenheit des Christentums erklärt, was den Kaiser damals tief beeindruckt und sehr geärgert haben soll. Im Hintergrund siehst du auf dem Triumphbogen den Stier der Borgia. Ein Jahr nach seiner Wahl machte Papst Alexander seinen Sohn zum Kardinal und löst damit einen gewaltigen Skandal aus. Statt seinen Sohn wenigstens zu verstecken, wollte der Papst ihn vor allen Augen zu einem Kirchenfürsten machen. Das ging aus einem einfachen Grund nicht: Uneheliche Kinder durften keine Ämter in der Kirche bekleiden.

Deswegen ließ Alexander VI. seinen Sohn legitimieren, angeblich hatte ihn seine Geliebte Vanozza mit ihrem Scheinehemann Domenico d'Arignano gezeugt. Der Papst hätte es dabei belassen können, aber er bestand darauf, dass eine weitere geheime Bulle abgefasst wurde, die im Vatikan natürlich bekannt war. In dieser zweiten Bulle unterstrich der Papst, dass er selber der wirkliche Vater von Cesare war. Der Todfeind des Papstes, Kardinal Giuliano della Rovere, bekam einen seiner legendären Wutausbrüche, als er der feierlichen Zeremonie zur Vergabe der Kardinalswürde an Cesare Borgia beiwohnen sollte. Er weigerte sich, die liturgischen Handlungen zu vollziehen. Doch

Cesare Borgia auf dem Thron, vor ihm seine Schwester Lucrezia Borgia; das Fresko malte Pinturicchio. Auch die päpstliche Geisel, Prinz Cem mit Turban, ist zu sehen.

Papst Alexander VI. erkannte bald, dass er einen Fehler gemacht hatte, denn einen Kardinal konnte man nicht günstig im Familieninteresse verheiraten. Deswegen machte er die Ernennung zum Kardinal rückgängig, und Cesare wurde das Oberhaupt der päpstlichen Armee. Als Vorwand für die Angriffskriege der Borgia diente die Ausrede, angeblich abtrünnige Städte für die Kirche zurückerobern zu wollen. In Wahrheit sollte Cesare für die Familie Borgia ein großes Reich aufbauen, das in der Emilia-Romagna liegen und Städte wie Faenza, Rimini, aber auch Bologna umfassen sollte. Drei Angriffskriege führte Cesare und verbreitete in der Romagna Angst und Schrecken.«

»Was ich mich frage, ist: Wenn das bekannt war, gingen die frommen Leute dann immer noch in die Kirche, auch wenn sie den Papst für eine Art Teufel hielten?«

»Die einfachen Leute hatten keine Ahnung, was im Vatikan lief. Aber die gebildeten Menschen waren entsetzt, und du hast recht mit dem Teufel. In Rom hielt sich jahrhundertelang die Legende, dass Alexander VI. einen Pakt mit dem Teufel geschlossen habe. Der Teufel soll ihn zum Papst gemacht und ihm elf Jahre Regierungszeit gewährt haben, um im Gegenzug seine Seele zu bekommen. Im Augenblick des Todes soll der Teufel in Form eines gigantischen Pavians in das Sterbezimmer des Papstes gekommen sein. Ohne Alexander VI. hätte kurze Zeit später Martin Luther sicher nicht so überzeugend auf die verlotterten Päpste in Rom verweisen können.

Schließlich heißt es, dass Cesare im Auftrag des Vaters nicht nur mit äußerster Grausamkeit, sondern auch mit Hinterlist vorging. Nach der Eroberung der Stadt Faenza sicherte er dem Herrscher der Stadt, Astorre Manfredi, die Freiheit zu, ließ ihn aber doch verhaften und mit seinem Bruder Giovanni Evangelista in die Engelsburg bringen, ermorden und die Leichen in den Tiber werfen. In diesen Jahren trieben oft Leichen von Opfern der Familie Borgia im Tiber. Im Herbst 1502 kam es zu einem Aufstand in den eigenen Reihen gegen Cesare. Am Trasimenischen See trafen sich Opfer Cesares, darunter seine eigenen Feldherren, die ihn fürchteten. Sie schlossen eine Art Beistandspakt, schafften es jedoch nicht, eine gemeinsame Strategie aufzubauen, um Cesare zu schlagen. Die verräterischen Treffen kamen Cesare zu Ohren. Daraufhin lud er die Verschwörer nach Senigallia ein unter dem Vorwand, sich mit ihnen versöhnen zu wollen. Am 31. Dezember trafen die Gäste Cesares in der Adria-Stadt ein. Heikel war, dass zu den Widersachern auch Paolo und Francesco Orsini gehörten, die Brüder von Kardinal Giovanni Battista Orsini, dem Oberhaupt des Orsini-Clans. Bei diesem perfiden Verbrechen arbeiteten deshalb Vater und Sohn wohl perfekt Hand in Hand, zwei eiskalte Mörder. Cesare ließ noch in der Nacht zum 1. Januar zwei der Verschwörer erdrosseln, während die Orsini-Brüder festgenommen wurden. Gleichzeitig bat Papst Alexander Kardinal Orsini zur Audienz. Er wollte verhindern, dass der von dem Anschlag erfuhr.

Alexander VI. soll mit ihm Karten gespielt haben, bis alles vorbei war und der Kardinal nichts mehr tun konnte. Dann ließ der Papst auch ihn überwältigen und in die Engelsburg sperren, wo er im Februar desselben Jahres starb. Es gilt als sehr wahrscheinlich, dass entweder der Papst oder sein Sohn Cesare den Kardinal vergiften ließen.

Übrigens war ein Superstar der Renaissance gut mit Cesare Borgia bekannt, Leonardo da Vinci. Den Maler, dessen Skizzen heute Millionen wert sind, plagten damals Geldsorgen. Deswegen arbeitete er achtzehn Monate lang für den Kriegsherrn Cesare Borgia und fertigte für ihn Karten und Zeichnungen der Städte an, die Cesare zu überfallen gedachte. Leonardo da Vinci hatte kein Problem damit, für den Krieger zu arbeiten, der übrigens auch im Privaten ziemlich grausam gewesen sein muss.«

»Was meinst du damit? Er soll im Privaten grausam gewesen sein? Klingt spooky.«

»Cesare Borgia erkrankte sehr früh, etwa mit 25 Jahren, an Syphilis. Sein Gesicht soll durch die typischen Pusteln der Krankheit entstellt gewesen sein. Er wusste zweifellos, dass er an Syphilis litt, weil er durch besonders aufwendige Kleidung die Pusteln zu kaschieren versuchte. Dennoch hatte er sein Leben lang immer wieder Sex mit wechselnden Frauen, zeugte mindestens zehn Kinder. Er musste zahlreiche dieser Frauen angesteckt haben, ohne Gewissensbisse. Er machte allerdings einen schweren Fehler. In seinem Kalkül der Macht bedachte er einen Faktor nicht: dass sein Vater sterblich war. Als Alexander VI. im August 1503 starb und im November ausgerechnet der ärgste Feind der Borgias, Julius II., den Thron des Papstes bestieg, war Cesares Schicksal besiegelt. Er floh nach Spanien und starb bei einem Kampf im Dienst des Königs von Navarra.«

»Dann ist also dieses Monstrum auch endlich tot.«

»Ich weiß nicht, ob er ein Monster war. Zweifellos ein Mörder und rücksichtslos gegen Feinde vorgehender Verbrecher. Aber nie ist alles nur schwarz oder weiß. Eine Episode macht mich nachdenklich. Als Cesare Borgia Faenza eingenommen hatte, verhinderte er, dass seine Truppen die Stadt plünderten, was für einen Kriegsherrn ungewöhnlich war. Die Landsknechte erwarteten als Teil der Bezahlung die Schätze aus einer Plünderung und murrten, wenn sie ihnen nicht gewährt wurden; aber Cesare nahm das in Kauf. Die Bewohner der Stadt waren ihm noch Jahre später dafür dankbar.«

»Also hör mal«, widersprach Leo. »Nach dem ganzen Gemetzel eine Stadt verschont, das haut mich jetzt nicht gerade um.«

»Wahrscheinlich hast du recht«, sagte ich.

»Schau dir jetzt mal die Blondine auf dem Fresko an, die vor Cesare steht, das soll die Tochter des Papstes, Lucrezia, gewesen sein. Die beiden Geschwister erlebten hier in diesen Räumen einige der skandalösesten Wochen, die der Vatikan je gesehen hat.«

»Noch mehr Sex?«

»Nein, eher Crime, wenn du so willst. Hier in diesen Räumen versuchte im Sommer 1500 Lucrezia Borgia, ihren schwer verletzten Ehemann Alfonso von Aragon zu pflegen und vor dem Tod zu bewahren. Er war am 15. Juli gegen 23 Uhr von Profikillern überfallen worden, die versuchten, ihn mit Dolchstichen zu ermorden. Alfonso war überzeugt, dass sein Schwager Cesare Borgia oder der Papst selbst dahintersteckten. Er schickte deshalb die Ärzte, die ihm die Borgias schickten, immer wieder weg, aus Angst, vergiftet zu werden.

Was mag Lucrezia in diesen Wochen im Hochsommer des Jahres 1500 hier in diesen Zimmern gedacht haben? Sie hatte mit Alfonso ein Kind, Rodrigo, den späteren Herzog von Bisceglie. Es ist möglich, dass sie ihren Mann geliebt hat, dass sie ihn retten wollte, dass sie den Verdacht entsetzlich fand, ihr Bruder oder ihr Vater könnten ihren Mann und Vater ihres Sohnes umbringen wollen. Sie setzte alles daran, die Wunden ihres Mannes zu heilen, und es gelang ihr auch. Zeitzeugen erwähnen, dass im Laufe des Sommers das Fieber des Verwundeten sank und er wieder zu scherzen begann. Was dann genau geschah, ist bis heute ein Rätsel. Angeblich sah Alfonso von Aragon unten im Garten Cesare Borgia vorbeigehen. Dann nahm er eine Armbrust und schoss auf den Schwager, der daraufhin den Befehl gab, ihn zu töten.«

»Aus dieser Wohnung des Papstes hier wurde geschossen? Mit der Armbrust? Was für eine coole Geschichte. Stell dir vor, Franziskus würde heute mit einem Colt am Fenster erscheinen.«

»Damals ging es ziemlich hoch her. Nach dem Schuss, am

17. August, drangen Killer hier in diese Gemächer ein. Lucrezia konnte sie zunächst noch stoppen. Sie stellte sich den Mördern entgegen, die sich an ihrem Mann vergreifen wollten. Doch die Killer verwiesen darauf, dass sie Befehle hatten, und stellten Lucrezia eine Falle: Sie erklärten ihr, dass sich das Missverständnis leicht klären ließe; sie sollte nur zum Papst gehen, um das weitere Schicksal ihres Mannes richtigzustellen. Alexander könnte ja kaum den Tod seines Schwiegersohnes und des Vaters seines Enkels wollen. Was dann passierte, ist schwer verständlich. Lucrezia kam also in höchster Not zu ihrem Vater, der geschworen hatte, sie ein Leben lang zu beschützen, und im gleichen Augenblick, während sie zu ihm lief, gab er an die Männer in den Zimmern, die Lucrezia gerade verlassen hatte, den Befehl, ihren Mann zu erdrosseln. Als Lucrezia zurückkam, war ihr Mann nicht mehr da.

Wie kann ein Vater das je wieder reparieren? Auf den ersten Blick scheint es absolut sicher, dass Vater und Tochter danach nie wieder ein Vertrauensverhältnis haben würden. Dem war aber nicht so. Trotz allem hielten Tochter und Vater auch in Zukunft zusammen wie Pech und Schwefel. Lucrezia Borgia war die Einzige, die auch danach die Briefe des Papstes öffnen durfte, wenn er abwesend war. Wie sie diese Katastrophe verdaut hat, wird für immer ihr Geheimnis bleiben. Der Biograf Johannes Burckard schreibt süffisant, dass Alfonso ›sich weigerte, seinen Wunden zu erliegen, sodass er um vier Uhr nachmittags erdrosselt wurde‹.«

»Und was machte Lucrezia nach dem Mord an ihrem Mann?«

»Das ist ja das Unbegreifliche: Sie machte das Gleiche wie immer: dem Willen ihres Vaters und den Interessen der Familie dienen. Sie hatte sich von Anfang an nicht gesträubt, ein Instrument der Politik ihres Vaters zu sein. Sie stimmte der Ehe mit der Familie Sforza zu, die der Papst auflösen ließ, als sie ihm nicht mehr nutzte; sie sträubte sich auch nicht, als ihr Ex-Ehemann auf die demütigendste Weise aus der Ehe gedrängt wurde. Der Papst ließ konstruieren, dass Giovanni Sforza impotent gewesen sei, also nicht in der Lage, die Ehe zu vollziehen, was als Grund für eine Eheannullierung ausreichte. Auch die zweite Eheschließung mit Alfonso von Aragon akzeptierte Lucrezia, und auch die dritte Ehe mit Alfonso I. aus der Familie d'Este ging sie ein, ohne ihn je gesehen zu haben. Durch diese Ehe mit dem Haus d'Este hatte es die Familie Borgia endgültig geschafft. Cesare hatte schon eingeräumt, dass er es mit seiner Armee nicht erreichen würde, Ferrara zu nehmen, die uralte Familie genoss dort zu viel Unterstützung. Also blieb die ›Einnahme‹ durch Heirat.

Die Familie d'Este gehörte zu den angesehensten in ganz Italien. Die Herrscher über Ferrara empfanden die Hochzeit mit der Tochter eines Papstes, die zwangsläufig unehelich sein musste, als unter ihrem Stand und ließen sich dafür fürstlich bezahlen. Alexander VI. griff ungeniert in die Schatztruhen der Kirche, erließ dem Hause d'Este Abgaben, die sie an die Kirche hätten zahlen müssen, und übergab ihnen einen Teil vom Herrschaftsgebiet des Kirchenstaates. Das alles war natürlich illegal.

Lucrezia Borgia wurde in Ferrara verständlicherweise mit einer gewissen Skepsis aufgenommen, aber lebte sich dort dennoch gut ein. Sie schenkte dem dritten Ehemann acht Kinder und erwies sich als äußert gebildete, umsichtige Herrscherin. In ihrem Nachlass wurden Bücher der maßgeblichen Intellektuellen ihrer Zeit gefunden. Sie zog zahlreiche Künstler an ihren Hof. Aber sie war ihr Leben lang gegenüber dem Borgia-Clan absolut loyal; außerdem war sie eine gute Freundin der neuen Geliebten ihres Vaters.«

»Und wer, bitte, war das?«

»Papst Alexander VI. verliebte sich unsterblich in eine verheiratete Frau, die bereits erwähnte Giulia Farnese. Sie muss lange hier in diesen Zimmern gelebt haben. Vielleicht hat sie mit dem Papst die Konsequenzen für die Kirche nach der Entdeckung Amerikas besprochen. Sie war wahrscheinlich dabei, als der Papst Südamerika zwischen Spaniern und Portugiesen aufteilte. Sie würde es schaffen, ihren Bruder zum Papst zu machen. Und du hast als Kleinkind unter ihrem Fenster Sandburgen gebaut.«

»Wie bitte?«

»Wo haben wir früher im Sommer gern Urlaub gemacht?«

»Am Bolsena-See in Capodimonte.«

»Und was überragt den See?«

»Der Palazzo Farnese.«

»Genau.«

»Ach echt? Die Geliebte des Papstes stammt aus dieser Familie vom Bolsena-See?«

»Ja. Sie war die Tochter der Herrscherfamilie von Capodimonte.«

»Aber Capodimonte ist ein winziger Ort. Wie kann ein Mädchen aus einem solchen Kaff es schaffen, ihren Bruder zum Papst zu machen?«

»Ja, das ist das Seltsame an den adeligen Bauernfamilien bei Rom. Sie leben wie alle andern kleinen Landadeligen auch, aber sie haben das Privileg, es durch Heirat oder geschickte Schachzüge auf einen der mächtigsten Throne der Welt zu schaffen und statt über Anbauflächen am Bolsena-See über Weltpolitik zu entscheiden.«

»Und Giulia war absolut heiß?«

»Der Papst war ohne jeden Zweifel über beide Ohren in die 43 Jahre jüngere Frau verliebt. Als er sie kennenlernte, war er

Giulia Farnese – die Frau, deren Porträt auf dem Grab ihres Bruders Papst Pauls III. so sexy war, dass es ummantelt werden musste.

über sechzig Jahre alt, sie gerade achtzehn. Der Papst einigte sich mit der Mutter ihres Ehemannes, also Giulias Schwiegermutter. Sie stimmte der Beziehung zu, sofern ihr Sohn dadurch Privilegien im Vatikan bekommen würde.«

»Der Papst kauft sich die heiße Braut? Von der Schwiegermutter? Sag mal, lässt der Borgia-Papst gar nichts aus?«

»Oh, er ging noch weiter. Er vertraute der Schwiegermutter seine Kinder aus der Beziehung mit Vanozza an, deswegen wurden die Geliebte des Papstes Giulia und seine Tochter Lucrezia dicke Freundinnen.«

»Also, die Tochter bekommt mit, dass ihre Freundin zu dem alten Sack von ihrem Daddy ins Bett muss.«

»Ja. Die Tochter war nur sechs Jahre jünger als die Geliebte. Sie sollen sich also gut verstanden haben, und der Papst hat Giulia abgöttisch geliebt. Er kaufte sie für eine hohe Summe aus französischer Gefangenschaft frei, machte ihren Bruder zum

Die Decke des sogenannten Appartamento Borgia von Papst Alexander VI. mit der Darstellung des Stiers der Borgia und der Geschichte von Isis und Osiris durch Pinturicchio und seine Werkstatt.

Kardinal, der dann später Papst Paul III. werden würde. Sie soll ihrem Bruder übrigens ihr Bett geschenkt haben, als Erinnerung daran, dass ihre Liebeskünste an der Seite von Alexander VI. ihn schließlich zum Papst gemacht haben. Ach Mist.«

»Was denn?«, fragte Leo.

»Ich habe vergessen, sie dir im Petersdom zu zeigen. Am Grabmal ihres Bruders soll Giulia dargestellt sein.«

»Die heißeste Braut des Vatikans«, lachte Leo.

»Genau. Die Darstellung soll so heiß gewesen sein, dass sie mit einem Bleimantel verkleidet wurde. Junge Männer ließen bis ins 18. Jahrhundert gegen Trinkgelder den Bleimantel abschrauben. Dann wurde sie endgültig verhüllt.«

»Schade«, meinte Leo. »Aber hier in den Räumen ist von der Grausamkeit der Familie kaum etwas zu spüren. Die Themen der Fresken von Pinturicchio haben nicht das Geringste mit Brutalität zu tun.«

»Du hast recht, bis auf eine Ausnahme.«

Ich ging mit Leo in den Saal der Heiligen.

Ich zeigte zur Decke: »Siehst du das?«

»Die Geschichte eines Stiers.«

»Es ist die Geschichte von Isis und Osiris. Osiris wurde von seinem Bruder Seth getötet und die Leichenstücke über Ägypten verteilt; seine Schwester und Gattin Isis setzte den Leichnam wieder zusammen, und so erwachte Osiris für einen Augenblick zum Leben und zeugte seinen Sohn Horus. Osiris wird als Stier Apis dargestellt: Du kannst ihn auf dem Fresko sehen. Und oben unter der Decke sieht man auch den Stier, das Wappentier der Borgia, der uns zu sagen scheint: Wehe dem, der sich uns entgegenstellt.«

Wir schauten noch einmal in die leeren Räume. Der Wind klirrte an den Fenstern.

»Irgendwie gruselig«, sagte Leo leise. »Vielleicht spukt es hier.«

»Dann hatte ich wohl unrecht. Du kannst dir ja doch eine Menge ausmalen.«

Es war Zeit, mahnte der Wachmann und machte eine Geste, die bedeutete: Gehen wir!

Wir mussten jetzt die Treppen wieder hinaufsteigen bis zu jenen Räumen, die Papst Julius II. für sich schaffen ließ, um nicht im Schlafzimmer des verhassten Alexanders VI. nächtigen zu müssen.

Die Apokalypse des Raffael

Der Wachmann öffnete die Türen zu den Stanzen des Raffael, und kaum hatte er sie aufgeschoben und den Blick auf die Farben Raffaels freigegeben, sagte Leo: »Pass auf, Papa! Ich tu dir jetzt mal einen Gefallen und stell eine richtig dumme Frage.«

»Jetzt hör mit diesem Schwachsinn auf!«

Leo ließ sich nicht beirren. »Also: Hier die dumme Frage des Tages. Der Mann, der hier wohnte, Papst Julius II., hasste die Borgias, deshalb ließ er sich diese Räume ausbauen. Das verstehe ich. Was ich nicht verstehe, ist: Warum lässt er sie so bunt ausmalen? Das hier sind seine Arbeitszimmer. Wie kann man sich vor dieser kunterbunten Bilderflut auf irgendetwas anderes konzentrieren?«

»Es ist ein Code.«

»Ein was?« Leo war hellwach und hatte seine Streitlust augenscheinlich vergessen.

»Ein geheimer Code. Du musst diesen Code knacken. Das ist es, was Julius wollte.«

»Du meinst, in den Bildern ist etwas versteckt?«

»Ganz genau, etwas, das für den Betrachter bestimmt war.«

»Was bitte soll das denn sein, was für mich da versteckt wurde?«

»Nicht für dich. Du kannst diese Bilder nicht auf Anhieb verstehen, weil sie nicht für dich gemalt wurden. Der Papst, der hier lebte und arbeitete, hätte sich niemals vorstellen können, dass fünfhundert Jahre nach seinem Tod irgendwelche Besucher, nur weil sie eine Eintrittskarte gekauft haben, durch seine Gemächer latschen dürfen. Diese Bilder waren für ganz bestimmte Menschen gemalt worden, die etwas ganz Bestimmtes erfahren sollten. In diesen Bildern steckt ein Geheimnis. Nur weil man Bilder ansehen kann, weil sie sich den Augen unmittelbar erschließen, heißt das nicht, dass wir die Geschichte verstehen können, die sie erzählen.

Ein Buch, das in einer geheimnisvollen Sprache geschrieben wurde, gibt die Geschichte, die es enthält, nur zögernd preis, weil man erst die Buchstaben deuten und eine Sprache erlernen muss, um zu verstehen, was in dem Buch steht. Bilder sind dagegen scheinbar klar, und deswegen meinen wir, sie sofort zu verstehen. Weil wir das aber in Wirklichkeit nicht tun, gehen wir achtlos an ihnen vorbei. Man muss sie zum Sprechen bringen. Bilder, die für dich geschaffen wurden, Computergrafiken für Spiele, Actionfilme kannst du sofort verstehen, weil die Künstler, die sie kreiert haben, wollten, dass du die Geschichte, die sie erzählen, sofort begreifst.

Aber um diese Bilder zu verstehen, musst du dich erst verwandeln.«

»Jetzt sprichst du in Rätseln.«

Verborgene Botschaften

»Du musst dich in einen Gesandten, einen Botschafter, sagen wir, des Königreichs Frankreich vor fünfhundert Jahren verwandeln. Du musst hier in diesem Zimmer warten auf einen Mann, den du gefürchtet hättest, sehr sogar: Papst Julius II.«

»Wieso hätte ich vor Julius II. Angst haben sollen? Von einem Papst erwarte ich, dass er mich mit väterlicher Güte empfängt.«

Ich durchquerte mit Leo den Saal des Brandes im Borgo auf dem Weg zur Philosophenschule von Athen.

»Du hättest gewusst, dass Julius II. vor allem ein Kriegsherr ist, und du hättest die berühmteste aller Episoden über ihn gekannt: Im Dezember 1510 belagerten die Truppen der Liga von Cambrai, zu der auch die päpstlichen Truppen gehörten, die Stadt Mirandola. Das Ziel des Kriegszugs war aus heutiger Perspektive ebenso einfach wie schockierend. Papst Julius II. wollte der Seerepublik Venedig so viel Land wie nur möglich abnehmen. Dazu verbündete sich der Papst sogar mit Frankreich und Spanien. Aus seiner Sicht führte der Oberbefehlshaber der päpstlichen Truppen, sein Neffe Francesco Maria della Rovere, einen zu laschen Krieg gegen die Städte in Norditalien.

Dabei kann man nicht sagen, dass Francesco Maria della Rovere zimperlich gewesen wäre. Er tötete auf offener Straße einen Kardinal, Seine Eminenz Francesco Alidosi. Della Rovere warf dem Kardinal vor, an der Niederlage der päpstlichen Armee im Krieg gegen Bologna schuld zu sein. Für den Geschmack des Papstes war Francesco Maria della Rovere aber eindeutig nicht brutal genug. Der Papst übernahm daher selber das Kommando über die Belagerung der Stadt Mirandola.«

»Der Papst zog sich eine Rüstung an und führte Krieg? War ihm der Vatikan zu langweilig? Und du regst dich auf, weil ich im Computerspiel *Call of Duty* Soldaten umlege?«

»Leo, hör auf damit! Das war richtiger Krieg, nicht auf einem Bildschirm. Es war einfach nur entsetzlich. Hunger, Kälte, Tod. Verletzungen ohne Aussicht auf Heilung. Er erreichte am 8. Dezember 1510 die Truppen. Am 17. Dezember rasierte eine Kanonenkugel ›groß wie ein Kopf‹ die Küche des Pfarrheims der Kirche Santa Giustina weg. Dabei wurden vier Soldaten zum Teil lebensgefährlich verletzt. Der Papst, der in unmittelbarer Nähe schlief, überlebte wie durch ein Wunder unverletzt.«

»Jetzt kommst du wieder mit Wundern …«

»Ja, aber nicht, weil ich daran glaube, sondern weil der Papst daran glaubte: Julius II. musste gedacht haben, dass Gott selber ihm bei der Belagerung von Mirandola helfen wollte und die Kanonenkugel ablenkte. Denn der Papst weihte die Kanonenkugel dem Muttergottesheiligtum in Loreto, weil die Madonna ihm das Leben rettete. Sie ist heute noch in der Kirche zu sehen.«

»Die Kugel liegt da noch? Das ist cool. Da will ich mal hin.«

»Der Papst ließ ab dem 18. Januar 1511 in der klirrenden Kälte eines besonders kalten Winters die Stadt ununterbrochen bombardieren. Verzweifelt gaben die Bewohner von Mirandola auf und kapitulierten. Das Tor der Stadt war natürlich wie bei allen Belagerungen gesichert, und die Barrikaden dahinter mussten erst weggeräumt werden, damit die päpstlichen Truppen in die Stadt gelangen konnten. Das dauerte dem Papst zu lange, er soll am Abend gegen 22 Uhr mit seiner vergoldeten Rüstung auf Leitern der Belagerer über die Stadtmauern gestiegen sein. Insgesamt brachte der Angriff dem Papst etwa 26 000 Gulden, die

die rechtmäßigen Herrscher der Stadt an ihn zahlen mussten, damit er zurückgab, was ihnen gehörte.«

»Du hast recht. Ich hätte ihn gefürchtet.«

»Schon als Kardinal hat er Truppen befehligt. Im Jahr 1474 war er mit Truppen des Kirchenstaates nach Spoleto und Todi in Umbrien gezogen, um einen Aufstand niederzuschlagen, den die Familie Orsini angezettelt hatte. Ausgerechnet Giuliano della Rovere, ein Mann, der die Künste liebte und sie fördern würde wie kein Zweiter, erwies sich als geschickter und brutaler Heerführer, der keine Angst davor hatte, seine Soldaten zu opfern. Er würde von allen Seiten sein Leben lang dafür viel Anerkennung erfahren, weil das Talent eines erfolgreichen Kriegsherrn unter Kirchenmännern sehr selten war. Vermutlich hat ihm das so imponiert, dass er sich als Papst Julius nennen wird, nach einem der größten aller Heerführer der Geschichte, Julius Caesar.«

Visionen vom Sacco di Roma

Wir waren jetzt in dem Saal des Heliodor angekommen.

»Das Zweite, was du über ihn gewusst hättest, war seine Rastlosigkeit. Er hatte sehr lange, bis zum sechzigsten Lebensjahr, darauf gewartet, sich durch Intrigen in das Amt des Papstes wählen zu lassen. Er war vor seinem Vorgänger Alexander VI., den er hasste, geflohen, weil er zu Recht um sein Leben fürchtete. Als Alexander VI. endlich starb und nach einem kurzen Zwischenspiel – Pius III., der nur einen Monat als Papst regierte – della Rovere Papst wurde, schien in ihm etwas zu explodieren. Er wusste, dass er wenig Zeit haben würde, und begann deshalb alles auf einmal. Er würde in die Geschichte eingehen, weil er den Mut hatte, die alte ehrwürdige Peterskirche, die Kaiser Konstantin bauen ließ, zu ersetzen durch den neuen Petersdom. Er

Stanzen des Raffael: Begegnung Leos I. (der die Züge Leos X. trägt) mit Attila. Dieser weicht vor den Aposteln und dem Papst zurück. Das Fresko zeigt eine politische Botschaft für die Besucher in den päpstlichen Räumen: Hände weg von Italien.

legte den Grundstein. Er schmiedete Allianzen und führte erfolgreich Kriege. Er gab einige der wichtigsten Kunstwerke aller Zeiten in Auftrag, einen unvergleichlichen Schatz der Menschheit.

Er war ein gefährlicher und entscheidungsstarker Mann – und du, Botschafter, wartest auf ihn. Du weißt, wie angriffslustig er ist. Er lässt dich warten, und dann tust du, was er will: Du schaust dir die Fresken des Raffael auf den Wänden hier an, und was siehst du da?«

»Da ist ein Typ auf einem schwarzen Pferd mit einer Krone auf dem Kopf.«

»Richtig, das soll der Mann sein, der einmal das Entsetzen über die ganze bekannte Erde brachte: Attila, König der Hunnen.

Er kam aus dem Nichts und verwüstete Teile ganzer Kontinente. Er galt als das Böse an sich, ein ungebildeter Barbar. Noch im Zweiten Weltkrieg werden die US-Soldaten die Deutschen abwertend Hunnen nennen. Über ein Jahrtausend also währte der schlechte Ruf des Königs der Hunnen, der allerdings in einigen Quellen durchaus differenzierter dargestellt wird.«

»Und wer ist der Papst da auf dem Bild?«

»Das ist Papst Leo der Große, der hat tatsächlich Attila getroffen. Auf dem Bild sieht es so aus, als habe das Treffen in Rom stattgefunden, und in gewisser Weise stimmt das ja auch. Leo wollte Attila davon abhalten, Rom zu plündern, und zog ihm entgegen. Bei Mantua kam es zu einem Treffen. Was damals genau passiert ist, weiß niemand. Möglicherweise zahlte Leo eine hohe Summe an Attila, um ihn davon abzubringen, Rom zu überrennen. Vielleicht hatte Attila aber auch Angst vor dem Bannstrahl des Papstes. Denn Alarich I., Herrscher der Westgoten, war kurz nach deren Plünderung Roms verstorben, angeblich an einem Fluch des Papstes. Sicher ist in jedem Fall: Attila zog ab. Papst Leo hatte Rom gerettet.«

»Auf dem Bild sind zwei Typen mit Schwertern.«

»Um Attila in die Flucht zu schlagen, tauchten die Schutzpatrone von Rom, die Apostel Petrus und Paulus, am Himmel auf, bewaffnet mit Schwertern, was den Hunnenkönig vor Entsetzen zurückweichen ließ. Jetzt stell dir weiter vor, du wartest hier auf den Papst, den gefürchteten Julius II., und du schaust auf die Fresken, und du bist Botschafter Frankreichs, dein Land hat schon mehrfach Krieg gegen den Papst geführt und ist mehrfach in Italien einmarschiert. Was denkt du dann, wenn du auf diese Fresken schauen würdest?«

»Dass dieser Papst mir und meinem König sagen will: Lasst die Finger von Italien!«

»Haargenau, das sollte der Botschafter mitnehmen nach

Hause. Papst Julius würde bis ans Ende seines Lebens davon träumen, die fremden Mächte aus Italien zu vertreiben, aber ohne Erfolg. Das wird erst Giuseppe Garibaldi über dreihundert Jahre später gelingen.«

»Und dieser Papst auf dem Bild mit dem dicken Gesicht ist also Leo der Große?«

»Nein. Die Szene sollte darstellen, wie Papst Leo den großen Attila trifft. Aber als Raffael das Bild malte, lag sein großer Förderer Papst Julius II. gerade im Sterben. Raffael wollte warten, bis der Nachfolger gewählt wurde. Ihn wollte er dann porträtieren und auf dem Bild als Leo den Retter vor der Bedrohung durch Attila darstellen. Wenn du so willst, wollte er sich ein bisschen einschleimen bei seinem neuen Chef, dem neuen Papst. Er hatte dann Pech.«

»Wieso?«

»Links auf dem Bild siehst du zwei Kardinäle auf Pferden, die den Papst begleiten. Der ganz linke mit dem runden Gesicht ist Kardinal Giovanni de' Medici. Raffael hat ihn als Kardinal in die Begleitung des Papstes gemalt, weil er sehr einflussreich war. Aber Raffael konnte nicht ahnen, dass ausgerechnet dieser Kardinal Giovanni de' Medici zu Papst Leo X. gewählt werden würde. Er musste also dasselbe Gesicht zweimal auf das gleiche Fresko malen, einmal als Papst und einmal als Kardinal, was Giovanni de' Medici als Papst Leo X. aber ausgesprochen gut gefallen haben soll.«

Leo drehte sich um und schaute auf das Bild des Raubes des Heliodor.

»Und das da? Bin ich immer noch ein französischer Botschafter?«, fragte er.

»Ja, bist du, und ich muss sagen, manchmal, wenn ich hierherkomme, gruselt es mich ziemlich.«

»Wieso das denn?«

»Du hast das Bild gesehen, auf dem Petrus und Paulus dem Papst helfen, die Barbaren Attilas zu vertreiben. Auf dem Fresko an der Wand gegenüber findet etwas sehr Ähnliches statt. Der syrische Feldherr Heliodor bekommt im Alten Testament im Buch der Makkabäer den Auftrag, den Tempelschatz von Jerusalem zu rauben. Er dringt in den Tempel ein, will den Schatz plündern, als von Gott gesandte Geister auftauchen. Aus dem Himmel tobt ein Reiter in voller Rüstung heran, zusammen mit anderen Geistern, die Heliodor auspeitschen und so verhindern, dass der Schatz des Tempels gestohlen wird. Du siehst auf dem Bild links Papst Julius II. in seiner Sänfte. Einer der Sänftenträger ist Raffael, er hat hier ein Selbstporträt gemalt. Papst Julius schaut zu, wie der Reiter Gottes Heliodor angreift und den Schatz rettet.«

»Und was soll daran gruselig sein?«

»Schau mal, Julius II. lässt in diesem Zimmer zweimal das Gleiche malen: die Bedrohung durch einen Plünderungskrieg gegen die Kirche. Attila und Heliodor wollten das Gleiche: die Schatzkammer der Päpste, also Rom, plündern – und genau das geschah. Diese Fresken wurden zwischen 1511 und 1514 gemalt, und im Jahr 1527 trat die Katastrophe ein. Während des sogenannten Sacco di Roma, der Plünderung Roms, raubten monatelang etwa 26000 Soldaten, die auf keinen Befehl mehr hörten, die Stadt Rom aus. Eine solche Katastrophe ist einzigartig in der Geschichte.

Viele Städte sind geplündert worden, aber nie zuvor und nie danach marodierten so viele völlig unkontrollierte Soldaten so viele Monate in einer so reichen Stadt. Ich frage mich: Wieso will Julius II. diese Fresken in seinen Amtsräumen haben? Eine unmittelbare, katastrophale Bedrohung, wie die Bilder andeuten, gab es zu seinen Lebzeiten gar nicht. Im Gegenteil: Der Papst hatte durch militärische Erfolge den Kirchenstaat sehr gestärkt. Am 3. Februar 1513 ehrten ihn die Römer am ›Giovedi

Stanzen des Raffael: Die Vertreibung Heliodors. Eine besonders dramatische Szene der Bibel. Um die Plünderung des Tempels von Jerusalem durch den syrischen Feldherrn zu verhindern, schickt Gott einen Reiter und zwei Jünglinge mit Peitschen zur Rettung.

grasso‹, dem letzten Donnerstag vor der Fastenzeit im Karneval, mit einem Triumphzug als Befreier Italiens. Auf Karren wurden an der Spitze des Zuges den Römern Bilder der befreiten Städte präsentiert.

Eine solche Katastrophe, wie sie im Jahr 1527, also dreizehn Jahre nach Fertigstellung der Fresken, über Rom hereinbrechen würde, konnte zu seinen Lebzeiten niemand vorausahnen. Für Julius II. und seine Zeitgenossen war undenkbar, dass Rom eine solche Apokalypse bevorstehen könnte, von der die Stadt sich erst nach hundert Jahren erholen würde. Ahnen konnten weder der Papst noch Raffael die Plünderung Roms, denn zu ihren Lebzeiten gab es keinen Herrscher, der einen solchen Frevel zugelassen hätte. Selbst die erbittertsten Gegner von Papst Julius II.

hätten niemals erlaubt, dass Gold und Schätze der christlichen Kirchen Roms geplündert, Priester, Bischöfe und Kardinäle reihenweise gefoltert und ermordet wurden. Dass Christen so etwas in der Hauptstadt des Christentums anrichten könnten, überstieg das Vorstellungsvermögen der Zeitgenossen.«

Leo sah nachdenklich auf den vor Angst zurückweichenden Attila.

Keine himmlischen Heerscharen

»Okay, das habe ich kapiert, aber wenn es doch so unwahrscheinlich war, dass das je eintreten würde, wieso ist es dann eingetreten?«

»Der Papst, der die Plünderung Roms tatsächlich erlebte, war Clemens VII. Er schätzte die Lage katastrophal falsch ein. Er konnte sich offensichtlich nicht vorstellen, dass welche Armee auch immer über Rom, die Stadt des Stellvertreters Jesu Christi, die Hölle hereinbrechen lassen könnte. Sein diesbezüglich totales Versagen ist seltsam, weil Clemens VII. ein gewiefter Taktiker war, der mit Winkelzügen, die einem skrupellosen Machtpolitiker alle Ehre machen würden, die Macht für seine Familie Medici in Florenz zurückgewann. Aber die katastrophale Bedrohung Roms erkannte er nicht. Was hatte er erwartet? Dass tatsächlich die himmlischen Heerscharen auftauchten, um Rom zu retten? Sie sind nicht gekommen.«

»Schade eigentlich: Petrus mit dem Laserschwert, das hätte doch was. Aber wieso sind diese Truppen überhaupt in Italien?«

»Auslöser des Sacco di Roma war der Krieg zwischen dem französischen König Franz I. und dem römisch-deutschen Kaiser Karl V. in Norditalien. Karl V. stand mit dem Rücken zur Wand, die Osmanen griffen gerade seine Besitzungen auf dem Balkan erfolgreich an und rückten gegen Wien vor. In den Krieg gegen seine Feinde, die sich in der Liga von Cognac zusammengetan hatten, warf er Soldaten, die zum Teil aus dem Gebiet des heutigen Deutschland kamen. Dadurch wurde ausgerechnet König Karl V., der selber von Papst Clemens VII. zum Kaiser gekrönt worden war, zu einem der Hauptschuldigen an der Plünderung von Rom. Das ist ein tragischer Zufall in der Geschichte. Die Kaiser des Heiligen Römischen Reiches wird es noch drei Jahrhunderte geben, aber der letzte, der von einem Papst wirklich gekrönt wurde, war ausgerechnet dieser Karl V., der die größte Katastrophe seit der Antike über die Stadt Rom hereinbrechen ließ.

Karl V. räumte später ein, dass er die Armee, die für diese Apokalypse verantwortlich war, nicht im Zaum halten konnte. Die Landsknechte, stinksauer, weil sie keinen Sold erhalten hatten, handelten ohne Befehle und ohne einen Kommandanten. Wenn ihr Befehlshaber, Georg von Frundsberg, bei den Versuchen, sie zu beschwichtigen, nicht einen Schlaganfall erlitten hätte, wäre die Katastrophe vielleicht zu verhindern gewesen. Doch Frundsberg verließ die Landsknechte, um nach Deutschland zurückzureisen, in der Hoffnung auf Heilung, wo er aber kurz nach seiner Ankunft starb. Die Schuld Karls V. liegt darin, dass er versäumt hatte, die Landsknechte zu bezahlen und sie durch einen Kommandanten in Schach halten zu lassen.«

»Also 26000 Söldner haben keine Kohle bekommen, keinen Wein, keinen Sex, und jetzt marschieren die auf Rom zu. Der Papst hätte irgendetwas tun müssen.«

»Genau, aber Papst Clemens VII. rechnete wohl damit, dass seine Verbündeten gegen die nach Süden vordringenden Landsknechte vorgehen würden. Doch der Heerführer der Liga war Francesco Maria della Rovere. Der hasste Papst Clemens VII., was verständlich war. Papst Leo X. aus der Familie Medici hatte Francesco Maria della Rovere aus seinem Herzogtum Urbino vertrieben und exkommuniziert, einzig und allein, um das Herzogtum für die Familie Medici zu stehlen. Doch der päpstliche Raubzug ging schief, Francesco Maria della Rovere konnte das Herzogtum zurückerobern und wurde schließlich Befehlshaber des Medici-Papstes Clemens VII., den er natürlich schützen sollte. Doch warum sollte der von der Medici-Familie tief gedemütigte Francesco Maria della Rovere diesem Papst helfen, der zur Familie seiner Peiniger, den Medici, gehörte? Die Soldaten zogen immer weiter nach Süden, doch statt sie zu stoppen, vermied della Rovere jedes Gefecht, blieb stets schön auf Distanz. Selbst als die Soldaten begannen, den Sturm auf Rom vorzubereiten, tat er nichts. Wahrscheinlich, vermute ich, wollte er Rache, wollte den verhassten Medici-Papst untergehen sehen.

Und Rache sollte er bekommen. In Rom lebten vor der Plünderung nach der Volkszählung der Päpste 55 035 Einwohner. Nach Schätzungen kamen durch den Sacco di Roma etwa 20 000 von ihnen ums Leben.«

Zeitmaschine Vatikan

»Wow, was für ein Gemetzel. Hier in Rom? Ist das eine Art Horrorszenario?«

»In Europa verbreiteten sich unglaubliche Schreckensgeschichten über das, was während der Plünderung passiert sein soll. Viele der Landsknechte hatten in den beginnenden Religionskriegen auf der lutherischen Seite mitgekämpft und sahen im Papst eine Art Teufel. Ihrem Hass auf alles Katholische ließen sie in Rom freien Lauf. Sie sollen einen Priester getötet haben, der sich weigerte, einem Esel, den die Soldaten als Kardinal verkleidet hatten, die Kommunion zu geben. Väter sollen ihre Töchter erschlagen haben, um sie vor Vergewaltigungen zu bewahren. Nonnen sollen an Bordelle verkauft worden sein, Landsknechte mit dem Kopf des heiligen Andreas Fangen gespielt haben. Einen Kardinal soll man im Sarg in eine Kirche gebracht haben, man las ihm die Totenmesse und drohte, ihn lebendig zu begraben, wenn er nicht verriet, wo er seine Besitztümer versteckt hatte. Der Petersdom wurde als Pferdestall benutzt. In ganz Europa löste diese Plünderung Abscheu aus, selbst unter den Gegnern der Päpste. Landsknechte eine Stadt plündern zu lassen, vor allem, wenn man sie nicht bezahlen konnte, war durchaus üblich. Doch die Plünderungen waren in der Regel auf einige Stunden oder einen Tag begrenzt, damit die Landsknechte sich mit dem Nötigsten versorgen konnten. Aber die Verwüstung der Stadt Rom zog sich über Monate, bis zum Februar 1528, hin.«

»Okay, ich verstehe, du fragst dich, wieso Julius II. vor der größten Katastrophe in der Geschichte Roms ausgerechnet Bilder einer solchen Katastrophe malen ließ?«

»Genau.«

»Einfach Zufall. Oder aber …«, Leo grinste, »im Vatikan ist eine Zeitmaschine versteckt. Wieso haben die Schweizergardisten eigentlich die Soldaten nicht bekämpft?«

»Sie waren zu wenige. Julius II. holte als Erster die älteste Privatarmee der Welt, die Schweizergarde, nach Rom. Er brauchte sie nie, aber für seinen Nachfolger Clemens VII. ging es um Leben und Tod. Alle 147 Schweizergardisten, die versuchten, den Papst zu schützen, wurden ermordet. Der Papst selber rettete sich in den Geheimgang, den Passetto, der den Vatikan mit der Engelsburg verbindet, und floh mit 42 überlebenden Schweizergardisten in das kolossale Grabmal Hadrians, das zur Burg ausgebaut worden war. Nicht einmal zwanzig Jahre nachdem Raffael die Fresken in den Arbeitszimmern von Papst Julius II. fertiggestellt hatte, standen Landsknechte in diesen Räumen. Die Männer, deren Kommen die Fresken auf unerklärliche Weise angekündigt hatten, standen vor diesen Bildern. Sie hatten die Apokalypse wahr gemacht, die diese Bilder vorhergesagt hatten. Heute schätzt man, dass neunzig Prozent der Kunstschätze in Rom damals gestohlen oder zerstört wurden. Die Bevölkerung erduldete unfassbares Leid. Der Papst sah hilflos zu und muss sich in diesem Inferno gefragt haben, ob es einen christlichen Gott überhaupt gibt, und wenn ja, warum er den Untergang geschehen ließ.«

Antlitz einer neuen Zeit

Leo und ich gingen in den Saal der Unterschriften und schauten auf das Fresko der Philosophenschule.

»Das ist es also«, stellte Leo lakonisch fest. »Es gibt keinen Souvenirshop mit Postkarten, Handtaschen, Schals und Feuerzeugen, wo dieses Bild nicht zu sehen ist. Wieso eigentlich? Wieso ist dieses Bild so berühmt?«

»Um es zu verstehen, musst du dich wieder verwandeln.«

»Meinetwegen«, sagte er, »und wer bin ich jetzt?«

»Du bist ein Kardinal aus der Provinz, du stammst aus einer weit entfernt gelegenen Stadt, sagen wir, aus dem Norden Englands. Noch gibt es die anglikanische Kirche nicht, der Streit mit Heinrich VIII., der in der Abspaltung der Kirche von England endet, wird erst in ein paar Jahren geführt werden. Du bist also von weither gekommen und wartest jetzt im Arbeitszimmer des Papstes auf Julius II. und schaust dir das Fresko an. Was denkst du dann?«

»Keine Ahnung. Vielleicht denke ich: Ist ja ganz hübsch.«

»Aber nein, das denkst du nicht, du denkst etwas ganz anderes: Du bist außer dir vor Entsetzen. Der Papst, das Zentrum der Christenheit, hat sich einen Raum malen lassen, auf dem

Heiden zu sehen sind, jede Menge Heiden. Du wirst dich fragen: Ist der Papst verrückt geworden? Statt sich mit den Bildern von Heiligen, Kirchenlehrern, mit Darstellungen von Christus, Petrus und Paulus zu umgeben, lässt der Papst auf eine prächtige Wand Heiden malen, die nicht getauft sind, sich nicht zu Christus bekennen, die weder wussten, was die Kommunion noch was ein Bischof ist.

Dann kommt der Papst, Julius II. Er wird dich als Kardinal brüderlich empfangen, und dann wird er mit Heiterkeit dein Entsetzen über das Fresko bemerken. Was er dann tun wird, lässt dich sprachlos zurück. Das Bild gibt ihm die Gelegenheit, es dir zu erklären. Der Papst wird zunächst auf die beiden Männer in der Mitte deuten: Aristoteles, der sein wichtigstes Werk, die *Nikomachische Ethik*, unter dem Arm hält, und auf Platon, der sein Dialogwerk *Timaios* trägt. Dich als Kardinal wird erschüttern, dass der Papst allein den Namen Aristoteles in den Mund nimmt. Du bist ein Hinterwäldler, und dir ist suspekt, dass die Kirche auf die Lehren eines Heiden hören soll. Im Mittelalter wehrte sich die Kirche lange, die Bedeutung der antiken Philosophen zu erkennen. Seltsamerweise entdeckten die muslimischen Wissenschaftler sehr viel früher die bahnbrechende Bedeutung der Schriften des Aristoteles. Am bekanntesten dürfte der 1126 geborene Averroës (oder mit seinem arabischen Namen: Ibn Ruschd) sein, der fast alle bekannten Werke des griechischen Meisterdenkers und Lehrers von Alexander dem Großen ausgiebig kommentierte. Bei christlichen Scholastikern des Mittelalters wie dem Dominikaner Thomas von Aquin, auf den er großen Einfluss ausübte, nahm der Muslim einen nahezu ebenbürtigen Rang als »der Kommentator« neben Aristoteles ein, der damals schlichtweg als »der Philosoph« bezeichnet wurde. Es geht in der Kirche lange Zeit um den gleichen Streit, ob den Heiden, die keine Ahnung von der Lehre des Jesus von Nazareth hatten, überhaupt irgendeine Bedeutung zukommt.«

Stanzen des Raffael: Die Schule von Athen. Im Arbeitszimmer des Papstes zeigt ein großes Fresko gebildete Heiden mit philosophischer Vernunft. Ein Schock für viele Besucher und Ausdruck eines neuen Zeitalters: der Renaissance; im Detail ein Selbstporträt Raffaels (2. von rechts).

»Na gut. Ich bin also ein Kardinal aus der Provinz und kann es nicht fassen, diese Bilder zu sehen.«

»Ja, und dann erzählt dir Papst Julius II. etwas über den Streit zwischen Platon und Aristoteles, der im Zentrum des Freskos steht. Da ist der Theoretiker Platon, der den Staat und das ganze Leben in ein perfektes System nach dem Vorbild der Sterne umformen will, deswegen zeigt er auch zum Himmel. Aristoteles dagegen erklärt ihm gerade, dass alle Menschen nun einmal

nach persönlichem Glück streben und dass deswegen die ganz praktischen Zwänge auf der Erde eine große Rolle spielen, deswegen deutet er auch nach unten. Dieser Papst war ein Praktiker. Er wusste besser als viele seiner Vorgänger und Nachfolger, wie schwierig es ist, ein Ideal zu erreichen. Martin Luther nennt ihn einen ›Blutsäufer‹.

Doch Julius II. war kein einsamer vergeistigter Theologe, der an eine perfekte Welt glaubte, sondern er wusste, dass Ideale schwer erkämpft werden mussten. Sein ganzes Leben scheint diese Auseinandersetzung zwischen dem Theoretiker Platon und dem Praktiker Aristoteles zu beschreiben. Der Papst kam vielleicht ins Schwärmen über diese Auseinandersetzung, und du als Kardinal vom anderen Ende der Welt bist erstarrt vor Schreck, dass ausgerechnet das Oberhaupt der Christenheit voller Bewunderung über Heiden spricht.

Aber damit nicht genug. Der Papst wird jetzt erst langsam warm und erklärt dir das ganze Bild und sonnt sich natürlich auch in seiner eigenen Gelehrsamkeit. Eine Szene erschreckt dich ganz besonders: Auf der rechten Seite des Bildes bückt sich ein Mathematiker, es könnte Archimedes oder Euklid sein, über eine Schiefertafel. Raffael hat dem Mathematiker übrigens das Gesicht des ersten genialen Baumeisters von Sankt Peter, Donato Bramante, gegeben. Er bückt sich also über eine Schiefertafel, und vier Jungen schauen ihm zu, wie er etwas erklärt. Die Jungen scheinen die verschiedenen Phasen des Verstehens darzustellen. Der eine weiß gar nicht, was gemeint ist, zwei sind im Zweifel, und einer der Jungs scheint verstanden zu haben, was der heidnische Mathematiker meinte.«

»Warum sollte mich als Kardinal das denn entsetzen?«

»Es widerspricht allem, was du in deiner hinterwäldlerischen theologischen Fakultät gelernt hast. Da ging es nämlich nie um das Verstehen, sondern darum, fest und bedingungslos zu glauben. In deiner Welt ist es völlig egal, ob ein Student der Theologie die Gedankenkonstruktionen von Aristoteles begreift, er muss schlicht und einfach glauben, was die Kirche ihm vorschreibt, das reicht. Doch jetzt stehst du vor einem Papst, und er spricht nicht von Glauben, sondern von Verstehen. Das wirft dein ganzes Weltbild um.

Julius II. hingegen gefällt deine Einfalt; er weiß, die Kirche hat noch nicht verstanden, dass eine neue Zeit angebrochen ist. Deswegen zeigt er dir auch genüsslich dieses Werk, das Antlitz einer neuen Zeit. Hier fängt eine neue Epoche an. Hier kommen wir alle her. Wir werden anfangen, Fragen zu stellen und zu forschen, wir werden Medikamente entdecken und Seuchen wie die Pest und biblische Krankheiten wie Lepra besiegen, an denen die Menschen des Mittelalters elendig gestorben sind. Wir werden aufhören, die Errungenschaften der Antike als Teufelszeug anzusehen.«

»Moment mal«, widersprach Leo. »Ich glaube, dass du da doch verdammt optimistisch bist. Ich kenne jede Menge Leute, die haben keine Ahnung davon, dass sie mit diesem Fresko auch nur das Geringste zu tun haben. Die würden es für Schwachsinn halten, wenn du ihnen sagst, dass sie von da herkommen.«

»Glauben deine Kumpels bedingungslos alles, was der Lehrer ihnen sagt, oder stellen sie kritische Fragen?«

»Die meisten verpennen den Unterricht.«

»Okay, das meine ich nicht. Glaubst du oder glauben deine Kumpels einfach alles das, von dem man euch sagt, dass ihr es glauben sollt?«

»Natürlich nicht.«

»Sagen dir Pythagoras, Euklid, Diogenes und Sokrates etwas?«

»Ja, sicher.«

»Fändest du es gut, dass ihr in der Schule nichts von denen erfahren dürft, weil sie Heiden waren?«

»Das wäre totaler Blödsinn.«

»Siehst du. Deswegen sage ich, dass wir alle von da herkommen. Die Entdeckungen der Männer, die Zeus und Jupiter verehrten, gehören zum Kanon unserer Schulfächer. Wir wissen, dass das Gegenteil von dem richtig ist, was der heilige Bonaventura wollte, nämlich blind an die Lehre der Kirche zu glauben. Die Wiederentdeckung jener Heiden, die der heilige Bonaventura verdammt hatte, ermöglicht uns letztendlich, zum

Mond zu fliegen und Computer zu bauen. All das fängt genau hier an: mit diesem Fresko. Die Heiden auf diesem Fresko sollen eine revolutionäre Einsicht zum Ausdruck bringen: dass schon vor der Geburt des Jesus von Nazareth auf dieser Welt gelehrte Männer bahnbrechende Entdeckungen machten. Ihre Meisterleistungen zu ignorieren, nur weil sie den christlichen Gott noch nicht kannten, ist ein Fehler. Das ist die Botschaft dieses Bildes.

Revolution oder Wiedergeburt der Antike

Der heilige Bonaventura geht an dem Tag unter, an dem dieses Fresko fertig wird. Schau mal ganz nach links: Es gibt ein beeindruckendes Beispiel dafür, wie revolutionär dieses Bild ist. Mehr als eine ganze Generation später, um das Jahr 1550, schreibt Giorgio Vasari über dieses Fresko …«

»Wer war dieser Vasari noch mal?«, warf Leo ein.

»Giorgio Vasari, ein Maler aus Arezzo, schrieb die ersten Künstlerbiografien. Ihm haben wir eine Menge Wissen über die Geschichte der Kunst in Italien zu verdanken, aber er war auch ein ziemliches Lästermaul und nicht sonderlich präzise. Er setzte manche Maler einfach herab. Außerdem erfand er den Begriff ›Gotik‹. Er meinte das total abwertend, er meinte damit eine barbarische Kunst.«

»Und was hat Vasari über das Fresko geschrieben?«

»Dass Julius II. restlos begeistert war. Es gibt wahrscheinlich kein anderes Werk, das so absolut den neuen Geist der Wiedergeburt der Antike verkörpert wie dieses Bild, auf dem die antiken Philosophen wiedergeboren als Herren der Geisteswelt auftreten. Der Papst gefiel sich in der Rolle, Unterstützer und Anführer dieser neuen Zeit zu sein, was er auch zweifellos war. Dennoch scheint es bis heute unglaublich, dass noch vierzig

Jahre nach der Fertigstellung des Freskos selbst der aufgeklärte Giorgio Vasari sich nicht vorstellen konnte, dass ein Papst ein solches Fresko in sein Arbeitszimmer malen lassen könnte.

Er wagte nicht einmal, sich vorzustellen, was er da mit eigenen Augen sah, und machte deswegen einen Fehler: Er schrieb, auf dem Fresko sei zu sehen, dass die Theologen Philosophie und Astrologie mit der Theologie zu vereinigen suchten. Aber das ist Unsinn, das stimmt einfach nicht. Auf dem Bild gibt es überhaupt keine Theologen. Er glaubte, den Evangelisten Matthäus auf dem Fresko zu erkennen, der angeblich abschreibt, was ein Engel ihm vorhält. Dahinter säße ein weiterer Theologe, der von Matthäus abschreibe. Aber Raffael malte keinen Evangelisten, sondern einen Mann, der die Züge des Mathematikers Pythagoras trägt, hinter ihm sitzt Empedokles.

Dieses Fresko ist seiner Zeit so unendlich weit voraus, dass selbst ein halbes Jahrhundert danach hochgebildete Männer wie Vasari immer noch nicht wagten, den Gedanken zu denken, den dieses Bild erklärt. Vasari erfand einen christlichen Zusammenhang in dem Fresko und meinte einen Evangelisten zu sehen, der abschreibt, was ein Engel ihm hinhält. Tatsächlich kann man sehen, dass ein Engel eine Tafel hochhält, aber das sind keine frommen Sprüche, sondern Zahlen der Fibonacci-Folge und Symbole der Harmonielehre der Musik.«

»Und gibt es da nicht auch irgendwo ein Selbstporträt von Raffael?

»Ja, dort neben Bramante, der als Mathematiker auftaucht, erscheint Raffael, am rechten unteren Rand. Aber abgesehen davon, hat das Fresko auch ein echtes Geheimnis zu bieten.«

»Wieder ein Geheimnis? Geil! Welches denn?«

»Auf dem Entwurf, dem Karton des Freskos, fehlt der Mann im Vordergrund. Er soll den Philosophen Heraklit darstellen, aber er trägt die Gesichtszüge von Michelangelo Buonarroti. Fällt dir an der Darstellung etwas auf?«

»Na ja, er sitzt da nicht sonderlich gerade.«

»Genau, er reckt seine Stiefel ziemlich übertrieben in das Bild. Das ist entweder ein Zufall, einfach eine Laune von Raffael, oder aber es enthält eine böse Anspielung.«

»Wieso?«

»Damals kursierte die Geschichte über Michelangelo Buonarroti, dass er zwar wohlhabend, aber äußert ungepflegt, regelrecht schmutzig sei und noch nicht einmal seine Stiefel auszöge, wenn er sich ins Bett legte. Da die Straßen damals sehr schmutzig und voller Kot waren, bedeutete das eine üble Beleidigung. Angeblich kehrte Michelangelo, der sich von niemandem helfen ließ, immer so erschöpft von der Arbeit in der Sixtinischen Kapelle nach Haus zurück, dass er nicht einmal die mindesten hygienischen Anstrengungen unternahm. Möglicherweise malte Raffael deswegen die Stiefel so deutlich sichtbar in das Fresko, weil es die Beleidigung seines Rivalen Michelangelo enthielt. Warum Michelangelo auf dem Entwurf fehlt und später hinzugefügt wurde, ließ sich nie zweifelsfrei klären. Es hat aber zweifellos mit der Rivalität zwischen Michelangelo und Raffael zu tun.«

»Die mochten sich nicht?«

»Nein, sie waren Rivalen. Michelangelo, das eigenbrötlerische Genie, war völlig anders als der weltgewandte, gut aussehende, junge und von allen geschätzte Raffael. Michelangelo fürchtete, dass Raffael ihn ausspionierte und bei ihm Ideen stahl. Dafür gibt es auch durchaus Anzeichen. Zweifellos gab es Abneigungen. Michelangelo würde später einen Teil der neuen

Peterskirche abreißen lassen, den Raffael hatte errichten lassen. Möglicherweise weigerte sich Raffael, Michelangelo in sein Fresko der Philosophenschule von Athen aufzunehmen, möglicherweise machte der Papst Druck, dass das Genie auf dem Fresko abgebildet werden sollte. Geheimnisvoll ist, dass der Papst oder Raffael in dieser Figur des Michelangelo Buonarroti den Schlüssel des Freskos versteckt.«

»Ich verstehe kein Wort.«

»In der Renaissance spielten die vier Grundelemente eine große Rolle, Wasser, Feuer, Erde und Luft. Dieser Raum ist ausgerichtet nach den vier Grundelementen, und der Schlüssel zu dem Element Wasser steckt in der Figur des Michelangelo, denn er stellt Heraklit dar und dessen Prinzip ist: Alles fließt. Also steckt das Wasser in dieser nachträglich hinzugefügten Figur. Auf der gegenüberliegenden Seite das Feuer des Glaubens und auf den beiden Seitenwänden Luft und Erde. Der Mann, der auf der Treppe lungert, dort im Vordergrund, das ist übrigens Diogenes, der Alexander den Großen damit provoziert haben soll, dass er sagte: ›Geh mir aus der Sonne!‹ Der dort im grünen Mantel ist Sokrates, der wegen Gottlosigkeit hingerichtet wurde.«

»Ich würde gern etwas wissen. Also, ich bin ja der Kardinal, der von weither angereist ist, und ich bin ein bisschen beschränkt. Woher weiß der Papst überhaupt, dass es in seiner Kirche Geistliche gibt wie mich, die die neue Zeit nicht verstanden haben oder gar bekämpfen?«

»Schau mal auf die Wand gegenüber. Links unten siehst du etwas Einzigartiges: Auf dem Fresko öffnet Raffael den Himmel. Oben schaut Gottvater zusammen mit Christus nach unten, darunter thronen Heilige, Apostel und Evangelisten, auf der Erde streiten die Theologen, Kirchenlehrer und Päpste, was dem Fresko den Namen gab: Disput, Streitgespräch. Auf dem Altar

Stanzen des Raffael: Disput über das Sakrament. Die Feinheiten auf dem großen Fresko, das die Kirchenlehrer beim Debattieren zeigt, verraten viel über die Kirchenpolitik von Papst Julius II. Warum schauen die Mönche weg?

steht das Allerheiligste, die Monstranz. Und was tun die Mönche? Statt ergeben die Dreifaltigkeit anzubeten, vor der Monstranz auf die Knie zu fallen, schauen sie einfach weg.

Wieso malte Raffel das? Er hätte das sicher nicht getan, wenn er nicht gewusst hätte, dass er damit die Gedanken seines Chefs Papst Julius' II. wiedergab. Der musste offensichtlich gedacht haben, dass in seiner Kirche viel Borniertheit anzutreffen war. Dass es in den eigenen Reihen Gottesmänner gab, die den Kern des Glaubens nicht nur nicht begriffen, sondern sogar ablehnten. Die Botschaft an die Besucher in seinem Arbeitszimmer lautete auch: Ich bin weder naiv noch blauäugig, ich weiß, dass auch in meiner eigenen Kirche Leute sind, die dafür sorgen, dass vieles ganz und gar nicht stimmt.«

»War Julius II. ein lebenslustiger Typ?«

»Kann man wohl sagen: Julius II. hatte drei uneheliche Töchter, jede Menge Geliebte, auch als Kardinal. Mit der Kirche des Mittelalters wollte Julius jedenfalls nichts mehr zu tun haben, das zeigt auch ein wichtiges Detail des Bildes: Wenn du in den Himmel schaust, siehst du einen Juden, König David, im Paradies ganz nah bei Gottvater. Das war revolutionär, wenn du bedenkst, dass Antijudaismus in der Kirche damals sehr verbreitet war und dass ein halbes Jahrhundert später Papst Paul IV. mit der Bulle *Cum nimis absurdum* den Juden im Kirchenstaat verbieten wird, als geachtete Nachbarn neben Christen zu leben. Er richtete das römische Ghetto ein, in das alle Juden ziehen mussten und in dem sie nachts eingesperrt wurden.

Aber es gibt noch ein weiteres Geheimnis im Bild, das sehr viel über Papst Julius II. verrät. Links ist mit einer grünen Kappe ein wenig versteckt Fra Savonarola abgebildet, was im Grunde eine Sensation ist. Denn ein Papst hatte diesen Prediger exkommuniziert als Häretiker, Schismatiker und Verächter des Heiligen Stuhls. Dieser Papst war der von Julius II. gehasste Vorgänger Alexander VI., aber selbst wenn er ihn hasste, er war immerhin ein Papst gewesen, und Savonarola war verbrannt worden. Doch auch ihn, der Florenz von allem Luxus reinigen wollte, lässt Julius II. ganz nahe an das geöffnete Paradies malen. Natürlich durfte auf dem Fresko der Auftraggeber nicht fehlen; Raffael stellte Julius II. als den Kirchenvater Gregor den Großen dar. Noch einen seltsamen Zufall gibt es in diesem Raum.«

Ich deutete auf die Wand gegenüber dem Fenster.

»Ist das wieder Papst Julius II.?«, spekulierte Leo.

»Ja, er wollte als ein Beter dargestellt werden in einem der magischsten Momente der Geschichte der Kirche.«

»Und was ist da passiert?«

»Im Sommer des Jahres 1263 kam ein Priester aus Böhmen, der Petrus aus Prag geheißen haben soll, nach Rom, weil er ein Glaubensproblem hatte. Es gelang ihm nicht, an die Realpräsenz von Christus in der geweihten Hostie zu glauben.«

»An die was?«

»An die Realpräsenz. Es gibt in der katholischen Kirche einen sehr langen Streit darüber, was eine geweihte Hostie eigentlich ist. Angefangen hat alles mit einer berühmten Bibelstelle. Im Johannes-Evangelium, sechstes Kapitel, Vers 54, sagt Jesus: ›Wer mein Fleisch isst und mein Blut trinkt, hat das ewige Leben, und ich werde ihn am Jüngsten Tag von den Toten auferwecken.‹«

Triumphierend stellte Leo klar: »Das nächste Mal reib ich dir genau das unter die Nase. Alles das, was bei *The Walking Dead* passiert, ist echt gruselig, stimmt, Zombies ohne Ende. Aber dass einer das Fleisch von einem anderen isst und das Blut trinkt, so abgefahren sind nicht mal die bei *The Walking Dead*.«

»Okay, es klingt gruselig. Für die Kirche ist es natürlich wahnsinnig wichtig, zu verstehen, was Jesus gemeint hat mit ›wer mein Fleisch isst und mein Blut trinkt‹, denn nur so bekommt man das ewige Leben. Im Grunde gibt es zwei verschiedene Meinungen. Die eine ist, dass die geweihte Hostie symbolisch Fleisch und Blut Christi darstellt und wer sie isst, das ewige Leben bekommt, die andere ist, dass diese Hostie im Augenblick der Wandlung aufhört, ein Stück Brot zu sein, und tatsächlich das Fleisch und Blut von Christus wird.«

»Wie soll das denn funktionieren? Eine Art Zaubertrick?«

»Nun ja, die Theologen wären nicht entzückt über diese Formulierung, aber im Grunde hast du recht. Die katholische Kirche glaubt an die sogenannte Transsubstantiationslehre, was bedeutet, dass sich im Augenblick der Wandlung während der Messe Brot und Wein dauerhaft in Fleisch und Blut von Christus verwandeln. Äußerlich bleiben sie dabei Brot und Wein, aber in der Wandlung ›bemächtigt sich Gott der Substanz‹, so schreibt das Joseph Ratzinger. Die katholischen Theologen stellten sich das im Mittelalter so vor: Alle Dinge haben eine sichtbare, offensichtliche Seite und eine unsichtbare. Brot, das man in die Hand nimmt oder isst, nimmt man eben wahr als Brot. Es ist sichtbar, aber Brot ist eben auch eine Substanz, eine Idee von Brot, wenn man so will. Ein Mann, der einen Apfel in der Hand hält, aber an ein Brot denkt, ist dem Brot auf gewisse Weise näher als dem Apfel, den er in der Hand hält. Die Substanz des Brotes und des Weines verwandelt sich also nach dem Glauben der katholischen Kirche während der Wandlung in seiner Substanz in Fleisch und Blut Christi, obwohl auf dem Altar weiterhin Brot und Wein stehen.«

»Weißt du was, sorry, aber entweder ist das der totale Schwachsinn, oder ich bin zu blöd.«

»Einige Priester und auch ein gewisser Petrus aus Prag glaubten nicht wirklich an die Lehre der Transsubstantiation. Deswegen pilgerte er damals nach Rom, um seinen Unglauben zu überwinden. Er betete am Petrusgrab, aber der Zweifel blieb ihm. Dann reiste er zurück nach Norden, über die Via Cassia, die seit zweitausend Jahren am Bolsena-See vorbeiführt. Dort in dem Fischerdorf Bolsena feierte er eine heilige Messe, und es geschah etwas Unfassbares. Die Hostie begann nach der Wandlung zu bluten, aus dem Brot tropfte rotes Blut auf das Corporale, das Tuch auf dem Altar. Der Priester erlitt in diesem Augenblick einen regelrechten Schock, raffte die blutende Hostie und das Corporale zusammen und lief in die Sakristei. Auf dem Weg in die Sakristei fielen Blutstropfen aus der Hostie auf den Kirchenboden, sie brannten sich auf rätselhafte Weise in den Stein. Außer sich reiste Petrus aus Prag in das nahe gelegene Orvieto, wo sich gerade Papst Urban IV. aufhielt. Der Papst ließ durch einen Bischof das Wunder untersuchen und kam zu dem Schluss, dass es sich tatsächlich um ein übersinnliches Ereignis handeln musste und dass Gott selber beschlossen hatte, den ungläubigen Priester mit Hilfe der blutenden Hostie davon zu überzeugen, dass Christus tatsächlich mit seinem Blut und seinem Fleisch in der Hostie präsent ist. Denn nur so können die Gläubigen voller Hoffnung auf ewiges Leben in die Kirchen strömen, denn laut Bibel müssen sie dazu ›das Fleisch Christi essen und sein Blut trinken‹. Der Papst legte fest, dass die Kirche dieses Wunder der Präsenz Christi in der Hostie feiern soll, am Festtag Corpus Domini. Wir nennen es das Fronleichnamsfest. Zunächst war es auf den Tag festgelegt, an dem das Blutwunder geschehen sein soll, am 11. August, dann wurde das Fest auf den Donnerstag nach dem ersten Sonntag nach Pfingsten, also sechzig Tage nach Ostern, festgelegt. Bis heute ist das eine spannende Frage.«

»Wieso?«

»Es gibt moderne Experimente, die versuchen zu beweisen, dass ein Bakterium, das Serratia marcescens, für das vermeintliche Wunder verantwortlich ist. Angeblich war Papst Urban IV. stark daran interessiert, den Zweiflern in der Kirche irgendetwas zu präsentieren, das die Realpräsenz Gottes in der Hostie belegen sollte. In der Hitze des Sommers sollen sich auf den Hostien in Bolsena diese Bakterien gebildet haben, die sie blutrot färbten.«

»Und stimmt das?«

»Es ist möglich, aber bis heute ist es ein Geheimnis. Mehrfach haben hohe Kirchenmänner eine Untersuchung des Tuches gefordert, auf welches das Blut aus der Hostie getropft sein soll. Im Jahr 1978 war sogar der Bischof von Orvieto so weit, dass er eine wissenschaftliche Untersuchung forderte. Er wollte untersuchen lassen, was im Jahr 1263 wirklich passiert ist.«

»Und was war das für eine Substanz? Ist es Blut? Stammt es von der Bakterie? Hat irgendjemand Farbe aufgetragen? Und wieso verblasst der rote Farbklecks eigentlich nicht?«

Stanzen des Raffael: Die Messe von Bolsena. Papst Julius II. als frommer Beter vor dem Wunder, das sich lange vor seiner Geburt ereignete. Das Fronleichnamsfest geht auf den Tag zurück, an dem Blut aus einer Hostie am See von Bolsena getropft sein soll.

»Tut mir leid«, sagte ich. »Aber das Domkapitel verbot eine Untersuchung. Die Gläubigen können das seltsame Tuch zwar sehen, aber sein Geheimnis gibt die Kirche nicht preis. Es bleibt ein Rätsel, wieso Papst Julius II. sich als Beter vor dem Wunder von Bolsena abbilden ließ, als hätte er seinen Zeitgenossen verraten wollen: Das hier, der Streit um die Natur der Hostie, wird in wenigen Jahren die Kirchen in Europa für immer spalten.

Nur wenige Jahre nachdem dieses Fresko gemalt wurde, verändert Martin Luther die Geschichte der Kirche für immer. Für ihn und seine Nachfolger ist die Ablehnung der Haltung der katholischen Kirche in der Frage der Präsenz Gottes ein entscheidender Punkt. Ein paar Jahre nach der Fertigstellung dieses Freskos schlug Martin Luther seine Thesen an die Kirche zu Wittenberg. Der Papst, der für das Desaster verantwortlich war, das der Verkauf von Ablassbriefen auslöste, würde in wenigen Jahren auf der Wand neben dem Fresko zu sehen sein, wie schon gesagt, gleich zweimal: Giovanni de' Medici, Papst Leo X. Er verstand nicht einmal im Ansatz, dass er die Anliegen Luthers katastrophal unterschätzte. Wie eine Ankündigung für das, was kommen würde, das Ringen um die Frage, was die Hostie ist, ließ sich Julius II. als frommer Beter abbilden, der die Präsenz Christi in der Hostie nicht in Zweifel zog. Aber konnte er voraussehen, was da kommen würde? Wohl kaum.«

Die Schenkung des Konstantin

»Komm!«, sagte ich zu Leo und zog ihn in den nächsten Raum, »jetzt wird es für die Päpste richtig peinlich.«

»Peinlich war es doch schon häufig mit dieser Kirche.«

»Es geht um sehr viel. Kennst du irgendetwas, irgendein Ereignis, in dem es um absolut alles geht?«

»Klar«, meinte Leo, »in alten James-Bond-Filmen, da geht es um alles. Bond muss nicht nur irgendwen oder irgendein Land, er muss die ganze verdammte Welt retten.«

»Um die ganze Welt, darum geht es auch hier. Die Päpste wollten sich nicht damit zufriedengeben, dass sie über die Seelen der Gläubigen herrschten, ihnen den Weg in den Himmel wiesen oder versperrten, es ging ihnen um die absolute Macht über die ganze Welt. Und diesen Anspruch verschafften sie sich durch eine Fälschung. Und auch nachdem das bekannt geworden war, zeigte die Kirche keine Reue, sondern beging die Sünde immer wieder, jahrhundertelang aufs Neue.«

»Welche Sünde denn nun?«

»Irgendwann vor dem Jahr 850 fragten sich die Päpste, wie sie auch an ein großes Reich auf Erden kommen könnten. Das widerspricht zwar eigentlich der Bibel, denn Christus lässt keinen Zweifel daran, dass sein Reich nicht von dieser Welt ist, aber die Päpste wollten nicht mehr Spielball der Mächtigen sein, sondern selber wie ein Kaiser herrschen. So kam einer von ihnen auf die recht simple Idee, sich gleich die Welt schenken zu lassen – und zwar von einem der letzten Herrscher, der die ganze Welt besessen hat: Konstantin, dem nachweislich ersten christlichen Kaiser des antiken römischen Weltreiches.

Die Geschichte geht so: Kaiser Konstantin erkrankte an Aussatz, einer ebenso gefürchteten wie weit verbreiteten Krankheit. Er suchte verzweifelt nach Heilung. Die heidnischen Priester des Kapitols in Rom rieten ihm, im Blute unschuldiger Kinder zu baden. Alles wurde dafür vorbereitet, massenhaft sollten Babys abgeschlachtet werden. Doch der Kaiser blies das geplante Gemetzel ab. Da erschienen ihm im Traum Petrus und Paulus und rieten ihm, bei Papst Silvester I. um Rettung zu flehen. Dieser Papst hatte sich vor der Christenverfolgung auf dem Berg Soracte (heute Soratte bei Civita Castellana) versteckt. Konstantin fand den Papst und bat ihn um Hilfe; Silvester I. erklärte ihm, dass er durch die Taufe geheilt werden könnte. Genau das passierte. Papst Silvester taufte den Kaiser, und … schwupps: Der Aussatz war verschwunden. Kaiser Konstantin, überglücklich über die Heilung, traf eine radikale Entscheidung: Er wollte sich dem Papst unterwerfen. Wenn ein Herrscher damals zeigen wollte, dass er sich einem anderen unterwerfen wollte, dann nutzte er dazu ein einfaches Zeichen. Er führte das Pferd dessen, dem er sich unterwerfen wollte, am Zügel.

Heute kann man diese Geste der Unterwerfung nur schwer verstehen, weil die Straßen nicht mehr voller Kot sind. Das war aber im Mittelalter anders. Das bedeutete, der Kaiser stapfte durch den Kot, während der Papst elegant auf dem Pferd

Stanzen des Raffael: Die Taufe Konstantins. Geschichtsfälschung als Fresko – in Wahrheit ließ der römische Kaiser sich nicht durch Papst Silvester (hier mit den Zügen von Clemens VII.), sondern erst auf dem Sterbebett taufen.

thronte. Die Geschichte geht so weiter, dass Kaiser Konstantin sich danach hinsetzte und zwei Texte schrieb: eine Confessio, also ein Glaubensbekenntnis, und eine Donatio, also eine Schenkung. In der Schenkung übergab der Kaiser dem Oberhaupt der römischen Christen ganz Italien und den westlichen Teil des Reiches sowie ausdrücklich auch alle Länder, die eines Tages noch entdeckt werden könnten. Deswegen trauten sich die Spanier und Portugiesen nach der Entdeckung Amerikas auch nicht, den neuen Kontinent unter sich aufzuteilen, sondern ließen dem Papst den Vorrang, der beschloss, Lateinamerika zu teilen; deswegen spricht man heute, wie schon gesehen, in Brasilien Portugiesisch und im Rest Lateinamerikas Spanisch.

Diese Schenkung galt von Anfang an als verdächtig, weil Konstantin in der Urkunde vor allem die Konkurrenzkirchen Roms beseitigte. Er schrieb ausdrücklich, dass Rom Vorrang habe vor den Kirchen in Jerusalem, Antiochia, Alexandria und Konstantinopel. Aber zu dem Zeitpunkt, als Konstantin das geschrieben haben soll, gab es die Letztere noch gar nicht: Sie hieß damals Byzantion oder Nuova Roma, also konnte es auch noch gar keine Kirche von Konstantinopel gegeben haben.«

»Es gibt also ein gefälschtes Dokument, nur von wem?«

»Ganz genau, aber die Päpste benutzten diese Fälschung immer wieder, über viele Jahrhunderte, um Ansprüche auf den Besitz der ganzen Welt geltend zu machen.«

Stanzen des Raffael: Die Schenkung des Konstantin. Obwohl die Legende seit Jahrhunderten entlarvt ist, bleibt der Vatikan noch immer dabei. Die Fresken erzählen, was nie geschah: Kaiser Konstantin überlässt dem Papst das römische Imperium.

»Und wann fliegt das Ganze auf?«

»Ein deutscher und ein italienischer Gelehrter, Nikolaus von Kues im Jahr 1433 und Lorenzo Valla im Jahr 1440, enttarnten unabhängig voneinander die ziemlich schlecht gemachte Fälschung. Zunächst wiesen sie darauf hin, dass Konstantin der Kirche von Rom nicht das Vorrecht vor Konstantinopel gegeben haben kann, weil die Stadt erst nach dem Tod des Herrschers Konstantin so hieß. Zweitens wiesen sie darauf hin, dass die Schenkungsurkunde in Groß- und Kleinbuchstaben geschrieben wurde, das ist aber unmöglich, weil es zur Zeit Konstantins noch keine Kleinbuchstaben gab: Die Römer schrieben damals alles in Majuskeln, also Großbuchstaben.«

»Echt peinlich!«

»Sollte man meinen, aber die Kirche log einfach weiter. Sehr wahrscheinlich besprach Kriegsherr Papst Julius II. mit Raffael noch, wie dieser Raum hier aussehen sollte: dass die große Versammlungshalle die ›Schenkung Kaiser Konstantins‹ zeigen sollte, um die Vormacht der Kirche über alle zu demonstrieren. Doch bevor die Arbeit beginnen konnte, starben sowohl Papst Julius II. als auch Raffael. Das Genie verblühte rasch: 1520, mit 37 Jahren, ist Raffael bereits tot.«

»Woran ist er denn so früh gestorben?«

»An Fieber, mehr weiß niemand mit Sicherheit, aber Giorgio Vasari, das alte Klatschmaul, behauptete, Raffael sei den Folgen seiner amourösen Ausschweifungen erlegen. Sicher ist, dass er zu Lebzeiten wie ein Popstar verehrt wurde, den Frauen gefiel und Frauen liebte. Vielleicht hatte er Syphilis, genau wie Cesare Borgia. Allerdings war Vasari noch ein Kind, als Raffael starb, also kein glaubwürdiger Augenzeuge …«

»Only the best die young … Trotzdem schade.«

»Wenigstens musste er nicht miterleben, wie Soldaten beim Sacco di Roma sieben Jahre später seine Wandgemälde im Vatikan arg beschädigten und mit Graffiti beschmierten. Mit der Plünderung Roms endet übrigens die Hochrenaissance, der Manierismus begann. Schüler von Raffael und maßgeblich einer von ihnen, Giulio Romano, malten in diesem neuen verspielten Stil nach den Plänen von Raffael und Julius II. diesen Raum aus wie einen Comic der Macht. Hier siehst du die erfundene Geschichte des Kaisers, der an Aussatz leidet und sich taufen lässt. In Wirklichkeit ließ sich Konstantin erst auf dem Sterbebett taufen von Bischof Eusebius von Nikomedia.«

Brand im Borgo

Wir gingen jetzt zurück in Richtung Sixtinische Kapelle, aber im Saal des Brandes im Borgo stoppte mich Leo und zeigte auf die Wand mit der Schlacht von Ostia.

»Sag mal, der dicke Papst da mit dem runden Gesicht, ist das nicht derselbe, der Attila in die Flucht schlägt?«

»Stimmt, du hast einen scharfen Blick. Das ist Leo X. Als Raffael das Fresko malte, war Julius II. schon tot, und der neue Pontifex kam auf die Idee, sich hier in dem Raum auf Szenen seiner Vorgängerpäpste, die auch den Namen Leo trugen, darstellen zu lassen. Natürlich trägt jeder dieser Leos die Gesichtszüge Leos X.«

»Was passiert da gerade?«

»Bevor wir dazu kommen, würde ich gerne endlich mal über die sensationellen Farben von Raffael reden. Raffael trägt den Familiennamen Sanzio, sein Vater besaß eine Malerwerkstatt, schon als Kind hat Raffel da gesehen, wie …«

»Ja, Paps, das ist alles gut und schön, aber ich würde gern wissen, was da auf dem Fresko gerade passiert.«

»Ich denke, wir reden erst ein wenig über Raffael. Er hatte das Pech, dass sein Vater sehr früh starb, dann aber das Glück, bei einem Genie in die Lehre zu gehen, dem Maler, der den Spitznamen Perugino trug.«

»Warum willst du nicht sagen, was auf dem Fresko passiert?«

»Wieso willst du nicht mit mir über Raffael reden?«

»Das kannst du mir auch zu Hause noch erzählen. Sag mir einfach, was da passiert. Es scheint mir äußerst interessant zu sein. Ein Papst, dieser Leo X., scheint gerade dem Herrgott dafür zu danken, dass er irgendwelche Leute schnappen konnte. Was sind das für welche? Diebe? Verbrecher?«

Stanzen des Raffael: Die Schlacht von Ostia. Raffael malt die kriegerische Seite der Päpste an die Wand und zeigt den päpstlichen Dank für die in der Seeschlacht an der Tibermündung erbeuteten Sklaven.

»Es sind keine Verbrecher. Aber Leo, ich möchte jetzt nicht über das Fresko sprechen. Du verwandelst unsern Weg im Vatikan in eine Generalanklage gegen die Kirche und die Päpste. Ich habe doch schon oft genug gesagt, dass es stimmt, dass vieles hier peinlich ist für die Päpste. Lass uns jetzt mal über was Schönes reden, über dieses Genie Raffael.«

»Hier im Saal ist schon wieder etwas peinlich? Willst du deswegen nicht darüber reden?«

»Ich will einfach nicht eine Peinlichkeit an die andere reihen. Lass mich doch erzählen, dass Julius II. das Genie in diesem blutjungen Raffael entdeckte.«

»Erzähl mir das ein anderes Mal! Wieso sind die Fresken in diesem Raum peinlich?«

»Also gut«, sagte ich resignierend. »Im Grunde geht es auf dem Fresko darum, dass dem christlichen Gott gedankt wird, weil die Schlacht gegen die muslimischen Sarazenen gewonnen wurde.«

Leo gluckste glücklich. »Von wegen religiöse Toleranz. Das Heruntermachen einer Religion, also Freude über die Niedermachung von Muslimen, gibt es nicht einmal in meinen derbsten Computergames.«

»Raffael zelebriert hier auf diesem Fresko den Sieg Papst Leos IV. über die muslimischen Piraten an der Mündung des Tibers. Auch diese Schlacht verlief aus christlicher Sicht wie alle andern: Der christliche Gott kämpfte gegen den muslimischen Allah, und der christliche Gott siegte. In der Nähe der Tibermündung hatten sich die Schiffe der sarazenischen Piraten versammelt. Die Piraten hatten zuvor die damals außerhalb der Stadtmauern gelegene Peterskirche, die Pauls-Basilika und die Sankt-Laurentius-Kirche geplündert. Das Abendland war empört. Der Papst vermittelte in dem Versuch, Schiffe und Truppen zusammenzuziehen. Schließlich gelang es dem König Caesar von Neapel, eine Flotte aufzustellen und die muslimischen Piraten anzugreifen, unmittelbar nachdem der Papst die Schiffe im Hafen von Ostia gesegnet hatte. Nach Darstellung der christlichen Chroniken kam es zum Kampf, und plötzlich brach ein heftiger Sturm aus. Die christlichen Schiffe schafften es, den rettenden Hafen von Ostia zu erreichen, während die Schiffe der Piraten im Sturm entweder sanken oder an der Küste strandeten. Den christlichen Truppen war es ein Leichtes, die Piraten in den havarierten Schiffen niederzumachen oder gefangen zu nehmen. Raffael zeigt, wie dem Papst die erbeuteten Sklaven vorgeführt werden. Voller Dankbarkeit wendet sich Leo IV. an den Himmel.«

»Papa, sag mal ganz ehrlich: Wie machst du das, wenn du eine Gruppe muslimischer Touristen führen musst? Was weiß ich, eine Gruppe türkischstämmiger Besucher aus Berlin. Sagst du dann auch, dass der Papst hier gerade Gott dafür dankt, dass er ihm eine Gruppe muslimischer Sklaven geliefert hat?«

»Du hast recht«, gab ich zu. »Ich weiß dann oft nicht, was ich sagen soll.«

Leo war sichtlich erfreut. »Das ist ja ein hartes Stück Arbeit, durch den Vatikan zu führen, weil der so absolut nicht politisch korrekt ist.«

»Die Päpste zwingen die während der Schlacht erbeuteten muslimischen Sklaven, beim Bau der Leoninischen Mauer mitzuarbeiten, die man teilweise noch heute in den Vatikanischen Gärten sehen kann. Die Mauer sollte Sankt Peter vor weiteren Angriffen der Muslime schützen. Die Befestigungsanlage von Ostia, die sogenannte Rocca, die auf dem Fresko zu sehen ist, existiert übrigens heute auch noch.«

»Unser Raffael hatte offenbar kein Problem damit, Päpste in Heiligen Kriegen darzustellen … Dabei hatte ich Jesus so verstanden, dass man dem Angreifer auch die andere Wange hinhalten soll, oder?«

»Tja …« Zu diesem offensichtlichen Widerspruch blieb mir nichts mehr zu sagen.

Ehebruch und Päpstin Johanna

»Aber jetzt gehen wir mal weg von Heldentaten. Siehst du das Bild an der Wand über dem Fenster? Dort malte Raffael den Reinigungseid von Papst Leo III. vom 23. Dezember 800.«

»Den was?«

»Dieser Eid ist ein Überbleibsel aus vergangenen Jahrhunderten, eine Art Gottesurteil, das dazu diente, im Fall eines Verdachtes seine Unschuld zu beweisen. Dazu musste der Beschuldigte absolut fehlerfrei die ›Formel der Reinigung‹ aufsagen, verhaspelte er sich, galt er als schuldig. Sollte es während des Reinigungseids donnern oder sollte plötzlicher Regen einsetzen, würden die Richter das als göttlichen Widerspruch gegen den Eid werten.«

»Sag mal, das ist ja besser als bei *Game of Thrones*. Ein Gottesurteil. Wenn es donnert, ist der Typ, der den Eid ablegt, ein Lügner. Das gibt's doch gar nicht. So was hat die Kirche mal gemacht?«

»Ja, aber diese Gottesurteile gab es nur in den ersten Jahrhunderten. Leo III. war am 25. April 799, am Fest des heiligen Markus, von den Anhängern seines Vorgängers Hadrian vom Pferd gezerrt worden. Angeblich versuchten sie, ihn zu blenden und ihm die Zunge abzuschneiden. Ein Papst, der nichts mehr sieht und nicht mehr sprechen kann, muss zurücktreten. Sicher ist, dass seine Gegner so viel Einfluss hatten, dass der Papst sich gezwungen sah, den Reinigungseid zu leisten.«

»Aber was wurde ihm denn vorgeworfen?«

»Das weißt du schon … Erinnerst du dich?«

»Ach ja, Karl der Große und Leo III. Das war doch der Papst mit der Frau und der Geliebten. Die Anklage war also Ehebruch?«

»Genau. Gut gemerkt. Natürlich verfälschte aber Raffael im Interesse seines Auftraggebers Leos X. die Tatsachen ein wenig. Auf dem Fresko sieht es so aus, als würde der Papst sich aus freien Stücken dem Eid unterziehen. Von einem Gericht ist nichts zu sehen. So erscheint der Schwur als eine Machtdemonstration der Päpste, die zeigen soll, dass Gott allein sie richten darf, aber niemand auf dieser Welt. In Wirklichkeit war es anders: Der Papst musste mit dem Eid seine Richter überzeugen; er stand ganz schön unter Druck. Aber das Bild, das diesem Saal hier den Namen gab, ist das an der Seite: Er heißt ja Saal

Stanzen des Raffael: Der Reinigungseid Leos III. Das Fresko widmet sich einem der seltsamsten Ereignisse in der Geschichte des Vatikans. Der Papst stellte sich einem Gottesurteil – Donner oder Blitz hätten ihn als Lügner entlarvt.

des Brandes. Das Fresko zeigt ein Wunder, das Papst Leo IV. gewirkt haben soll. Es steht sogar im *Liber pontificalis*.«

»Was ist das nun wieder?«

»Ein mittelalterliches Buch über die einzelnen Päpste. Dem Brand widmet es einen Abschnitt. Darin schildert der unbekannte Autor, dass Mitte des 9. Jahrhunderts ein Feuer direkt neben dem Petersdom ausgebrochen sein soll. Der Brand soll verheerend gewütet haben, bis man Papst Leo IV. alarmierte. Er soll sich auf die Loggia des Peterdoms gestellt und zu beten begonnen haben, worauf Gott den Brand gelöscht haben soll.«

»Der Papst kommt auf die Loggia, und schwupps ist das Feuer weg, in einem ganzen Stadtteil? Harry Potter ist ja nix dagegen.«

»Das Wunder des Brandes hat Papst Leo IV. gar nicht so berühmt gemacht, sondern eine Lüge: die Lüge von der Päpstin Johanna.«

»Ach, das ist die Geschichte mit der Frau, die irgendwann im Mittelalter Papst wird. Den Film habe ich gesehen. Also stimmt die Story gar nicht? Schade. Ich denke, es gibt im Vatikan einen Stuhl, auf den jeder Papst gesetzt werden muss, um sein Geschlecht zu kontrollieren, damit nicht noch einmal eine Frau Papst werden kann.«

»Johanna soll die Nachfolgerin von Leo IV., der im Juli 855 starb, im Papstamt gewesen sein. Aber diese Legende stammt aus dem 13. Jahrhundert. Martin von Troppau, ein Dominikanermönch, der eine Chronik der Kaiser und Päpste schrieb, machte sie europaweit bekannt. Johanna soll zwei Jahre, fünf Monate und drei Tage als Papst regiert haben und bei der Geburt eines Kindes gestorben sein. Aber im 17. Jahrhundert konnte der reformierte Theologe David Blondel nachweisen, dass die Berichte über die Päpstin Johanna gefälscht waren.«

»Und der Stuhl?«

»Die Legende des Stuhls, mit dem das Geschlecht des Papstes kontrolliert wird, entstand, weil es im Vatikan tatsächlich einen Stuhl mit einem Loch in der Mitte gibt. Wozu der diente, weiß allerdings niemand mehr sicher.«

»Wo steht der denn?«

»Im Maskenkabinett; wenn du noch einmal herkommst, dann schau ihn dir an.«

Traum der Päpste

Wir ließen die Kapelle der unbefleckten Empfängnis links liegen, ebenso das Schlachtengemälde der Befreiung Wiens, und bogen in den Korridor der Landkarten ein.

Stanzen des Raffael: Der Borgobrand. Das Wunder im römischen Stadtteil Borgo – Leo IV. soll dort im 9. Jahrhundert allein durch seinen Segen einen Großbrand gelöscht haben – wird sogar in der Chronik der Päpste erwähnt.

Dieser goldglänzende 120 Meter lange Korridor fasziniert jeden Besucher.

»Wie um Gottes willen haben die das gemacht? Die Karten sehen so genau aus, als hätten sie einen Satelliten benutzt.«

»Zu dem Zeitpunkt, als die Karten entstanden, war noch nicht einmal der Heißluftballon erfunden worden, geschweige denn das Flugzeug. Der Kartograf Ignazio Danti aus Perugia, ein Dominikanermönch, malte die Karten zwischen 1580 und 1583. Der Papst zeigte sich so begeistert, dass er ihn aus Dankbarkeit zum Bischof von Alatri machte.«

»Das sind die schönsten Karten Italiens, die ich je gesehen habe«, sagte Leo bewundernd.

»Genau das ist die Sensation und das Rätsel in diesem Saal.«

Galerie der Landkarten im Vatikan. Sie gilt als der eindrucksvollste Kartensaal der Welt. Noch heute ist die Präzision, mit der die Karten gezeichnet wurden, schwer zu erklären.

»Wie meinst du das?«

»Als Papst Gregor XIII. diesen Saal ausmalen ließ, gab es nicht einmal den Hauch einer Chance, dass es jemals ein geeintes Italien geben würde, so wie es auf den Karten zu sehen ist. Die Päpste haben immer diesen Traum eines vereinten Italiens geträumt, aber waren unendlich weit davon entfernt, diesen Traum Wirklichkeit werden zu lassen. Norditalien wurde jahrhundertelang immer wieder von ausländischen Mächten kontrolliert, Spaniern, Franzosen, Österreichern. Im Süden Italiens herrschten über Jahrhunderte die Könige beider Sizilien, so das Haus Bourbon. Der Kirchenstaat lag eingekeilt zwischen diesen beiden Blöcken. Dass die Päpste dennoch von einem geeinten Ita-

lien träumten, zeigt dieser Raum deutlicher als jeder andere im Vatikan.«

»Aber ich sehe Korsika und Avignon, weder die Insel noch die Stadt in Südfrankreich gehören zu Italien.«

»Aus der Sicht von Gregor XIII. gehörte Korsika absolut zu Italien, dort wird Italienisch gesprochen, denn die Insel gehört zu Genua. Avignon dagegen war persönliches Eigentum der Päpste. Die Stadt lag wie eine Insel in Frankreich, wie Berlin später in der DDR. Papst Clemens VI. kaufte Avignon im Jahr 1348 für 80000 Gulden von Johanna I. von Neapel. Avignon blieb über vierhundert Jahre, bis zum Jahr 1791, im päpstlichen Besitz, eine vatikanische Enklave in Frankreich. Fast siebzig Jahre, von 1309 bis 1377, herrschten die Päpste von Avignon aus, was dazu führte, dass die Stadt im Mittelalter zu den größten der Welt zählte mit über 30 000 Einwohnern.

Erst mit der Französischen Revolution wurde sie gegen den Widerstand der Bevölkerung Frankreich angegliedert. Das heißt, was diesen Kartensaal angeht, haben sich die Päpste in nur zwei Punkten verschätzt. Sie müssen Avignon zurückgeben, und Korsika wird zu Frankreich gehören. Dennoch ist dieser Kartensaal ein regelrechter Blick in die Zukunft. Fast dreihundert Jahre bevor ein geeinigtes Italien entsteht, lässt Papst Gregor XIII. diesen Traum in diesem Kartensaal Wirklichkeit werden. Die Päpste lassen eine Vision malen, auch wenn es für sie eine äußerst bittere Vision werden wird.«

»Wieso?«

Der päpstliche Angriff auf Mirandola, festgehalten im Kartensaal des Vatikans für die Jahrhunderte. Auch den Nachfolgern von Papst Julius II. scheint es nicht peinlich gewesen zu sein, an diese Episode päpstlicher Aggression zu erinnern.

»Sie haben es gewagt, in die Zukunft zu blicken, ohne zu ahnen, dass diese Vision eines Tages real wird, aber ohne sie. Den Staat des Papstes gibt es in einem geeinten Italien nicht mehr, die Päpste verlieren ihr Königreich. Das hätten sich die Nachfolger Petri nicht mal in ihren übelsten Albträumen ausmalen wollen.

Der Maler dieser Karten, Ignazio Danti, wurde übrigens nicht durch diese Karten allein berühmt, er bewog maßgeblich Papst Gregor XIII. zur Kalenderreform. Der seit der Antike geltende, nach Gaius Julius Caesar benannte Julianische Kalender stimmte zur Zeit von Gregor XIII. schon nicht mehr. Das Sonnenjahr hinkte dem Kalender um zehn Tage hinterher. Das lag daran, dass der Julianische Kalender etwa elf Minuten länger war als das Sonnenjahr, so verschob sich der Kalender alle 130 Jahre um einen Tag. Für die katholische Kirche war das fatal, weil sich das Osterfest nicht mehr exakt berechnen ließ.«

»Endlich einmal ein Papst, der etwas Gutes für die Menschen durchsetzt: einen funktionierenden Kalender.«

»Nun, Gregor XIII. ist auch der Papst, der die Bartholomäusnacht guthieß, den Massenmord an protestantischen Christen in Frankeich, bei dem Zehntausende Menschen ums Leben kamen.

Schau mal auf diese Wand: Die Belagerung von Mirandola. Weißt du noch, Julius II., der eine Stadt bombardierte?«

»Na klar.«

»Ich frage mich seit dreißig Jahren, seit dieses Bild mir zum ersten Mal auffiel, was den Maler bewogen haben könnte, dieses Detail zu malen. Hasste er Papst Julius II. und beschloss deswegen, diese unglaubliche Episode aus der Geschichte der Päpste an die Wand zu malen? Eigentlich gibt es dafür aber keinen Grund. Auch sein Auftraggeber, Papst Gregor XIII., hatte eigentlich keinen Grund, Julius II. zu verabscheuen und sein Andenken durch dieses Detail im Kartensaal lächerlich zu machen. Aber wenn der Maler und der Papst keinen Grund hatten, sich über Julius II. lustig zu machen, hielten sie dann das Ereignis deshalb fest, weil es in ihren Augen gar nicht so ungeheuerlich war wie für uns heute? Wahrscheinlich.«

Ein verlockendes Gedankenspiel

»Diese Räume in dieser Stille zu erleben, ist schon krass«, sagte Leo plötzlich.

Es war in der Tat sehr still, ein bisschen zu still. Ich bemerkte erst jetzt, dass unser Wachmann nicht mehr da war. War er zurückgegangen zur Gruppe der polnischen Priester, zu seinem Kollegen, um irgendetwas zu besprechen, und hatte uns zurückgelassen, weil er wusste, dass wir warten würden, oder war er schon vorgegangen, weil er damit rechnete, dass wir nachkommen würden? Beides war möglich, aber es gab keinen Zweifel daran, was ich jetzt tun musste: auf die polnische Gruppe warten. Wenn der Wachmann dann nicht dabei war, bedeutete es, dass wir auch gehen konnten, aber ich musste erst sicher sein.

Es gibt nämlich kaum etwas, das zu so drastischen Strafen führt, wie allein durch die Vatikanischen Museen zu laufen. Das ist streng verboten und kann zum Ausschluss aus dem Museum auf Lebenszeit führen.

Jetzt hatte auch Leo bemerkt, dass es zu still war. »Wo ist der Wachmann?«, fragte er.

»Ich weiß es nicht«, sagte ich. »Vielleicht ist er vorgegangen, weil wir zu lange vor den Karten gestanden haben, oder wir haben nicht gemerkt, dass er zurückgegangen ist.«

»Lass uns abhauen«, flüsterte Leo. »Wir verstecken uns irgendwo, und heute Nacht, wenn alle weg sind, geistern wir ganz allein durch das Museum.«

Die Reitertreppe des Bramante: ein Geheimgang im Vatikan. Die Treppe wurde so angelegt, dass über sie Reiter mit Pferden und Mulis sowie Gepäck den Hof des Belvedere erreichen konnten.

»Das geht nicht, die werden uns suchen.«

»Kennst du einen Ort, wo sie uns nicht finden können?«

»Wenn ich mich hier drin verstecken würde, dann auf der Treppe des Bramante.«

»Was ist das und wo liegt sie?«

»Gar nicht weit.«

»Könnte man über die Treppe ungesehen aus dem Vatikan herauskommen oder ohne gesehen zu werden hinein?«

»Ich glaube, dass es unmöglich ist, ungesehen hier hinein- oder herauszukommen.«

Von dem Wachmann war immer noch nichts zu sehen, außerdem war es völlig still.

»Okay«, meinte Leo, »nehmen wir an, wir beide hätten hier

Der Brunnen der Galea: Einstieg in das geheime Reich von Julius II. Der Brunnen, der ein spanisches Kriegsschiff zeigen soll, gehört zu den prächtigsten im Vatikan. Für die normalen Besucher ist der Brunnen nicht sichtbar.

drin etwas geklaut, etwas sehr, sehr Wertvolles, und müssten unbedingt hier ungesehen herauskommen, was würdest du dann machen?«

»Ich würde mit dir zum Cortile del Belvedere gehen.«

»Warum dorthin?«

»In einer Ecke dieses Hofes liegt eine Tür, die kaum jemandem auffällt. Sie führt zu der Treppe, die Papst Julius II. bauen ließ, eine Treppe für seine Mulis und Pferde. Der Papst konnte, ohne gesehen zu werden und ohne absteigen zu müssen, zu seinem Lieblingsort reiten, dem Cortile del Belvedere, in das Herz des Vatikans. Es ist eine Wendeltreppe mit sehr niedrigen Stufen, die ein Muli oder ein Pferd problemlos bewältigen kann.«

»Warst du schon mal auf der Treppe?«

»Ja, mehrmals. Es hat etwas Geisterhaftes, denn in unmittelbarer Nähe von diesem Gang drängen sich bis zu 30000 Menschen durch die Vatikanischen Museen, aber du gehst in der Dunkelheit wie ein Gespenst mitten durch den Palast, ohne dass dich irgendwer sehen oder bemerken kann, und du tauchst dann nicht irgendwo, sondern mitten in der wichtigsten Schatzkammer des Museums auf.«

»Es erinnert mich ein bisschen an den Borgia-Papst und die Mordanschläge.«

»Es gab den Gang noch nicht, als Alexander VI. hier wohnte. Aber ich nehme an, dass seine Häscher so einen geheimen Gang sehr zu schätzen gewusst hätten.«

»Okay, nehmen wir an, wir hätten es bis auf diese geheime Treppe geschafft, was dann?«

»Wir müssten ein Eisentor überwinden, das abgeschlossen ist, und dann die Treppe hinuntergehen, bis wir vor ein zweites Eisentor am unteren Ende kämen. Nehmen wir an, das würden wir auch überwinden, dann müssten wir die Tür öffnen.«

»Wo kämen wir heraus?«

»Wenn wir die Tür aufbekämen, stünden wir in einer Nische neben dem Brunnen der Galeere. Aber soweit ich weiß, ist die Tür immer verschlossen.«

»Was ist das für ein Brunnen?«

»Ein sehr auffälliger Brunnen; in das Wasserbecken wurde ein Piratenschiff gebaut, man nennt den Brunnen deswegen auch den Galeeren-Brunnen oder den Brunnen der Galea.«

»Sind dort viele Touristen?«

»Nein, für Besucher ist der Teil nicht zugänglich. Ein paar Gärtner könnten uns sehen.«

»Was dann?«

»Wir müssten an der Post vorbeischlendern, ich habe dort jahrelang meine Rechnungen für mein Telefon im Vatikan bezahlt. Dann kämen wir am Turm des heiligen Nikolaus vorbei, dem Sitz der Bank, und schließlich stünden wir vor den Gendarmen. Wir müssten unseren Passierschein vorweisen, und danach könnten wir aus dem Vatikan spazieren.«

Ich schrak zusammen, als ich plötzlich die Stimme des Wachmanns hörte.

»Wir können weitergehen«, sagte er. »Was haben Sie denn?«

»Nichts«, beeilte ich mich zu versichern. Er war wie aus dem Nichts aufgetaucht. Wahrscheinlich hatte er sich in einem Stuhl an den Fenstern ausgeruht, ohne dass wir ihn gesehen hatten.

»Könnten wir bitte zum Cortile del Belvedere gehen? Zur Tür der Reitertreppe?«

Der Wachmann nickte. »Ja, das liegt auf unserem Weg.«

Wir gingen durch die Galerie der Wandteppiche und die vollgestopfte Galerie der Kandelaber, bis zur riesigen Pforte, die zum Museum Pio Clementino führt. Wir gingen durch den Pantheon-Nachbau und das Kabinett der Musen und die eigenartige Sammlung der Tiere in den Cortile del Belvedere.

Zauber des Cortile del Belvedere

Vielleicht ist das der schönste Teil des Museums, vor allem am Abend ist es einer der faszinierendsten Orte, der ein wunderbares Erbe der Menschen bewahrt. Ich erinnere mich an den starken Schneefall im Winter 2018, als das Netz abriss, das den Hof vor Vögeln schützt. Der Schnee im Hof neben den weißen Skulpturen verzauberte diesen Ort.

Ich ging mit Leo quer über den Hof auf das Fenster zu und zeigte ihm in der Nische links, durch das Atrium del Meleagro, die Tür.

»Das hier ist der Ausgang des Geheimgangs.«

Leo schaute neugierig durch das Tor. »Über die Rampe käme man also ungesehen bis hierher.«

»Ja, und hier erwartet dich das«, sagte ich und zeigte auf den Apollon von Belvedere.

»Ich schätze, dass du mir jetzt erzählen willst, wie diese ganzen berühmten Rom-Touristen, Goethe, Lord Byron oder was weiß ich wer, diese Statue bewundert haben.«

»Das ist auch interessant.«

»Stopp«, forderte Leo. »Lass mich mal. Ich werde dir erzählen, was ich denke, wenn ich sie sehe.«

»Okay.«

»Wenn ich mich richtig erinnere, wird die Statue irgendwann am Ende des 15. Jahrhunderts gefunden, und es haut alle um, denn es ist über tausend Jahre her, dass jemand in der Lage war, so etwas zu schaffen. Ist doch richtig?«

»Ja«, bestätigte ich. »Stell dir vor, du schaltest den Fernseher ein, und der Sprecher erklärt, dass in einer Höhle ein Flugzeug gefunden wurde, das in der Antike, vor zweitausend Jahren, mit einer unbekannten Technik gebaut worden ist und das schneller fliegt als alle Jets, die in der Moderne je konstruiert wurden. Das wäre eine Sensation. Und jetzt hier: Mehr als eintausend Jahre ist die Menschheit nicht in der Lage, den menschlichen Körper so in Stein abzubilden, also eine so spektakuläre Skulptur zu schaffen. In keinem Land rund um das Mittelmeer kann das irgendjemand. Unglaublich, oder? Und dann gibt es noch etwas …«

»Ich hatte mal einen Kumpel«, unterbrach mich Leo, »der wollte für das Gay Village am Kolosseum eine Ausstellung vorbereiten, die ›Schwule Kunst‹ heißen sollte, und der hat mir erklärt, dass mit dem Apollon von Belvedere eigentlich alles anfängt.«

»Was soll denn das jetzt?«, fragte ich verärgert. »Das ist Klassik.«

»Dann ist Klassik eben schwul.«

»Leo, was redest du denn da!«

»Papa, jetzt sei du mal still, da kenne ich mich zufällig aus, weil ich jede Menge Texte aus dem Deutschen übersetzt habe, gratis übrigens, für das Gay Village. Alles fängt an mit einem Schuhmacherssohn aus Stendal, Johann Joachim Winckelmann.«

»Winckelmann war ein Genie, der erfindet sozusagen die Archäologie und die Kunstgeschichte.«

»Ja, ich weiß, aber er ist auch schwul.«

»Was hat das denn damit zu tun, dass er ein großer Wissenschaftler war, ein faszinierender Forscher?«

»Was das mit dem Apollon hier zu tun hat, dass er schwul ist? Mach doch einfach deine Augen auf! Da siehst du einen nackten Kerl, den fand Winckelmann einfach heiß.«

»Leo, ich weigere mich, so mit dir über die Klassik zu reden.«

»Weil du engstirnig bist.«

»Was für eine Rolle soll es spielen, dass er eventuell homosexuell war?«

»Eventuell? Der macht doch gar keinen Hehl daraus, und warum auch? Hast du was gegen Schwule?«

»Leo, du weißt sehr gut, dass das nicht so ist. Was redest du da? Das ist doch Unsinn.«

»Es klingt aber so.«

Winckelmann und die »reizende Männlichkeit«

»Winckelmann prägt einen neuen Begriff des Schönen, der über Jahrhunderte die Kultur in Europa bestimmen wird. Sein Hauptwerk *Geschichte der Kunst des Altertums* gilt für viele Generationen als die Bibel der antiken Kunst«, referiere ich jetzt.

Der Apollon von Belvedere. Die Statue gilt als eine der wichtigsten der vatikanischen Sammlung und beeinflusste maßgeblich die Vorstellungen der Klassik. Goethe war von der Statue regelrecht hingerissen.

»Ja, richtig. Und was der Gipfel des klassisch Schönen sein könnte, weiß Winckelmann ganz genau: Es ist der Apollon von Belvedere, ein nackter Jüngling. Es ist dieser sexy junge Mann, der das Bild der Klassik in Europa prägen wird. Goethe ist von Apollon hingerissen, weil er Winckelmanns Spuren folgt.«

»Okay. Goethe und Winckelmann sind entscheidend daran beteiligt, das zu formen, was wir Klassik nennen, weil sie Künstler und Wissenschaftler sind.«

»Papa, sieh es endlich ein: Winckelmann ist von den nackten schlanken Männerskulpturen im Vatikan begeistert, weil er homosexuell ist.«

Leo zückte sein Handy. »Ich hab das File der Übersetzung noch. Pass auf. Als er vor dieser Statue, dem Apollon von Belvedere, steht, schreibt er: ›Ich vergesse alles andere über den Anblick dieses Wunderwerks der Kunst. Mit Verehrung scheint sich meine Brust zu erweitern und zu erheben.‹«

»Und? Er ist tief beeindruckt von der Kunst des Bildhauers.«

»Papa, ich kann doch nichts dafür, dass Winckelmann war, wie er nun mal war. Er machte Karriere, weil er mit einem Kardinal was hatte.«

»Er lernte einen Kardinal kennen, der sein Förderer wurde.«

»Wieso wohl? Wieso fördert ein alter Kardinal einen knackigen Jungen aus Stendal?«

»Weil er klug war und es verdient hatte. Winckelmann war Bibliothekar im Schloss Nöthnitz bei Dresden. Kardinal Alberico Archinto, ein Superstar aus dem Vatikan, besuchte diese Bibliothek, lernte Winckelmann dort kennen und nahm ihn mit nach Rom.«

»Siehst du? Sag ich doch. Die hatten was miteinander.«

»Das ist reine Spekulation. Sicher ist, dass Winckelmann eine Karriere im Vatikan gelang, wie sie noch nie zuvor einem Deutschen beschieden war. Er wurde Oberaufseher der antiken Schätze im Kirchenstaat. In seinen Schriften schuf er die

Anton von Maron malte Johann Joachim Winckelmann im Hausmantel und mit dem Porträt des Geliebten von Kaiser Hadrian, Antinoos. Winckelmann stand offensichtlich zu seiner Homosexualität.

Grundlage der Kunsttheorie und Archäologie und ging damit in die Geschichte ein. Du kannst doch nicht die Lebensleistungen des geistigen Begründers des Klassizismus auf seine sexuelle Orientierung reduzieren.«

»Du kannst aber seine ›sexuelle Orientierung‹, wie du es so gestelzt nennst, auch nicht aus seinem Leben herausradieren. Er lässt sich im Hausmantel porträtieren mit einer Skizze des Liebhabers von Kaiser Hadrian in der Hand. Der Mann hat sich ja ganz offen dazu bekannt, dass er schwul war.«

»Aber es tut doch in so einer Lebensgeschichte gar nichts zur Sache, dass er es war.«

»Aber wie bitte willst du denn sein Leben erzählen und seinen spektakulären Tod, ohne die Tatsache, dass er schwul war?«

»Er wurde ermordet, und die Umstände seines Todes wurden nie wirklich geklärt!«

Leo zückte wieder sein Handy: »Ich habe es übersetzt: ›In

dem Hotel Locanda Grande in Triest trifft Winckelmann im Juni 1768 auf den vorbestraften Koch Francesco Arcangeli. Die beiden Männer sind Zimmernachbarn. Winckelmann kommt dem Koch so nah, dass er ihm seine Schätze, Medaillen aus Silber und Gold, zeigt.‹ Dazu muss er ihn ja wohl in sein Zimmer gelassen haben, oder? Lässt du andere Gäste deines Hotels in dein Zimmer? ›Am 7. Juni 1768 versucht der Koch, Winckelmann zu erdrosseln, und sticht dann mit einem Messer auf ihn ein. Der schwer verletzte Winckelmann kann aber der Polizei gegenüber noch Angaben machen über diese Tat. Er verblutet über Stunden, ohne dass die Ärzte ihm helfen können.‹ Stell dir das mal vor! Der sitzt da auf dem Bett, blutet stundenlang vor sich hin, ohne dass ihm einer hilft, und macht seine Aussagen. ›Der Mörder wird gefasst und mit dem Tode bestraft: Er wird gerädert!‹ Und jetzt kommt es: ›Ob eine homoerotische Beziehung zwischen Winckelmann und dem Koch vorlag, wurde im Gerichtsprozess nie geklärt.‹ So steht das ganz offiziell in Winckelmanns Biografie.«

»Hat aber alles nichts mit der Klassik zu tun.«

»Doch, denn die Klassik geht auf die erotischen Vorlieben eines schwulen Mannes aus Stendal zurück.«

»Schwachsinn«, sagte ich. »Winckelmann ist nicht deshalb weltberühmt, weil sein Herz vor nackten männlichen Statuen höher schlug.«

»Für Frauenstauen hatte er jedenfalls nichts übrig«, sagte Leo und zückte sein Handy. »Winckelmann schreibt: ›Es fällt der Natur leichter, Frauen zu schaffen, da sie nun mal leichter zu machen sind, wie in der Kunst‹, während er vom Apollon schwärmt, dass ein ›ewiger Frühling die reizende Männlichkeit vollkommener Jahre bekleidet und mit sanfter Zärtlichkeit auf dem stolzen Gelände seiner Glieder spielt‹.«

»Na, dann wollen wir uns jetzt doch mal einer nackten Frau widmen«, beendete ich den Disput und geleitete meinen Sohn in die Nische der Aphrodite: »Das ist eine Kopie der vielleicht berühmtesten Skulptur der Antike, der Aphrodite von Knidos. Die Stifter der Statue ließen ihr das Gesicht der damaligen Kaiserin geben, es war Faustina, die Gattin des Philosophenkaisers Mark Aurel. Die soll geschmeichelt gewesen sein, dass man sie als nackte Göttin der Liebe darstellte. Die ursprüngliche Skulptur soll von einem der berühmtesten Bildhauer der Antike, Praxiteles, stammen, der den Auftrag für eine Aphroditestatue von der Stadt Kos bekommen haben soll. Er schuf gleich zwei Statuen, eine nackte und die Skulptur einer bekleideten Frau. Die Stadt Kos lehnte die nackte ab, die Insel Knidos aber baute der verschmähten Statue einen Tempel, der zu einer Touristenattraktion wurde.

Der Grund dafür war nicht allein die Schönheit der Plastik, sondern auch die Tatsache, dass die berühmteste Schönheit der Antike, eine Frau aus Athen, das Vorbild für diese Statue gewesen sein soll, die Hetäre Phryne.«

»Hetäre? Ist das eine Prostituierte?«

»Ja, die legendäre Dame soll eine der am besten bezahlten Huren aller Zeiten gewesen sein. Sie soll so reich gewesen sein, dass sie der Stadt Theben anbot, ihre Stadtmauer wiederaufbauen zu lassen, nachdem Alexander der Große sie beschädigt hatte. Die Stadt sollte dafür ihren Namen in die Mauer einritzen, die Thebaner lehnten ab. In der Antike wimmelt es von Legenden über Phryne: Sie soll dem Bildhauer Praxiteles vorgeschlagen haben, ein Jahr mit ihm zusammenzuleben wie ein Liebespaar, wenn er sie dafür als Statue unsterblich mache. Ein verschmähter Liebhaber, er soll Euthias geheißen haben, wollte sich schließlich an Phryne rächen. Angeblich hatte sie den Gro-

bian trotz der Offerte einer hohen Zahlung nicht erhört. Er brachte sie vor Gericht, weil sie sich mit der Göttin Aphrodite verglichen habe. Das war Gotteslästerung und konnte in Athen mit dem Tode bestraft werden.

Dass sie als Edelprostituierte arbeitete, war in Athen keine Straftat. Hetären besaßen sogar einen gewissen sozialen Status. Es kam zur wahrscheinlich berühmtesten Gerichtsverhandlung der Antike.«

»Und wie ging die aus?«

»Die Richter klagten Phryne der Gottlosigkeit an. Der Moment war heikel, Sokrates war wegen angeblicher Beleidigung der Götter zum Tode verurteilt worden. Ihr Verteidiger entschloss sich zu einer der berühmtesten Überraschungstaten der Antike: Er entblößte Phyrne vollständig. Sie stand nackt vor den Richtern. Dann geschah etwas Unerwartetes: Die Richter glaubten, die Göttin Aphrodite selber vor sich stehen zu haben, und sprachen Phyrne frei.«

»Das ist doch alles Legende!«

»Klar, aber die Tatsache, dass die knidische Aphrodite, das Abbild einer der berühmtesten Edelprostituierten aller Zeiten, im Hof Julius' II. stand, um den Papst zu erquicken, entzückte schon die Renaissance.«

»Doch Johann Joachim Winckelmann konnte dieser pikanten Geschichte und auch der Statue nichts abgewinnen. Richtig?«

»Wenn du unbedingt bei Winckelmann bleiben willst, solltest du wissen, dass er in einem Punkt irrte, der die Vorstellung der Klassik bis in unsere Zeiten beeinflusst hat: Alles, was du hier siehst, sind weiße Statuen, man sieht den polierten Stein. Win-

Die Kopie der Aphrodite von Knidos im Vatikan. Das Standbild zeigt vermutlich eine der berühmtesten Hetären der Antike, Phryne, die zu den reichsten Frauen ihrer Zeit gehörte. Dass die Päpste eine Hure bewunderten, galt immer als pikant.

Die Laokoon-Gruppe: der größte Schatz, den Roms Untergrund je freigab. Bis heute ist unklar, wofür Laokoon bestraft wurde. War es sein Verdacht, dass die Trojaner betrogen werden sollten, oder verbotener Sex im Tempel?

ckelmann bewunderte genau das, diesen nackten, weißen Marmor. Er wusste nicht, dass diese Skulpturen in der Antike knallbunt angemalt waren und der Regen die Farbe abwusch.«

»Waren die hier auch bunt?«, fragte Leo, als wir schließlich vor der Laokoon-Gruppe standen. »Diese Skulptur finde ich übrigens viel beeindruckender als den Apollon oder die Aphrodite. Die lebt irgendwie.«

»Ja, und jetzt stell dir mal vor, du wärest Felice de Fredis gewesen.«

»Wer?«

»Das ist der Name eines Bauern, der im Januar des Jahres 1506 in seinem Weinberg, der in der Nähe des Kolosseums lag, Steine wegräumte und ein Loch entdeckte. Er glaubte, auf eine Höhle gestoßen zu sein, sah dann aber einen Mosaikfußboden. Der Weinbauer ließ sich hinunter und stand als erster Mensch seit über tausend Jahren vor der Laokoon-Gruppe.«

»Wahnsinn! Das ist jetzt wirklich cool, so eine Art Zeitmaschine. Ein Typ, dieser Felice, steht vor dieser Statue in einem Raum, den tausend Jahre zuvor irgendwer zugemauert hat, um diese Skulptur zu schützen? Das heißt, über tausend Jahre latschen irgendwelche Barbaren, Eroberer Roms, Soldaten des Mittelalters, durch den späteren Weinberg von diesem de Fredis über die Decke der zugemauerten Kammer und haben keine Ahnung, was für ein Schatz darin versteckt ist.«

»Stimmt. Der Fund machte de Fredis steinreich, aus unserer Sicht zum Multimillionär. Rom ist eine Stadt, die mir immer wie eine gigantische Schatztruhe vorkommt. Unter dem Asphalt anderer Großstädte liegen meist nur Steine und Dreck, aber unter Rom existiert eine sagenhafte, verschüttete Welt mit sagenhaften Schätzen wie dem Laokoon.«

»Papa, jetzt hebst du wieder ab. Unter Rom, in der Kanalisation, gibt es vor allem riesige Ratten, eine Menge Dreck und, wenn wir Pech haben, reichlich Giftmüll, den die Mafia verbuddelt hat.«

»Das mag ja sein, aber unter Rom lag eben auch der Laokoon. De Fredis verkaufte ihn an den Papst. Er hatte den Fund den Gendarmen des Papstes gemeldet. Papst Julius II. schickte seinen Chefarchitekten Giuliano da Sangallo. Weil in dessen Haus auch Michelangelo Buonarroti ein und aus ging, forderte der ihn auf mitzukommen: Die beiden Männer eilten also zu der

Fundstelle in der Nähe des Kolosseums. Wenn es stimmt, was der Sohn des Architekten später in seinen Memoiren schrieb, dann wusste Giuliano da Sangallo sofort, dass die Skulptur der berühmte Laokoon sein musste, den Plinius beschrieben hatte. Plinius hatte den Laokoon im Haus des Kaisers Titus gesehen und lobte die Skulptur über alle Maßen. Die Leute haben damals eben gelesen.«

»Was soll das denn jetzt wieder?«

»Sag ich doch: Giuliano da Sangallo hat Plinius gelesen. Gelesen. Verstehst du? Ein Buch genommen, es aufgeschlagen und gelesen, was Plinius über eine Skulptur schreibt. Weil Sangallo das gelesen hatte, erkannte er, dass das Meisterwerk, das vor ihm in der Höhle im Weinberg von de Fredis stand, diese Plastik aus dem Palast des Titus ist. Aber da du nie was liest, würdest du den Eiffelturm nicht erkennen und die Tower Bridge auch nicht, selbst wenn du davorstehst, geschweige denn den Laokoon. Wahrscheinlich fällt euch Computergamern nur auf, wenn ein Mädchen die gleichen Springerstiefel trägt wie Lara Croft.«

»Wieso musst du mich ständig beleidigen?«

»Ich sage nur die Wahrheit, und das musst du schon verkraften.«

»Dann musst du verkraften, dass wir vor der Skulptur eines Vaters stehen, der sich offensichtlich um seine Söhne sorgt.«

»Die werden ja auch gerade von einer Schlange gefressen.«

»Also muss ich erst von einer Schlange gefressen werden, damit du anfängst, dich mehr um mich zu sorgen, statt mich ständig abzukanzeln.«

»Ich will doch nur, dass du einsiehst, dass man nicht leben kann, ohne zu lesen, dass Sangallo diesen unglaublichen Fund identifizieren konnte, weil er las.«

»Jetzt frag ich dich mal was: Irgendwer muss diese einzigartige Skulpturengruppe irgendwann während des Untergangs von Rom in einem regelrechten Grab eingemauert haben. Wer auch immer den Laokoon in Sicherheit brachte, Eingänge verschloss, verhinderte, dass die Figur zerschlagen wurde, konnte der lesen? Du weißt es nicht, richtig? Manchmal muss man einfach etwas tun und nicht zu Hause sitzen und lesen.«

»Aber für diesen Weinbauern lief das alles nur so gut, weil Sangallo gelesen hatte. Weil Sangallo sie als die berühmteste Statue der Antike identifizierte, schoss der Preis in die Höhe. Gleich mehrere Bieter rissen sich um die Skulptur. Julius II. legte mehr als das Doppelte des ursprünglichen ersten Preises von 600 Goldscudi auf den Tisch, 1500 Scudi, dazu die Einnahmen des Zolls an der Porta San Giovanni auf Lebenszeiten und eine Grabstätte in der ehrwürdigen Kirche von Aracoeli, wo noch heute das Grab des Glückspilzes de Fredis zu sehen ist.

Wie wichtig diese Skulptur schon den Zeitgenossen war, zeigt, dass der französische König Franz I. von Papst Leo X. die Herausgabe des Laokoon verlangte, als Teil des Vertrags, um einen neuen Krieg zu verhindern. Leo X. ließ rasch eine Kopie anfertigen, die es allerdings nur bis Florenz schaffte und in den Uffizien steht. Franz I. gab sich aber nicht zufrieden und erreichte schließlich von Papst Paul II., dass er einen Bronzeabguss der Figur bekam, als Bedingung für ein weiteres Friedensabkommen. Der Papst stimmte zu. Heute steht der Abguss im Louvre.

Und hör auf, ausschließlich auf dein Handy zu starren, wenn ich mit dir rede.«

»Ich habe nur gerade gelesen. Zufrieden? Aber was ich da gelesen habe, wird dir gar nicht gefallen, denn deine frommen Päpste stellen sich ja mit der Laokoon-Gruppe eine echte Schweinerei in ihren Palast.«

»Was soll das jetzt?«

»Laokoon soll seine Frau ausgerechnet im Tempel des Apollon bequatscht haben, mit ihm Sex zu haben, was in einem Tempel verboten ist. Gott Apollon soll daraufhin so sauer gewesen sein, dass er Schlangen schickte, um die Söhne des Laokoon zu töten. Dass Laokoon als nackter Mann dargestellt wird und nicht als Priester gekleidet, legt nahe, dass hier tatsächlich der Laokoon der zweiten Variante, der Laokoon, der Sex im Tempel will und dafür bestraft wird, zu sehen ist. So habe ich es gelesen.«

»Es gibt eine zweite Geschichte. Die geht so: Die Griechen haben gerade ihr Trojanisches Pferd, in dem Soldaten versteckt sind, vor der Burg Trojas abgestellt, und jetzt beraten die Trojaner, ob sie das Pferd als Kriegsbeute in die Stadt ziehen sollen. Der Priester Laokoon wird ausgesandt, um am Strand den Flug der Vögel und die Fische zu beobachten, um abzulesen, was zu tun ist. Weil im Himmel aber die Göttin Athene den Untergang Trojas will, damit der aus den Trümmern fliehende Aeneas Rom gründen kann, schickt sie zwei Schlangen, die den Priester und seine Söhne töten. Weil Laokoon die Trojaner deswegen nicht mehr warnen kann, geht die Stadt unter.«

»Wer hat das Ding eigentlich geschaffen?«

»Das sollen die Künstler Hagesandros, Polydoros und Athanadoros gewesen sein. Das Original war eine Bronzeskulptur. Diese Marmorkopie entstand später in mehreren Teilen und wurde dann mit Klebstoffen, vor allem Harzen, zusammengefügt.«

»Der Laokoon ist geklebt!«

»Ja.«

Plötzlich winkte uns der Wachmann. Der Besuch im Vatikan war zu Ende.

PRÜFUNG II

Fernandas Rache

Ich glaube nicht, dass es mir einmal gelingen wird, diesen Tag der zweiten Prüfung zu vergessen. Leo stand kreidebleich am Küchentisch, trank seinen Kaffee aus und schaute mich mit einem Blick an, der fragte: »Komm schon, sag mir einfach die Wahrheit: Schaff ich das oder nicht?« Ich schlug ihm auf die Schulter. »Du bist unglaublich gut vorbereitet. Es ist beeindruckend, wie viel du weißt. Du hast das alles gut gelernt.«

»Weißt du, Papa, ich möchte eines Tages diesen Job wirklich sehr gern machen, und ich möchte diese Prüfung unbedingt bestehen. Deswegen ist das so wichtig für mich.«

»Ich weiß das, aber mach dir keine Sorgen, du schaffst das!«

Ich war mir nicht sicher, ob er so blass war, weil er nur unglaublich aufgeregt war oder nicht viel geschlafen hatte. Als ich ihn weckte, lagen die Merkzettel um das ganze Bett verteilt. In diesem Kopf eines jungen Mannes waren jetzt Unmengen Schubladen angefüllt mit Wissen über Michelangelo Buonarroti, Raffael, Pinturicchio, Perugino und viele andere.

»Du brauchst dir wirklich keine Sorgen zu machen. Du hast so gut gelernt, du warst fleißig und hast wirklich alles Wichtige im Kopf, was Menschen, die die Vatikanischen Museen besuchen, wissen wollen.«

»Okay«, sagte er entschlossen, nahm seine Jacke und stand schon in der Tür. Ich nahm ihn in den Arm: »Du packst das!«

Ich sah, wie er über die Via Portuense mit dem Fahrrad verschwand.

Was dann geschah, weiß ich nur vom Hörensagen und musste es mir zusammenreimen. Er musste sehr blass im Vorzimmer von Fernanda gesessen haben und seinen Stichwortzettel wieder und wieder durchgegangen sein. In seinem Kopf musste sich die Glanzzeit Roms, die Renaissance, wie ein bunter Teppich ausgebreitet haben. Jetzt kam es darauf an, dass er sich nicht darin verhedderte. Dann war er dran. Fernanda rief ihn zu sich ins Büro und schloss die Tür.

Ich weiß nicht, was passiert wäre, wenn Leo nicht unvorhergesehen auf diese Idee gekommen wäre. Es ist gut möglich, dass Fernanda voreingenommen war. Es hatte ihr natürlich nicht gepasst, dass Leo seinen Vater vorgeschickt hatte. Sie wollte sicher den Eindruck vermeiden, dem Druck eines besorgten Vaters nachzugeben. Sie wollte sicher zeigen, dass sie die Bewerber objektiv beurteilte. Da Leo aber unglaublich viel wusste, hätte er diese Prüfung überstehen müssen. Aber dann kam er auf diese Idee – und das Schicksal nahm seinen Lauf.

Leo entdeckte im Bücherregal von Fernanda den alten Rom-Führer *Sinfonia Vaticana* von Reinhard Raffalt, ein Buch aus den späten 1960er-Jahren, das jahrzehntelang auf dem Markt war. Weil es in einem angenehmen Plauderton geschrieben worden ist, nutzen Reiseführer das alte Standardwerk heute noch. »Sie haben auch den Raffalt gelesen?«, fragte Leo. Er wollte nur das Eis brechen, Fernanda möglichst gewogen stimmen. Sie antwortete nicht, wühlte nur in ihren Unterlagen. Wahrscheinlich wollte sie Leo einfach ein bisschen zappeln lassen.

Dann begann das Verhängnis. »Der Führer von Raffalt ist ja ganz gut, aber er macht auch Fehler, ausgerechnet in der Sixtinischen Kapelle. Das Buch blieb jahrzehntelang auf dem Markt, ohne dass irgendwer die Fehler korrigierte. Raffalt schreibt, dass die ersten beiden Fresken der Seitenwände von Pinturicchio sind, das stimmt aber nicht. Raffalt verwechselt Pinturicchio mit Perugino.«

Leo merkte nicht, was in diesem Augenblick geschah: Fernanda gefror zu Eis. Wahrscheinlich sagte sie einfach gar nichts, um das Entsetzen dieser Erkenntnis, mit der dieser unerfahrene junge Mann nichts ahnend ihr Selbstbild komplett in Frage stellte, in den Griff zu bekommen. Leo hingegen plapperte einfach weiter, immer tiefer in den Untergang. »Dabei ist das nicht der einzige spektakuläre Fehler. Raffalt beschreibt eine dramatische Szene im Borgia-Appartement, wie Alfonso von Aragon-Bisceglie vor den Augen seiner Frau, Lucrezia, in Stücke gehauen werde. Die Szene ist zwar abenteuerlich, aber falsch; so war es nicht. Lucrezia wurde getäuscht; als die Häscher kommen, um Alfonso zu verhaften, läuft sie blitzschnell zu ihrem Vater. Sobald sie weg ist, bringen die Schergen des Papstes dessen Schwiegersohn weg, um ihn zu erdrosseln.« Ich vermute, dass nach diesem zweiten Hieb Fernanda erst einmal eine Weile brauchte, um sich zu sammeln.

Leo konnte natürlich nicht ahnen, was seine Sätze ausgelöst hatten. Fast alle Führer, die schon etwas älter sind und Touristen in deutscher Sprache durch den Vatikan führen, benutzen das Buch von Reinhard Raffalt als Vorlage. Vor Fernandas innerem Auge tauchte vielleicht eine katastrophale Szene auf: jene Hunderte von Gruppen, denen sie in der Sixtinischen Kapelle voller Überzeugung erklärt hatte, die ersten beiden Bilder stammten von Pinturicchio. Sie hatte Raffalt geglaubt und ihren eigenen Vortrag nie überprüft und jahrzehntelag ihren Kunden in der Sixtinischen Kapelle etwas Falsches erzählt. Niemand hatte es gemerkt, was kein Wunder ist, weil in der Sixtinischen Kapelle alle Besucher ohnehin nur auf Michelangelo schauen. Das änderte aber nichts daran, dass sie, die Chefin der Guides, Unsinn geredet hatte. Natürlich hatte sie auch die Borgia-Szene übernommen. Es war zu verlockend, im Appartement Alexanders VI. die Stelle zu zeigen, an der Alfonso von Bisceglie vor den Augen seiner Frau ausgerechnet in der Wohnung eines Papstes in Stücke gehauen worden war.

Ausgerechnet sie, die das Ansehen und die Ehre der Fremdenführer, deren hohes Berufsethos immer gepriesen hatte, war den Fehlern von Raffalt auf den Leim gegangen. Was für eine Schmach! Und wer hatte ihr diese Schmach angetan? Ausgerechnet ein blutiger Anfänger, ein Frischling, der, ohne es auch nur zu ahnen, ihren festen Glauben an sich selbst, an ihre Rechtschaffenheit und enorme Bildung erschüttert hatte. Ich weiß nicht genau, wie lange sie brauchte, um sich zu sammeln. Leo hatte keine Ahnung, was er angerichtet hatte. Ihr musste es so vorkommen, als habe er sie des beruflichen Betrugs beschuldigt, als habe er sie ertappt. Das war natürlich völlig irrational, aber Leo war nun mal da, und sie musste prüfen, ob er eines Tages das tun könnte, was Fernandas Job war. Sie würde ihm jetzt zeigen, wie schwierig dieser Job war.

Es tut mir jetzt noch leid, was dann passiert ist, weil Leo in diesem Augenblick, als er im Büro von Fernanda stand, glaubte, eine reelle Chance zu haben. Er hatte hart gearbeitet und war perfekt vorbereitet; doch Fernanda hatte beschlossen, ihn büßen zu lassen – wofür, wusste sie eigentlich selber nicht – und ihm nicht den Hauch einer Chance zu lassen.

Ich weiß nicht, ob sie wenigstens Ciao sagte oder gleich damit begann, ihn zu zerstören.

»Was weißt du über die Sammlung moderner Kunst im Vatikan?«, fragte sie.

Leo wusste bei dieser Frage sofort, was Fernanda vorhatte. Er reagierte absolut richtig, auch wenn das nichts bringen würde.

»Sie wollen mich in die Pfanne hauen, und das finde ich nicht fair.«

»Warum sollte ich dich in die Pfanne hauen wollen?«, fragte

Fernanda mit diesem harten, entschlossenen Gesicht unter den schulterlangen, blonden Haaren, die bei ihr wie ein Helm aussahen.

»Ich möchte wissen, was du über die moderne Kunst im Vatikan weißt, vor allem über Alberto Burri und seine Beziehung zu Massimo Baldelli.«

»Sie wollen mich fertigmachen, das habe ich kapiert. Kein Mensch kommt nach Rom, um im Vatikan die Bilder von diesem Burri zu sehen. Die Menschen kommen nach Rom, weil sie die Werke von Raffael Sanzio und Michelangelo Buonarroti sehen wollen. Sie sollten mich etwas über die Sixtinische Kapelle fragen.«

»Warum sollte ich das tun?«, fragte Fernanda.

»Weil jeder Führer alles über diese Kapelle wissen muss.«

»Ich werde dich nach nichts fragen, was mit der Kunst Michelangelos oder Raffaels zu tun hat. Wenn du willst, kannst du das schriftlich haben. Ich weil auch nichts über Papst Julius II. wissen oder die Laokoon-Gruppe. Ich will etwas darüber wissen, was Alberto Burri geschaffen hat.«

»Ich weiß über moderne Kunst im Vatikan, dass Pablo Picasso sich weigerte, Papst Paul VI. einige seiner Werke auch nur auszuleihen.«

»Darum geht es nicht. Ich möchte wissen, wann und wo Alberto Burri arbeitete.«

»Es kann im Vatikan außer ein paar Zeichnungen keine bahnbrechenden Werke von diesem Burri geben. Die Ausstellung moderner Kunst im Vatikan ist belanglos. Das Museum of Modern Art in New York oder das Centre Pompidou in Paris zeigen wichtige moderne Kunst, aber nicht der Vatikan. Außerdem dürfen Sie mir nicht nur eine Frage stellen, Sie müssen mir laut Prüfungsordnung mindestens eine weitere Frage stellen.«

»Du kennst dich aber gut aus mit der Prüfungsordnung. Die hast du ja offenbar gründlich studiert. Dann wollen wir zur zweiten Frage kommen. Was weißt du über Giuseppe Capogrossi, und was ist von ihm im Vatikan zu sehen?«

Leo gab es später zwar nicht zu, aber ich war mir ziemlich sicher, dass er fürchtete, weinen zu müssen, und anfing, das zu unterdrücken.

»Ich weiß nicht, wer das ist. Sie wollen mich in die Pfanne hauen, das finde ich eine riesige Sauerei. Diese Ausstellung moderner Kunst befindet sich nicht in den Räumen Alexanders VI. Das ist es, was die Menschen, die nach Rom kommen, interessiert. Der Papst lebte mit seiner Geliebten in diesen Zimmern und ließ Pinturicchio sehr seltsame Bilder an die Wand malen.«

»Ich habe weder nach Alexander VI. noch nach Pinturicchio gefragt. Was für ein Werk von Giuseppe Capogrossi ist im Vatikan zu sehen?«

»Es wird irgendein Werk der modernen Kunst sein.«

In schneidendem Ton erwiderte Fernanda: »Für diese Information muss ich nicht einen teuren Führer durch die Museen bezahlen. Dass da irgendetwas mit moderner Kunst zu tun hat.«

»Kein Mensch geht in die Vatikanischen Museen, weil er die Sammlung moderner Kunst sehen will.«

»Darum geht es nicht. Ich will eine Antwort auf meine Frage. Was für ein Werk von Giuseppe Capogrossi gibt es im Vatikan?«

»Sie wollen mich auflaufen lassen. Wieso fragen Sie mich nicht nach Perugino oder Botticelli?«

»Wie oft soll ich das noch sagen? Ich will weder etwas über Michelangelo wissen noch über Raffael, nichts über Botticelli und nichts über Perugino. Ich habe nach Burri und Capogrossi gefragt.«

»Ich weiß nicht, ob Sie es zur Kenntnis genommen haben, aber ich habe meine Ausbildung zum Fremdenführer noch nicht begonnen. Ich bin hier bei Ihnen, weil ich mich dafür bewerbe, eine solche Ausbildung zu machen. Das müssten Sie eigentlich wissen. Ich muss zurzeit noch nicht alles wissen.«

Genüsslich antwortete Fernanda: »Da hast du völlig recht. Aber wir nehmen nur Kandidaten, die sich interessieren und ein kleines bisschen wissen, dazu sind diese Tests da. Du weißt aber gar nichts. Du bist durchgefallen.«

Er stand auf und rannte hinaus.

Sie hatte sich an ihm gerächt, und ich bin mir sicher, sie wusste nicht, wofür.

KOLOSSEUM

Inliner und Polterabend

Ein paar Tage nach dem Desaster bei Fernanda kam ich mit meinem Sohn aus dem Supermarkt. Wir schleppten die Einkäufe über die Via Portuense nach Hause und setzten uns einen Augenblick auf die Bänke der Piazza an der Via Rolli, als er unvermittelt zu mir sagte: »Ich will weitermachen.«

»Was meinst du?«, fragte ich.

»Ich will der am besten vorbereitete Schüler aller Zeiten bei der Prüfung für die Fremdenführerschule sein. Ich möchte bei der nächsten Prüfung jede erdenkliche Frage beantworten können.«

»Leo, lass doch den Quatsch. Fernanda wird dich niemals durchlassen; du hast sie offensichtlich auf das Tödlichste beleidigt.«

»Aber ich wollte sie nicht beleidigen.«

»Ich weiß, aber nun ist es eben so. Sie wird dich niemals durchlassen. Und selbst wenn sie dich durchlassen wollte, du musst ein Jahr warten, bevor du dich wieder für einen Platz in der Schule bewerben kannst. Aber in einem Jahr hast du Abitur, und dann willst du vielleicht was anderes machen und nicht mehr Guide für Touristen werden.«

»Ich gebe jetzt nicht auf«, sagte er trotzig.

Das war es also. Ich hatte vergessen, wie hartnäckig mein Sohn sein konnte. Das war er schon als kleiner Junge gewesen. Schon im Kindergarten und in der Grundschule. Wenn er mit einem anderen Kind oder einem Lehrer nicht zurechtkam, selbst wenn das für ihn schlimme Ausmaße annahm, drückte er sich nie. Er zog jeden Morgen wie ein kleiner Soldat in die Schlacht und rannte immer wieder gegen das Problem an, bis es gelöst oder verschwunden war. Jetzt war Fernanda das Problem, das er aus dem Weg räumen musste; er würde eine Menge Zeit und Energie dabei verlieren und möglicherweise sein wahres Ziel aus den Augen verlieren, nur um Fernanda niederzuringen. Davor wollte ich ihn bewahren.

»Verrennst du dich da nicht in etwas?«

»Papa!« Seine Stimme klang jetzt energisch und ziemlich erwachsen. »Ich möchte den Menschen, die nach Rom kommen, meine Stadt zeigen, und ich glaube, dass ich das lernen kann. Eines Tages kann ich das vielleicht richtig gut, und ich werde mich von so einer Fernanda nicht stoppen lassen.«

»Okay. Wo willst du denn weitermachen?«

»Ist doch ganz einfach. Wenn du dir als Tourist den Vatikan angeschaut hast, was siehst du dir dann als Nächstes an? Das Kolosseum natürlich.«

»Wie bitte?«, fragte ich überrascht. »Du willst mit mir ins Kolosseum wie ein Tourist? Die Touristen, die nach Rom kommen, interessieren sich für das Kolosseum, weil es ein einmaliges antikes Gebäude ist. Sie wollen hören, dass es in einer für uns unvorstellbaren Rekordzeit gebaut wurde, für eine unglaubliche Summe aus der Kasse einer einzigen Familie, und dass dort am Ende der Antike im Jahr 523 unter Theoderich dem Großen zum letzten Mal Spiele stattfanden. Das interessiert die Urlauber.«

»Und uns interessiert das nicht?«

»Natürlich interessiert uns das; aber bei uns ist es irgendwie etwas anderes.«

»Wieso was anderes?«

»Weil … irgendwie gehören wir dazu.«

»Jetzt spinnst du mal wieder.« Leo konnte sehr direkt sein. »Wieso sollten wir zum Kolosseum gehören?«

»Wo hast du Rollschuhfahren gelernt?«

»Im Kolosseum.«

»Weißt du, wieso?«

»Nein.«

»Du hattest damals die ersten Inline-Skater geschenkt bekommen, und du hast geheult, weil du sie nicht ausprobieren konntest. Die Plätze und Bürgersteige rund um das Kolosseum, also in unserer damaligen Nachbarschaft, bestanden aus Kopfsteinpflaster – unmöglich, darauf mit Rollschuhen zu fahren. Überall Löcher. Und auf der Straße zu fahren, wäre lebensgefährlich gewesen. Aber im zweiten Ring des Kolosseums gab es eine perfekte ebene Fläche, absolut glatt, eine ausgezeichnete Rollschuhbahn. Also ist deine Mutter mit dir dort zum Üben

Das Kolosseum: Finanziert wurde es mit den gestohlenen Schätzen aus dem Tempel in Jerusalem. Während der Renaissance entstand am Kolosseum ein ganzes Dorf, auf den Ruinen wurden viele Häuser gebaut.

hingefahren. Bevor du geboren wurdest, wohnten wir ja direkt am Kolosseum, und das gehörte damals noch den Römern, nicht ganz und gar den Touristen wie heute. Deine Mutter und ich haben damals nach der Arbeit fast jeden Abend in Luciano Luzzis billiger Trattoria gegessen.«

»Den kenn ich doch, Luciano, den glühenden Roma-Fan. Aber seine Trattoria gibt es immer noch.«

»Ja, genau. Ganz ehrlich, es gehört zu den schönsten Erinnerungen meines Lebens, wenn wir nach dem Essen die Straße San Giovanni in Laterano zurück zu unserer Wohnung auf ›unser Kolosseum‹ zugingen, das majestätisch und schweigend und wunderschön am Ende unserer Straße lag. Außerdem haben wir die besten Partys unseres Lebens im Kolosseum gefeiert.«

»Ihr konntet nachts ins Kolosseum?«

»Ja, Ende der 1980er-Jahre ging das noch. Damals trafen sich viele junge Menschen aus unserem Stadtviertel nachts im Amphitheater. Es war kein Problem hineinzukommen. Das Kolosseum wurde nur von ein paar Stahlstreben abgesperrt. Solche perfekten Absperrungen wie heute gab es noch nicht. Wer wusste, wo die Rohre ein wenig locker waren, konnte hineinschlüpfen. Wir hatten Bier und Wein dabei, Snacks und Pizza und feierten in der Dunkelheit in dieser unglaublichen Kulisse wie vor zweitausend Jahren. Wir konnten ungehindert überall herumlaufen, bis hinunter in den Teil, wo jene zahlreichen Aufzüge gewesen waren, die Teile der Kulissen für die grausamen Spiele und die Tiere nach oben befördert hatten.

Ab und zu gab es Razzien der Polizei, aber das war nicht wirklich ernst gemeint. Eher wie ein Räuber-und-Gendarm-Spiel. Die Polizisten liefen in der Dunkelheit hinter uns her, und wir flohen durch die Absperrungen. Ich glaube nicht, dass je einer verhaftet wurde. Vor allem in den Sommernächten war es der wahrscheinlich unglaublichste Party-Ort der Welt.

Wir haben mit unseren Freunden den Polterabend vor unserer Hochzeit im abgesperrten Kolosseum gefeiert.«

»Das ist ja cool. Ich fand es immer komisch, mit Mama und dir zum Kolosseum zu fahren, obwohl ich die Strecke mit der Straßenbahn liebte. Es war wie ein kleiner Freizeitpark mitten in Rom, weil die Straßenbahn der Linie 3 ab dem Circus Maximus zum Kolosseum immer durch den Park fährt. Das gefiel mir. Aber trotzdem war es seltsam für mich, mit euch dahin zu fahren.«

»Wieso denn?«

»Es war euer Viertel, deins und das von Mama, ich gehörte nicht dazu.«

»Als wir da wohnten, gab es dich ja auch noch gar nicht.«

»Es ist für mich irgendwie komisch zu denken, dass ihr da so jung wart.«

»Nicht sehr viel älter als du jetzt.«

»Ja, ich weiß, und wenn wir von Trastevere aus dorthin gefahren sind, dachte ich: Das Viertel ist euer Dorf.«

»Wie meinst du das?«

»Wie alt war ich, als wir nach London gefahren sind?«

»Fünf oder sechs.«

»Damals überlegte ich mir: Ach, so sieht also eine Großstadt aus. Rom war total anders, ein Dorf. Wenn du mit Mama durch das Viertel am Kolosseum gegangen bist, sprachen euch ununterbrochen Leute an, Kellner aus den Lokalen, der Käsehändler an der Ecke, der Mann, der den Wein verkaufte. Das alles war ganz anders als in London, allein schon wegen der schmalen Straßen am Kolosseum, und es kamen eben andauernd Leute auf euch zu, die euch begrüßen wollten.«

»Leo, das lag daran, dass es noch in den 1980er-Jahren und Anfang der 1990er-Jahre im Zentrum von Rom keine Supermärkte gab. Zum Einkaufen musste man abends in mindestens fünf verschiedene Geschäfte gehen. Dort kannte jeder jeden, und Touristen gab es in den Läden praktisch nie.«

»Warum denn nicht?«

»Das lag an der Sprachbarriere. Nur mal eben ein Brötchen mit Schinken und eine Flasche Wasser zu kaufen, war so gut wie unmöglich, ohne Italienisch zu können, denn die Ware war ja nicht abgepackt. Der für den Verkäufer selbstverständliche Dialog mit einem Kunden war für einen Touristen ohne Sprachkenntnisse nicht zu bewältigen. Sobald er an der Reihe war, der Verkäuferriege hinter dem hohen Tresen zu sagen, was er wollte, türmte sich eine Mauer von Fragen auf. Der Urlauber wollte also ein Brötchen mit Schinken; wenn er die richtigen Worte dafür, ›Panino‹ und ›Prosciutto‹, beherrschte, fragte der Verkäufer im römischen Maschinengewehr-Stakkato zurück: Welchen Schinken denn? Parma, Norcia, San Daniele, würzigen, kräftigen oder den vom Lande? Das Gleiche galt für die Brötchen. Rosetta? Panino di Latte? Tartaruga? Osso? Und dieses Fragengewitter vertrieb die meisten Urlauber. Aber weißt du, was für die Urlauber am schlimmsten war?«

»Nee.«

»Dass sich ständig alle einmischten. Wenn ein Tourist es endlich geschafft hatte, dass der Händler sein Brötchen aufgeschnitten und die Scheiben Schinken hineingelegt hatte, wenn also eigentlich alles fertig war, dann schrie immer irgendeine Hausfrau aus dem Laden dazwischen, dass ein Brötchen mit Parma-Schinken, aber ohne getrocknete Tomaten eine Barbarei sei. Oder eine andere Hausfrau meinte lautstark, dass unbedingt etwas Stracchino auf das Brötchen musste. Der Händler schaute auf den Urlauber und erwartete dessen Entscheidung, schlug meistens selber noch eine Verbesserung vor, ob er etwas Nduja aus Kalabrien probieren wollte. Weil der Tourist schließlich überhaupt nicht mehr verstand, worum es eigentlich ging, hauten die meisten ab.«

»Das muss doch total schön gewesen sein, diese Dorfatmosphäre fünfzig Meter vom Kolosseum weg, oder?«

»Na ja, manchmal habe ich es auch gehasst: Ich hab ja damals als Korrespondent gearbeitet und musste morgens auf dem Weg ins Büro alle Zeitungen am Kiosk kaufen, und wenn ich rasch noch einen Liter Milch oder ein Brötchen brauchte, waren oft nur ein oder zwei Kunden im Laden, aber dann begannen diese typischen Rezeptdiskussionen.

Da hieß es etwa: ›Carlo, gib mir doch bitte fünfzig Gramm Kapern, ich mach die Thunfischpasta heute einmal mit Kapern.‹ Dann schrie garantiert eine Frau dazwischen: ›Bist du verrückt, mit Kapern, das wird viel zu salzig, Kapern passen nur, wenn du Schwertfisch nimmst, aber der auf dem Markt sah gar nicht gut aus.‹ Die Erste wieder: ›Du hast recht. Lassen wir es einfach, ich mache heute Gnocchi. Gib mir 200 Gramm.‹ Und schon protestierte garantiert jemand und sagte: ›Spinnst du, heute ist Mittwoch!‹ Weil aus einem Grund, den niemand je kapiert hat, Gnocchi in Rom nur donnerstags gegessen wurden. Das ging gefühlte Stunden so weiter, und ich war genervt, wenn ich endlich sagen durfte: ›Kann ich vielleicht einen Liter Milch haben?‹

Aber weißt du, welcher mein Lieblingsladen war? Kennst du die schicke Enoteca in der Via Celimontana?«

»Klar, das Viertel ist heute total in.«

»Als wir dort wohnten, gehörte der Laden dem dicken alten Giovanni und seiner Frau: Um in sein Geschäft zu kommen, mussten wir eine düstere Treppe hinuntersteigen. In dem dunklen Kellerraum saß er neben seinen Weinfässern auf einem durchgesessenen alten Campingstuhl. Tag für Tag kam er mit seinem knallroten Auto aus einem Dorf bei Rom mit kleinen Fässern voller Weiß- und Rotwein, den er den Bauern in seinem Ort abkaufte. Ich weiß noch, dass er den Wein in Glasflaschen verkaufte, die man mitbringen musste. Die Rentner des

Viertels trafen sich dort zum Kartenspiel und passten auf die regelmäßig dort geparkten Kinder auf. Ein Liter Wein kostete so etwa eine D-Mark.

Als ich das erste Mal dort hinunterstieg, hatte ich nicht den geringsten Zweifel, dass ganze Heerscharen von Touristen diese typische, urige Weinbar mit Beschlag belegen würden. Die Lage schien einfach zu verlockend: Ein paar Schritte von einer der Hauptattraktionen Europas, wenn nicht der Welt, lag eine typische Weinbar, die für einen sehr niedrigen Preis guten Wein anbot. Der Laden musste Giovanni einfach zum Millionär machen, aber dem war nicht so. Ich sah in den knapp zehn Jahren, in denen wir am Kolosseum wohnten, keinen einzigen Urlauber in der Bar – und es dauerte lange, bis ich ahnte, warum.

Es gab in den Albaner Bergen, also etwa dreißig Kilometer vor Rom, ähnliche Weinbars, die aber Tag für Tag aus den Nähten platzten, weil sich Touristen in ihnen drängten. Die Urlauber in diesen Weinkellern erzählten, dass sie sich in den einfachen Lokalen der Albaner Berge zurückversetzt fühlten in die Zeit Goethes, der sich in der Campagna bei Rom herumtrieb. Dorthin schien das Bild der Weinbar, die aussah wie im 18. Jahrhundert, zu passen, aber am Kolosseum nicht, wieso nicht?

Ich sprach in all den Jahren immer wieder mal mit Touristen, die neugierig in den Keller schielten, sich aber nicht hineintrauten. Sie sagten im Kern alle das Gleiche: Sie waren schon in anderen europäischen Großstädten gewesen und kannten die Regeln einer Topattraktion. In der Nähe der Tower Bridge oder des Invalidendoms gab es Burger-Shops und wegen ihrer Spitzenlage überteuerte Restaurants, Cafés und Bistros. Aber eine billige Weinkneipe wie im 18. Jahrhundert fand sich in Frankreich vielleicht in irgendeinem Bauerndorf im Süden, aber nicht neben dem Eiffelturm. Also folgerten die Touristen, dass mit dem Keller von Giovanni irgendetwas nicht stimmen konnte. Sie begriffen nicht, dass der Laden dort lag, wo er lag, weil die Menschen des Viertels am Kolosseum Arbeiter und kleine Angestellte waren, die sich keinen teuren Wein leisten konnten, aber auch niemals wirklich schlechten Wein gekauft hätten.«

»Ist die Opa-erzählt-vom-Krieg-Stunde jetzt vorbei?«, grinste mein Sohn.

»Ja, aber es ist doch wirklich kaum zu glauben, dass das alles keine zwanzig Jahre her ist«, wunderte ich mich.

Wir nahmen unsere Plastiktüten aus dem Supermarkt und trugen sie hoch in unsere Wohnung.

Antikes Zuhause

»Erinnerst du dich an unser Lieblingskloster?«, fragte ich zu Hause in der Küche.

»Ja sicher, Santissimi Quattro.«

»Genau: ganz nahe am Kolosseum. Die Nonnen von Santissimi Quattro Coronati haben, als die Antike zu Ende ging, die Sitze des Kolosseums geplündert. Sie haben nicht irgendwelche Steinplatten aus den Sitzreihen gerissen, sondern nur die, auf denen die Spielbretter eingeritzt waren, auf denen sich die Römer mit Brettspielen wie einem antiken Damespiel die Zeit vertrieben zwischen den meistens ziemlich grausamen Darbietungen im Kolosseum. Wenn du in das Kloster gehst und dich in den Kreuzgang führen lässt, dann kannst du die Steine dort als Fenstersimse sehen.«

»Ja, ich erinnere mich.«

»Das Besondere an Rom, das Faszinierende an dieser Stadt ist, dass sich nach dem Ende der Antike einfache, arme Menschen in die Überreste imperialer Größe eingenistet haben. Am Kolosseum wohnten seit damals Handwerker und Bauern; viele arbeiteten in den Weinbergen nebenan und brachten ihre Kühe, die auf dem Forum weideten, in der Hitze des Sommers in die riesigen ehemaligen Zuschauerhallen des Kolosseums, damit sie im Schatten ausruhen konnten. Diese Leute konnten sich nach dem Untergang der Weltmacht Rom nicht mehr vorstellen, wer solche unglaublichen Gebäude errichtet hatte, wie es möglich gewesen war, dass eine riesige Arena neben ihren niedrigen, kleinen Häuschen am Rand des Forum Romanum stand. Es muss ihnen vorgekommen sein, als hätten einst Außerirdische von einem anderen Planeten diese überdimensionierten Kolosse gebaut, um dann wieder ins All zu verschwinden. Inmitten der Überreste einer Zeit, als Rom die Hauptstadt der bekannten Welt war, richteten sich Gemüsegärtner, Bäcker, eben einfache Leute ein.

So sind auch wir in das Viertel gekommen; weil es damals billig war, dort zu leben. Mehr als 400 D-Mark im Monat konnte ich für ein Zimmer nicht ausgeben. Das ist der große Unterschied zwischen Rom und den anderen Großstädten in Europa: Die Touristen denken, dass der Eiffelturm in Paris, der Buckingham Palace in London und das Kolosseum in Rom drei ähnliche Wahrzeichen sind. Aber das stimmt nicht. Der Eiffelturm liegt auf einem noblen Platz weit weg von den Arbeitervierteln von Paris, ebenso der Buckingham Palace. Kein Mensch käme in London oder Paris auf die Idee, eine billige Wohnung neben dem Buckingham Palace oder dem Eiffelturm zu suchen, in Rom am Kolosseum war das, wie gesagt, anders.«

»Wie bist du überhaupt zu dieser Wohnung gekommen?«

»Zufall. Wohnungen wurden in Anzeigenzeitungen angepriesen, die Zeitung hieß *Porta Portese*. Man suchte nach Stadtvierteln. Die meisten Stadtviertel, wie das damals angesagte Monti oder auch Trastevere, hätte ich mir nicht leisten können, aber am Kolosseum war es billig. Wir haben damals überhaupt nicht kapiert, was für ein Glück wir hatten.«

Tödliche Vergnügungsmaschinerie

Am nächsten Morgen fuhren wir mit dem Bus zur Via Cavour und kletterten dann die Treppen hoch, vorbei am Palast der Borgia und der Kirche San Pietro in Vincoli zu der Schule, die malerischer als jede andere in Rom direkt neben dem Kolosseum liegt. Die Terrasse dort oben, auf der sich fast immer Schüler tummeln, ist der einzige Ort in der Nähe des Kolosseums, an dem Besucher sich nicht durch Heerscharen von Urlaubern kämpfen müssen. Wir setzten uns auf die Mauer und schauten hinunter auf das Areal.

»Stimmt es, dass Mama mit dem Blick auf das Kolosseum Italienisch gelernt hat, als sie ganz jung war?«

»Woher weißt du das?«, fragte ich überrascht.

»Sie hat es mir mal erzählt.«

»Ja, sie saß in unserer absoluten Lieblingsbar, hier nebenan auf dem Colle Oppio, und schaute aufs Kolosseum. Ich habe sie in der Mittagspause immer besucht, dann büffelte sie.«

»Und war sie eine gute Schülerin?«

»Die beste, sie hat die Sprache unglaublich schnell gelernt.«

Leo blickte mich erwartungsvoll an: »Also, leg los, warum findest du das Kolosseum so cool?«

»Das Kolosseum gehört zu jenen Superlativen, von denen Rom so voll ist. Es ist das größte je erbaute Amphitheater der Welt, es ist gleichzeitig der größte geschlossene Bau der römischen Antike und wurde in absoluter Rekordzeit errichtet, für uns kaum vorstellbar. Der Superbau, nach dessen Plänen

Komplizierte Bühnentechnik im Untergrund des Kolosseums: Seinen Namen erhielt das Flavische Amphitheater von der kolossalen Statue, die Kaiser Nero darstellte. Mit moderner Technik gelang es, einen erhaltenen Teil der Statue zu identifizieren.

noch heute moderne Stadien errichtet werden, entstand in nur acht Jahren, zwischen 72 und 80 nach Christus. Die Flavier ließen eine 40 Kilometer lange Straße anlegen, um die benötigten mehr als 100 000 Tonnen Travertin aus den Albaner Bergen nach Rom zu schaffen. Gleichzeitig arbeiteten mehrere Bautrupps an dem gigantischen Gebäude, die wegen eines genialen Organisationssystems stets zur richtigen Zeit das richtige Baumaterial bekamen. Sie setzten unter anderem Pozzolana ein, ein zementartiges Gemisch aus Vulkanstaub aus Pozzuoli. Das Gemisch gilt als so extrem haltbar, dass es seit zweitausend Jahren genutzt und heute als Produkt von der EU geschützt wird.

Das geniale System der Gänge sowie achtzig Eingänge sorgten dafür, dass alle etwa 50 000 Besucher das Kolosseum innerhalb von fünfzehn Minuten betreten oder verlassen konnten. Das schafft kein modernes Stadion. Das System wird deswegen immer wieder kopiert. In den ersten Jahren war es möglich, die Arena mit Wasser zu fluten und Schiffskämpfe zu simulieren.«

»Kriegsschiffe in einem riesigen Wasserbassin, das muss total spektakulär gewesen sein«, meinte Leo.

»Das riesige Sonnensegel überspannte eine Fläche von 10 000 Quadratmetern, wurde von 250 Masten getragen und von Hunderten Seesoldaten gespannt. Alles in allem gilt das Kolosseum als eine der herausragenden architektonischen Meisterleistungen der Menschheit. Aber du kannst die Geschichte des Kolosseums nicht erzählen, wenn du nicht auch die Geschichte des Mannes erzählst, der einer der bekanntesten Einwohner unserer Stadt war: Nero Claudius Caesar.«

Feuer, Sex und Muttermord

»Der wahnsinnige Nero?«, fragte Leo.

»Na ja, zumindest hat die Nachwelt einen Irren aus ihm gemacht. Tacitus, der zur Zeit des Brandes von Rom etwa sechs Jahre alt gewesen sein muss, schrieb ausführlich darüber, dass Nero die Christen zu Sündenböcken machte, weil das Volk sie hasste. Er berichtete auch, dass der Christus unter Tiberius hingerichtet worden war und dass man meinte, die in Judäa unterdrückte ›Schwärmerei‹ würde ein Ende nehmen. Aber stattdessen schaffte es der neue Glaube in die Hauptstadt, nach Rom. Tacitus warf den Christen einen allgemeinen Menschenhass vor, und bis heute rätselt man darüber, wieso. Vermutlich kapselten die Christen sich von der römischen Gesellschaft ab, nahmen an deren feuchtfröhlichen und erotischen Ausschweifungen nicht teil, die an der Tagesordnung waren. Prostitution war in Rom in allen Schichten weit verbreitet. Die Christen dagegen lebten

Kaiser Nero: War der berühmteste Bösewicht Roms etwa unschuldig? Während der berühmten Feuersbrunst war er wohl gar nicht in der Stadt. Noch lange nach seinem Tod wurden viele seiner Regierungsjahre als glückliche Jahre gefeiert.

in der tagtäglichen Erwartung des Jüngsten Gerichts. Sie waren sicher, dass Gott sehr bald erscheinen würde, bestärkt vor allem durch Paulus. Der hoffte darauf, dass Christus noch zu seinen Lebzeiten zurückkommen würde, um das Jüngste Gericht abzuhalten.«

»Ernsthaft? Paulus glaubte, er würde es noch erleben, dass Gott auf einer Wolke erscheint?«

»Ja. Die ersten Christen dachten wohl, dass es nur ein paar Jahre dauern würde bis zum Jüngsten Gericht. Wahrscheinlich waren sie deshalb auch ziemlich radikal, auf jeden Fall anders als die toleranten Römer. Es ist also durchaus möglich, dass Nero die Christen zu Sündenböcken machte.«

»Wofür eigentlich?«

»Tacitus schreibt, dass er ihnen den Brand von Rom aus dem Sommer 64 in die Schuhe schieben wollte, weil er ihn selber legen ließ.«

»Und hat er ihn legen lassen?«

»Es ist möglich, aber relativ unwahrscheinlich. Er hatte ein Motiv, und deswegen hat auch der Schriftsteller Sueton ihn bezichtigt, Rom in Schutt und Asche gelegt zu haben, um dabei über das untergehende Troja zu singen. Nero träumte offensichtlich von einem gigantischen Palast im römischen Stadtzentrum, nahe am politischen Zentrum, dem Forum Romanum. Der noble Palatin-Hügel war allerdings bebaut, außerdem wohnte dort Neros verhasste Mutter. Das Kapitol war ebenso dicht bebaut, genauso wie der Mons Oppius, ein Teil des Esquilin. Dort standen, anders als auf dem Palatin und dem Kapitol, vor allem Gebäude aus Holz, dicht an dicht. Im Juli des Jahres 64 herrschte vermutlich große Hitze, brennbares Material gab es mehr als genug. Als in der Nähe des Circus Maximus ein Brand ausbrach, fraß der sich rasch den Hügel hinauf. Bis heute ist unklar, ob Neros Soldaten nachhalfen. Sicher ist, dass genau jenes Stadtviertel in Schutt und Asche gelegt wurde, das Nero haben wollte: der Mons Oppius. Was gegen die Theorie vom Brandstifter Nero spricht, ist, dass der Kaiser sich in seiner Heimatstadt im heutigen Anzio aufhielt, als der Brand ausbrach, und nach Rom eilte, um selber Befehle zur Rettung der Stadt zu geben. Er ließ Gärten öffnen und die Opfer in seine Besitzungen strömen. Verhält sich so ein Brandstifter?«

»Also diese ganze Hollywood-Geschichte aus *Quo vadis?*, in der Nero Lieder trällert, während Rom brennt, stimmt vielleicht gar nicht?«

»So sicher nicht. Aber was auch immer stimmen mag, ohne Nero hätte Rom keine zweite Chance bekommen. Die Stadt wäre am Ende der Antike untergegangen.«

»Verstehe ich nicht.«

»Unter Nero gibt es eine Christenverfolgung, der entweder tatsächlich oder aber der Legende nach auch Simon Petrus zum Opfer fällt.«

»Wow«, sagte Leo. »Ich glaube, ich habe es jetzt kapiert. Darf ich mal? Unterbrich mich, wenn ich was Falsches sage.«

»Nur zu!«

»Der Grund dafür, dass Rom die Ewige Stadt ist, könnte sein, dass irgendein Mann, dessen Namen wir nie erfahren werden, im Juli 64 auf seinen Grill auf einer Straße nahe dem Circus Maximus nicht gut aufpasst, es ist alles knochentrocken, ein Haus fängt Feuer, rasend schnell breiten sich die Flammen aus. Nero, der mit all dem nichts zu tun hat, rast aus Anzio nach Rom, um den Menschen zu helfen. Einmal angekommen, merkt er, dass es das Gerücht gibt, er habe das Feuer gelegt, um sich das Gelände, auf dem wir hier stehen, unter den Nagel zu reißen. Also braucht er Sündenböcke. Die Christen kommen da gerade recht; die glauben daran, dass ein Typ aus Nazareth in ein paar Wochen auf einer Wolke herbeischweben wird, um die Welt zu richten. Deswegen machen die auch bei all dem, was den Römern Spaß macht, nicht mit. Also lässt er jede Menge Christen hinrichten.«

»Heute schätzt man, dass es etwa 200 oder 300 waren.«

»Okay«, fuhr Leo fort. »Er lässt also viele Christen hinrichten. Unter den verfolgten Christen gibt es irgendeinen, der die Gewalttaten der Römer aufbauschen will, vielleicht, weil er bei der Verfolgung seine Frau verloren hat, und der will die Römer noch viel grausamer gegenüber Christen darstellen, als sie waren. Er erzählt herum, die Römer seien so fies, dass sie sogar den heiligsten, friedfertigsten, wichtigsten aller Christen, Petrus, grausam hingerichtet haben und dass der irgendwo am Vatikanischen Hügel verscharrt wurde. Das Gerücht hält sich über hundert Jahre, und schließlich ritzt ein Pilger, der das Grab eines Mannes, der nichts damit zu tun hat, für das Grab des Petrus hält, dessen Namen in einen Stein. Kaiser Konstantin fällt zweihundert Jahre später darauf herein, baut den Petersdom, und so bekommt das antike Rom eine zweite Chance. Es verschwindet nicht einfach wie Palmyra oder Pergamon, sondern schafft es, nach der Hauptstadt der Kaiser zur Hauptstadt der Päpste zu werden, nur weil es Gerüchte, Verwechslungen, Irrtümer gab.«

»Ja, das ist alles möglich.«

»Echt? Es ist möglich, dass diese Stadt auf zweitausend Jahren Missverständnissen steht?«

»Ja, Nero ist ein gutes Beispiel. Wir denken vielleicht nur deswegen so schlecht über Nero, weil die Geschichtsschreiber ihn zu einem Monster machen. Der Autor Sueton, der allerdings als insgesamt durchaus glaubwürdig gilt, beschreibt ihn als Psychopathen, den idealen Bösewicht. Du musst daran denken: Den Christen ist es verboten, die Frau eines anderen auch nur zu begehren. Nero verdankt aber seine Berühmtheit zweifellos vor allem den genüsslichen Berichten Suetons über seine sexuellen Ausschweifungen, die den Christen wie Werke des Satans vorgekommen sein müssen. Laut Sueton ist eines der schlimmsten Verbrechen Neros, dass er die Vestalin Rubria vergewaltigte. Vestalinnen galten als besonders verehrungswürdige heilige Frauen, die während ihrer Zeit als Priesterinnen der Göttin Vesta keusch bleiben mussten. Wenn sie beim Sex erwischt wurden, drohte ihnen eine Beerdigung bei lebendigem Leibe. Sueton wirft Nero außerdem vor, dass er den Jungen Sporus entmannen ließ und versuchte, ihn mit allen Mitteln in ein Geschöpf weiblichen Geschlechts umzuwandeln, und ihn wie seine Ehefrau behandelte. Außerdem spekuliert er darüber, dass Nero in seiner Sänfte mit seiner Mutter Agrippina Sex gehabt habe, was sich durch Flecken habe beweisen lassen. Sicher sei laut Sueton, dass er unter seinen Beischläferinnen eine Frau ausgesucht habe, die seiner Mutter ähnlich gesehen habe. Erotische Ausschweifungen scheint Sueton, der ansonsten wissenschaftlich arbeitet und katalogisiert, bei Nero gar nicht ausführlich genug beschreiben zu können. So lässt er sich darüber aus, dass Nero sich in Tierfelle habe einnähen lassen, um aus ihnen hervorzubrechen und sich auf die Schamteile von Männern und Frauen zu stürzen, die an Pfähle gefesselt waren. Danach habe er sich von einem Freigelassenen wie eine Frau nehmen lassen und dabei die Schmerzensschreie einer Jungfrau nachgeahmt.

Zweifellos trug auch der spektakuläre Mordanschlag auf seine Mutter dazu bei, dass er über Jahrtausende das Böse verkörperte.«

»Der hat seine Mutter umgebracht?«

»Nero ließ, laut Sueton, ein Schiff bauen, das sich selbst versenken konnte und auf das er seine Mutter lockte. Doch beim Untergang des Schiffes ertrank Agrippina nicht. Als Boten Nero meldeten, dass sie sich glücklicherweise schwimmend an Land gerettet habe, befahl er, sie zu erdolchen. Dabei beließ er es aber nicht. Den vermeintlichen Liebhaber seiner Mutter, der sein politischer Gegner gewesen sein soll, besudelte er, laut Sueton, vor der Hinrichtung, um ihn dann töten zu lassen mit den Worten, er könne jetzt zu seiner Mutter gehen.«

»Wie sah Nero eigentlich aus?«

»Sueton schildert Nero als einen Mann mittlerer Größe, sein Körper mit Flecken bedeckt und übel riechend. Das Haar sei blondgelblich gewesen, die Augen blau und schwach, der Nacken übermäßig fett und der Bauch stark vortretend, die Schenkel dünn; aber seltsamerweise sei er von guter Gesundheit gewesen.

Der Kaiser ließ also dort unten im Tal des Kolosseums und auf dem angrenzenden Mons Oppius einen gigantischen Palast anlegen. Sueton beschreibt eine riesige Anlage: Der Portikus am Eingang des Palastes bestand aus drei Säulenreihen von insgesamt rund anderthalb Kilometer Länge. Im Eingang des Palastes ragte eine gigantische Kolossalstatue Neros auf, die 177 Meter hoch gewesen sein soll, was sicher eine Übertreibung ist. Heute geht man davon aus, dass die Kolossalstatue dem Koloss von Rhodos nachempfunden war, also etwa 120 Fuß hoch gewesen sein soll, das entspricht etwa 36 Metern.

Ausgerechnet dieser Koloss machte Nero gegen den Willen seiner Nachfolger unsterblich. Die errichteten an der Stelle, an der ein See in der Palastanlage Neros gelegen hatte, ein Amphitheater, das den Namen des Tyrannen löschen und den Namen der Flavier hell leuchten lassen sollte. Das funktionierte in der Antike auch ganz gut. Doch im Mittelalter scheint sich der Geist des verteufelten Nero zu rächen. Weil die zerfallende Arena der Flavier in der Nähe des Nero-Kolosses stand, änderte der Volksmund den Namen des Flavischen Amphitheaters. Den Familiennamen der Flavier schluckte weitestgehend die Geschichte, die Welt kennt ihr Theater heute nur noch unter dem Namen Kolosseum. Nero, der so glänzend begann, mit klugen politischen Entscheidungen, endete tragisch. Als die Armee ihn fallen ließ, floh er in eine Villa an der Via Salaria, wo er starb.«

»An der Salaria? An unserer Via Salaria, auf der wir uns stundenlang im Stau aus Rom heraus gen Norden quälen?« Leo lachte auf.

»Ja, es ist die gleiche Straße, die gab es damals schon«, sagte ich.

»Okay, Nero mag ja ein Scheusal gewesen sein, aber an der Salaria sein Leben zu verlieren, hat keiner verdient. Stell dir das mal heute vor: Nero rennt vor seinen Verfolgern davon auf der Salaria, da ist wie immer Dauerstau. Die Römer schießen von dem dicken Tyrannen Handyfotos vom Auto aus, weil sie eh nicht vom Fleck kommen. Zwischen den Autos versperren die Typen Nero den Weg, die Feuerzeuge und geklaute Uhren verkaufen.«

»So wäre es wohl heute. Man weiß nicht genau, wo die Villa an der Salaria lag, in deren Keller einer der berühmtesten Römer aller Zeiten sein Leben verlor. Er hockte in einem Versteck, und als er erfuhr, dass seine Häscher ihn gefunden hatten, brachte er nicht den Mut auf, wie ein Held zu sterben. Zumindest beschreiben das seine Biografen so, vermutlich, um ihn noch im Tod als verweichlicht darzustellen. Nur zögerlich und mit Hilfe seines Kabinettsekretärs rammte er sich den Dolch in die Kehle. Die Flavier entwickelten eine geniale Idee auf seine Kosten: Die Domus Aurea, das goldene Haus, das Symbol des Herrschers, der zwar mitten in Rom leben wollte, sich aber vor den Menschen in einem Palast verschanzte, wurde das Symbol einer neuen Zeit.

Mitten im ehemals für die normalen Römer unerreichbaren Palastgarten sollte das Flavische Amphitheater stehen, offen für alle Römer. Sie sollten nicht ausgesperrt sein, nur in den verschlossenen Garten schielen können, sondern kommen und sehen und die Großzügigkeit des Kaisers Vespasian genießen. Er setzte die brillante Idee einer gigantischen und tödlichen Unterhaltungsmaschinerie um, die eines signalisierte: Ihr seid ein Teil von Rom und nicht mehr ausgeschlossener Pöbel, den Nero schikanierte, wie er wollte. Ich, Kaiser Vespasian, nehme euch ernst und gebe euch mit ungeheurem Aufwand als Zeichen meiner Wertschätzung etwas, das ihr euch nicht einmal vorstellen könnt.«

Leo ließ den Blick über die gewaltige Fassade des Kolosseums schweifen.

Blut und Spiele

»Haben die Römer das damals kapiert?«

»Ja, ihnen war bewusst, dass der Bau Nero herabsetzen und die Familia der Flavier loben sollte. So rühmte Hofdichter Martial den Kaiser Titus, der nach dem Tod Vespasians das Kolosseum ausbauen ließ. Er schrieb, dass genau da, wo der Palast des Untreuen lag, Rom sich selbst zurückgegeben wurde, und Caesar, also Titus, dafür sorgte, dass das Vergnügen, das einst nur das der Kaiser war, jetzt das des Volkes wurde.«

»Okay. Das verstehe ich: Sie wollten die Gunst des Volkes; aber hat das nicht Unsummen gekostet?«, wollte Leo jetzt wissen.

»Ohne jeden Zweifel, und das ist umso erstaunlicher, als Vespasian, der den Großteil des Baus bezahlte, ausgesprochen sparsam war. Er schaffte es, die gigantischen Schulden, die Nero aufgehäuft hatte, langsam auszugleichen: Er ließ Steuersünder verfolgen, reformierte den öffentlichen Haushalt, strich Steuergeschenke Neros und richtete sogar eine Latrinensteuer ein.«

»Eine was?«

»Eine Steuer, wenn du auf ein öffentliches Klo gegangen bist. Sein Sohn Titus soll sich bei ihm darüber beschwert haben, dass diese Steuer mit Ausscheidungen verdient worden sei, worauf Vespasian einen der berühmtesten Sätze der Antike gesagt haben soll: ›Pecunia non olet. Geld stinkt nicht.‹«

»Aber solche Unsummen, wie sie für den Bau des Kolosseums nötig waren, ließen sich nicht durch ein paar Sondersteuern bezahlen?«

»Nein, da mussten schon ganz andere Beträge her. Vor allem die Einnahmen aus der Beute des Judäa-Feldzugs haben wohl dazu beigetragen, den Bau des Kolosseums möglich zu machen.«

»Woher weiß man das?«

»Im Jahr 1813 haben Archäologen einen Marmorblock im Kolosseum gefunden und konnten die Inschrift rekonstruieren. Dort stand, dass Kaiser Vespasian das neue Amphitheater mit den Einnahmen aus der Kriegsbeute erbauen ließ. Das kann eigentlich nur der Krieg in Judäa gewesen sein; der Tempel in Jerusalem soll ja immense Schätze aus Gold und Silber enthalten haben.«

»Also hat der Ort Gottes, der Tempel des Alten Testaments, die Mordmaschine des Kolosseums bezahlt?«

»Das stimmt. Trotzdem ist es falsch, die Römer als eine blutrünstige, unmenschliche Bande hinzustellen.«

»Aber im Kolosseum wurde doch vor allem gemetzelt.«

»Ja, das ist schon richtig. Es ist unmöglich zu sagen, wie viele Menschen im Kolosseum ihr Leben gelassen haben. Aber vermutlich gibt es auf der Erde keinen anderen Flecken, der nur 188 Meter lang und 156 Meter breit ist und an dem so viele Menschen durch Gewalt zu Tode gekommen sind. Nach vorsichtigen Schätzungen sollen es wohl etwa 300 000 gewesen sein.«

Netzkämpfer und Frauenhelden: die Gladiatoren

»Das waren Gladiatoren, die sich gegenseitig umbrachten?«

»Nein, das sicher nicht. Gladiatoren waren die Stars der Szene, die erst am späten Nachmittag, wenn das Kolosseum voll besetzt war, auftraten. Einen Gladiator auszubilden und zu unterhalten, war aufwendig und sehr teuer. Ich hatte seltsamerweise in den ersten Jahren in Rom andauernd mit der Ausbildung von Gladiatoren zu tun.«

»Du? Wieso das denn?«, fragte Leo entgeistert.

»Ganz einfach. Meine erste Wohnung in der Via San Giovanni in Laterano 24 lag genau über dem Ludus Magnus; das war die von Domitian staatlich eingerichtete Gladiatorenschule am Kolosseum, die nur durch einen unterirdischen Gang mit der Arena verbunden war. Ein stabiler Zaun trennt die Ausgrabungen des Ludus Magnus von der Straße; sie liegt etwa zwei Meter unter dem Straßenniveau, eine Ausgrabung, die im Mittelalter als Friedhof genutzt wurde. Wenn ich nach Hause kam, habe ich da stets meine Vespa angekettet. Es passierte immer

Der Ludus Magnus: Die Trainingsarena der Gladiatoren war schon ein solcher Publikumsmagnet, dass bis zu 3000 Zuschauer kamen. Obwohl dem Tode bestimmt, gelang es einigen Gladiatoren, jahrelang zu überleben.

wieder mal, dass ältere Herren mit grauen Haaren, die überaus ernst schauten, um den Ludus Magnus herumgingen und ihn aus jedem denkbaren Winkel in Augenschein nahmen und wieder und wieder fotografierten. Wenn die sahen, dass ich an dem Zaun meine Vespa ankettete, kamen manche empört auf mich zu, weil die Vespa sie an ihrem perfekten Rundgang um die Ausgrabungen hinderte, und außerdem mein Gefährt der Firma Piaggio aus dem 20. Jahrhundert ihre Fotos von der Anlage versaute.«

»Haben die dich dann angemacht? So im Sinne, sagen Sie mal, wissen Sie eigentlich, was Sie da machen? Sie benutzen einen der interessantesten Orte der Welt als Parkplatz für Ihre kümmerliche Vespa. Können Sie die nicht woanders anketten?«

»Ja, so ungefähr. Aber manchmal entwickelten sich daraus durchaus spannende Gespräche. Die glichen dann der Konversation des Forschungsreisenden Livingstone mit einem Wilden. Der Wilde war ich. Den Gelehrten ging es immer um einen Punkt: Sie wollten mir klarmachen, dass die Menschen, die hier lebten, wie ich zum Beispiel, der ich direkt auf ihrem Forschungsobjekt schlief, aß und Fernsehen schaute, keine Ahnung davon hatten, auf was für einem Schatz sie hockten. Sie suggerierten mir, dass ich es einfach gar nicht verdient hatte, dort zu wohnen, wo ich wohnte. Da ich mich daran gewöhnte, mit dieser herablassenden Haltung zu leben, hatte ich eigentlich nur Vorteile von der Situation, weil ich regelmäßig, das ganze Jahr über, private Gratisvorlesungen über Gladiatoren bekam.

Ich lernte, dass die Gladiatorenschule Ludus Magnus viel größer war, als ich angenommen hatte, und dass auf den Zuschauerrängen bis zu 3000 Menschen Platz nehmen konnten. In Rom galt es als beliebter Zeitvertreib, den Gladiatoren beim Training zuzuschauen. Die kleinen Häuschen, die im Ludus Magnus standen, so etwa vier mal fünf Meter groß, kannte ich. Aber erst die Professoren erklärten mir, dass das die Zellen der Gladiatoren waren, in die sie zu zweit eingesperrt wurden. Sie erklärten mir auch, dass es eine gute medizinische Versorgung für die Gladiatoren gab und dass sie stets gut mit Getreide ernährt wurden und sich so eine Fettschicht zulegen konnten, die sie vor leichten Verletzungen schützte. Ich erfuhr, dass die meisten Gladiatoren zu Beginn ihrer Karriere ums Leben kamen und ihre Lebenserwartung sich umso mehr erhöhte, je mehr Kampferfahrung sie besaßen. In den Blütejahren der Kaiserzeit soll aber nur etwa jeder zehnte Kampf der Gladiatoren mit einer Tötung geendet haben.«

»Echt, ich dachte, die gingen immer gleich drauf?«

»Den Gladiatoren wurden ganz bestimmte Waffen zugeordnet. Der bekannteste war wahrscheinlich …«

»Lass gut sein, Papa, damit kenn ich mich viel besser aus.«

»Sicher«, sagte ich, »sorry, jetzt erinnere ich mich. Dir gefiel als Kind das wunderschöne Mosaik eines Gladiatorenkampfes aus der Villa Borghese so gut. Weißt du noch? Auf dem Mosaik sind gleich drei Netzkämpfer zu sehen, zwei liegen tot am Boden. Der Künstler des Mosaiks wollte wahrscheinlich die Spannung des Werkes dadurch steigern, dass er das griechische Zeichen für ›Tod‹ neben den am Boden liegenden Netzkämpfern anbrachte, um klarzustellen, welchen dramatischen Augenblick er darstellt.«

»Papa, du redest Unsinn! Ich interessiere mich für Gladiatoren, weil ich alle *Asterix*-Bände gelesen habe. An meine angebliche Begeisterung für ein Mosaik in der Villa Borghese erinnere ich mich nicht. Aber ich weiß, dass Obelix den Retiarius, den Gladiator, der mit einem Dreizack und einem Netz kämpft, immer in das Netz wickelt und zuschnürt. Die Equites, Reiter, durften in der Regel den Kampf eröffnen und kämpften zunächst auf dem Pferd, dann aber weiter auf dem Boden. Beliebt war auch die Paarung Murmillo, der wie ein gewöhnlicher römischer Soldat mit Kurzschwert, einem rechteckigen Schild, sowie Arm- und Beinschutz ausgestattet war, gegen den Thraex. Dieser Gladiator, der ein Schwert mit gekrümmter Klinge und einen runden Schild sowie ebenfalls Arm- und Beinschützer trug, sollte auf den thrakischen Ursprung hindeuten. Die Provocatores kämpften mit einem Kurzschwert und einem kleinen rechteckigen Schild sowie einem Brustpanzer gegeneinander. Das alles spielt bei *Asterix* aber insofern keine Rolle, als dass die beiden Gallier den Römern einfach jede Menge Hiebe verpassen.«

»Ist ja klar, deine Bildung hast du aus *Asterix*-Heftchen«, stichelte ich.

»Ja und? In *Asterix als Gladiator* kann man sich ziemlich gut vorstellen, wie es abgegangen sein muss. Du bist in einem voll besetzten Kolosseum, 50 000 Menschen feuern dich an. Du bist ihr Liebling, der Held, ein echter Mann. Gladiatoren sind absolute Volkshelden und große Herzensbrecher. Ich weiß, dass in der Gladiatorenschule in Pompeji eine adelige Dame entdeckt wurde, die sich mit ihrem Liebhaber, einem Gladiator, vermutlich für heimlichen Sex getroffen hatte. Gladiatoren waren wahrscheinlich wie unsere Stars aus Computergames. Das war alles natürlich sehr grausam, aber auch in gewisser Weise eine Unterhaltungsshow, wie in einem Game. Ich weiß, dass die Römer großen Wert auf Kulissen legten. Das Besondere am Kolosseum, verglichen mit allen anderen Amphitheatern, bestand darin, dass der gesamte Unterboden, das Geschoss unter der mit Sand und Staub bedeckten Kampfarena, mit einem komplizierten System von Aufzügen ausgerüstet war. Die Veranstalter der Spiele ließen ganze Landschaften über die Aufzüge nach oben schaffen. Sanddünen, Palmen, Hütten sollten Afrika simulieren. Die Aufzüge brachten dann auch die Tiere für die Kulissen, Löwen, Panther oder Elefanten, nach oben. Schroffe Felsen sollten England oder Germanien simulieren.«

»Du hast recht«, sagte ich. »Den Kaisern ging es ja auch darum, zu zeigen, dass sie über ein Weltreich herrschten. Sowohl die Kämpfer, Gallier, Thraker, Nubier, Ägypter, als auch die Tiere kamen aus der gesamten bekannten Welt. Die Stars in diesem Zirkus waren aber die Gladiatoren.«

»Die haben aber nicht alle freiwillig gekämpft.«

»Sehr wahrscheinlich entschlossen sich aber dennoch Männer, die nichts mehr zu verlieren hatten, dazu, Gladiatoren zu werden. Das Risiko zu sterben, war überschaubar. Die Zahl der Tage, an denen die kostspieligen Gladiatorenkämpfe im Kolosseum stattfanden, war gesetzlich geregelt. Wahrscheinlich fanden an nicht mehr als zehn bis fünfzehn Tagen im Jahr Gladiatorenkämpfe statt. Das bedeutete, dass ein Gladiator damit rechnen musste, etwa drei oder vier Tage im Jahr zu kämpfen. Den Rest des Jahres trainierte er und ließ sich vermutlich von Frauen bewundern. Außerdem gab es durchaus Karrierechancen. Gladiatoren konnten sich freikaufen oder freigekauft werden und eine eigene Gladiatorenschule aufmachen und ›lanista‹, also eine Art Besitzer und Trainer von Gladiatoren, werden. Sehr wahrscheinlich setzte gegen Bezahlung auch die Armee freigelassene Gladiatoren als Trainer ein, wenn es darum ging, schnell Truppen auszubilden. Wenn man als Gladiator viel Glück hatte, konnte man als Leibwächter arbeiten. Die waren sehr begehrt. Wenn man es schaffte, seine Karriere als Gladiator zu nutzen, um berühmt zu werden, konnte man sich also ein komfortables Leben einrichten.«

»Wenn der Gladiator am Leben blieb.«

»Richtig, aber die Chancen standen nicht schlecht. Heute schätzt man, dass nur etwa zwanzig Prozent der kämpfenden Gladiatoren bei den Spielen getötet wurden. Sie hatten ja das Recht, sich an den Ausrichter der Spiele, meistens den Kaiser, zu wenden, um nach einem verlorenen Kampf um Gnade zu bitten. Der Kaiser ließ dann fast immer das Publikum entscheiden, und die brüllten dann entweder …«

»Warte, das kenn ich.«

»Aus *Asterix*?«

»Klar, die schrien: ›mitte‹, was bedeutete, ›lass ihn gehen‹, oder ›iugula‹, was ›abstechen‹ heißt.«

»Stimmt. Soweit sich das heute rekonstruieren lässt, stieg das Risiko zu sterben, je länger die Kämpfe dauerten. Wenn mehrere Gladiatoren begnadigt worden waren, wollte das Publikum irgendwann einen Toten sehen. Dabei lernten die Gladiatoren, dass es weit wirkungsvoller war, mit einem spitzen Dolch den besiegten Gegner umzubringen, statt mit Schlägen des Schwertes.«

»Was kostete eigentlich der Eintritt?«

»Der war umsonst.«

»Durfte da jeder einfach hineinlaufen?«

»Aber nein, die Plätze im Amphitheater waren ganz genau vergeben. Die besten Plätze hatte natürlich der Kaiser. Es gab eine Loge für die kaiserliche Familie. Sie gelangte durch einen der achtzig Eingangsbögen des Kolosseums dorthin, der für die kaiserliche Familie reserviert war. Die zweitbesten Plätze nahe am Geschehen waren für die Senatoren reserviert. Sie durften ihre Holzstühle aufstellen. Darüber auf dem ersten Rang, dem Maenianum primum, saßen Privilegierte. Das Wort ›Maenianum‹ für Balkon geht wahrscheinlich auf Gaius Maenius zurück, der den ersten Balkon auf dem Forum Romanum bauen ließ, damit das Volk den Gladiatorenkämpfen zusehen konnte. Dann kam das Maenianum secundum imum, weiter oben dann das Maenianum summum und ganz oben die schlechtesten Plätze, das in Holz errichtete Maenianum secundum in legneis, für Frauen. Alle Plätze waren nummeriert, und auf der Eintrittskarte stand der Cuneus, also in welchem Teil des Kolosseums der Platz lag, der Gradus und schließlich der Locus, der Platz. Auf dem Ticket stand also zum Beispiel: CUN II, GRAD III, LOCC IV. Das hätte bedeutet, dein Platz lag im Sektor 2, Reihe 3, Platz 4. Außer den Adeligen besaßen alle größeren Vereinigungen in Rom Sektoren im Kolosseum für ihre Gefolgsleute. Durch einen Zufall hat sich die Liste der hohen Priester Roms, der Arvali, erhalten; darin wurde genau festgelegt, dass deren Sektor 130 Fuß lang war, was etwa 39 Metern entspricht, und was bedeutet, dass dort zwischen siebzig und achtzig Zuschauer Platz hatten. Nehmen wir an, dass du ein frommer junger Mann gewesen wärest, der die Arvali verehrte, dann hättest du gute Chancen gehabt, von ihnen solch eine Eintrittskarte zu bekommen. Die Päpste haben übrigens immer ungern über die Hohepriester gesprochen. Weil sie Jahrhunderte vor Christi

Geburt eine Eigenschaft der Jünger um Jesus vorwegnahmen. Aus den Patrizierfamilien wurden Hohepriester auserwählt zu einem gemeinsamen Rat, und es waren immer genau zwölf.«

»Krass, wie die zwölf Apostel, die Hohepriester Christi?«

»Ja, genau. Wer auch immer die Evangelien geschrieben hat, für den Autor war diese Zahl vielleicht wichtig, weil er wusste, dass es seit Ewigkeiten zwölf Hohepriester gab. Aber zurück zum Kolosseum.

Auf den Eintrittskarten war auch die Nummer des Eingangs ins Kolosseum vermerkt. Über jedem Eingangstor stand in flammendem Rot die Nummer dieses Eingangs. Während meiner Gespräche am Ludus Magnus erfuhr ich auch, um wie viel Geld es ging. Dass der staatlich besoldete Chef der Gladiatorenschule ein gigantisches Einkommen von 200000 Sesterzen im Jahr verdiente, das Hundertfache des Jahreslohnes eines Arbeiters. Die Experten erklärten mir, dass der Ludus Magnus nur eine von vier Gladiatorenschulen in der Umgebung war, in unmittelbarer Nähe lagen noch der Ludus Dacicus, Ludus Gallicus und der Ludus Matutinus. Der hieß übrigens tatsächlich so, weil er auf Tierhetzen spezialisiert war und diese Veranstaltungen stets am Vormittag stattfanden; ›Matutinus‹, das bedeutet ›am Vormittag‹. Sie erklärten mir ebenfalls, dass die Gladiatoren selten Kämpfe ausfochten, die auf Leben und Tod ausgetragen wurden. Auf Sizilien haben die Archäologen eine Grabinschrift eines Gladiators entdeckt, der 34-mal kämpfte, 21-mal gewann und neunmal verlor – und nach den verlorenen Kämpfen vom Publikum begnadigt wurde.

Leid und Show

»Was waren das für Tierhetzen?«

»Die waren sehr beliebt. Die Römer waren, was das angeht, wirklich äußerst brutal. Schon in den zwei Jahrhunderten vor

Christus gab es Tierhetzen im römischen Reich, die im Laufe der Kaiserzeit, durch die finanziellen Möglichkeiten der Herrscher, immer gewaltigere Ausmaße annahmen. Schon Augustus soll in den langen 41 Jahren an der Macht mehr als 3000 Tiere in den Arenen sterben lassen haben zur Unterhaltung der Zuschauer. Titus ließ dann zur Einweihung des Kolosseums über 5000 Tiere abschlachten. Der Angstschweiß der Tiere war so penetrant, dass Wasserleitungen in das Untergeschoss des Kolosseums gelegt werden mussten, um ständig die Käfige ausspülen zu können, weil sonst der Gestank unter der Kampfarena kaum auszuhalten gewesen wäre. Sie haben Löwen, Bären, aber auch Zebras und Giraffen, Elefanten und Tiger abgeschlachtet. Trajan, der dem römischen Reich zu seiner größten Ausdehnung verhalf, soll zur Feier des Sieges über die Daker 11 000 Tiere in den Tod geschickt haben. Raubtiere setzte man auch als eine Art elektrischen Stuhl des römischen Reiches ein. Todesurteile konnten im Kolosseum vollstreckt werden, indem die Verurteilten an Pfähle gefesselt und ausgehungerte Löwen und Tiger auf sie losgelassen wurden. Es müssen entsetzliche Szenen gewesen sein, wenn die Verurteilten zerfleischt wurden.«

»Das ist ja widerlich. Waren diese Menschen damals so anders, dass sie es nicht ekelhaft fanden, was sie da sahen?«

»Cicero schreibt schon vor Christi Geburt, nach dem Besuch der Einweihung des Theaters des Pompeius, was das denn für eine Unterhaltung sein solle, wenn ein schwacher Mensch durch ein wildes Tier zerfleischt oder ein herrliches Tier von einem Jagdspieß durchbohrt würde. Was Cicero besonders berührte, war das Leiden eines der intelligentesten Tiere der Welt, eines Elefanten. Er berichtete, wie sehr die Menschen in der Arena Bewunderung für das Tier entwickelten und gleichzeitig Mitleid, weil es doch so sehr einem Menschen glich.

Aber sicherlich lag die Idee, die Tiere als Schöpfung Gottes schützen zu müssen, vielen Römern fern. Es gibt eine berühmte

Die Tierhatz in der Arena war äußerst grausam. Kaiser Trajan soll zur Feier seiner Siege 11 000 Tiere gestiftet haben, die abgeschlachtet wurden. Aber auch den Menschen der Antike war Mitleid mit den Tieren nicht fremd.

Votivgabe, eine Art steinernem Dank an die Götter, im Römisch-Germanischen Museum in Köln, die Tiere betrifft. Wir würden es für normal halten, dass wir Gott bitten, unschuldige Tiere vor Wilderern und allen, die sie zum Vergnügen töten wollen, zu schützen. Auf der Votivgabe steht aber, dass der Stifter den Göttern danke, weil sie ihm ermöglichten, in nur sechs Monaten fünfzig Bären zu fangen, die er für Tierhetzen jetzt verkaufen könne.«

»Weißt du, was ich glaube«, sagte Leo. »Es gab damals brutale Idioten, und es gibt heute brutale Idioten.«

»Wahrscheinlich hast du recht. Ein anderer Schriftsteller, Seneca, schrieb in einem berühmten Brief an Lucilius, dass er einmal zufällig in eine Mittagsvorstellung in einer Arena geraten sei, wo er harmlose Spiele erwartete. Wenn die Tierhetzen des Vormittags vorbei waren, gab es oft eine Art Showeinlage mit Possenreißern, aber auch Vorführungen von Tieren wie in einem Zoo.

Doch Seneca kam zu spät, und als er Platz nahm, waren die harmlosen Vorführungen dressierter Tiere schon vorbei, und es begannen die Kämpfe auf Leben und Tod der verurteilten Verbrecher. Der Dichter war entsetzt: Die Verurteilten kämpften ohne jeden Schutz, jeder Treffer mit dem Schwert verletzte und entstellte den Gegner. Diese Kämpfe gegeneinander, ›damnatio ad ferrum‹, waren auch wegen ihrer totalen Aussichtslosigkeit so grausam. Die Verbrecher traten gegeneinander an; wer gewann, musste gegen den Nächsten kämpfen. Das führte dazu, dass im Laufe der Stunden immer stärker verletzte, blutüberströmte Menschen gegeneinander kämpften, nur um noch ein paar Minuten oder höchstens Stunden am Leben zu bleiben. Denn es gab kein Entrinnen. Selbst wenn ein Kämpfer völlig erschöpft und schwer verletzt alle Kämpfe gewonnen hatte, wurde er zum Schluss durch die sogenannten Veneratores hingerichtet.«

»Dagegen ist ja *Call of Duty* ein Witz. Blutüberströmte Menschen kämpften gegeneinander?«

»Ja. Seneca war erschüttert: Morgens werfe man den Löwen und Bären die Menschen vor, mittags den Zuschauern. Die Hinrichtung durch Tiere war nicht weniger grausam; die ›damnatio ad bestias‹ bedeutete vor allem, dass die Zuschauer oft dem langen Todeskampf eines Menschen zusahen, denn die Tier rissen die Opfer und fraßen ihr Fleisch, aber töteten sie nicht gleich. Seneca schrieb entsetzt: Mörder würden weiteren Mördern vorgeworfen, den Sieger spare man auf für den nächsten Kampf. Am Ende war die Arena leer. Er berichtete auch über das, was die Menschen in der Arena sagten. Der eine sagte: ›Aber er verdient die Strafe, er ist ein Dieb oder Mörder.‹

Seneca antwortete: ›So hat er sein Schicksal verdient. Ich denke dann, mag er ein Mörder sein, aber du Unglückseliger, was gibt dir das Recht, bei seiner Ermordung zuzuschauen?‹«

»Warum wurden die Verbrecher denn überhaupt in das Kolosseum gebracht, statt ins Gefängnis zu kommen?«, fragte Leo jetzt.

»Es gab keine Gefängnisse, und es gab auch keine Polizei. Die sogenannten Vigiles waren eigentlich keine Polizisten, sondern Feuerwehrmänner und wurden vor allem gegen Brandstifter und bei Bränden eingesetzt. Strafverfolgung lag in der Hand der Privatleute. Wer einen Dieb oder einen Mörder erwischte, war darauf angewiesen, dass die Nachbarn ihm halfen, ihn festzunehmen. Einen Dieb in flagranti zu erschlagen, war erlaubt. Die Rechtsprechung war zweifellos sehr ausgeklügelt, aber dennoch gerieten immer wieder auch Unschuldige unter die Räder, weil eine Beweisaufnahme wie durch unsere Polizei nicht bekannt war. Seneca muss bewusst gewesen sein, dass die Opfer der Massaker, die er in der Arena sah, die zur Belustigung der Zuschauer in Stücke gehauen wurden, Menschen gewesen sein können, die einfach nur Pech hatten oder denunziert worden waren.«

»Stimmt es denn, dass Christen im Kolosseum hingerichtet wurden?«

»Es lässt sich nicht beweisen und ist eher unwahrscheinlich.«

»Wieso kommt der Papst dann am Karfreitag hierher?«

»Erinnerst du dich an den Papst mit dem Teufelchen in der Peterskirche?«

»Sicher, Benedikt XIV.«

»Er beschloss, das Kolosseum zu retten, und verbot die weitere Plünderung. Im Kolosseum existierte bereits eine Kirche, Santa Maria della Pietà. Der Papst ließ die vierzehn Kapellen eines Kreuzwegs in die ehemalige Kampfarena bauen. In das Zentrum des Amphitheaters der Flavier ließ er ein Kreuz stellen. Das Symbol des gekreuzigten Handwerkerssohns aus Nazareth, den die Römer in seiner Todesstunde verspotteten, hat es in das Zentrum der Mordmaschine geschafft. Ich hoffe, dass er all denen, die in der Arena hingerichtet wurden, seinen Trost spenden konnte – wenn es denn ein Paradies wirklich gibt.

Der Kreuzweg im Kolosseum sollte eine Attraktion für die Pilger des Heiligen Jahres 1750 sein. Papst Paul VI. belebte im Jahr 1964 die Tradition des Kreuzwegs am Karfreitag wieder, und seitdem zelebrieren alle Päpste den Kreuzweg dort, bis auf den Karfreitag des Jahres 2005, als Papst Johannes Paul II. wegen Krankheit Kardinal Ratzinger, seinen späteren Nachfolger als Papst Benedikt XVI., als seinen Vertreter in das Kolosseum schickte.«

SANTA MARIA MAGGIORE

Die neue Macht von Rom

»Hat es irgendwo auf der Welt eine Zivilisation in der Antike gegeben, die etwas Vergleichbares wie das Kolosseum geschaffen hat?«, wollte Leo nach den Geschichten um Blut und Spiele wissen.

»Nein, das Kolosseum gehört zu den Weltrekorden von Rom. Es ist einzigartig. Keine der etwa 200 Arenen, die im römischen Imperium gebaut wurden, reicht an das Kolosseum heran, und nur das Kolosseum konnte für Schiffswettkämpfe geflutet werden. Nur das Kolosseum besaß die komplizierte und aufwendige Technik eines riesigen Sonnensegels. Weltrekord eben.«

»Okay. Dann zeig mir den nächsten Weltrekord!«

»Es ist eine Kirche.«

Enttäuscht sah Leo mich an. »Einen Weltrekord in einer Kirche, die nicht der Petersdom ist? Das kann ich mir nicht vorstellen.«

»Aber es stimmt. Es sind die ältesten Propagandatafeln, die erhalten sind.«

»Propaganda?«

»Ja, genau. Propaganda.«

»In einer Kirche?«

»Ja, eine Weltrekord-Propaganda in einer Kirche.«

»Na gut.« Leos Begeisterung hielt sich unübersehbar in Grenzen. »Dann lass uns gehen.«

Wir gingen eine meiner Lieblingsstraßen entlang, in der die berühmte San-Clemente-Kirche liegt mit der sagenhaften Unterkirche und dem Mithräum. Für mich gehören die Straßen um San Clemente zu den schönsten Flecken der Stadt, und ich war versucht, Leo zunächst San Clemente zu zeigen. Aber wenn ich jetzt damit anfing, sollten wir dann alles in Rom anschauen, was mir wichtig war? Und wie lange würde das dauern?

Wir gingen also an San Clemente vorbei und bogen in die Via Merulana nach links ab, um auf die Kirche von Santa Maria Maggiore zuzugehen.

Das prächtige Innere der Kirche empfing uns mit seinem seltsamen Glanz.

»Es gibt nur einen einzigen Ort auf der Erde, an dem du christliche Bilder der Antike in einem kompletten Zyklus sehen kannst. Die Mosaiken stammen noch aus dem 5. Jahrhundert nach Christus. Als die Bilder hier in Santa Maria Maggiore entstanden, war die Epoche der Antike noch nicht vorbei.«

»Wow, das heißt, die Typen, die diese Mosaiken gemacht haben, könnten am Vormittag noch für einen heidnischen Senator ein paar Jupiter-Abbildungen gebastelt haben und am Nachmittag Mosaiken über Jesus von Nazareth?«

»Genau.«

»Das heißt, die Dinger sind richtig alt. Ich meine, schon Raffael oder so scheinen uns ja alt, aber diese Mosaiken sind noch mal tausend Jahre älter, da war Jesus noch gar nicht so lange tot. Jerusalem, Bethlehem und Nazareth waren noch unter der Kontrolle der Römer. Stell dir das mal vor.« Leo klang jetzt richtig aufgeregt: »Die Nachfahren der Familie des Lazarus, den Christus von den Toten auferweckte, könnten ebenso noch gelebt haben wie die Nachfahren des Gastwirts, der in Emmaus den auferstandenen Christus bewirtet haben soll. Das Gasthaus könnte damals durchaus noch gestanden haben.«

Santa Maria Maggiore: eine uralte Kirche mit barocker Fassade, hier die Ostseite. Die Basilika soll an der Stelle gebaut worden sein, an der auf wundersame Weise Schnee im August gefallen sein soll, weshalb sie auch Unsere Liebe Frau vom Schnee heißt.

»Stimmt«, sagte ich.

»Die Künstler legten in dieser Kirche hier den ersten großen christlichen Bilderzyklus an, und sie taten das in dem Stil, in dem sie auch die Geschichten der römischen Götter und Kaiser erzählt haben. Sie erzählten die Geschichte von Moses und Christus, aber noch unter dem Eindruck ihrer Welt, des zusammenbrechenden weströmischen Reichs.«

Ich gab Leo mein Fernglas, und er schaute sich die Mosaiken an den Seitenwänden an.

»Okay, ich erkenne Szenen aus dem Leben von Moses und Christus. Aber ich kann beim besten Willen keine Propaganda erkennen.«

»Natürlich nicht, denn du kannst dir die katholische Kirche

nur als etwas sehr Altes vorstellen. Wenn die Pessimisten recht behalten, dann erlebst du wahrscheinlich gerade den epochalen Untergang der katholischen Kirche in Europa. Die Menschen haben aufgehört, sich zum Christentum zu bekennen, in die Gottesdienste zu gehen, ihre Kinder taufen zu lassen. Damals war das Christentum jung. Die Stadt Rom war noch voller Tempel der römischen und ägyptischen Götter, es wimmelte von Statuen der vergöttlichten Kaiser. Aber die Christen waren schon dabei, die alten Eliten abzulösen. Sie wollten ein sichtbares Zeichen ihres zunehmenden Einflusses. Deswegen beschloss Papst Coelestin I., in den Stadtplan von Rom einzugreifen. Er wollte Basiliken errichten lassen, jene von den römischen Kaisern abgeschauten Hallen, die für Audienzen dienten.

»Okay, habe ich kapiert«, sagte Leo. Wir setzten uns in eine Kirchenbank. »Nicht der Kaiser ließ die Basiliken errichten, wie es bei der Peterskirche, der Grabeskirche oder der Geburtskirche in Bethlehem der Fall war. Nein, diesmal wird der Papst der Bauherr sein.«

»Genau, und alle sollten diese neuen christlichen Basiliken sehen können.«

»Verstehe, dann haben sie die Kirchen an möglichst hoch gelegene Orte gebaut.«

»Richtig. Der Papst entschied sich für zwei der höchstgelegenen Plätze Roms: eine Fläche am Esquilin-Hügel, wo diese Kirche Santa Maria Maggiore entstehen würde, und eine weitere am Aventin-Hügel, wo er die Kirche Santa Sabina bauen ließ. Innerhalb von nur drei Jahrzehnten baute Coelestin I. das Zentrum von Rom um, in eine zunehmend christliche Stadt. Die Botschaft war eindeutig: Das Christentum beanspruchte mehr Macht in der Gesellschaft, und das sollten alle Römer sehen.«

»Aber Coelestin I. musste sich noch mit dem Hauptproblem der Päpste in dieser Zeit herumschlagen: dass sie nämlich nicht als Päpste anerkannt wurden.«

»Das kapier ich nicht. In der Pauls-Basilika kann ich mir die Mosaiken aller Päpste ansehen, das fängt beim heiligen Petrus an und hört bei Franziskus auf. Wieso ist Coelestin dann noch kein Papst? Wann hat der überhaupt gelebt?«

»Coelestin war nach Vatikandarstellung zwischen 422 und 432 Papst. Aber es gibt da ein paar Probleme. Als erster echter Papst gilt Damasus I., weil es ihm auf dem Konzil von Konstantinopel im Jahr 381 gelang, dass der Bischof von Rom einen Ehrentitel bekommt.«

»Was soll das denn, ich denk, Petrus war der erste Papst?«

»Petrus trägt ganz sicher noch nicht den Ehrentitel Papst. Nach Darstellung des Vatikans waren Petrus und seine Nachfolger Bischof von Rom, aber das lässt sich nicht beweisen. Der Erste, der den Ehrentitel Papst trägt, ist Damasus I., aber mit der heutigen Vorstellung des Papstes hat er nichts zu tun. Er ist den Patriarchen von Alexandria, Konstantinopel und Antiochia gleichgestellt. Vom Primat, dass er entscheidet, was zu glauben ist und was nicht, oder dass er sogar weltweit Bischöfe ernennen könnte, wie das heute ein Papst darf, war er weit entfernt. Damasus versucht den Anspruch des Papstes, der entscheidende Bischof der Christenheit zu sein, durchzusetzen – mit dem Hinweis, dass Christus Petrus die Schlüssel des Himmel gegeben habe und der Papst schließlich Nachfolger des Heiligen Petrus sei, somit auch der Vikar des Sohnes Gottes. Er lädt die Ostkirchen zu einem Treffen nach Rom ein. Sie sollen in Rom die Vorherrschaft des Papstes anerkennen.«

»Und? Tun sie das?«

»Nein, sie sind gar nicht erst gekommen.«

»Das lief ja noch gar nicht rund für den Papst.«

»In den kommenden Jahrzehnten geht es nun immer wieder darum, dass die Päpste endlich mal was Wichtiges entscheiden wollen.«

»Die wollen zeigen, dass sie die Größten sind und alle andern in Gottesfragen nach ihrer Pfeife tanzen müssen. Aber keiner will das so recht hören.«

»Genau«.

»Dann kommt unter Papst Coelestin endlich die große Chance.«

»Was war das?«

»Ein Riesenstreit.«

»Ich verstehe«, sagte Leo. »Der Papst witterte seine Chance, endlich einmal das letzte Wort zu haben.«

»So in etwa.«

»Was war das für ein Streit?«

»Es geht im Kern darum, ob Christus ein Mensch oder ein Gott ist. Das Problem ist sehr heikel.«

»Wieso denn?«

»Insbesondere die intelligenten Schichten der Bevölkerung im antiken Rom hatten längst ebenfalls erhebliche Zweifel an

der Göttlichkeit Christi. Sie war ihnen suspekt – und das hat etwas mit der Vergöttlichung der römischen Kaiser zu tun. Seit Julius Caesar wurden die Kaiser nach ihrem Tod oder gar schon zu Lebzeiten vergöttlicht; das festigte den Anspruch ihrer Häuser auf die Macht als Diktator. Es war eben leichter, einen Gott als Kaiser zu akzeptieren denn als das, was er in Wahrheit oft war: ein brutaler, skrupelloser Raufbold. Natürlich durchschauten in allen Teilen des Römischen Reiches die Einwohner den Trick. Sie sollten dem göttlichen Augustus oder dem vergöttlichten Tiberius huldigen. Dass dies nur Propaganda der jeweils herrschenden Kaiserfamilie war, verstanden die Menschen im Römischen Reich durchaus. Die Vergöttlichung des Herrschers bringt seiner Familie eine gewisse Unantastbarkeit. Und hier liegt der Hase im Pfeffer: Die Menschen fragten sich, ob die Vergöttlichung Christi auch nur solch ein Trick war, oder konnte jemand tatsächlich gleichzeitig Gott und Mensch sein? War der Handwerkerssohn aus dem Kaff Nazareth ein Gott, und zwar von Anfang an, auch schon als Baby? Das schluckten viele Intellektuelle in der Antike nicht. Bischof Nestor aus Konstantinopel brachte es schließlich auf den Punkt: Er könnte ein Kind als Gott nicht anerkennen. Sein Widersacher, der Bischof

Mosaiken in Santa Maria Maggiore. Verehrung des Christkindes als kirchenpolitische Propaganda. Die Mosaiken sind auch deswegen so interessant, weil die Kleidung römischer Soldaten der späten Antike zu sehen ist.

Mosaiken in Santa Maria Maggiore. Die Muttergottes als Zankapfel: In der Kirche wurde gestritten, ob Maria Gottesgebärerin ist oder einen Menschen auf die Welt gebracht hat. Der Heilige Geist kommt zu Hilfe und weist auf ihre Heiligkeit hin.

Kyrill von Alexandria, bekämpfte Nestor, vor allem weil der die Geburt Christi durch die Jungfrau Maria und damit die Verehrung Marias als Gottesgebärerin ablehnte. Der Kaiser, der keinen Streit unter den Bischöfen wollte, erzwang 431 in Ephesus, der Stadt, in der Paulus gewirkt hatte, ein Konzil.«

»Stopp!«, sagte Leo. »Den Rest kann ich mir denken. Der Papst reist nach Ephesus, haut auf den Tisch, entscheidet den Streit, und danach sagen alle Beteiligten: Wow, der Typ aus Rom, der hat es echt drauf. Den lassen wir von jetzt ab alles entscheiden, und seitdem ist der Papst ein richtiger Papst, der auch richtig was zu sagen hat.«

»Nein«, sagte ich. »Es kam ganz, ganz anders. Der Papst ist nicht nach Ephesus gereist, er schickte eine Delegation.«

»Ja und? Das ist ja nicht so ein großer Unterschied. Also haute seine Delegation auf dem Tisch.«

»Nein, Leo, die Delegation kam zu spät. Als die Abordnung des Papstes eintraf, war alles längst entschieden.«

»Autsch. Kann für den Papst nicht einmal was klappen?«

Wir schauten beide nach vorne zum Hochalter.

»Nestor haderte mit der zweifachen Natur von Christus, gleichzeitig Gott und Mensch zu sein. So könne er sich nicht vorstellen, dass Jesus schon als Baby Gott gewesen sei. Wie sollte er ein wenige Monate altes Kleinkind anbeten? Außerdem hatte er Probleme damit, dass ein Gott gekreuzigt werden könnte. Während die päpstliche Delegation noch unterwegs war, erklärte Kyrill von Alexandria, dass Nestor ein abtrünniger Ketzer sei, der schließlich in eine Oase nach Ägypten geschickt wurde, wo er kein Unheil mehr anrichten konnte. Als die päpstliche Delegation endlich in Ephesos eintraf, war bereits alles entschieden.«

»Und Coelestin war richtig sauer?«

»Er brauchte unbedingt einen Triumph.«

»Gut, aber er konnte ja nichts mehr machen, weil seine Jungs zu spät ankamen.«

»Die Tatsachen waren ihm egal. Er verbreitete kurzerhand, dass sein Eingreifen entscheidend gewesen sei, um Nestors Irrlehren zu bekämpfen. Als Propagandaplakate für diese Lüge ließ er diese Mosaiken anbringen.«

»Das gibt's doch gar nicht.«

»Doch. Schau mal dort auf das Mosaik: Du siehst Jesus als kleines Kind, der aber schon auf einem Thron sitzt und von den drei Weisen angebeten wird. Das sollte zeigen: Bischof Nestor hat unrecht gehabt; schon als Kind ist Jesus Gott. Ein weiteres Mosaik sollte direkt den angeblichen Triumph des Papstes über Nestor feiern: Es ist die erste Darstellung des Heiligen Geistes, der als Taube zu Maria fliegt. Als Symbol dafür, dass Maria durch göttliches Einwirken und jungfräulich Gott zur Welt brachte. Eine Vorstellung, die Nestor bekämpft hatte. Diese Mosaiken sind aber noch aus einem anderen Grund von ganz besonderer Bedeutung. Die Künstler benutzen Heilige Schriften, die damals jedenfalls als heilig galten, also nicht unsere Evangelien.«

»Geheime Evangelien? Echt?«

»Es war noch nicht entschieden, welche Evangelien als echt galten und welche Schriften nicht. Deswegen tauchen Episoden aus den sogenannten apokryphen Evangelien auf, etwa die be-

Mosaiken in Santa Maria Maggiore. Eine der interessantesten Darstellungen der Stadt: Erzählt wird die Geschichte, wie Christus mit Maria in der ägyptischen Stadt Sotinen den Tempel betritt und in dem Augenblick alle 365 Götterbilder zerspringen.

rühmte Huldigung des Afrodisius im ägyptischen Sotinen, aus dem Pseudo-Matthäus-Evangelium: Dort rechts auf den Mosaiken siehst du die Szene. Jesus ist mit seiner Mutter und seinem Vater auf der Flucht nach Ägypten und erreicht die Stadt Sotinen. Dort wird das Jesuskind in einen Tempel gebracht, woraufhin alle 365 Götzenbilder umstürzen und zerbersten. Daraufhin kommt Afrodisius, der Herrscher der Stadt, in den Tempel. Joseph und Maria fürchten, zusammen mit Jesus bestraft zu werden, doch stattdessen huldigt Afrodisius dem Kind.

Wie hatte Nestor noch gesagt? Er könnte einen Gott, der ein paar Monate alt sei, nicht verehren.«

In aller Bescheidenheit die Auferstehung erwarten

»Lass uns noch kurz in die Sixtinische Kapelle gehen«, schlug ich Leo vor.

»Soll das ein Witz sein?«

»Nein. Es gibt zwei Sixtinische Kapellen in Rom, die weltberühmte und diese hier, die Grabkapelle von Sixtus V.«

Grabmal von Sixtus V.: Noch im Tod wollte der Papst die abgeschlagenen Köpfe der Banditen zeigen. Sein Grabmal wurde bereits zu Lebzeiten errichtet. Noch heute kann man im Norden von Latium die Wege finden, auf denen sich Banditen vor den Truppen des Papstes versteckten.

»War das nicht der Papst, der Zehntausende angebliche Verbrecher hinrichten ließ?«

»Ganz genau. In dieser Kapelle steht sein Grabmal.«

Wir gingen in die Kapelle, und Leo entdeckte das berühmte Relief, auf dem die Häscher des Papstes die Köpfe der angeblichen Verbrecher zu Papst Sixtus V. bringen.

»Das gibt's doch gar nicht«, sagte Leo. »Noch als Toter wollte der Papst daran erinnern, wie grausam er war. Ich meine, was denkt ein Papst von sich, der solch eine Szene auf seinem Grabmal haben wollte: Soldaten, die abgeschlagene Köpfe als Trophäen zu ihm tragen? Kann dieser Papst auch nur das Mindeste von der Botschaft Jesu verstanden haben? Oder war es ihm vollkommen egal, dass der Mann aus Nazareth dafür eintrat, auch die andere Wange hinzuhalten? Soll ich dir mal sagen, was ich denke?«

»Bitte«, sagte ich.

»Dieses Grabmal wird, solange diese Kirche steht, daran erinnern, dass die Päpste sich immer wieder sehr unangenehme Fragen werden stellen lassen müssen.«

»Da hast du recht. Dadurch wird es zwar nicht besser, aber Sixtus V. ließ auch die vermutlich erste Krippe der Welt von Arnolfo di Cambio hier in der Unterkirche der Kapelle bauen. Laut Überlieferungen soll allerdings der heilige Franz von Assisi als Erster auf die Idee gekommen sein, zu Weihnachten eine Krippe aufzustellen.«

Wir gingen zurück vor den Hauptaltar, und Leo deutete auf die kniende Figur in der Nische davor, in der Confessio.

»Wer ist das?«

»Das ist Pius IX.; die Statue betet in alle Ewigkeit in der Confessio, der Nische vor dem Hauptaltar, vor der wichtigsten Reliquie in Santa Maria Maggiore: In dem vergoldeten Behälter sollen die Überreste der Krippe des Jesus von Nazareth aufbewahrt werden. Dass sie echt sind, ist aber wenig wahrscheinlich. Bisher sind sie noch nie wissenschaftlich untersucht worden.«

Zum Schluss unseres Besuches führte ich Leo an die rechte Seite des Hauptaltars.

»Auf einem kleinen Stein ist die Stelle markiert, an der das Grabmal der Familie des Barock-Genies Gian Lorenzo Bernini liegt. Ich finde es anrührend, dass Bernini offensichtlich viel mehr von der Botschaft des Jesus von Nazareth verstanden haben muss als die Päpste, für die er gearbeitet hat. Für Papst Alexander VII. schuf er das wunderschöne, unendlich prächtige Grabmal in der Peterskirche. Erinnerst du dich an den Mann aus dem Hause der Familie Chigi, der in Münster so unter Schwarzbrot und Bier gelitten hat? Diesem Alexander VII. scheint nicht klar gewesen sein, dass der Handwerkerssohn kaum ein prachtvolles Grab für seine Anhänger gewollt hätte. Nach all den Prachtbauen und prächtigen Grabmälern wollte

Bernini für sich selber das denkbar einfachste Grab. Auf dem Stein steht lediglich geschrieben, dass hier die Familie Bernini auf ihre Auferstehung wartet.«

SANTA PRASSEDE

Es hört nie auf

»Komm!«, sagte ich.

»Was machen wir?«

»Ich möchte dir etwas zeigen.«

»Einen weiteren Weltrekord?«

»Nein, einen Familienrekord.«

Wir verließen Santa Maria Maggiore, überquerten den Vorplatz der Basilika und gingen zur Bar an der Ecke.

»Meine Mutter …«, setzte ich an.

»Oma Martha.«

»Ja, Oma Martha. Sie war unendlich stolz darauf, dass sie es geschafft hatte, jenen Fehler zu vermeiden, den bestimmt 95 Prozent aller Besucher der Kirche Santa Maria Maggiore machen.«

»Nämlich?«

»Sie übersehen einen versteckten Schatz, den deine Oma entdeckt hat.«

Wir gingen in die Gasse, die zum Seiteneingang der Kirche Santa Prassede führt.

»Was machen wir hier?«, fragte Leo ungeduldig.

»Nur ein paar Schritte von Santa Maria Maggiore entfernt liegt eine Kirche, die ein ungewöhnliches Schicksal hat.«

»Das wäre?«

»Man kann ihre Fassade nicht sehen. Der Haupteingang

der Kirche geht auf einen Innenhof. Es ist die einzige Kirche Roms, die sich im Gewirr der Gassen rund um Santa Maria Maggiore regelrecht zu verstecken scheint – mit viel Erfolg. Nur eine unscheinbare Seitentür führt in die Kirche hinein. Aber es ist, wie durch Ali Babas Felsspalte in eine Schatztruhe zu gelangen.«

»Nicht zu fassen«, staunte Leo. »Ich weiß nicht, wie oft ich mit der Vespa über die Piazza Santa Maria Maggiore gefahren bin, aber dass hier so etwas verborgen sein könnte, hätte ich nie für möglich gehalten.«

»Deine Großmutter war glücklich hier.«

»Wieso eigentlich? Weil sie die Kirche selber entdeckt hatte?«

»Nein, die Kirche machte etwas Seltsames mit ihr. Sie entdeckte hier das eigentliche Geheimnis der Stadt Rom.«

»Und das wäre?«

»Sie kam nach einem Streifzug durch die Stadt, bei dem sie diese Kirche entdeckt hatte, nach Hause und stellte mich zur Rede. Sie hatte eine Frage.«

»Und was war das für eine Frage?«

»›Wann hört es auf?‹«

»Was meinte sie?«

»Sie wollte wissen: Wann hört es auf, dass man in Rom ein Tor öffnet in einer Gasse, oder eine Treppe hinuntersteigt, die man fast übersehen hätte, und dann entdeckt man so sagenhafte Schätze wie Santa Prassede? Sie wollte wissen: Wann gibt es hier keine Überraschungen mehr?«

»Und was hast du ihr geantwortet?«

»Es hört nie auf. Ich lebe jetzt seit 31 Jahren in Rom, und heute bin ich mir dessen sicher, was ich damals meiner Mutter antwortete: dass es in dieser Stadt immer wieder einen Schatz zu entdecken gibt, mit dem man nicht gerechnet hat. Ich sehe, wie in einem Märchen, unbekannte Gänge, Treppen, Nischen, die in ein sagenhaftes Reich führen – und es hört nie auf.«

Ich zog die Eingangstür der Kirche auf, und wir gingen hinein. Die Mosaiken strahlten uns an. Leo ließ sich in eine Kirchenbank fallen, ich setzte mich daneben.

»Unter dieser Kirche liegen in etwa neun Metern Tiefe die Überreste vom Haus des römischen Senators Pudens. Eines Tages wird man einen Zugang zu der Villa freilegen, die seit zweitausend Jahren dort unten wartet. Senator Pudens soll vom heiligen Paulus persönlich zum Christentum bekehrt worden sein. Er soll daraufhin in seiner Villa eine Kapelle eingerichtet haben, wo Christen getauft und auch versteckt wurden. Nach dem Ende der Christenverfolgung entstand über dieser Kapelle eine Kirche. Schon Papst Siricius soll um 390 hier eine Kirche erbaut haben. Sie wurde später mehrfach umgebaut, aber in der heutigen Form entspricht sie dem Bauplan der alten Peterskirche, die Kaiser Konstantin erbauen ließ. Wer sich in der riesigen Halle der Peterskirche verloren fühlt und sich gern Alt-Sankt Peter vorstellen möchte, der sollte hierherkommen, denn Santa Prassede muss etwa so aussehen wie die Peterskirche zu Beginn des 16. Jahrhunderts, als Papst Julius II. anordnete, sie nach und nach abreißen zu lassen.«

Das Lamm und die Rolle mit sieben Siegeln

Leo schaute sich nachdenklich um.

»Über dem Hauptaltar siehst du den Triumphbogen mit dem Lamm. Das Lamm scheint auf einem Thron zu liegen, und davor liegt etwas, das wie eine Buchrolle aussieht. Es beschreibt eine der rätselhaften Szenen aus der Offenbarung des Johannes. Der Evangelist sieht Gott auf dem Thron sitzen, und er hält ein Buch in der Hand, das mit sieben Siegeln verschlossen ist.«

»Da kommt der Spruch her, ich meine: das Buch mit sieben Siegeln.«

Links: *Santa Prassede ist das bedeutendste Beispiel byzantinischer Kunst in Rom. Auf den Mosaiken sieht man dieses seltene Motiv: Das Lamm löst das Buch mit sieben Siegeln, wie in der Offenbarung des Johannes beschrieben.*

Rechts: *Goldener Glanz im Verborgenen. In Santa Prassede kann man den seltenen quadratischen Heilgenschein sehen. Die Kirche entstand zwischen 817 und 824. Vorbild war Alt-Sankt Peter, erbaut von Kaiser Konstantin.*

»Genau.«

»Niemand, weder im Himmel noch auf der Erde, kann dieses Buch aufschlagen. Johannes muss deswegen weinen.«

»Der muss weinen, weil das Buch nicht aufgeht. Ich müsste weinen, wenn es aufgeht.«

»Wieso?«

»Weil ich es dann lesen muss. Sorry, war nur ein dummer Spruch.«

»Okay. Also plötzlich erscheint ein Lamm; es geht zu dem, der auf dem Thron sitzt, und nimmt ihm das Buch mit den sieben Siegeln aus der Hand.«

»Moment mal. Das Lamm nimmt ihm das Buch aus der Hand? Womit? Mit der Pfote? Mit dem Maul?«

»Keine Ahnung, so steht es in der Bibel: Das größte Geheimnis des Lebens und des Todes darf nur ein Lamm aus dem Buch mit sieben Siegeln lesen.«

»Wow, das klingt echt gruselig. Mit dem Lamm ist natürlich Christus gemeint, oder?«

»Klar. Und siehst du die Figuren auf dem Triumphbogen? Eine Figur hält ein Modell in der Hand und hat keinen runden, sondern einen quadratischen Heiligenschein.«

»Sehe ich. Einen quadratischen Heiligenschein habe ich noch nie gesehen. Und wieso ist der quadratisch?«

»Das bedeutet, dass der Mann noch am Leben war, als das Mosaik entstand. Es ist Papst Paschalis I. In dieser Inschrift hat er sich verewigt und leider auch einen der langlebigsten Irrtümer der Päpste an die Wand schreiben lassen. Er schreibt, er hoffe, dass im Himmel Gott Gefallen an der Kirche Santa Prassede finden möge, und er meint, sich durch den Bau Zutritt zum Paradies verdient zu haben. Aber im Evangelium steht nirgendwo, dass ein Gläubiger den Eintritt ins Paradies mit dem Bau einer Kirche erkaufen kann. Im Gegenteil. Menschen, die so reich sind, dass sie eine ganze Kirche stiften können, würden wohl kaum durch das berühmte biblische Nadelöhr passen, durch das auch ein Kamel kaum gelangen könnte. Mit der großen Fälschung, die seinen Namen trägt, hatte Paschalis I. aber vermutlich nichts zu tun.«

»Wie bitte? Schon wieder eine Fälschung?«

»Der berühmte Pactum cum Paschali Pontifice soll von Ludwig dem Frommen unterschrieben worden sein.«

»Wer war das denn?«

»Das war der Sohn Karls des Großen und galt als besonders frommer, gutmütiger Herrscher. In dem Vertrag, also dem angeblichen Pakt oder Vertrag mit Papst Paschalis, soll er etwas total Verrücktes gemacht haben.«

»Was denn?«

»Er soll dem Papst nicht nur Rom und Neapel, sondern auch Kalabrien, Sizilien und Sardinien geschenkt haben.«

»Und wieso war das so verrückt?«

Santa Prassede: Diese Kirche liegt so versteckt, dass sie zu den ruhigsten Orten der Stadt gezählt werden darf. Hier ist die angebliche Säule der Geißelung Christi zu sehen. Der Glockenturm entstand im 11. Jahrhundert und ist der älteste Roms.

»Diese Gebiete gehörten Ludwig dem Frommen gar nicht, er hätte sie auch nie kontrollieren können. Diese Gebiete gehörten dem Kaiser in Byzanz.«

»Er wollte was verschenken, was ihm nicht gehörte. Das wäre, als wenn ich meinem Kumpel zum Geburtstag den Eiffelturm schenken würde.«

»So in etwa. Heute weiß man, dass dieser Pakt eine Fälschung ist. Papst Paschalis hatte wahrscheinlich nichts damit zu tun, aber es muss im Umfeld der Päpste damals Leute gegeben haben, vielleicht auch die Päpste selber, die ein Reich auf dieser Erde haben wollten, das sie sich durch erfundene Schenkungen zu beschaffen versuchten.«

»Ich weiß, wie die angebliche Schenkung Konstantins.«

»Genau, beide Fälschungen sind im Grunde das Gleiche: Sie räumen den Päpsten wahnsinnige Besitzungen und Privilegien ein. Der Papst mit dem quadratischen Heiligenschien ist dennoch nicht unbedingt ein Vorbild als Papst. Die Römer waren sauer auf ihn und seine Amtsführung und verhinderten deshalb, dass seine Gebeine in der Peterskirche begraben wurden. Sie mussten zunächst in Santa Prassede beigesetzt werden, bevor seine Nachfolger die sterblichen Überreste des Papstes in den Petersdom überführten. Einen Rekord gibt es hier übrigens doch noch für dich.«

Wir gingen in die Zeno-Kapelle. Der magische Glanz dieser Kapelle umfing uns.

»Es ist die einzige vollständig erhaltene Kapelle im byzantinischen Stil, die es in Rom gibt. Papst Paschalis I. ließ möglicherweise seine Mutter hier bestatten.«

KAPITOL

Im Schutz der alten Götter

Ein paar Tage später fuhren Leo und ich mit dem Bus zur Piazza Venezia und stiegen dann zum Kapitol hinauf. Leo ging ohne zu zögern zum Eingang des Senatorenpalastes und zückte am Eingang sein Handy.

»Von wegen Fax wie im Vatikan, am Kapitol kannst du per E-Mail buchen und zahlen.«

Ich zuckte mit den Schultern: »Die Kirche braucht für alles etwas länger.«

Leo marschierte durch den Eingang, stieg die Treppe hinauf, ließ die Reiterstatue Mark Aurels links liegen und ging im Eiltempo vor mir her durch die Säle des Kapitols zum angeschlossenen Palazzo Caffarelli, durchquerte die Bar und ließ sich in einen Sessel auf der Terrasse fallen. Ich setzte mich ihm gegenüber.

Vergnügt schaute er auf das atemberaubende Panorama von Rom, das sich auf dieser Terrasse bietet.

»Schön, oder?«

Ich nickte. »Wunderschön.«

»Es ist für mich eine der schönsten Terrassen der Stadt, vielleicht die schönste.«

»Ohne Zweifel.«

»Sag mal, wieso heißt das Kapitol in Rom eigentlich Kapitol?«

»Das dürfte eines der bekanntesten Worte der Welt sein, in allen Sprachen. Der Sitz des Kongresses in den USA heißt doch Capitol Hill, der kommt in jedem, aber wirklich jedem einzelnen Film vor, der in Washington spielt. Das habe ich schon Hunderte Male im Kino oder im Fernsehen gesehen. Viele Länder nennen den Regierungssitz Capitol, auf Englisch bedeutet ›capital‹ Hauptstadt, auch das italienische Wort für Hauptstadt heißt ›capitale‹. Aber woher kommt dieses unglaublich bekannte Wort?«

»Das ist eine lange Geschichte.«

»Wir haben doch Zeit.«

»Okay«, sagte ich. »Es gab einen Mann, der dem Kapitol den Namen gab. Den kennt seltsamerweise kein Mensch, und du hast recht. Jedes Mal, wenn ein US-amerikanischer Fernsehsender darüber berichtet, was der Kongress auf dem Kapitol in Washington beschlossen hat, nennt er, ohne es zu wissen, den Namen eines rätselhaften etruskischen Kriegers. Der hieß Aule Vipienas. Sein Name in der lateinischen Form lautet Aulus Vibenna, und der gab dem Kapitol in Rom seinen Namen. Die Römer sollen seinen Schädel in einem Grab auf dem Kapitol gefunden haben und nannten den Ort Caput Auli, Kopf des Aulus, Kapitol. Nach ihrer Gründung wollten die USA ihre republikanische Gesinnung feiern und entlehnten das Wort des wichtigsten Hügel Roms und bauten ihren Capitol Hill. Aber weißt du, was wirklich seltsam ist?«

»Was denn?«

»Das einzige Bild, das von diesem Mann existiert, ist verboten, es darf niemand sehen.«

»Papa, jetzt spinnst du wieder.«

Das Kapitol in Rom: Michelangelo entwarf das einzigartige Muster dieses perfekten Platzes der Renaissance vor dem römischen Rathaus. Die Bürgermeister von Rom sagen stets stolz: Von hier aus wurde einst die ganze bekannte Welt regiert.

Sixtinische Kapelle der Etrusker

»Nein, ich spinne nicht. Es gibt ein einziges Bild von dem Mann, und das ruht seit fast zweihundert Jahren an einem unerreichbaren Ort. Jener Aule Vipienas soll auf dem Kapitol durch die Hand des sechsten Königs von Rom erschlagen worden sein. Es gibt nur eine einzige Darstellung dieses Kriegers. Er ist in der ›Sixtinischen Kapelle der etruskischen Kunst‹, einem sehr eigenwilligen Ort, an einer Wand abgebildet. Denn dieser Freskenzyklus, das wichtigste Bildwerk der etruskischen Geschichte, das wichtigste Fresko einer ganzen Epoche, ruht seit über 150 Jahren unerreichbar in einem Versteck, in der Villa

Albani. Die Familie Torlonia ließ das Meisterwerk im Jahr 1863 abnehmen und nach Rom bringen. Alle Appelle an die Familie, den Menschen dieses einzigartige Werk wieder zugänglich zu machen, wurden abgelehnt. Selbst Versuche des Vatikans scheiterten, die Fresken wenigsten für die Dauer einer Ausstellung zu zeigen. So ruht das Bild des Aule Vipienas, das 2200 Jahre in einem Grab verborgen war, im Dunkel der Räume einer prächtigen Villa in den Albaner Bergen bei Rom, als sei das Bild dieses Mannes etwas so Besonderes, dass es verborgen bleiben muss.«

»Das ist ja Wahnsinn. Davon habe ich noch nie gehört. Wo haben sie die Fresken denn gefunden?«

»In Vulci.«

Leo lachte. »In Vulci? Das gibt's doch gar nicht. Da gibt es doch außer dieser spektakulären, uralten Brücke und der Burg gar nichts außer Feldern und Weiden.«

»Ja, heute ist das so eine Art Niemandsland, aber Vulci war eine reiche Stadt der Etrusker. Die Bewohner konnten es sich leisten, gewaltige Grabanlagen anzulegen wie die Cuccumella-Erdpyramide mit siebzig Metern Durchmesser und achtzehn Metern Höhe. Hier beauftragte ein Mann, der Vel Saties hieß, ein sehr reicher etruskischer Feldherr, der möglicherweise auch Priester war, die besten Künstler Etruriens, um eine sagenhafte, einzigartige Grabanlage auszumalen. Die Raffaels und Michelangelos der Etrusker arbeiteten in den Jahren 330 bis 340 vor Christus in dieser Grabanlage mit ihren sieben Kammern, die eines Pharaos würdig gewesen wäre. Die Dimensionen übertreffen viele Gräber im Tal der Könige bei Luxor. Der Zugangskorridor ist 31 Meter lang, in den Kammern waren etwa 25 Menschen bestattet worden und ruhten dort 2200 Jahre lang, bis das Grab durch den Archäologen Alessandro François entdeckt wurde.

Der Freskenzyklus im Grab zeigt ein ungewöhnliches Ereignis der frühen Geschichte Italiens, den Sieg der etruskischen Stämme über das aufstrebende Rom. Dass sie eine künftige Weltmacht geschlagen haben, die alles in den Schatten stellen würde, was die Welt bis dahin gesehen hatte, konnten die Heerführer der Etrusker nicht ahnen. Der Sieg über Rom musste sie aber so beeindruckt haben, dass sie ihn in diesem gewaltigen Fresko noch einmal zelebrierten, und dabei taucht auch das einzige bekannte Bild des Mannes auf, dem das Kapitol seinen Namen verdankt. Auf dem Freskenzyklus trägt Aule Vipienas einen dunklen Bart und ist damit beschäftigt, einen Römer abzuschlachten. Die Geschichte, die dieses Fresko erzählt, beginnt aber mit dem etruskischen Heerführer Caelius Vibenna. Dieser Mann gab einem anderen Hügel in Rom seinen Namen, dem Celio. Auf dem Fresko wird Caelius Vibenna gerade von dem späteren sechsten etruskischen König von Rom, Macstarna, befreit.«

»Und jener König der Etrusker, den die Römer vertrieben

Der Etrusker namens Caelius Vibenna, wie er von Macstarna befreit wird. Dieses Bild anzuschauen, ist immer noch unmöglich: Das Fresko wird in einer Villa in den Albaner Bergen unzugänglich für die Öffentlichkeit aufbewahrt.

haben, hieß doch Tarquinius, den die Römer Superbus nannten, den hochmütigen Mann aus Tarquinia, Sohn des Macstarna. Immer wenn wir in Tarquinia, dem Kaff am Meer vorbeigefahren sind, konnte ich mir nicht vorstellen, dass die Menschen in diesem kleinen Badeort die Herrscher über die Stadt Rom waren.«

»Du hast recht. Die kleine unbedeutende Siedlung der Römer geriet unter den Einfluss der technisch haushoch überlegenen Etrusker, die sich die Hügel am Tiber einverleibten, bis es den Römern gelang, die etruskischen Herrscher in ihre Schranken zu weisen.«

»Und was ist mit der Wölfin?«

»Eine Legende. Die Gründer von Rom, Romulus und Remus, sollen Findelkinder gewesen sein, eine Wölfin soll sie aufgezogen haben. Romulus soll seinen Bruder Remus erschlagen haben, weil der es gewagt hatte, über die erst kniehohe Stadtmauer des Romulus zu springen und sich über sie lustig zu machen. So sollte es allen ergehen, die es wagen würden, nach Rom einzudringen. Die Bronzeskulptur der Wölfin, die hier im Kapitol gezeigt wird, sorgte für den Weltrekord, den das Kapitol hält.«

»Und was für ein Weltrekord ist das nun wieder?«, fragte Leo, als wir die prächtige Treppe hinaufgingen.

»Es ist das älteste Museum der Welt. Schon im Jahr 1471 schenkt Papst Sixtus IV. den Bürgern von Rom die kapitolinische Wölfin, die im Hof des Konservatorenpalastes aufgestellt wurde. Damit beginnt die erste öffentliche Kunstsammlung, über fünfhundert Jahre vor der großen Welle der Museumsgründungen in Europa.«

»Nachdem Romulus angeblich die Stadtmauer gebaut hat, betritt das Kapitol die Bühne des Weltgeschehens mit dem Raub der Sabinerinnen.«

»Und gab es den? Ich kannte mal ein Mädchen, die kam aus den Sabiner Bergen, aus irgendeinem Ort bei Rieti, und die protzte immer damit herum, dass die Mädchen aus den Sabiner Bergen zu den schönsten der Welt gehörten, weil die Römer sie schließlich geklaut hätten.«

»Es ist eine Legende. In die Stadt des Romulus drängten viele Abenteuerlustige, aber es mangelte an Frauen. Deshalb lud Romulus die Sabiner, einen Stamm aus der Nähe von Rom, zu einem Festspiel ein. Während des Festes stürzten sich die Römer auf die unverheirateten Töchter der Sabiner und entführten sie. Die Sabiner schworen Rache. Sie kehrten nach Hause zurück und bereiteten einen Kriegszug vor. Der Angriff gelang. Die Sabiner besetzten das Kapitol, aber sie hatten nicht damit gerechnet, dass ihre Töchter sich unterdessen in ihre römischen Männer verliebt hatten.«

»Ach so«, sagte Leo mit Kennermiene, »der Pussy-Galore-Effekt.«

»Wie bitte?«, fragte ich verständnislos.

»In dem James-Bond-Film *Goldfinger* legt Bond die heiße Braut mit dem pikanten Namen Pussy Galore flach. Der Sex muss so bombastisch gewesen sein, dass sie daraufhin Bond vollkommen verfällt und ihren gut bezahlten Auftrag aufgibt. Ich habe diese Wende in dem Film nie geglaubt.«

»Die Geschichte vom Raub der Sabinerinnen ist auch nicht sehr viel wahrscheinlicher. Statt also ihre Väter und Brüder zu begrüßen, die sie aus den Klauen ihrer Vergewaltiger befreien wollten, setzten die verliebten Damen durch, dass die Sabiner die Römer nicht in Stücke hauten und den Angriff abbrachen. Laut Legende regierten Romulus und der Herrscher der Sabiner Titus Tatius zusammen«, erzählte ich weiter.

Wir schauten jetzt beide über unsere Stadt.

»Lass uns ein Ranking machen.«

»Was meinst du?«

»Die schönsten Plätze der Stadt. Schafft es das Kapitol auf Platz eins?«

»Für mich auf jeden Fall. Das Kapitol ist der einzige geschlossene Renaissance-Platz, den Rom besitzt.«

»Es gibt doch Renaissance-Plätze in Rom ohne Ende.«

»Ja, aber keinen Platz, der während der Renaissance so bebaut wurde, dass er ein Ganzes bildete. Michelangelo baute die Paläste rund um den Platz und stellte in die Mitte die Reiterstatue des Mark Aurel.«

»Der wunderschöne Renaissance-Palast der Cancelleria …«

»Der in der Nähe des Campo de' Fiori.«

»Genau, der ist zauberhaft und hat einen sehr schönen Innenhof, aber er steht für sich. Hier auf dem Kapitol stehen die Gebäude und der Platz im Bezug zueinander, es ist ein Ganzes. Außerdem ist der Blick vom Kapitol auf die Stadt der schönste.«

»Okay. Du hast recht«, sagte Leo.

Kampf um Deutungshoheit

»Dabei haben die Päpste mit dem Bau der Paläste hier alles getan, um das Kapitol eigentlich vergessen zu machen.«

»Wieso das denn?«, fragte Leo.

»Die Erinnerung daran, dass auf dem Kapitol über tausend Jahre zu den alten römischen Göttern der kapitolinischen Trias, Jupiter, Juno und Minerva, gebetet wurde, sollte dadurch ausgelöscht werden, dass dieser Ort, das Kapitol, umgedreht wurde. Die Tempel der Antike waren auf das Forum Romanum ausgerichtet. Dort hatte Kaiser Philippus Arabs im Jahr 248 in den Tempeln der römischen Gottheiten noch aufwendig die Tausendjahrfeier Roms zelebrieren lassen. Die Päpste

Das Standbild des Mark Aurel vor dem Kapitol: Wie durch ein Wunder überstand die einzige Reiterstatue eines Kaisers die Jahrtausende. Laut Legende glaubten die Römer, der Weltuntergang stehe bevor, wenn der letzte Rest der Vergoldung verschwunden wäre.

wollten diese Götter für immer vergessen machen. Das neue Kapitol sollte den antiken Tempeln die kalte Schulter zeigen und auf den Vatikan, den Papst als neuen Herrscher sowie den neuen einen Gott Christus ausgerichtet sein. Michelangelo Buonarroti erhielt von Papst Paul III. den Auftrag, den Platz des Kapitols anzulegen. Nach seinen Entwürfen entstanden der Senatorenpalast, das heutige Rathaus von Rom, und links und rechts davon der Konservatorenpalast und der Palazzo Nuovo.«

»Ich finde, dass der Plan, diesen Ort hier auszulöschen, schiefgegangen ist.«

»Ja klar, der geniale Michelangelo schuf einen würdigen Nachfolger für den einstmals heiligsten Bezirk der Römer, einen Platz, der gleichzeitig geschlossen und geöffnet ist und einem heidnischen Helden huldigt: dem Philosophenkaiser Mark Aurel. Als ich 1988 nach Rom zog, stand die Originalstatue von Mark Aurel noch auf dem Kapitolsplatz.«

»Echt jetzt. Die haben die einzige erhaltene bronzene Reiterstatue der Antike, die es auf der Welt gibt, einfach draußen stehen lassen, die nachts jemand mit einem Schweißbrenner hätte zerstören können?«

»Ja, du hast recht, dass diese Statue die Jahrtausende überstanden hat, ist eigentlich ein Wunder. Mark Aurel ließ sie im Jahr 176 nach Christus aufstellen, vier Jahre vor seinem Tod und fünfzehn Jahre nach seinem Amtsantritt als Kaiser. Wo sie damals genau stand, ist unbekannt, möglicherweise auf dem Forum Romanum. Im 8. Jahrhundert wurde sie vor der Laterankirche aufgestellt; erst 1538 ließ sie Papst Paul III. auf den Platz des Kapitols bringen, wo sie bis 1990 blieb. Dann wurde endlich ihre Rettung und Unterbringung innerhalb der Kapitolinischen Museen beschlossen. Sie ist die einzige erhaltene Reiterstatue der römischen Antike und entging der Zerstörung nur, weil die Römer die Statue für die des Kaisers Konstantin hielten. Es ist ein Glücksfall, dass sie noch existiert, denn die Päpste ließen gnadenlos alles einschmelzen, was die wertvolle Bronze enthielt.«

»Und in den 1990er-Jahren hat man endlich kapiert, dass sie geschützt werden muss.«

»Ja, ich erinnere mich, dass die Experten bei der Untersuchung der Statue entsetzt darüber waren, wie sehr sie schon gelitten hatte; sie kam dann in die Halle im Kapitol, in der sie jetzt zu sehen ist.«

Ein Kellner war jetzt endlich auf uns aufmerksam geworden, wir bestellten Cola.

»Sag mal, und die kapitolinischen Gänse?«

»Das ist eine Legende, die Livius in seiner Stadtgeschichte erzählt. Die Kelten sollen unter einem gewissen Brennus mit einer großen Streitmacht in die Toskana vorgerückt sein und die etruskische Stadt Chiusi belagert haben, die Rom daraufhin um Hilfe bat. Weil die Verhandlungen mit den Kelten scheiterten, sollen sie bis in den Norden des Einflussbereichs von Rom vorgerückt sein. Die Römer hatten in aller Eile eine schlecht bewaffnete Verteidigungsarmee von sechs Legionen, also etwa 40 000 Mann, aufgestellt. Laut dem Geschichtsschreiber Livius, der allerdings dreihundert Jahre nach der Schlacht geboren wurde, erschraken die römischen Soldaten schon im Moment des Angriffs. Die Kelten sollen ein derartiges Gebrüll angestimmt haben, dass die Römer flohen und viele im angrenzenden Fluss Allia mit ihren schweren Brustpanzern ertranken. Die meisten der Soldaten sollen nach Rom zurückgeflohen sein. Die Kelten beschlossen daraufhin, Rom zu plündern, raubten die Stadt aus und belagerten die Einwohner, die sich auf dem kapitolinischen Hügel verschanzt hatten. Das Kapitol war ja vor allem eine Verteidigungsburg.«

»Und die Gänse?«

»Livius erzählt die Legende, dass am Morgen des 18. Juli die Römer in ihren Verteidigungsstellungen auf dem Kapitol tief und fest schliefen, nur ein paar Gänse waren wach. Als die Kelten sich anschlichen, schnatterten die Gänse los und retteten Rom. Nachdem der Überfall misslungen war, sollen die Römer den Angreifern 1000 Pfund Gold geboten haben, um die Kelten zum Abzug zu bewegen. Als diese daraufhin mit den Gewichten schummelten, um die Römer zu betrügen, und die sich beschwerten, soll es zu einer der berühmtesten Szenen der Antike gekommen sein: Sobald die Römer sich wegen des Betrugs beschwerten, soll Brennus sein Schwert auf die Waage gelegt haben, um die Forderung noch zu erhöhen, und dabei das seitdem als geflügeltes Wort benutzte ›Vae Victis‹, ›Wehe den Besiegten‹, gesagt haben. Diese Legende setzt allerdings voraus, dass der Anführer der Kelten passables Latein sprach. Rom blieb nach dieser Katastrophe lange Zeit, achthundert Jahre, von Überfällen verschont.

Die römischen Legionen führten die Verteidigungskriege gegen Eindringlinge stets weit entfernt von Rom. Oft hatte die Stadt auch einfach Glück. Bis heute rätseln die Fachleute, warum Hannibal nach der für die Römer katastrophalen Niederlage bei Cannae nicht versuchte, Rom zu belagern. Die nächste Schlacht, die Römer gegen keltische Stämme, diesmal die Kimbern, Teutonen und Ambronen, schlagen mussten, fand fast dreihundert Jahre später nach dem legendären Eingreifen der Gänse und über sechshundert Kilometer von Rom entfernt statt. Erst im Jahr 410 nach Christus werden die Westgoten die Stadt Rom selbst bedrängen, die den Untergang des Römischen Reiches einleiteten. Es ist übrigens faszinierend, dass die Geschichte des Kapitols seit 2400 Jahren unseren Sprachschatz prägt.«

»Wieso das denn?«, fragte Leo.

»Das Wort für Geld entstand, weil nach diesem Angriff der Kelten der Tempel der Juno als Warnerin, Juno Moneta, von ›monere‹, also ›warnen‹, gebaut wurde. In dem Tempel oder in unmittelbarer Nähe stand die römische Münzstätte. So zog über die Jahrtausende das Wort der Warnerin vor den Kelten als Synonym für Geld in Europas Sprachen ein, das Wort ›Moneten‹, ›money‹ auf Englisch, kommt daher.«

Das Geheimnis der schönen kriegerischen Pomponia Gratilla

»Sag mal, was ist deine Lieblingsgeschichte, die hier auf dem Kapitol spielt? Ganz persönlich.«

»Die Geschichte der Schlacht um das Kapitol im Bürgerkrieg hat mich nie losgelassen.«

»Wieso gerade die?«

»Es geht um eine ungewöhnliche Frau. Zweifellos gab es viele Frauen im antiken Rom, die von ihren Männern unterdrückt zu Hause saßen und sich nur um ihre Familie kümmerten, aber es gab auch andere, erstaunliche Frauen. Eine von ihnen, die wohlhabende Pomponia Gratilla, hat mich sehr beschäftigt. Schon ihr Name sorgt für Verwirrung: Die Frau stammte aus Veroli, einem Ort südlich von Rom, weswegen sie auch Verulana Gratilla genannt wird, die Frau aus Veroli, aber der richtige Name war vermutlich Pomponia.«

»Wie geht die Geschichte?«

»Ihre Geschichte beginnt in der Nacht des 18. Dezember 69 nach Christus. Selbst für einen Wintertag war es an diesem Abend ungewöhnlich kalt in Rom. Die Chronisten werden später darüber schreiben, dass ein eiskalter Regen eingesetzt hatte.«

»Und diese Frau ist nachts unterwegs?«

»Ja.«

»Ungeschützt auf der Straße. Bei der Kälte? Warum war eine reiche Frau bei einem solchen Sauwetter unterwegs?«

»Keine Ahnung. Nach den Berichten der Chronisten war sie außerdem ungewöhnlich schön.«

»Was es noch weniger ratsam machte, nachts im eiskalten Dezemberregen allein durch Rom zu gehen. Das ist sogar heute noch wenig ratsam, wenn du eine schöne Frau bist.«

»Was die Geschichtsschreiber seit fast zwei Jahrtausenden beschäftigt, ist der Umstand, dass sie an diesem Abend überhaupt unterwegs sein konnte – als Mutter von zwei kleinen Söhnen, die zweifellos zu Hause auf sie warteten. Was Pomponia Gratilla vor allem auszeichnete, war ihre hohe Bildung. Sie gehörte zu den anerkannten und relativ berühmten Philosophen Roms, und zwar zur Schule der Stoiker.«

»Was waren die Stoiker noch mal?«

»Die glauben daran, dass ›alles wie durch ein heiliges Band miteinander verflochten ist‹. So wird der neben Seneca vermutlich berühmteste stoische Philosoph der Römer, Kaiser Mark Aurel, über die Stoa sagen, dass alles Geschaffene auf eine Harmonie abzielt, dass ein Gott alles durchdringt, dass alle vernünftigen Wesen einen für sie bestimmten Platz im Ganzen einnehmen müssen.«

In Leos Gesicht sah ich ein Fragezeichen, das vermutlich der Stoa galt.

»Kannst du das noch mal sagen, so, dass ich es kapiere?«

»Es geht den Stoikern darum, dir zu zeigen, wie du glücklich wirst. Um das zu schaffen, sollst du dich auf deine Seele kon-

Eine der geheimnisvollsten Frauen der römischen Geschichte: Pomponia Gratilla. Statt sich in Sicherheit zu bringen, beteiligte sie sich an der Schlacht um das Kapitol. Bis heute ist unklar, was sie dazu bewegte.

zentrieren und gelassen sein, alles Äußere als unwichtig ansehen, sogar den Tod.«

»Ein bisschen wie bei Buddha.«

»Zumindest so ähnlich.«

»Okay, also läuft diese gebildete Philosophin nachts durch Rom, im Winter.«

»Das war gefährlich, weil man damals schnell in Streitereien verwickelt werden konnte, die an jeder Ecke ausbrechen konnten. Die Stimmung war gereizt, und jeder wusste, dass nur eine Geste ausreichte, um ein Gemetzel auszulösen. Seitdem Kaiser Nero sich am 9. Juni 68 das Leben genommen hatte, brachen überall in dem riesigen Römischen Reich Revolten aus. Die verschiedenen Armeen wollten ihre Befehlshaber, die ihnen verpflichtet waren, zum Kaiser ausrufen. In einem Jahr verschliss Rom drei Kaiser, Galba, Otho und Vitellius, bis sich Vespasian schließlich durchsetzte. Kaiser Vitellius hatte bis zum Schluss versucht, die Anhänger Neros auf seine Seite zu ziehen, ließ sogar dessen Kompositionen aufführen. Aber die Bevölkerung Roms wollte davon nichts wissen. Im Winter 68 war Vitellius schließlich auch militärisch geschlagen, die Truppen seiner Gegner, der Flavier, lagerten nur noch knapp fünfzehn Kilometer vor Rom. Vitellius war am Ende. Aber Vespasian, der spätere Kaiser, wurde erst in einigen Monaten in Rom erwartet. Die Situation war explosiv. Alle fürchteten das, was jetzt kommen würde. Rom schienen äußerst brutale Tage bevorzustehen – und so kam es auch.«

»Was ist passiert?«

»Vitellius wagte eine spektakuläre Aktion. Am 18. Dezember ließ er sich auf einer schmalen Sänfte, wie in Trauer gekleidet, aus seinem Haus auf dem Palatin tragen. Sein Sohn und einige seiner Soldaten begleiteten ihn. Er wollte zum Tempel der Concordia, um dort die Zeichen des Imperiums abzulegen, die ihn zum Kaiser machten, und dann in das Haus seines Bruders gehen. Der Präfekt der Prätorianergarde und ältere Bruder des späteren Kaisers Vespasian, Titus Flavius Sabinus, fürchtete, dass Vitellius nicht wirklich abdanken wollte. Wahrscheinlich glaubte er, dass Vitellius mit der Trauerkleidung nur eine Show abziehen und sich in Wirklichkeit seinem Bruder Vespasian nicht geschlagen geben wollte. Schon sprühte der Funken, der die Katastrophe auslösen sollte. Flavius Sabinus geriet auf der Suche nach Vitellius in eine Gruppe von dessen Anhängern, und eine Straßenschlacht brach aus.«

»Was ist jetzt mit deiner rätselhaften Frau?«

»Die stoische Philosophin, die wohlhabende, gebildete Mutter zweier kleiner Kinder, musste die Straßenschlacht gesehen haben und entschied sich für etwas, das für die Nachwelt unbegreiflich sein wird: Statt dem Krieg auf der Straße, den Kurzschwerter schwingenden Männern auszuweichen, statt sich so schnell wie möglich nach Hause in Sicherheit zu bringen, statt schreiend davonzulaufen, entschloss sie sich, in den Kampf einzugreifen.«

»Moment«, unterbrach Leo. »Eine schöne Frau, Mutter von zwei Kindern, philosophisch hochgebildet, sieht nachts im Winter einen Straßenkampf zwischen Soldaten und Haudegen, die sich mit Schwertern massakrieren, und sie beschließt mitzumachen?«

»So war es. Als Flavius Sabinus sich mit seinen Leuten im strömenden Regen auf das Kapitol flüchtete, in den Haupttempel Jupiters, den Tempel des Jupiter Optimus Maximus, war Pomponia Gratilla dabei und kämpfte. Die Nacht verlief glimpflich. Flavius Sabinus schickte Boten zum Heer der Flavier, das nicht einmal eine Stunde entfernt lagerte, und bat um Hilfe; aber diese kam zu spät. Die Anhänger des Vitellius griffen am nächsten Morgen von zwei Seiten an. Sie kamen vom Trapejischen Felsen, dem Ort, an dem Rom die Verurteilten in den Tod stürzte, und vom Asylum, dem Vorplatz des Kapitol.«

»Wieso heißt das Asylum?«

»Unser Wort ›Asyl‹ kommt daher, weil laut der Legende Romulus auf diesem Asylum-Platz jedem, der das wollte, freien Zugang und Schutz in Rom gewährte.«

»Okay, zurück zu dieser Frau. Haben sich die Römer nicht schon in der Antike gefragt, warum die nicht einfach abgehauen ist?«

»Tacitus bekundet im dritten Buch seiner *Historien* sein Unverständnis angesichts des rätselhaften Verhaltens der Pomponia Gratilla. Er erwähnt mit keinem Wort ihren Mann; sie ist also aus freien Stücken in den Kampf gezogen. Es ging weder darum, ihre Kinder noch ihre Familie zu schützen. Sie kämpfte für Flavius Sabinus. Aber eigentlich gibt es solche Frauen gar nicht.

Die Geschichtsschreiber Roms erwähnen Frauen als alles Mögliche, angesehene Matronen, die sich vor allem um ihre Frisur kümmerten, Sklavinnen, die für Liebesdienste gebraucht wurden …«

»Aber eine Kampfdame à la Lara Croft, die gibt es in den Geschichtsbüchern nicht?«, fragte Leo.

»Es gibt sie nur dieses eine Mal. Haben sich solche als Soldaten ausgebildete Frauen im Dunkel der Geschichte gut versteckt, haben die Geschichtsschreiber ihr Geheimnis bewahrt und nie verraten, bis auf dieses eine Mal? Es gab zweifellos Frauen, die als Gladiatoren auftraten; aber müssen wir unser Bild von Roms Upperclass-Frauen überdenken? Waren sie sehr wohl in der Lage, sich auf einem Schlachtfeld, in den Wirren der zahlreichen Bürgerkriege Roms mit dem Schwert zu verteidigen? Gab es so etwas wie Schulen, in denen Mädchen das Töten beigebracht wurde? Oder hatte Pomponia Gratilla einen ganz anderen Grund zu kämpfen? Ist die Erwähnung ihrer Teilnahme an der Schlacht um das Kapitol in Wahrheit nur der Beweis einer heimlichen Liebe? Folgte sie in dieser Nacht einem Geliebten in den Tempel, mit dem sie lieber sterben als ihn allein in den Tod gehen lassen wollte? Wir werden es wohl nie erfahren.«

»Coole Geschichte. Ich hoffe, dass sie bei ihrem Liebhaber war. Eine römische Lara Croft taucht wie ein Blitz in der Nacht ganz kurz in der römischen Geschichte auf, in einem hochdramatischen Moment.«

»Es gibt keine anderen Informationen mehr. Nur, dass der Kampf eskalierte. Die Verteidiger stürzten Statuen um, damit sie Eingänge verbarrikadieren konnten. Sie flüchteten aufs Dach und feuerten mit Dachziegeln auf die Anhänger des Vitellius. Die zündeten Fackeln an, und kurz darauf brannte das ehrwürdige Gebäude lichterloh. Sogar die beiden uralten Holzadler, die das Dach schmückten, verbrannten. Die Angreifer stürmten schließlich das Gebäude. Titus Flavius Sabinus gelang die Flucht und auch Pomponia Gratilla. Der Tempel brannte vollkommen nieder. Tacitus drückte seine Empörung darüber aus; er hat die rauchenden Überreste des Kapitols sicher noch gesehen.«

»Aber die Römer bauten das Kapitol natürlich wieder auf.«

»Na klar. Domitian würde das Kapitol vollständig neu aufbauen. Für Pomponia Gratilla endete die Geschichte tragisch. Ausgerechnet dieser Domitian, an dessen Seite sie kämpfte, sollte ihren Mann in den Tod schicken und sie selber in die Verbannung. Sie verschwand mit einem Detail im Dunkel der Geschichte: Sie sollte einen der berühmtesten Geschichtsschreiber und Anwalt der römischen Antike, Tacitus, damit beauftragen, ihren Sohn zu enterben. Warum, wird nie geklärt. Aber die Römer haben diese eigenartige Frau noch über Jahrzehnte verehrt.«

»Ist von den Tempelanlagen, die hier auf dem Kapitol in der Antike standen, eigentlich irgendetwas übrig geblieben?«, fragte Leo.

»Der größte Bau der Antike, der noch steht, ist das ehemalige Staatsarchiv, das Tabularium. Das Rathaus, der Senatorenpalast, steht darauf. Ich wollte deine Großmutter mal hierher mit zur Arbeit nehmen. Ich sagte ihr, dass ich ins Rathaus müsse, weil ich dort irgendwas zu erledigen hatte. Sie winkte ab und sagte, dass sie sich das Rathaus von Rom ja sicher nicht anzuschauen braucht. Sie stellte sich das Rathaus von Rom wahrscheinlich so vor wie das Rathaus in unserer Heimatstadt Werl, das wirklich nicht sonderlich sehenswert ist. Als sie dann doch mitkam und ich sie hierher aufs Kapitol brachte, konnte sie es nicht fassen. Das da soll ein Rathaus sein? Dieses Rathaus ist eben das schönste der Welt.«

Stadt mit vielen Gesichtern

»Sobald das Wort ›Kapitol‹ fiel, war Mama jahrelang immer stinksauer auf dich.«

»Das stimmt doch gar nicht.«

»Sicher stimmt das, sag bloß nicht, dass du dich nicht erinnerst?«

»Ich weiß von nichts.«

»Sieh mal an, du hast deine Sünde verdrängt.«

»Welche Sünde?«

»Unser Hund, Toffifee.«

Er hatte recht, ich hatte unseren Hund einmal an einer Stange am Kapitol angebunden und dann vergessen. Ich bekam sogar einen Strafzettel, auf dem stand, dass ich mit meinem Hund eine Ordnungswidrigkeit auf dem Kapitol begangen hatte.

»Das war nur zum Teil meine Schuld. Ich hatte den Hund aus dem Büro mitgenommen. Ich musste irgendeinem der Bürgermeister von Rom eine Abschrift eines Interviews bringen. Unser Büro lag damals in der Via San Teodoro, das war einen Katzensprung vom Kapitol entfernt. Ich ging hin, band Toffifee an, die wartete geduldig, ich gab dem Bürgermeister die Abschrift, der las sie gegen, ich konnte wieder gehen, aber ich hatte leider den Hund vergessen. Als ich wieder zurück im Büro war, fragte deine Mutter: Wo um Gottes willen ist der Hund? Ich bin dann zurückgerannt. Da standen zwei Polizisten um unseren Hund und drückten mir einen Bußgeldbescheid wegen des Hundes in die Hand, weil ich den nur ein paar Minuten hätte anbinden dürfen.«

»Musstest du alle Bürgermeister interviewen?«

»Ja, das gehörte zu meinem Job.«

»Wie waren die denn?«

»In einem waren sie sich alle ähnlich. Sie wussten, welch einzigartige Aufgabe sie hatten. Das Büro des Bürgermeisters von Rom ist eigentlich überraschend klein, es liegt in dem Verteidigungsturm, den Papst Nikolaus V. im 15. Jahrhundert hatte bauen lassen. Aber das Büro besitzt eine Besonderheit, den wahrscheinlich spektakulärsten Balkon der Welt. Der Bürgermeister führt Besucher nach dem Gespräch immer stolz auf diesen schmalen Balkon, und du schwebst über dem Forum Romanum. Sobald der Besucher dort steht, sagten alle Bürgermeister, die ich kennengelernt habe, dasselbe: Von hier aus wurde einmal die ganze bekannte Welt regiert. Damit haben sie recht; aber darin liegt auch das Besondere der Stadt Rom, was den Job des Bürgermeisters so schwierig macht.«

»Wieso?«

»Rom besitzt nun mal viel mehr Gesichter als alle anderen Städte auf der Erde, weil sie die einzige Stadt ist, die schon in der

Antike über eine Million Einwohner zählte. Es gibt deswegen das tausendjährige antike Rom, und viele Urlauber kommen hierher, weil sie dieses Rom sehen wollen, allem voran das Kolosseum. Dann gibt es das Renaissance-Rom. Die Päpste kauften in Florenz die Stars der Szene einfach auf. Erfunden wurde die Renaissance ja in Florenz und Urbino, aber in Rom entstanden die wichtigsten Werke. Michelangelo Buonarroti, Sandro Botticelli, Raffael und Baumeister-Genie Donato Bramante arbeiteten alle für die Päpste in Rom. Dann gibt es noch das barocke Rom, das den größten Teil der Innenstadt ausmacht. Der Barock wurde in Rom erfunden und prägte die Stadt entscheidend.«

»Und heute? Ich meine, mein Rom heute, unser Rom. Was ist das, ein Museum? Eine Metropole? Eine coole Großstadt?«

»Leo, Rom ist das alles. Rom hat so viele Gesichter, und deswegen sind die Herausforderungen so gewaltig: Wie soll das antike Forum Romanum weiter ausgegraben werden, wie das Renaissance-Rom und das Barock-Rom vor Abgasen und den über 100 000 Touristen täglich geschützt werden? Hinzu kommen die Probleme jeder anderen Metropole. Wie befördert man zum Beispiel die über eine halbe Million Menschen, die jeden Tag nach Rom hinein und in die Vorstädte wieder hinaus müssen? Allein eine Zuglinie, die Fiumicino – Saba, befördert 75 000 Menschen pro Tag, das ist Italien-Rekord. Nimmt man alle Aspekte dieser einzigartigen Stadt zusammen, also ihre über mehr als zwei Jahrtausende entstandenen Gesichter sowie die Notwendigkeiten einer Großstadt des 21. Jahrhunderts, verkompliziert sich alles.«

»Man kann in Rom nicht mal mit einer U-Bahn in die Innenstadt fahren.«

»Eben. Es war kein Problem, in London oder Berlin eine U-Bahn zu bauen, denn unter der Stadt gibt es …«

»… nur Dreck und Steine und Wasser«, warf Leo ein.

»Unter Rom liegen die Reste einer zweitausend Jahre alten Millionenstadt. Der Bau der geplanten U-Bahn-Linie D wurde deswegen komplett aufgegeben; zu wertvoll waren die zu erwartenden archäologischen Funde. Der Bau der Linie C dauert schon Jahrzehnte. Wegen einer Unzahl archäologischer Funde explodierten die Kosten.«

»Und der Autoverkehr?«

»Das nächste Problem. Rom wurde ursprünglich angelegt für eine Million Fußgänger, die in der Antike auf engstem Raum zusammenlebten, dazwischen lagen die Prachtbauten jener Zeit. Pferde waren für die meisten Bewohner unerschwinglich teuer, auf den Straßen drängten sich einfache Wagen und Menschen zu Fuß. Nur die Superreichen ließen sich in Sänften tragen. Auch im Mittelalter bestand die Stadt aus engen Gassen. Viele Bauten des Mittelalters wurden auf den Grundmauern antiker Gebäude errichtet, wie die Häuser rund um die Piazza Navona, die auf den Fundamenten der Zuschauertribünen des Stadions von Domitian stehen. So pflanzte sich der Stadtplan Roms durch die Jahrhunderte fort. Städte wie Berlin oder Paris, die viel jünger sind, konnten natürlich breite Boulevards anlegen, wie die Champs-Élysées, die Ende des 17. Jahrhunderts entstanden, oder die Straße Unter den Linden, die etwa zur gleichen Zeit gebaut wurde. Die breiten Luxus-Pferdewagen, die durch das Berlin Friedrichs des Großen rollten oder durch Paris, wären in Roms engen Gassen stecken geblieben.

Die römischen Adeligen waren auf die großen Plätze angewiesen, wenn sie ihre prächtigen Pferdewagen zeigen wollten. Die Piazza Navona, Roms schönstes Barock-Spektakel aus Stein, wurde an heißen Sommertagen mit Wasser übergossen, geflutet, sodass sich größere Pfützen bildeten, durch die reiche Adelige mit ihren Pferdewagen preschten und den Fahrwind und den Sprühregen genossen.«

Piazza Navona: Der aus männlichen Personifikationen von Ganges, Rio de la Plata, Donau und Nil bestehende Vierströmebrunnen ist ein barockes Meisterwerk Berninis. Die Figur, die den Nil darstellt, ist verschleiert, weil seine Quellen damals noch unentdeckt waren.

»Das muss ziemlich cool gewesen sein, und die wunderschönen Brunnen Berninis auf der Piazza waren natürlich die perfekte Kulisse für diesen Spaß«, sagte Leo.

»Vielleicht haben sich die Adeligen dabei ja die Legende ausgedacht, dass Bernini in einem geheimen Code in seinen Brunnen den Hass auf den Rivalen Borromini verbaute. Zwei der vier Flüsse, die mit Hilfe von Skulpturen auf dem Brunnen in der Mitte des Platzes dargestellt werden, sollen angeblich in Beziehung stehen zu der von Borromini erbauten wunderschönen Barock-Kirche Sant'Agnese in Agone, die direkt neben dem Brunnen steht. Die Statue, die den Nil repräsentiert, soll ihr Haupt verhüllen angesichts der Hässlichkeit der Kirche des Rivalen, während die Skulptur, die den Rio de la Plata symbolisiert, angeblich aus Angst vor dem unmittelbaren Einsturz der Kirche entsetzt die Hand hebt. Diese Legende ist Unsinn. Bernini verhüllte das Haupt des Nils vermutlich, weil damals die Quellen des Flusses noch nicht entdeckt worden waren.

Sehr viel mehr Plätze, um die prächtigen Pferdewagen zu zeigen, gab es in Rom nicht.«

»Warum ist Rom eigentlich so einzigartig?«

»Weil es eine der wenigen sinnvollen Entscheidungen im Wahnsinn des Zweiten Weltkriegs betraf: Rom wurde zur offenen Stadt erklärt und blieb so weitgehend vom Bombenkrieg aus der Luft verschont. Das führte dazu, dass die alte Stadtanlage unbeschadet überlebte. Ich hoffe, dass die künftigen Bürgermeister versuchen werden, diese Stadt den kommenden Generationen so intakt wie irgend möglich weiterzugeben. Die Entscheidung, das Projekt der U-Bahn-Linie D wegen unkalkulierbarer Risiken aufzugeben, getroffen von der ersten Frau auf dem Sessel des Bürgermeisters von Rom, scheint mir ein Schritt in die richtige Richtung.«

PANTHEON

Magie der Ewigkeit

Ein paar Tage nach dem Besuch am Kolosseum fuhr ich mit Leo zum Pantheon, weil ein Bekannter Nachschub an frischem Kaffee brauchte. Und er war fest davon überzeugt, dass die gerösteten Kaffeebohnen aus dem Café Sant'Eustachio in Rom die besten der Welt sind. Wir erledigten unseren Einkauf und gingen dann quer über den Platz des Pantheons.

Leo sah sie sofort: Fernanda stand vor dem Pantheon mit ihrem Stock, auf dem eine Plastikrose thronte, die ihre Gäste davor bewahren sollte, sich im Gedränge zu verlieren. Sie begann gerade damit, das Pantheon zu erklären. Die Gruppe, die sich um sie scharte, waren zweifellos Italiener. Es ist meistens ziemlich einfach zu erkennen, aus welchem Teil der Welt eine Touristengruppe kommt. Menschen aus Nordeuropa tragen bei Führungen stets brav die beiden Kopfhörer und das Empfangsgerät. Touristen aus Südeuropa haben meist nur einen der Kopfhörer im Ohr, wenn überhaupt. Sie haben überhaupt kein Problem damit, die Erklärungen des Touristenführers zu überhören oder nur teilweise zur Kenntnis zu nehmen, wenn sie nur hemmungslos mit anderen Mitgliedern der Gruppe quatschen können.

»Ich gehe hin«, sagte Leo entschlossen.

»Spinnst du?«, warnte ich.

»Ich sage ihr nur Guten Tag.«

»Sie führt gerade eine Gruppe. Ich glaube, sie wäre ziemlich froh, wenn du nicht zu ihr gehen würdest.«

Leo ließ sich nicht abbringen: »Ich fände es ziemlich unhöflich, jetzt so zu tun, als hätte ich sie nicht gesehen. Ich gehe hin und sage Hallo. Ich will mich nicht verstecken.«

Bevor ich ihn zurückhalten konnte, ging er los. Ich schlenderte langsam hinter ihm her. Fernanda war gerade dabei, zu erklären, wieso Hadrian das abgebrannte Pantheon wiederaufbauen ließ, als Leo ihr erst zuwinkte und dann Hallo sagte.

Wie zu erwarten, überging sie ihn genervt und schaute weg, statt auf seinen Gruß einzugehen. Dann geschah etwas, womit ich nicht gerechnet hatte. Eine ältere Dame wandte sich Leo zu und fragte: »Wer ist denn dieser interessante junge Mann?«

Sie sprach mit einer so eindeutigen Autorität, dass ihr aus irgendeinem Grund eine Sonderstellung in der Gruppe zukam. War sie eine Art Gruppenleiterin? Warum wagte sie es, Fernandas schweigende, aber trotzdem offensichtliche Anweisung an die Gruppe, Leo zu ignorieren, zu übergehen? Ich schaute auf Fernandas überraschtes Gesicht, und dann fiel endlich der Groschen: Die beiden Frauen sahen sich äußerst ähnlich. Das war Fernandas Mutter.

»Ich möchte auch einmal diesen Job machen, Touristen zu führen, und hoffe, dass ich mit Fernandas Hilfe die Schule für Fremdenführer schaffen kann.« Leo war jetzt sehr charmant – und sondierte das Terrain.

»Ach, das ist ja toll, Fernanda! Du bildest so süße junge Männer aus. Dann führen Sie uns doch, junger Mann, erzählen Sie uns was über das Pantheon.«

»Mama, das geht nicht. Ohne Lizenz darf hier niemand reden, schon gar nicht ein Schüler.«

»Ach, Schätzchen. Du bist ja dabei mit all deinen Lizenzen. Wenn uns jemand nervt oder etwas Falsches erzählt, wirst du uns schon helfen. Wie heißen Sie denn eigentlich?«

Das Pantheon: Das einzige vollständig erhaltene Bauwerk der römischen Antike scheint heute knapp unter dem Niveau der Stadt Rom zu liegen, in Wirklichkeit führte vor zweitausend Jahren eine hohe Treppe von der Straße hinauf zum Eingang.

»Leonardo.«

»Na, dann legen Sie mal los.«

Leo errötete, aber dann fasste er sich ein Herz.

Regenzauber im Wohnzimmer Roms

»Danke, dass Sie mir zuhören wollen. Wahrscheinlich müsste ich jetzt damit beginnen, zu erklären, dass das Pantheon zu den Superlativen gehört, an denen Rom reicher ist als jede andere Stadt der Welt. Die Kuppel des Pantheons hält seit knapp zweitausend Jahren den Rekord der größten Betonkuppel der Erde – und zwar vor der Erfindung des Stahlbetons. Sie ist ein technisches und architektonisches Wunderwerk, vielleicht die wichtigste Meisterleistung der römischen Antike; nicht einmal das Genie Michelangelo konnte mit der Kuppel des Petersdoms eine größere freitragende Kuppel schaffen.

So müsste ich eigentlich anfangen. Aber so könnte ich nicht beschreiben, worum es an diesem Ort wirklich geht. Es geht darum, dass das Pantheon für uns in Rom eine Art Zuhause ist. Es gibt niemanden in der Innenstadt, der nicht entweder seine erste Freundin vor dem Pantheon geküsst hat oder eine ernste Aussprache mit seinen Eltern hier hatte oder nach einem Tag am Meer braun gebrannt vor dem Pantheon das explodierende Leben auf diesem Platz genossen hat, dem Wohnzimmer unserer Stadt.

Es gibt niemanden, der in der römischen Innenstadt aufgewachsen ist und sich nicht an einen Tag erinnert, an dem er bei strömendem Regen mit seiner Familie im Pantheon stand. Jeder von uns hat hier irgendwann zufällig etwas erlebt, das er nie wieder vergessen würde: zu sehen, wie das Wasser vor dem Pantheon auf den Platz prasselt, während wie durch Magie im Innern der Regen, als würde er von einer unsichtbaren Hand gebremst, durch das neun Meter große Loch im Dach herunterschwebt. Natürlich ist das reine Physik und keine Zauberei. Das Pantheon ist so groß, dass die Luft, die nach oben steigt, den Regen bremst. Doch wer das zum ersten Mal sieht, glaubt seinen Augen nicht zu trauen. Reine Magie.

Manchmal haben wir in Rom von dem Krach unserer Stadt die Nase voll, von den fetten Ratten, die sich im Bahnhofsviertel herumtreiben, vom Smog im Sommer, den endlosen Staus am Tiber, in denen wir ganze Jahre unseres Lebens verschwenden und die unsere Energie abzusaugen scheinen. Dann verschwinden wir in den Ferien aus Rom. Wir bewundern Paris oder Madrid oder Washington, und dort machen wir eine eigenartige Entdeckung: Fast alle einflussreichen Nationen haben das Pantheon nachgebaut, aber über ein Jahrtausend später als unsere Vorfahren in Rom. Sie hatten die geniale Idee des Baus, viele Jahrhunderte bevor Frankreich oder Spanien oder die USA überhaupt existierten. Wir bekommen mit, dass sogar ein US-Präsident, Thomas Jefferson, selbst eine Pantheon-Kopie für die Universität Virginia entwarf und sein Denkmal in einer weiteren Pantheon-Kopie in Washington steht. Schließlich kommen wir am Ende der Ferien nach Rom zurück und setzen uns auf diesen Platz, und wieder ist das Pantheon da, so wie immer, so wie es dazu beitrug, der Stadt Rom den Ruf einzubringen, ewig zu sein.

Spotlight für die Ewigkeit

Und dann berührt uns das Schicksal des Gebäudes. Jeden Tag strömen Zehntausende auf das Forum Romanum und geraten in Entzücken über die in die Nacht ragenden Säulen, die romantischen Überreste der prächtigen Tempel, die dort einst standen. Diese Ruinen, diese mit Efeu überwucherten Überreste, das macht für sie Rom aus. Aber unseren größten Schatz, das Pantheon, halten sie, weil es nicht kaputt ist, für irgendeine vor drei Jahrhunderten gebaute barocke Kirche, in deren Decke ein lustiges Loch ist. Das Pantheon ist viel zu perfekt, um auch nur ahnen zu lassen, wie alt es ist. Und es ist ungemein schwer vorstellbar, dass ein so großes Gebäude alle Kriege, schweren Erdbeben, Überschwemmungen und Unwetter zweitausend Jahre lang unbeschadet überstehen konnte.

Wir wissen in Rom ziemlich genau, dass viele Generationen ihr Leben riskierten, um diese Stadt so bauen zu können, wie sie ist. Sie haben beim Bau dieser Stadt einen einzigartigen Mut aufgebracht und uns, den Nachkommen, diese Stadt hinterlassen. Wenn man sie zurückkommen ließe, wenn sie für einen Tag in ihre Stadt zurückkommen könnten, dann wären sie vermutlich entsetzt über den Zustand der Ruinen des Kolosseums, ganz zu schweigen von den Wasserleitungen, die zu ihrer Zeit mehr Wasser in die Stadt brachten als heute, von den geplünderten Palästen, Markthallen, Gerichtsgebäuden. Aber an einen Ort könnten sie sich zurückziehen: Sie haben das Pantheon für die Ewigkeit gebaut, und es wird ihren Geist bewahren und an ihr Bemühen, ihre Entschlossenheit, ihr Genie in der Architektur, ihre Planung und an den Stolz auf ihre Zivilisation für immer erinnern. Die Römer haben ein einzigartiges Denkmal ihrer Kultur geschaffen, und es wird dafür sorgen, dass ihre Größe, ihre Fehler, aber auch ihre einzigartige Schaffenskraft nicht vergessen werden. Sie haben dafür gesorgt, dass ein Planet, die Sonne selbst, an ihren Glauben an die Größe der Stadt Rom erinnert, solange das Pantheon existieren wird. Denn nur einmal im Jahr, am Tag des Geburtstags von Rom, dem 21. April des Julianischen Kalenders (dem 8. April unseres Kalenders), fällt der Strahl der Sonne genau auf den Eingang des Pantheons, exakt um 12 Uhr mittags. Als würde für alle Ewigkeit an diesem Tag ein Spotlight angeschaltet für all die Römer, die diese Stadt für Jahrtausende zu etwas Einzigartigem auf der Welt gemacht haben.«

Jeder in der Gruppe hörte ihm gebannt zu, mit offenem Mund. Er schien sie zu erreichen, und dann kam ihm eine Idee, als wäre er ein alter Hase.

»Ich bin sicher, dass Sie verstehen werden. Sie sind nicht wie die anderen, das spüre ich. Ich freue mich darauf, Ihnen das Pantheon zu zeigen.«

»Jetzt hat er sie«, dachte ich, »jetzt fliegt er, und sie fliegen mit ihm. Jetzt hat er endlich seine Stadt in die Hand genommen, und er wird sie Tausenden von Besuchern in den kommenden Jahren nahebringen, Fernanda hin, Fernanda her.« Nichts zeigte mir so deutlich, dass ich recht hatte, wie Fernandas entsetztes

Gesicht, die geschlagen und matt hinter Leo und der Gruppe, die einmal ihre war, hertrottete.

Zweitausend Jahre Zeitreise

Leo legte los: »Welchen Zweck das Pantheon genau erfüllt hat, ist heute nicht mehr bekannt. Der Name Pantheon, von Griechisch ›pan‹ (alle) und ›theos‹ (Gott), legt nahe, dass es mehreren Gottheiten geweiht war, sehr wahrscheinlich standen aber auch die Statuen der vergöttlichten Kaiser im Pantheon. Der Schwiegersohn von Augustus, Marcus Vipsanius Agrippa, ließ das Gebäude ab 27 vor Christus errichten. Der Mann kämpfte an der Seite seines Jugendfreundes, des späteren Kaisers Augustus, im Bürgerkrieg. Als Statthalter von Gallien verfolgte er die Sueben und überschritt dazu den Rhein. Als Folge davon gründete er das Lager Oppidum Ubiorum, das später nach seiner Enkelin in Colonia Claudia Ara Agrippinensium umbenannt wurde, das heutige Köln. Augustus setzte Agrippa zunächst zur Verteidigung Italiens ein. Als er später in Spanien Krieg führte, zwischen 27 und 24 vor Christus, verwaltete Agrippa Rom und startete ein ambitioniertes Verschönerungsprogramm der Stadt. Das Marsfeld, das wahrscheinlich teilweise noch Sumpf war, ließ er entwässern und ein neues Stadtviertel anlegen und die enorme, 400 Meter lange Halle Saepta Julia bauen. Heute sind noch Reste von ihr links neben dem Pantheon zu erkennen; die Kirche Santa Maria sopra Minerva muss auf einem Teil der Halle stehen. Die Halle diente zunächst politischen Zwecken, etwa Versammlungen, wurde dann aber unter Nero schon in eine Arena für Gladiatorenkämpfe umfunktioniert. Nachdem das Kolosseum fertiggestellt war, machten die Römer eine Markthalle daraus. Es war nach unseren heutigen Begriffen ein Nobelkaufhaus. Berühmt ist die Saepta Julia, weil der Dichter

Martial beschrieb, wie in dem Kaufhaus Lustknaben gehandelt wurden. In einem luxurösen Hinterzimmer fand die Untersuchung der Jungs statt. Martial schrieb, dass die Tunika vorne und hinten hochgehoben wurde – die Scham war entblößt, und das Geschlecht wurde genau untersucht. Diese Lustknaben hatten die Aufgabe, während der Abendessen ihrer reichen Besitzer Wein auszuschenken und die Gäste erotisch anzustacheln, aber anfassen war verboten. Neben diesem antiken Edel-Einkaufszentrum ließ Agrippa den Vorgängerbau des Pantheons errichten, der den Göttern danken sollte für einen Sieg der von ihm aufgestellten Flotte gegen einen gefährlichen Gegner bei Actium: Kleopatra und Marcus Antonius.

Agrippa ist übrigens einer der wenigen Menschen der Antike, dessen Arbeit die Jahrtausende überdauert hat, während niemand weiß, ob es zum Beispiel einen antiken Mozart gab, der für die damals üblichen Instrumente geniale Melodien schrieb. Viele Werke haben die Antike nicht überdauert, aber Agrippas Leistung schaffte es, die Zeitalter zu überstehen. Er ließ die Aqua Virgo anlegen, die einzige große Wasserleitung, die seit der Antike ununterbrochen in Betrieb ist und die Fontana di Trevi mit Wasser versorgt. Das Pantheon Agrippas hatte aber nicht das Glück, ewig zu bestehen. Im Jahr 80 brannte das Gebäude aus, Domitian ließ es reparieren, aber unter Kaiser Trajan traf im Jahr 110 ein Blitz das alte Pantheon, und es musste erneut repariert werden. Kaiser Hadrian ließ es dann in den Jahren 115 bis 127 vollständig durch den heutigen Bau ersetzen. Er weihte es vermutlich auch während einer seiner wenigen Aufenthalte in Rom zwischen 125 und 128 ein.

Dass es so unbeschadet die Zeit überdauerte, hat auch damit zu tun, dass es schon zu Beginn des Mittelalters zur Kirche umgewidmet wurde, wohl auf Druck aus Konstantinopel. Im Inneren erinnert heute nur noch wenig daran, dass der Tempel einmal heidnischen Göttern geweiht war. Aber wie durch

Zauberei haben sich mit Hilfe des Pantheons die Menschen, die an die Götter glaubten, die einst im Pantheon verehrt wurden, ein wenig dafür gerächt, dass die Statuen ihrer Heiligtümer von den Christen zerschlagen wurden. Denn seit vierhundert Jahren stellt das Pantheon einen vielfach behaupteten Tatbestand richtig: dass nämlich die angeblich blutrünstigen heidnischen Kaiser der Römer weit bescheidener und weit weniger selbstverliebt waren als die vermeintlich frommen christlichen Päpste, von denen man eigentlich erwartet, ein Vorbild an Demut und Nächstenliebe zu sein. Als das Pantheon fertig war, hätte es nahegelegen, das zu tun, was Papst Paul V. später tun würde: Hadrian hatte das neue Pantheon entwerfen und bauen lassen und schließlich auch dafür gesorgt, dass es bezahlt wurde – also hätte er sich mit Fug und Recht darauf verewigen können. Doch demütig und respektvoll ließ der Kaiser den Namen des Erbauers des ersten Pantheons Agrippa wieder über dem Eingang anbringen. Hadrian lieferte das historische Paradebeispiel an Bescheidenheit eines absoluten Herrschers. Die Inschrift erklärt, dass Agrippa dieses Gebäude während seines dritten Konsulats errichtete. Kein Wort vom wahren Bauherrn, obwohl die Inschrift am Pantheon 150 Jahre nach dem letzten Konsulat Agrippas angebracht wurde. Das genaue Gegenteil verkörperte Papst Paul V., als er nach der Fertigstellung der Fassade seinen Namen auf das Tympanon des Petersdoms schreiben ließ. Von Bescheidenheit war bei dem der Nächstenliebe und Demut verpflichteten Papst keine Spur. Dass Papst Julius II. die mutige Entscheidung getroffen hatte, den alten Petersdom abzureißen und einen neuen, gigantischen Bau zu errichten, bewog Paul V. offensichtlich nicht dazu, den Namen dieses Papstes auf der Fassade auch nur zu erwähnen. So sorgte also Kaiser Hadrian – übrigens der erste Kaiser, der sich mit einem Bart verewigen ließ, alle andern vor ihm waren immer glatt rasiert dargestellt worden – dafür, dass die Händler des Mittelalters, die vor dem Pantheon ihre Buden aufschlugen, sich fragten, wer wohl dieser Agrippa gewesen sein mochte, dessen Name auf dem rätselhaften Gebäude stand.

Die Römer haben das Pantheon immer geliebt, seine Einzigartigkeit gespürt. Es stimmt nicht, was über Jahrhunderte in Schulen verbreitet wurde: Erst die Begründung der Archäologie durch Winckelmann im späten 18. Jahrhundert habe dazu geführt, dass Rom seine antiken Schätze wiederentdeckte. Es stimmt nicht, dass vor Winckelmann die Römer hemmungslos die Stadt und ihre antiken Schätze ausplünderten, weil sie nicht kapierten, wie einzigartig die waren. Das zeigt sich auch daran, dass der skrupellose Papst Urban VIII. eine Lüge erfinden musste, die sich über Jahrhunderte hielt: Er ließ die Bronzeplatten aus dem Dachstuhl der Eingangshalle des Pantheons, dem Pronaos, abnehmen. Es war glatter Diebstahl und mutmaßliche Verstümmelung des erstaunlichsten Gebäudes von Rom.

Papst Urban VIII. gehört zu jenen Päpsten Roms, die sich wirklich nicht vorwerfen lassen müssen, zimperlich gewesen zu sein. Urban schämte sich nicht, alle vier Spitzenämter der Kurie, also das des Papstes, des Vizekanzlers, des Kämmerers und des Großpönitentiars, einer einzigen Familie zuzuschlagen, nämlich seiner eigenen. Um die Familiengeschichte aufzupeppen, musste er erst einmal das Wappen der Familie ändern, auf dem Pferdebremsen, also Stechfliegen, zu sehen waren. Er verwandelte die politisch wenig ansehnlichen Tiere in Bienen, mit denen er den Petersdom und zahlreiche Gebäude in Rom verzieren ließ. Auf seinem Grabmal im Petersdom scheinen die Tierchen ganz verzweifelt ihren Herrn zu suchen. Die Familie schröpfte den Vatikan um geschätzt 14 Millionen Dukaten. Einen solchen Raubzug zum Schaden des Vermögens der Kirche hatte nie zuvor ein Papst gewagt.

Obwohl dieser Papst also keinerlei Hemmungen kannte,

Das Innere des Pantheons: Ursprünglich ein der Gesamtheit der Götter geweihtes Bauwerk, wurde es 609 in eine christliche Kirche umgewandelt und gehört heute dem italienischen Staat. Hier befindet sich die Grablege bedeutender Künstler wie Raffael.

muss er gewusst haben, dass die Römer das Pantheon verehrten; denn er musste zu einer Lüge greifen, als er begann, die Bronzeplatten zu demontieren. Er ließ auf Plakaten verbreiten, dass die Bronze für den von Gian Lorenzo Bernini entworfenen Baldachin über dem Hauptaltar des Petersdoms gebraucht würde. In Wahrheit ließ er mit dem größten Teil der Bronze Kanonen für die Engelsburg gießen.«

Leo führte die Gruppe jetzt zum Eingang des Pantheons.

»Wenn Sie auf das Pantheon zugehen, bemerken Sie gleich eine Besonderheit, die Rom von anderen Weltstädten unterscheidet und worin spürbar wird, dass die Stadt nun einmal sehr alt ist: Wenn Sie auf das Wahrzeichen von Paris, den Eiffelturm, zugehen, dann liegt er auf dem Niveau der modernen Straßen. Aber wenn Sie in Rom auf eine der Sehenswürdigkeiten zugehen, etwa das Kolosseum oder eben das Pantheon, dann gehen Sie immer hinunter, weil alle Sehenswürdigkeiten unter dem Niveau der modernen Straßen liegen. Sie gehen von der Piazza della Rotonda hinunter zum Eingang des Pantheons, was einen falschen Eindruck erweckt, denn in Wirklichkeit lag das Gebäude etwa anderthalb Meter über dem Niveau der antiken Straße. Zwei etwa siebeneinhalb Meter breite Treppen führten hinauf zum Pantheon. Doch der Schutt und auch der Schlamm des Tibers durch die Überschwemmungen haben das Niveau der Stadt steigen lassen, an einigen Stellen um über sieben Meter. Während also alle anderen Sehenswürdigkeiten Europas auf dem modernen Niveau der Städte liegen, müssen die Besucher Roms immer hinuntergehen, auf das Niveau der Stadt vor zweitausend Jahren.

Wie die Bronzeverkleidung in der Vorhalle ausgesehen hat, lässt sich heute nur noch ahnen. Diese Vorhalle besitzt aber einen besonderen Reiz. Vor allem nachts können Besucher hier eine regelrechte Zeitreise machen. Während das Forum Romanum oder das Kolosseum nachts gesperrt sind, kann man sich hier in die Halle setzen, neben die sechzig Tonnen schweren Säulen, und einen Raum genießen, der sich seit zweitausend Jahren so gut wie gar nicht verändert hat.

Allein die Tür des Pantheons ist eine Reise nach Rom wert. Sie ist eine von drei antiken Bronzetüren in Rom, die überlebt haben, weil sie als Eingangstür für eine Kirche benutzt wurden, die anderen beiden sind die des Tempels von Romulus und Remus auf dem Forum Romanum und die des Baptisteriums der Lateranbasilika. Aber die Tür des Pantheons ist die mit Abstand größte: Sie ist 7,50 Meter hoch und 4,45 Meter breit und viele Tonnen schwer. Sie wurde so perfekt eingehängt, dass die Besucher sie noch heute, nach zweitausend Jahren, mit Leichtigkeit bewegen können. Vermutlich gehörte die riesige Tür schon zu dem Tempel, den Agrippa bauen ließ.«

Die Gruppe betrat nun das Innere des Gebäudes. Wie alle Besucher schaute die Gruppe zunächst nach oben zu dem neun Meter breiten Loch in der Decke, der einzigen Lichtquelle, seitdem die Seitenfenster der Antike zugemauert wurden.

Leo war jetzt in seiner Rolle angekommen.

»Das Pantheon ist das einzige Gebäude Roms, das seit fast zweitausend Jahren ununterbrochen genutzt wird, aber wir wissen nur sehr wenig über seine eigentliche Bestimmung. Wir wissen, dass die Kuppel ein absolutes Meisterwerk ist. Sie wurde auf einem gigantischen Gerüst aus antikem Beton gegossen. Dabei änderten die Baumeister mehrfach die Mischung: Ganz oben, nach der Öffnung, dem Opaion, besteht die Mischung aus Zement und leichten Lapilli-Steinen. Der oberste Teil der Kuppel ruht auf einer massiveren und schwereren Mischung aus Zement, Backsteinen und Travertin. Die Kuppel wiegt insgesamt etwa 5000 Tonnen. Bis zum Untergang Roms wurde das Pantheon sehr wahrscheinlich als Tempel genutzt. Möglicherweise beteten während der Zeit des weströmischen Kaisers Honorius zu Beginn des 5. Jahrhunderts noch Römer im Pantheon, weil sie glaubten, dass die Bekehrung zum Christentum die Stadt Rom in den Untergang gestürzt habe. Dann muss irgendwann das Innere des Tempels demontiert worden sein.

Im Jahr 609 wurde das Pantheon in eine Kirche umgewandelt. Aber was für ein Unterschied! Roms Macht zur Zeit Trajans und Hadrians reichte bis an die Grenzen der bekannten Welt. Als der oströmische Kaiser Phokas über das Reich regierte, musste das geplünderte und entvölkerte Rom sich so weit erniedrigen, dass seine Bewohner den edelsten Teil ihrer Stadt verhöhnten. Auf dem Forum Romanum an der uralten Via Sacra, die Triumphzüge von Siegern wie Caesar, Augustus oder Titus gesehen hatte, stellten die Römer in aller Eile eine in einem Tempel rasch abgebaute Säule auf, die Phokas-Säule neben dem Tabularium. Es ist der letzte Bau zu Ehren eines Kaisers, der auf dem Forum Romanum errichtet wurde. Kriecherisch schrieben die einstmals so stolzen Römer auf den Sockel der Säule, dass sie Phokas unendlich dankbar seien für seine Milde und Großzügigkeit. Dabei hatte der unfähige Kaiser Italien einfach den Langobarden und den Slawen den Balkan überlassen. Sie mussten sich von diesem kümmerlichen Despoten ihr Forum Romanum verschandeln und ihr eigenes geniales Gebäude, das Pantheon, als Kirche schenken lassen. Er erlaubte ihnen, das Gebäude in eine Kirche umzuwandeln, die der Muttergottes und den Märtyrern geweiht war.

Später wurde das Pantheon als Grabeskirche genutzt; der Maler-Genies Raffael, Annibale Carracci und Baldassare Peruzzi sowie der italienischen Könige wird hier gedacht. Christen beteten über 1400 Jahre in dem Gebäude. Sie stellen Bilder des Zimmermannssohnes Jesus aus Nazareth auf, und bis heute feiern sie hier die Messe – umgeben von den geheimen Zeichen der antiken Römer. Ihre Codes blieben im Stein des Pantheons bis heute. Was sie bedeuten, konnte niemand klären, aber sie sind unübersehbar.

Wozu, und damit komme ich zum Ende unserer Zeitreise, diente das Opaion, das Loch im Dach? Sollten die Besucher des Tempels nachts im Angesicht der Sterne beten? Ist deswegen die Zahl sieben in dem rätselhaften Gebäude versteckt? Um das Gewicht besser zu verteilen, sind Kassetten in den Beton eingelassen. Es sind insgesamt 28 Kassetten, weil für die Römer die Zahl 28 die perfekte Zahl war: Sie besteht aus der Summe der Zahlen 1+2+3+4+5+6+7. Es sind sieben Zahlen, die bis zur Zahl sieben gezählt werden. Die Zahl sieben galt den Römern vermutlich als heilig, weil es sieben Planeten gibt, die man mit bloßem Auge sehen kann, die Sonne, den Mond, Merkur, Venus, Mars, Jupiter und Saturn. Haben die Römer das Pantheon

Die Kuppel des Pantheons: die berühmteste Deckenwölbung der Welt. Nur an einem Tag, am 8. April, dem Geburtstag von Rom, beleuchtet die Sonne den Eingang. Laut der Legende steht das Pantheon an der Stelle der Aufnahme von Romulus in den Himmel.

für den Blick in die Ewigkeit des Alls gebaut? Wir werden es wohl nie erfahren.«

Einen Augenblick herrschte Schweigen. Dann geschah etwas so Überraschendes, dass ich zunächst meinen Augen und Ohren nicht trauen wollte. Fernandas Mutter nahm ihre Tochter plötzlich in den Arm, küsste sie und sagte sehr bewegt: »Ach, Tochter, ich bin so stolz auf dich, dass du solche gefühlvollen jungen Männer ausbilden darfst.«

DOMPTEUR DER GEISTER

Am Anfang des Sommers überraschte mich meine Frau Kerstin am Telefon damit, dass unser Sohn Leo ganz plötzlich eine merkwürdige Entscheidung getroffen hatte. Er wollte in unser Landhaus bei Tuscania fahren, und zwar vor uns, um das Haus in Schuss zu bringen. Diese Aufgabe hatte er in den ganzen achtzehn Jahren seines Lebens stets gemieden wie die Pest, denn es bedeutete Arbeit. Er musste den Weg zum Haus freischneiden, weil das Gras sicher hochgewachsen war, die Terrassen fegen, die Möbel abdecken, Unmengen toter Insekten im Haus aufsaugen. Dass er das auf sich nehmen wollte, kam mir verdächtig vor. Aber ich wollte seinen offensichtlichen Arbeitseifer nicht bremsen, schließlich hatten die Ferien begonnen, und so wartete ich am Bahnhof Trastevere, um ihm den Hausschlüssel geben zu können.

Als er kam, dachte ich, mich trifft der Schlag. Carlotta ging neben ihm her, eine Tasche in der Hand. Sie sah exakt so aus, wie ich sie in Erinnerung hatte: lange dunkelblonde Haare, mädchenhafte Figur, die in einem weißen Leinenkleid steckte. Sie wirkte wegen ihres fröhlichen Gesichts immer ein wenig wie ein gut gelauntes Eichhörnchen. Das war also der Grund, weshalb er unbedingt das Haus putzen wollte. Im gleichen Augenblick sah ich zwei weitere Mädchen hinter Leo und Carlotta auftauchen. Alle drei Mädchen waren sich auf eine überraschende Weise ähnlich. Die Länge ihrer Haare, die ihnen auf den Rücken fielen, schien bis auf den Zentimeter gleich. Zudem wirkte auch die Farbe der Haare so ähnlich, dass ich vermutete, sie müssten sogar das gleiche Shampoo benutzen.

Ich wusste nicht, ob ich mich für Leo freuen sollte oder nicht, dass Carlotta ihre beiden Freundinnen mitnehmen wollte. Alle drei Mädchen gaben mir artig die Hand und schnatterten mir vor, dass Leo ihnen erzählt hatte, er müsse unser Landhaus putzen, und dass sie beschlossen hätten, ihm dabei zu helfen. In zwei Tagen kämen sie mit dem Zug zurück. Sie würden auch nichts kaputt machen. Ich gab Leo den Schlüssel, wünschte den Mädchen: »Na dann viel Spaß.«

Carlotta blinzelte mich an und sagte: »Leo hat uns die Peterskirche gezeigt; das war richtig toll.«

»Leo hat was?«

»Er hat uns den Petersdom gezeigt. Das war total spannend. Wir waren mal mit Frau Del Toso in der Kirche, unserer Lehrerin, das war superätzend. Aber Leo hat das ganz anders gemacht, echt super. Ich mach mir eigentlich nichts aus Kirchen und so, ich steh eher auf Street Art. Aber er hat super Geschichten erzählt. Sie haben das wohl auch schon mal mit ihm gemacht.«

Eine der Carlotta-Klone sagte: »Außerdem finden wir Ihren Spitznamen witzig.«

»Meinen Spitznamen? Den kenne ich nicht.«

»Echt nicht? Leo nennt Sie den Dompteur der Geister.«

Dann beendeten die Mädchen das Gespräch schlagartig und riefen, dass sie schon mal die Tickets für den Vorortzug kaufen wollten, auch das für Leo. Und schon waren sie weg.

»Gratuliere«, sagte ich zu Leo.

»Ich bin mit Carlotta nicht zusammen.«

Bevor ich etwas sagen konnte, fügte er hinzu: » Ich weiß, was du jetzt sagen willst. Wenn man es nicht versucht, hat man nie eine Chance.«

»Stimmt. Wieso sagst du, ich sei der Dompteur der Geister?«

»Bist du doch. Du lässt sie auftreten, all diese Geister, mit denen du lebst, wie den Killerpapst Sixtus V., den Sexpapst Alexander VI., den du so schonend behandelst, den seltsamen Kaiser Nero, den Schwarzbrot hassenden Alexander VII. und all die anderen.«

»Vielleicht hast du recht, ich mag meine Geister.«

Ich gab ihm etwas Geld, damit er den Kühlschrank füllen konnte. »Weißt du, was«, sagte er plötzlich, »ich würde gern weitermachen mit dir.«

»Wieso? Du wirst mit Fernanda lernen, jetzt, da sie dich angenommen hat.«

»Ich weiß, aber es ist unsere Stadt, deine und meine und Mamas. Wir haben hier zusammengelebt, nicht Fernanda. Also wenn du willst, würde ich gern weitermachen. Wie viel von Rom haben wir denn gesehen?«

»Einen kleinen Teil.«

»Dann lass uns doch weitermachen.«

»Das entscheiden nicht wir«, sagte ich ihm. »Das entscheiden die, die dieses Buch lesen werden. Wenn es ihnen gefällt, dann machen wir weiter.«

DANK

Vor allen anderen danke ich meiner Frau Kerstin Becker, weil sie als Einzige den Mut hat, mir zu sagen: Das schreibst du besser noch mal. Sie ist meine wichtigste und fleißigste Vertraute. Kerstin, vielen Dank!

Ich danke meiner Lektorin Eva Rosenkranz, weil sie mir immer wieder auf den richtigen Weg hilft.

Ich danke Brigitte, die mir vor langer Zeit Mut machte, die Idee zu diesem Buch umzusetzen.

Ich danke meiner Freundin Heidrun, für alles, was sie für mich getan hat und tun wird.

Ich danke Johannes, für seine bewundernswerte Art, Autoren wie auch mich zu schützen.

Ich danke Frauke für ihre Geduld mit mir und Roman für seinen Beistand.

REGISTER

Kursive Seitenzahlen verweisen auf Abbildungen.

Ablasshandel 87 f., 92, 109 f., 144, 314
Acqua Felice 72
Afrodisius (Heiliger) *402 f.,* 403
Ağca, Mehmet Ali 35 f.
Agrippa, Marcus Vipsanius 445–448, 451
Agrippina (Mutter von → Nero) 373, 375 f.
Alarich I., Herrscher der Westgoten 290
Albaner Berge 366 f., 370, 418
Alexander der Große 307, 343
Alexander VI., Papst 110, 257, *258,* 258–265, 267–282, 284, 288, 309, 335, 356; → Borgia, Rodrigo; → Borgia-Gemächer
Alexander VII., Papst 137, 179, 183 f., 405, 457; → Chigi, Fabio; → Petersdom
Alexandria 101, 172, 317, 397
Alfonso I. d'Este 279
Alfonso von Aragon, Herzog von Bisceglie 277 ff.
Alidosi, Francesco, Kardinal 286
Alonso Peréz de Guzmán el Bueno, Herzog von Medina-Sidonia 77 f., *78*
Alt-Sankt Peter (Kirche) 84, 86, 88 f., 176, 288, 322 f., 396, 409, 411
Andrea del Sarto 222
Andreas (Heiliger) 160, 165 f., *165,* 297; → Petersdom
Anglikanische Kirche → Kirche von England
Anna, Herzogin der Bretagne 152
Antiochia 95, 172, 317, 397
Antijudaismus 153, 160 f., 309; → Judenfeindschaft, -hass, -verfolgungen
Antisemitismus 164
Aphrodite von Knidos 343, *344,* 345; → Phryne
Apokryphen 103 f., 402
Apollon (griech. Gott) 235 f., 350
Apollon von Belvedere 123, 337, *338,* 339 f., 342
Appartamento Borgia → Borgia-Gemächer
Aqua Alexandrina 72
Aqua Virgo 39,446
Arcangeli, Francesco 342
Archimedes → Philosophenschule
Archinto, Alberico, Kardinal 340

Aristoteles → Philosophenschule
Arnolfo di Cambio 405
Arvali (röm. Priester) 387
Asylum-Platz → Kapitol
Athanadoros 350
Athanasius von Alexandria (Heiliger) 104; → Petersdom
Attentat auf Papst Johannes Paul II. 35–38, *36,* 188
Attila, König der Hunnen *289,* 289–292, 294; → Stanzen des Raffael: Saal des Heliodor
Aufstand der Römer (1848) 116
Augustinus (Heiliger) 160 f.; → Petersdom
Augustus, röm. Kaiser 64, 164, 388, 399, 445, 451
Aule Vipienas (Aulus Vibenna), etrusk. Heerführer 416–419
Aventin-Hügel 396
Avignon 328 ff.

Babylon 95, 101
Baldachin des → Bernini → Petersdom
Baldelli, Massimo 355
Banditen 74 f., 404, *404*
Bar Kochba 173
Barock 42, 405, 435, 436 f.
Bartholomäus, Apostel 161, *246,* 246 f.
Bartholomäusnacht 331
Bayezid II., Sultan des Osmanischen Reichs 153 f.
Bazzi, Giovanni Antonio 248; → Sodoma
Belagerung von Mirandola 286 f., *330,* 330 f.
Benedikt III., Papst 176
Benedikt VIII., Papst 85 f.; → Tusculum
Benedikt IX., Papst 85; → Tusculum
Benedikt XIV., Papst 143 ff., 391; → Petersdom
Benedikt XVI., Papst 114, 134, 201 f., 392; → Joseph Ratzinger
Berliner Mauer 37
Bernardino da Siena 240
Bernini, Gian Lorenzo 33, 64, 158, 166 ff., 184, 188; 405; → Baldachin des Bernini; → Santa Maria Maggiore
Biagio da Cesena 250 ff., *251*
Blondel, David 326
Blutwunder von Bolsena 311 ff., *313;* → Stanzen des Raffael: Saal des Heliodor
Bolsena-See 74, 280,
Bonaventura (Heiliger) 299, 303 f.
Boncompagni (röm. Adelsgeschlecht) 70; → Gregor XIII.
– Boncompagni, Giacomo 70
Bonifatius VIII., Papst 112–115; → Caetani
Borghese (röm. Adelsgeschlecht) 54, 90; → Paul V.; → Villa Borghese
– Borghese, Scipione Caffarelli, Kardinal 93
Borgia (span.-ital. Adelsgeschlecht) 271, 274, 279; → Palazzo Borgia
– Borgia, Cesare 260–263, 268, 271–277, *273,* 279, 319
– Borgia, Jofré 268
– Borgia, Juan 268
– Borgia, Lucrezia 260 f., 268, 273, *273,* 277 ff., 281, 353
– Borgia, Rodrigo 267–271; → Alexander VI.

– Borja, Alonso de 267; → Kalixt III.
Borgia-Gemächer (→ Vatikanische Museen) 257 ff., 262, 282 ff., *282 f.*, 353 f.; → Alexander VI.
– Saal der Heiligen 272 f.
– Saal des Glaubensbekenntnisses *258*, 259
Borgo (Stadtteil von Rom) 33, 320 f., *321*; → Stanzen des Raffael, Saal des Brandes im Borgo
Borromini, Francesco 437
Botticelli, Sandro (Alessandro di Mariano Filipepi) 211, 214–219, 222–226, 435
Bramante, Donato 82, 87, 168, 188, 302, 305, 333, 435
Brand von Rom (64 n. Chr.) 371 ff.
Brennus, kelt. Heerführer 425 f.
Bresca, Benedetto 64 f.
Bretagne 153 f.
Brunnen der Galea (Vatikan) *334*, 334 f.
Burckard, Johannes 260–263, 278
Burckhardt, Jacob 255 f.
Burri, Alberto 355 f.
Byron, Lord (George Gordon Noel Byron, 6. Baron Byron) 337
byzantinischer Stil → Santa Prassede
Byzantion, Byzanz 317, 413

Caelius Vibenna, etrusk. Heerführer 419, *419*
Caetani (röm. Adelsgeschlecht) 114; → Bonifatius VIII.
Campo Santo Teutonico (Friedhof) 202
Canale, Carlo 268
Capodimonte 280
Capogrossi, Giuseppe 356
Caravaggio (Michelangelo Merisi da Caravaggio) 73
Carracci, Annibale 452
Casanova, Kardinal 262
Casino nobile → Villa Borghese
Castel Gandolfo 134
Celio-Hügel 419
Cem, Sultan 153 ff., 273, *273*
Chigi (ital. Adelsgeschlecht) 180
– Chigi, Agostino 180
– Chigi, Fabio 179–183, 405; → Alexander VII.
Chiusi 425
Christen 83 f., 95 f., 100 f., 105, 142, 161, 169–173, 175 ff., 205, 244, 294, 309, 316, 331, 371 f., 375, 396, 409, 447, 452
Christentum 42, 68, 83, 153, 169, 172, 220, 233, 272, 294, 396, 451
Christenverfolgung 165, 315, 373 f., 409
Christina, Königin von Schweden *136*, 136 f., 183; → Petersdom
Cicero, Marcus Tullius 389
Circus des Kaisers Caligula 40, 62
Circus des Kaisers Nero 96
Circus Maximus 363, 373 f.
Claudius, röm. Kaiser 104
Clemens VI., Papst 116, 329
Clemens VII., Papst 89, 231, 247, 250, 294– 297, *316*; → Medici
Clemens VIII., Papst 270
Coelestin I., Papst 396 ff., 400 ff.
Coelestin V., Papst 110, 112 ff.
Colonna (röm. Adelsgeschlecht) 114 f.
Colonna, Sciarra 115

Cortile del Belvedere (→ Vatikanische Museen) 333 f., 336
Crescentier (röm. Patriziergeschlecht) 85
Cuccumella-Hügelgrab (→ Vulci) 418
Cum nimis absurdum (päpstl. Bulle) 164, 309

Damasus I., Papst 397
Daniele da Volterra 253 f.
Dante Alighieri 142, 248, 251
Danti, Ignazio 327, 331
D'Arignano, Domenico 268, 272
De Fredis, Felice 347 ff.
Della Rovere, Francesco Maria I., Herzog von Urbino 286 f., 295 f.
Della Rovere, Giuliano 271 f., 288; → Julius II.
De' Pazzi, Francesco 211, 214; → Pazzi
Deutschland 137, 180, 182, 295
Di Croce, Giorgio 268, 270
Diogenes → Philosophenschule
Domitian, röm. Kaiser 380, 432, 436, 446
Domus Aurea 378
Drake, Sir Francis 78
Drei-Quellen-Ort 106; → San Paolo alle Tre Fontane
Dreißigjähriger Krieg 92, 137 f., 175 f., 180, 182
Dziwisz, Stanisław 37

Effraenatam perditissimorum (päpstl. Bulle) 70
Einhard 87
Elisabeth I., Königin von → England 77
Emirat von Bari 176
Empedokles → Philosophenschule
Engelsburg 33, 36, 58, 74 ff., 89, 96, 274 f., 297, 449
England 41, 76–79, 154, 184,
Erstes Vatikanisches Konzil 117
Erste Wiener Türkenbelagerung 294 f.
Esquilin-Hügel 72, 373, 396
Este (ital. Adelsgeschlecht) 279; → Alfonso I. d'Este
Etrusker 41, 416–420, 425
Euklid → Philosophenschule
Eusebius von Caesarea 172
Eusebius von Nikomedia, Bischof 319
Evangelien 68 f., 103 ff., 387, 402
Ezechiel → Propheten

Faenza 274, 276
Farnese, Alessandro 77, 280 ff. → Paul III.
Farnese, Giulia 110 f., 270, 280 ff., *281*
Faustina, röm. Kaiserin 343
Ferdinand III., röm.-deutscher Kaiser 182
Filipepi, Giovanni 222
Flavier (röm. Herrschergeschlecht) 370, 377 f., 429 f.; → Domitian; → Titus Flavius Sabinus; → Vespasian
Flavisches Amphitheater 370, *370,* 377 f., 391; → Kolosseum
Florenz 176, 211, 213 f., 294, 309, 349, 434 f.
– Dom 189, 253, 256

Fontana di Trevi 446
Fontana, Domenico 62–65
Forum Romanum 55, 368, 373, 386, 422, 424, 434 f., 443, 450 ff.
François, Alessandro 418
Frankreich 153 f., 286, 329 f.
Franz von Assisi (Heiliger) 405
Franz I., König von Frankreich 294, 349
Franziskanerorden 70, 299, 308
Franziskus, Papst 117, 185, 198, 200, 203, 248, 397
Frundsberg, Georg von 295

Gabriele, Paolo 201
Gaius Maenius 386
Galaterbrief 172; → Paulusbriefe
Galba, röm. Kaiser 429
Galeeren-Brunnen → Brunnen der Galea
Garibaldi, Giuseppe 291
Gentiluomini di Sua Santità 31
Ghetto 164, 309
Ghirlandaio, Domenico 214, 222
Gladiatoren 380–386, 388, 431
Gladiatorenkämpfe 383, 385 f., 388, 445; → Villa Borghese: Mosaik
Gladiatorenschule 380, 382, 384 f., 387 f.; → Ludus Dacicus; → Ludus Gallicus; → Ludus Magnus; → Ludus Matutinus
Glaubenskongregation 133, 201
Glaubenskrieg 139 f.
Goethe, Johann Wolfgang von 49, 123, 193, 256, 337, 339 f., 366
Golgatha 168, 173
Gorbatschow, Michail 37, 131
Grab des Apostels Petrus → Petrusgrab
Grab des Apostels Paulus 105 ff. → Pauls-Basilika; → Paulusgrab
Grab von Papst Johannes Paul II. → Petersdom
Grabmal
– der Familie Bernini → Santa Maria Maggiore
– von Kaiser Hadrian 297; → Engelsburg
– von Königin Christina von Schweden → Petersdom
– von Papst Alexander VII. → Petersdom
– von Papst Benedikt XIV. → Petersdom
– von Papst Innozenz VIII. → Petersdom
– von Papst Innozenz XI. → Petersdom
– von Papst Paul III. → Petersdom
– von Papst Sixtus V. → Santa Maria Maggiore
– von Papst Urban VIII. → Petersdom
Gregor IX., Papst 161
Gregor XII., Papst 116
Gregor XIII., Papst 70; 328–331; → Boncompagni
Gregor der Große, Papst 309
Guercino, Prete 75
Guicciardini, Francesco 259, 261

Hadrian, röm. Kaiser 173, 341, 440, 446 f.; → Grabmal
Hadrian I., Papst 324
Hadrian IV., Papst 250
Hagesandros 350
Hannibal 426

Heilige Pforte → Petersdom
Heiliges Römisches Reich 87, 295
Heiliges Jahr 33, 109–112, 115 ff., 392
Heinrich II., röm.-deutscher Kaiser 86
Heinrich VIII., König von → England 76, 250, 298
Helena (Heilige) 169, 171 f., 174 f.; → Petersdom
Heliodor, syr. Feldherr 291 ff., *293;* → Stanzen des Raffael, Saal des Heliodor
Heraklit → Philosophenschule
Herzog von Medina-Sidonia → Alonso Peréz de Guzmán el Bueno
Hitler, Adolf 152–155, 266
Homosexualität 70, 248 f., 339, 341
Honorius, weström. Kaiser 451
Howard, Charles 78

Innozenz III., Papst 161
Innozenz VIII., Papst 154, 271; → Petersdom
Innozenz X., Papst 183
Innozenz XI., Papst 156 f., *156,* 177 f., 261 → Petersdom
Inquisition 70, 163, 201
Italien 49, 52 f., 116, 176, 213, 272, 289 ff., 293 f., 316, 328–331;419, 445, 452

Jan Sobieski, König von Polen 156, 172
Janus-Tempel 111
Jefferson, Thomas, US-Präsident 443
Jeremia → Propheten
Jerusalem 84,95, 101, 153, 170 f., 173 ff., 177, 233, 317, 394
Jerusalemer Tempel 223, 292 f., 361, 379
Jesaja → Propheten
Jesus von Nazareth 40 ff., 66–69, 93, 95 f., 100 f., 105, 132 f., 149, 152 f., 155, 166, 169, 171–174, 177, 245, 247, 304, 374, 387, 394, 399, 404 f., 452; → Sixtinische Kapelle: Freskenzyklus
Joel → Propheten
Johanna I., Königin von Neapel 329
Johannes XIX., Papst 85; → Romanus von Tusculum
Johannes XXIII., Papst 261; → Petersdom
Johannes Chrysostomos (Heiliger) 159 f., *159;* → Petersdom
Johannes Paul II., Papst 35–38, 58, 117 f., 132, 147, 160, 188, 198, 203, 248, 392; → Attentat; → Karol Wojtyła; → Petersdom
Jona → Propheten
Juden 40, 153, 164, 173 f., 233, 309
Judenhass, -verfolgungen 146, 160 f., 164, 173, 309
Julianischer Kalender 331, 444
Julius II., Papst 87 f., 91, 157, 168, 177, 242, 258, 276, 284–293, 297–305, 308 f., *313,* 313 f., 319 ff., 330 ff., 334, 345, 347, 349, 355, 409, 447; → Stanzen des Raffael: Saal des Heliodor
Julius Caesar 41, 64, 288, 331, 399, 451
Jüngstes Gericht von → Michelangelo → Sixtinische Kapelle
Juno-Moneta-Tempel 426
Jupiter-Optimus-Maximus-Tempel 430

Kalenderreform 331
Kalixt III., Papst 267; → Borja, Alonso de
Kapitol 373, 415–433, *417*
– Asylum-Platz 430
– kapitolinische Wölfin 420
– Konservatorenpalast 420, 423
– Palazzo Caffarelli 415
– Palazzo Nuovo 423
– Reiterstatue Mark Aurels 422 ff., *423*
– Senatorenpalast (Rathaus) 415, 432
– Tabularium 432
Karl der Große, röm.-deutscher Kaiser 86 ff., 324, 412
Karl der Kahle, röm.-deutscher Kaiser 158
Karl II., König von Neapel 113
Karl V., röm.-deutscher Kaiser 89, 294 f.
Karl VIII., König von Frankreich 153 f.
Karl X. Gustav, König von Schweden 137
Karol Wojtyła 36, 128 f., 132–135, 198, 203; → Johannes Paul II.
Kartensaal (→ Vatikanische Museen) 105, 328, *328*, 330 f.
Katharina von Alexandria (Heilige) 253 f., 272
Kathedra des heiligen Petrus → Petersdom
Kathedrale von Monreale (Palermo) 105
Kelten 425 f.
Kennedy, John F., US-Präsident 38
Kidrontal 233
Kirche der Tre Fontane → San Paolo alle Tre Fontane
Kirche des heiligen Paulus vor den Mauern 107; → Pauls-Basilika
Kirche von → England 76 f., 250, 298
Klassik, Klassizismus 337, 339–342, 345
Kleopatra 446
Kohl, Helmut 131
Köln 445
Koloss des Nero 370, 376 f.
Kolosseum *21*, 359–363, *361*, 365–371, *370*, 376–380, 384–392; → Flavisches Amphitheater
Konservatorenpalast → Kapitol
Konstantin der Große, röm. Kaiser 83 f., 107, 158, 166, 173 f., 288 f., 315–319, 374, 409, 411, 424; → Stanzen des Raffael: Saal des Konstantin
Konstantinbogen 216
Konstantinopel 153 f., 160, 165 f., 175 f., 317 f., 397
Konzil von Ephesus 400
Konzil von Konstantinopel 396
Konzil von Trient 253
Kopernikus, Nikolaus 146
Korsika 329 f.
Kreuzritter 153
Kyrill von Alexandria (Heiliger) 400 f.

Langobarden 452
Lanze des → Longinus → Petersdom
Laokoon-Gruppe *346*, 346–350
L'Aquila 112
Laurentius (Heiliger) 247; → Jüngstes Gericht
Lateranbasilika 72, 424, 450

Lazarus (Heiliger) 170, 394
Lechther, Jürgen 179
Leo I. der Große, Papst *289,* 289 ff., → Stanzen des Raffael: Saal des Heliodor
Leo III., Papst 85 ff., 323 ff., *325;* → Stanzen des Raffael: Saal des Brandes im Borgo
Leo IV., Papst 176, 322, 325 ff., *327;* → Stanzen des Raffael: Saal des Brandes im Borgo
Leo X., Papst 88 f., 117, 270, 289, *289,* 291, 295, 314, 320, 324, 349; → Medici, Giovanni de'; → Stanzen des Raffael: Saal des Heliodor
Leonardo da Vinci 253, 275
Leoninische Mauer 176, 323
Leopold I., röm.-deutscher Kaiser 178
Livius 425
Longinus 152 f.
Loreto 171, 287
Löwenherz, Richard, König von → England 177
Luca della Robbia 222
Lucilius 389
Ludus Dacicus (Gladiatorenschule) 388
Ludus Gallicus (Gladiatorenschule)388
Ludus Magnus (Gladiatorenschule) 380 ff., *381,* 387 f.
Ludus Matutinus (Gladiatorenschule) 388
Ludwig der Fromme, röm.-deutscher Kaiser 412 f.
Luther, Martin 88, 92, 115, 137, 143 f., 168, 210, 215, 274, 301, 313 f.
Lutheraner 87 f., 93, 137, 163, 182, 296
Macstarna, etrusk. König *419,* 419 f.
Maderno, Carlo 64
Manfredi, Astorre 274
Manfredi, Giovanni Evangelista 274
Manierismus 319
Marcus Antonius 446
Mark Aurel, röm. Kaiser 14, 343, 424, 428; → Kapitol
Markus, Evangelist 86, 101, 172, 324
Maron, Anton von 341, *341*
Marsfeld 445
Martial 378, 446
Martin V., Papst 116
Martin von Troppau 326
Mater Ecclesiae (Kloster) 202
Maximilian I., röm.-deutscher Kaiser 154
Medici (ital. Familiendynastie) 212, 214, 259, 294 ff.
– Medici, Giovanni de' 88, 291, 314; → Leo X.
– Medici, Giuliano de' 211 f. 214, 218, 226
– Medici, Lorenzo de', »der Prächtige« 88, 211, 213 f.
Michelangelo Buonarroti 61, 82, 89, *120,* 120–124, *207,* 207–211, 214, 220, 231–249, *231 f., 234, 236–243,* 246, *246,* 249, *249 ff.,* 251 ff., 255 f., 268, 306 f., 347, 353, 355, 417, 422 f., 435, 442
Mohammed 145, 176 f.
Mons Oppius 373, 376
Monte Oliveto Maggiore (Kloster in der Toskana) 248
Monteverde (Stadtteil von Rom) 164
Mosaiken → Petersdom; → Santa Maria Maggiore; → Santa Prassede; → Villa Borghese

Moses-Brunnen 72
Moses von → Michelangelo
→ San Pietro in Vincoli
Münster 179–183, 405
Muslime 153, 155 f., 176–179, 322 f.
Mussolini, Benito 33

Napoleon, franz. Kaiser 76
Nero, röm. Kaiser 165, 370–379, *372*, 378, 429, 445, 457
Nestor von Konstantinopel, Bischof 399–403
Nikolaus I., Papst 176
Nikolaus V., Papst 434
Nikolaus von Kues 318
Nobiluomo di Sua Santità 147

Obelisk → Petersplatz
Octavia (Schwester von Kaiser → Augustus) 164
Offenbarung des Johannes 97, 409
Ordeaschi, Francesca 180
Orsini (röm. Adelsgeschlecht) 275, 288
– Orsini, Francesco275
– Orsini, Giovanni Batista, Kardinal 275
– Orsini, Paolo 275
Osmanen 153 f., 156, 176, 294; → Erste Wiener Türkenbelagerung; → Zweite Wiener Türkenbelagerung
Osmanisches Reich 153, 156, 175
Ostkirchen 165 f., 397
Otho, röm. Kaiser 429

Pactum cum Pascali Pontifice 412
Palatin-Hügel 373, 429
Palazzo Borgia 267 f., 369
Palazzo Caffarelli → Kapitol
Palazzo della Cancelleria 422
Palazzo Nuovo → Kapitol
Pantheon *29*, 189, 439–453, *441*, *449*, *453*
Paschalis I., Papst 412 ff.
Pasquino 90
Paul II., Papst 116, 349
Paul III., Papst 250 ff., 423 f., → Farnese, Alessandro; → Petersdom
Paul IV., Papst 163 f., 309
Paul V., Papst 86, 89–94, 447; → Borghese
Paul VI., Papst 67, 117, 257, 355, 392
Pauls-Basilika, -kirche *106*, 106 f., 172, 322, 397; → Kirche des heiligen Paulus vor den Mauern
Paulus (von Tarsus), Apostel 94 f., 101, 103, 104–107, 117, 169, 172, 202, 290, 292, 299, 315, 372, 400, 409
Paulusbriefe 95, 101, 106, 172
Paulusgrab 105 ff., *106*
Pazzi (florent. Adelsgeschlecht) 211, 214
Peretti, Camilla 73
Peretti, Felice 69 ff.; → Sixtus V.
Peres, Shimon 131
Perugino, Pietro 199 f., 212 ff., *213*, 219 ff., 320, 351, 353,
Peruzzi, Baldassare 452
Petersdom, -kirche 21 ff., 31 f., 43, 62 ff., 80 ff., *81*, 87 ff., 90 ff., *91*, 94, 96–99, *98*, 109–129, 135–138, 142 f., 146–163, 165–169, 174 f., 177 ff., 181, 184 ff., 188 ff., 244 f., 282, 288, 297, 302, 307, 374, 391,

405, 414, 442, 447 ff.; → Alt-Sankt Peter
– Andreas-Pfeiler 162 f., 165 f.
– Baldachin von → Bernini 17, *119,* 160 f., 166 f., 449
– Glassarg von Papst → Innozenz XI. 156, *156,* 177, 261
– Glassarg von Papst → Johannes XXIII. 261
– Grab von Papst → Johannes Paul II. 127 f., *128*
– Grabmal von Königin → Christina von Schweden *136,* 136 f., 140, 175
– Grabmal von Papst → Alexander VII. 179, 181, *181,* 183 f., 405
– Grabmal von Papst → Benedikt XIV. 143 f., *143*
– Grabmal von Papst → Innozenz VIII. 150–155, *151*
– Grabmal von Papst → Innozenz XI. 174 f., *174*
– Grabmal von Papst → Paul III. 281 f.
– Grabmal von Papst → Urban VIII. 448
– Heilige Pforte 110 f., *111,* 117, 121
– Kathedra des heiligen → Petrus 158 f., *159*
– Kuppel 81 f., *81,* 87 f., 90, 109, 188 f., 203
– Lanze des → Longinus 151–155, *151*
– Mosaiken 177 f.
– Mosaik: Verklärung Christi 177 f.
– Papstaltar 96 f., *98,* 99, 119, *119,* 150, 157, 160, 162 f., 166 f.
– Pietà von → Michelangelo 121–125, *122,* 246
– Reparto speciale 157
– Santa Maria delle Febbri (Kapelle) 262
– Schweißtuch der → Veronika 168
– Statue der heiligen → Helena 169, 175
– Statue der heiligen → Veronika 168
– Statue des Apostels → Petrus 121
– Statue des heiligen Ambrosius 160
– Statue des heiligen → Andreas 165, *165*
– Statue des heiligen → Athanasius 160
– Statue des heiligen → Augustinus 160
– Statue des heiligen → Johannes Chrysostomos 160
– Veronika-Pfeiler 168
Petersplatz *15,* 33–38, 40, 42, 53, 57 ff., 61–65, 128, 131, 187 ff.
– Gedenktafel an das → Attentat an Papst → Johannes Paul II. 36, *36*
– Kolonnaden 33, 64
– Obelisk 40, 59–65, *61, 63,* 76
Petrus (Heiliger), Apostel 94 ff., 99–107, 117, 153, 158, 161, 165 f., 172, 202, 247, 290, 292, 299, 309, 315, 373 f., 397
Petrus aus Prag 310 f.; → Blutwunder von Bolsena
Petrusakte 102 ff.
Petrusbriefe 95 f., 101
Petrus Capuanus, Kardinal 166
Petrusgrab 64, 83, 96 f., 99 ff., 105, 107, 121, 152, 158, 166 f., 244, 311, 374

Philipp II., König von Spanien 76 ff.
Philipp IV. der Schöne, König von Frankreich 114 f.
Philippus Arabs, röm. Kaiser 422
Philosophenschule von Athen (Fresko von → Raffael) 286, 298–307, *300 f.*; → Stanzen des Raffael: Saal der Unterschriften
→ Archimedes 302
→ Aristoteles 299 f., 302
→ Diogenes 303, 307
→ Empedokles 305
→ Euklid 302 f.
→ Heraklit 306 f.
→ Pythagoras 303
→ Platon 299 f., 302
→ Sokrates 303, 307
Phokas, oström. Kaiser 451
Phokas-Säule 452
Phryne, Hetäre 343 ff., *344*
→ *Aphrodite von Knidos*
Piazza della Rotonda 450
Piazza del Sant'Uffizio 33
Piazza Navona 120, 436 f.
Piazza Venezia 270
Picasso, Pablo 257, 355
Pietà von → Michelangelo
→ Petersdom
Pinturicchio 258, 273, *273,* 282 f. *282 f.,* 351, 353, 356
Pius III., Papst 288
Pius V., Papst 156 f., 177
Pius VI., Papst 116
Pius VII., Papst 116
Pius IX., Papst 116 f., 405
Pius XI., Papst 96, 168
Pius XII., Papst 97, 99,244
Platon → Philosophenschule
Plinius 348
Plünderung Roms (1527) 89, 231 f., 247, 290, 292–297, 319; → Sacco di Roma
Plutarch 220
Polen 117, 136
Polydoros 350
Pomponia Gratilla 427 f., *428,* 430 ff.
Ponte Fabricio 39
Porta San Giovanni 349
Porticus der Octavia 164; → Octavia
Pozzolana 370
Praxiteles 343
Propheten 228, 230, 235; → Sixtinische Kapelle
– Ezechiel 227, 229, 231, *231*, 233
– Jeremia 233 f.
– Jesaja 229, *229,* 233
– Joel 232 ff., *232*
– Jona 233 f., *234*
Pythagoras → Philosophenschule

Quattro Cancelli (Vatikan) 198 f.,

Raffael 89, 180, 258, 291 ff., 300, *300,* 302, 305, 306 f., 309, 319–324, 351, 355, 394, 435, 449, 452; → Stanzen des Raffael
Raffalt, Reinhard 352 ff.
Rathaus von Rom 417, *417*, 423, 432 f.; → Kapitol
Ratzinger, Joseph 112 ff., 311, 392; → Benedikt XVI.
Raub der Sabinerinnen 420 f.
Reagan, Ronald 131
Realpräsenz 310, 312
Reformation 62, 88, 115
Reiterstatue Mark Aurels → Kapitol

Reitertreppe des → Bramante (→Vatikanische Museen) 333, *333,* 336
Remus 420; → Romulus
Renaissance 42, 211, 214, 220, 222, 255, 258, 275, 300, 307, 319, 345, 352, 361, 417, 422, 434 f.
Reparto speciale → Petersdom
Rodrigo, Herzog von Bisceglie 277
Roma Termini (Hauptbahnhof) 72 f.
Romanus von Tusculum 85; → Johannes XIX.; → Tusculum
Römerbrief 95, 101, 172; → Paulusbriefe
Römische Republik, Zerschlagung (1849) 116
Römisches Reich 41, 54, 388 f., 399, 426, 429
Romulus 420 f., 430; → Remus
Romulus-und-Remus-Tempel 450
Rosselli, Cosimo 224 f., *225*
Rotte Korach 215 f., *215*
Rubra, Vestalin 375
Rudolf II., röm.-deutscher Kaiser 137

Saal der Heiligen (Sala dei Santi) → Borgia-Gemächer
Saal des Glaubensbekenntnisses (Sala del Credo) → Borgia-Gemächer
Sacco di Roma (1527) 292, 294, 296, 316; → Plünderung Roms
Sacrum Imperium Romanum → Heiliges Römisches Reich
Saepta Julia 445
Saladin (Salah ad-Din), Sultan von Ägypten und Syrien 177
San Clemente (Kirche) 394
Sangallo, Giuliano di 89, 347 ff.
Sankt-Laurentius-Kirche 323
San Marco (Kirche) 270
San Paolo alle Tre Fontane (Kirche) 106
San Pietro in Vincoli (Kirche) 268
– Moses von → Michelangelo 268
Santa Croce in Gerusalemme (Kirche) 72, 175, 369
Santa Giustinana (Kirche) 287
Sant'Agnese in Agone (Kirche) 437
Santa Maria della Pietà al Collosseo (Kirche) 391
Santa Maria delle Febbri → Petersdom
Santa Maria del Popolo (Kirche) 270
Santa Maria di Collemaggio (Kirche in L'Aquila) 112
Santa Maria in Aracoeli (Kirche) 349
Santa Maria Maggiore (Kirche) 72, 393–396, *395,* 405
– Grabmal der Familie Bernini 405 f.
– Grabmal von Papst → Sixtus V. 71, 403 f., *404*
– Mosaiken 394 f., *398f.,* 399 f., *400f.,* 402 f., *402f.*
– Sixtinische Kapelle 403 ff.
Santa Maria sopra Minerva (Kirche) 445
Sant'Anna in Vaticano (Kirche) 199
Santa Prassede (Kirche) 407 ff., *410,* 411–414
– byzantinischer Stil *410f.,* 411, *413,* 414
– Glockenturm 413
– Mosaiken 409, *410f.,* 411 f., *413*
– Zeno-Kapelle 414

Santa Sabina (Kirche) 396
Santissimi Quattro Coronati (Kloster) 176, 367
Sant'Uffizio 201
Sarazenen 322
Savonarola, Girolamo 309
Sbirren 74
Scannelli, Francesco 253
Schlacht am Weißen Berg 93
Schlacht an der Milvischen Brücke 83; → Stanzen des Raffael: Saal des Konstantin
Schlacht um Midway 156
Schweißtuch der → Veronika → Petersdom
Schweizergarde 199, 297
Seeschlacht von Lepanto 156 f., 177
Seeschlacht von Ostia 176, 320–323, *321;* → Stanzen des Raffael: Saal des Brandes im Borgo
Senatorenpalast → Kapitol
Seneca 389 ff., 428
Sforza (ital. Adelsgeschlecht) 278
– Sforza, Ascanio, Kardinal 271
– Sforza, Giovanni 279
Sibyllen 228, 235; → Sixtinische Kapelle
– Sibylle Libica, libysche Sibylle 233 f.
– Sibylle von Cumae 235 f., *236*
– Sibylle von Delphi 235
– Sibylle von Erythrai 228, *228,* 230, 232 ff.
Silvester I., Papst 84, 315 f.
Simon der Zauberer 103 ff., *103*
Siricius, Papst 409
Sixtinische Kapelle 193 ff., 204–255
– Freskenzyklus zum Leben Jesu 210 f., 219–226, *223, 225*
– Freskenzyklus zum Leben Moses' 210–222, *213, 215, 217*
– Genesis (Deckenfresken) 240–243, *240–243*
– Jüngstes Gericht (Wandfresko) 205–210, *207,* 228–234, 244–256, *246, 249 ff.*
– → Propheten (Deckenfresken)
– Schöpfungsgeschichte (Deckenfresken) 237–240, *237–239*
– → Sibyllen (Deckenfresken)
Sixtus IV., Papst 176, 211–216, 219 f., 222 f., *223,* 420
Sixtus V., Papst 62–66, 69–77, *71,* 79; → Peretti, Felice
Sizilien 328, 388, 412
Slawen 452
Sodoma (→ Bazzi, Giovanni Antonio) 248
Sodomiten 248
Sokrates 345; → Philosophenschule
Solidarność 37
Sowjetunion 37, 131, 134
Spanische Armada 77 ff.
Stanzen des Raffael (→Vatikanische Museen) 284–326
– Saal der »Unterschriften« 278–309, *300 f., 308*; → Philosophenschule
– Saal des Brandes im Borgo 320–326, *321, 325, 327*; → Borgo; → Seeschlacht von Ostia
– Saal des Heliodor 288–294, *289, 293,* 297 f., *313;* → Heliodor; → Blutwunder von Bolsena
– Saal des Konstantin 314–319, *316 ff.*; → Konstantin der Große;

→ Schlacht an der Milvischen Brücke
Stoa, Stoische Philosophie 428
Südamerika 38, 280
Sueton 373, 375 f.

Tabularium → Kapitol
Tacitus 371 f., 431 f.
Tarquinius Superbus, König von Rom 236, 420
Theater des Pompeius 389
Theben 343
Theoderich der Große 360
Tiber 180 f., 274, 321, 450
Tiber-Insel 39
Tiberius, röm. Kaiser 64, 371, 399
Tierhetzen *383*, 388 ff.
Titus, röm. Kaiser 348, 378 f., 388, 451
Titus Flavius Sabinus 429 ff.
Titus Tatius, König der Sabiner 421
Torlonia (ital. Adelsgeschlecht) 418
Torso des Belvedere (→ Vatikanische Museen) 231
Totenstadt 39 f., 84, 96 f., 167 f.
Trajan, röm. Kaiser 383, 388, 446, 451
Transsubstantiationslehre 310 f.
Tusculum, Grafen von (röm. Adelsgeschlecht) 85 f.; → Benedikt VIII.; → Benedikt IX.

Unam sanctam (päpstl. Bulle) 115
Urban IV., Papst 311
Urban VI., Papst 116
Urban VIII., Papst 91, 183, 448 f.; → Petersdom

Valla, Lorenzo 318
Vanozza de' Cattanei 267–272, *269*, 281
Vasari, Giorgio 220, 222, 248, 252 f., 256, 304 f., 319
Vatikanische Gärten 323
Vatikanische Museen 103, 193–199, 204, 257, 332, 335, 339, 351, 356; → Borgia-Gemächer; → Sixtinische Kapelle; → Stanzen des Raffael
Vatikanischer Hügel 39 f., 84, 374
Vel Saties 418
Venedig 70, 116, 157, 177, 286
Venus-Heiligtum, Jerusalem 173 f.
Veronika (Heilige) 168; → Petersdom
Verrocchio, Andrea del 222
Vespasian, röm. Kaiser 378 f., 429 f.
Vestalinnen 375
Vierströmebrunnen (→ Piazza Navona) 24, 436 f., *437*
Via Appia Antica 50 ff.
Via della Conciliazione 33, 36, 58 f.
Via Labicana 72
Via Merulana 72
Via Ostiense 12, 106
Via Praenestina 72
Via Sacra 451
Via Salaria 377
Vigiles 391
Villa Albani 417 ff.
Villa Borghese 92 f., 383; → Borghese
– Casino nobile 92 f., *93*
– Mosaik: Gladiatorenkampf 383, *383*
Villa Farnesina 180
Villa Guglielmi 73
Villa Pudens 409

Vitellius, röm. Kaiser 429 f., 432
Vlad III. Drăculea, rumän. Fürst 249
Voltaire 145
Vulci 418

Warschauer Pakt 37
Westfälischer Friede 179, 182 f.
weströmisches Reich 83, 395
Wilhelm von Nogaret, franz. Heerführer 115
Winckelmann, Johann Joachim 339–342, *341*, 345, 448

Zölibat 85 f.
Zuccari, Federico 252 f.
Zweiter Weltkrieg 138, 156, 244, 290, 438
Zweites Vatikanisches Konzil 65, 117
Zweite Wiener Türkenbelagerung 156, 174 f., 178 f., 326

BILDNACHWEIS

10	Privat
15	Privat
16	Privat
21	Privat
21	Privat
24	Privat
29	Privat
36	picture-alliance/epa-Bildfunk/Danilo Schiavella
61	imago/robertharding
63	Bridgeman Images/Vatikanische Apostolische Bibliothek/ Sixtinische Halle
71	mauritius images/SuperStock/Vatikanische Museen
73	shutterstock/Stefano_Valeri
78	Bridgeman Images/Index/Calcografia Nacional
81	shutterstock/vvoe
91	imago/imagebroker
93	shutterstock/D.Bond
98	F1online/imagebroker
103	123rf/anoli50/Vatikanische Museen
106	picture alliance/dpa/Giuseppe Gigl
111	Getty Images/Maurix/Gamma-Rapho
119	Getty Images/Peter Gridley
122	iStockphoto/Krzysztof Slusarczyk
128	imago/Eastnews
136	Mit freundlicher Genehmigung der Fabbrica di San Pietro in Vaticano.
143	Mit freundlicher Genehmigung der Fabbrica di San Pietro in Vaticano.
151	Mit freundlicher Genehmigung der Fabbrica di San Pietro in Vaticano.

156 Shutterstock/Aleks49
159 iStockphoto/iSailorr
165 mauritius images/imagebroker/XYZ Pictures
174 Mit freundlicher Genehmigung der Fabbrica di San Pietro in Vaticano.
181 akg-images/Bildarchiv Monheim
207 Getty Images/Universal Images Group Editorial/Vatikanische Museen
213 Bridgeman Images/Vatikanische Museen
217 picture alliance/Heritage-Images/Fine Art Images/Vatikanische Museen
215 mauritius images/Alamy/ART Collection/Vatikanische Museen
223 Getty Images/Heritage Images/Fine Art Images/Vatikanische Museen
225 mauritius images/Alamy/The Picture Art Collection/Vatikanische Museen
231 mauritius images/Alamy/The Picture Art Collection/Vatikanische Museen
228 Getty Images/Hulton Fine Art Collection/Mondadori/Vatikanische Museen
232 Getty Images/Hulton Fine Art Collection/Mondadori/Vatikanische Museen
234 Getty Images/Hulton Fine Art Collection/Mondadori/Vatikanische Museen
229 Getty Images/Hulton Fine Art Collection/Mondadori/Vatikanische Museen
236 Getty Images/Hulton Fine Art Collection/Mondadori/Vatikanische Museen
237 mauritius images/Alamy/The Picture Art Collection/Vatikanische Museen
239 Getty Images/Corbis/Alessandra Benedetti/Vatikanische Museen
238 Getty Images/Corbis/Alessandra Benedetti/Vatikanische Museen
240 Getty Images/Corbis/Alessandra Benedetti/Vatikanische Museen
242 Getty Images/Corbis Documentary/Sylvain Sonnet/Vatikanische Museen
241 Getty Images/Corbis Documentary/Sylvain Sonnet/Vatikanische Museen
243 Getty Images/Corbis Documentary/Sylvain Sonnet/Vatikanische Museen
246 akg-images/Eric Vandeville/Vatikanische Museen

249 akg-images/Eric Vandeville/Vatikanische Museen
250/251 Getty Images/Hulton Fine Art Collection/Mondadori/Vatikanische Museen
258 mauritius images/Alamy/The Picture Art Collection/Vatikanische Museen
269 Getty Images/Hulton Fine Art Collection/Mondadori/Electa/Galleria Borghese
273 Bridgeman Images/Stefano Baldini/Vatikanische Museen
281 Bridgeman Images/Galleria Borghese
282/283 Photo Scala/Vatikanische Museen
289 Bridgeman Images/Vatikanische Museen
293 Bridgeman Images/Vatikanische Museen
300/301 Bridgeman Images/Vatikanische Museen
308 Bridgeman Images/Vatikanische Museen
313 Bridgeman Images/Stefano Baldini/Vatikanische Museen
318 Bridgeman Images/Stefano Baldini/Vatikanische Museen
316/317 Getty Images/Heritage Images/Fine Art Images/Vatikanische Museen
321 Bridgeman Images/De Agostini Picture Library/G. Cigolini/Vatikanische Museen
325 Bridgeman Images/Stefano Baldini/Vatikanische Museen
327 Bridgeman Images/Stefano Baldini/Vatikanische Museen
328/329 picture alliance/akg-images/Nimatallah/Vatikanische Museen
330 mauritius images/Alamy/Historic Images/Vatikanische Museen
334 Getty Images/Paris Match/Manuel Litran/Vatikanische Museen
333 Alamy/Michael Jenner/Vatikanische Museen
338 picture alliance/imagebroker/XYZ Pictures/Vatikanische Museen
341 picture-alliance/akg-images/Kulturstiftung Dessau
344 picture alliance/akg-images/Nimatallah/Vatikanische Museen
346 picture alliance/akg-images/Nimatallah/Vatikanische Museen
361 F1online/Cultura Images/Walter Zerla
370 F1online/Radius/Radius Images
372 Bridgeman Images/Kapitolinische Museen
381 shutterstock/Lucamato
389 Bridgeman Images/Alinari/Galleria Borghese
395 F1online/AGE/Falzone
398/399 Bridgeman Images/Santa Maria Maggiore
400/401 Bridgeman Images/Santa Maria Maggiore
402/403 Bridgeman Images/Santa Maria Maggiore

404 desposit photos/D.serra1/Santa Maria Maggiore
410 mauritius images/Alamy/Adam Eastland Art + Architecture
411 picture-alliance/akg-images/Andrea Jemolo
413 mauritius images/Alamy Stock Photo/Adam Eastland Art + Architecture
417 stock.adobe.com/ValerioMei
419 Bridgeman Images/De Agostini Picture Library/Villa Albani
423 iStockphoto/Romaoslo
428 romanoimpero.com/Sala Consiliare, Palazzo Comunale e aula consiliare, Veroli
437 iStockphoto/pidjoe
441 iStockphoto/sborisov
449 F1online/Age/Russell Mountford
453 123rf/Luciano Mortula